国家社科基金
后期资助项目

从矛盾到一元论
对布拉德雷哲学的批判性研究

From Contradiction to Monism
A Critical Study of the Philosophy of F. H. Bradley

张励耕 著

中国社会科学出版社

图书在版编目(CIP)数据

从矛盾到一元论：对布拉德雷哲学的批判性研究/张励耕著．—北京：中国社会科学出版社，2024.5
ISBN 978-7-5227-3303-6

Ⅰ.①从… Ⅱ.①张… Ⅲ.①布拉德雷—哲学思想—研究 Ⅳ.①B561.46

中国国家版本馆 CIP 数据核字（2024）第 065950 号

出 版 人	赵剑英
责任编辑	刘亚楠
责任校对	张爱华
责任印制	王 超

出　　版	中国社会科学出版社
社　　址	北京鼓楼西大街甲 158 号
邮　　编	100720
网　　址	http://www.csspw.cn
发 行 部	010-84083685
门 市 部	010-84029450
经　　销	新华书店及其他书店
印　　刷	北京君升印刷有限公司
装　　订	廊坊市广阳区广增装订厂
版　　次	2024 年 5 月第 1 版
印　　次	2024 年 5 月第 1 次印刷

开　　本	710×1000　1/16
印　　张	20
字　　数	359 千字
定　　价	108.00 元

凡购买中国社会科学出版社图书，如有质量问题请与本社营销中心联系调换
电话：010-84083683
版权所有　侵权必究

国家社科基金后期资助项目
出版说明

　　后期资助项目是国家社科基金设立的一类重要项目，旨在鼓励广大社科研究者潜心治学，支持基础研究多出优秀成果。它是经过严格评审，从接近完成的科研成果中遴选立项的。为扩大后期资助项目的影响，更好地推动学术发展，促进成果转化，全国哲学社会科学工作办公室按照"统一设计、统一标识、统一版式、形成系列"的总体要求，组织出版国家社科基金后期资助项目成果。

全国哲学社会科学工作办公室

目 录

导 论 …………………………………………………………（1）

第一章 布拉德雷哲学的基本框架 ……………………（14）
第一节 布拉德雷哲学的背景 ……………………………（14）
第二节 布拉德雷哲学的原则和方法 ……………………（25）
第三节 布拉德雷哲学的逻辑基础 ………………………（38）
第四节 作为布拉德雷哲学出发点的"经验" ……………（51）

第二章 "显象"与"实在" …………………………………（64）
第一节 关于"显象"的论证 ………………………………（64）
第二节 思想与实在的关系 ………………………………（79）
第三节 "实在"概念及其问题 ……………………………（93）
第四节 布拉德雷的真理观 ………………………………（107）

第三章 布拉德雷哲学中的其他重要问题 ……………（121）
第一节 "自然哲学" ………………………………………（121）
第二节 自我 ………………………………………………（137）
第三节 布拉德雷的伦理学思想 …………………………（152）
第四节 布拉德雷关于信仰的观点 ………………………（164）

第四章 关于"布拉德雷倒退"的争论 …………………（176）
第一节 布拉德雷倒退的提出 ……………………………（176）
第二节 对布拉德雷倒退的不同理解与回应 ……………（187）
第三节 布拉德雷倒退与当代形而上学 …………………（197）
第四节 对布拉德雷倒退的怀疑论式解答 ………………（206）

第五章 关于"关系"的争论 …………………………………………（217）
第一节 什么是关系 …………………………………………（217）
第二节 关系的非实在性 ……………………………………（226）
第三节 对"内在关系"的不同理解 …………………………（237）
第四节 再看罗素与布拉德雷之争 …………………………（249）

第六章 关于一元论的扩展讨论 ………………………………（259）
第一节 "一元论"的不同含义 ………………………………（259）
第二节 西田几多郎的"绝对无的场所" ……………………（269）
第三节 辨喜的"显现"与"摩耶"概念 ………………………（281）
第四节 布拉德雷哲学体系的问题 …………………………（292）

结　语 …………………………………………………………（301）

参考书目 ………………………………………………………（303）

后　记 …………………………………………………………（312）

导　　论

一　本书的缘起和研究范围

本书的写作动机源自笔者对印度思想家辨喜（Vivekānanda，也译作"维韦卡南达"，1863～1902）和日本哲学家西田几多郎（西田幾多郎/Nishida Kitarō，1870～1945）著作的阅读。辨喜是现代印度不二论吠檀多（Advaita Vedānta）思想的代表性人物。不二论吠檀多是印度传统哲学中的一种一元论思想，辨喜对其做出了现代化的阐释，通过"显现"（manifestation）和"摩耶"（māyā）等概念调和了唯一的至高存在者与多元的现实世界之间的矛盾。西田几多郎则是日本哲学的代表性人物，创造性地融合了德国古典哲学和日本传统思想，提出了"纯粹经验""场所""绝对无"等独特概念。在阅读和思考两人作品的过程中，笔者发现他们的观点都与自己学生时代曾有所了解的英国新黑格尔主义者布拉德雷（Francis Herbert Bradley，1846～1924）的哲学有难以忽视的相似之处。

首先，在基本的主张和哲学概念方面，辨喜、西田和布氏的哲学都属于一元论。[①] 他们都认为只存在唯一的实体，这个实体居于最高的地位，而且是无所不包的。辨喜继承印度的不二论吠檀多思想，把这个实体称为"神"或"梵"；西田将其称为"绝对无"；布氏则将其称为"实在"，还提出另一个与之相关的概念"绝对者"。在笔者看来，这种相似性的存在并不是偶然的，而是体现了各种一元论共同的基本思路；笔者希望通过本书的研究让这种思路呈现出来，分析支撑它的理由及其可能遇到的困难。

其次，在行文风格和表达方式上，西田和布氏的文风都比较晦涩。相比之下，辨喜的文风是非常清晰的，不过这既是因为他并非严格意义上的哲学家，也是因为其文本主要是演讲记录而非专著或论文。如果我们看看

[①] 需要注意的是，"一元论"具有不同的含义，我们会在本书第六章第一节对此做出进一步澄清。

其他持一元论主张的哲学家——比如黑格尔或印度哲学家商羯罗——的文本，会发现其文风同样较为晦涩。在笔者看来，和前一点一样，这种晦涩也不是偶然的，而是体现了一元论本身在试图把握多元而丰富的世界时必然会遇到的困难。我们的思维和语言表达其实有一定的界限，当一种哲学接近或触及这些界限时，往往就很容易陷入晦涩的表达中。这也促使笔者反思相应的哲学立场本身是否有其固有的缺陷。

笔者的专业是西方哲学，对辨喜和西田的关注主要是出于个人兴趣，在现阶段很难进行较为深入的研究。但是，由这种兴趣所引起的对一元论问题的关注，却促使笔者继续在西方哲学内部探究相关的线索。于是，布氏哲学就成了一个很好的切入点。实际上，尽管有着诸多文化和思想背景方面的差异，但布氏、辨喜和西田等人的确在一元论及相关问题上有着非常接近的旨趣和思路，这也体现出此类问题在哲学上的重要性和普遍性。因此，笔者以翻译布氏的代表作品《显象与实在》（*Appearance and Reality*）为契机，对布氏哲学及从中衍生出来的问题做了一定的探究，本书就是这些探究的初步结果。

随着研究的深入，笔者还进一步发现了布氏哲学与罗素和维特根斯坦哲学的深层次联系。在哲学史上，罗素与布氏进行了关于关系的激烈争论；关于这场争论的详细情况，我们会在本书第五章加以介绍。在笔者看来，关系问题的确表明了罗素所代表的多元论思路与布氏所代表的一元论思路之间的根本性分歧：根据前者，关系具有实在性，由此可以进一步证明世界上存在着多个或多种实体；根据后者，关系不是真实的，仅仅是显象，由此可以进一步证明世界上只存在一个真实之物。后来引发了诸多争论的"布拉德雷倒退"（Bradley's Regress）其实也与关系实在性问题密不可分。此外，维特根斯坦在前期的《逻辑哲学论》和后期的《哲学研究》中也都将"关系"（特别是"内在关系"）作为一个重要概念使用，而他在《逻辑哲学论》中构建的体系也在相当程度上依赖于对关系本性的理解。

在笔者看来，关系的确如罗素所说是哲学中一个至关重要的话题；但遗憾的是，他对布氏关系理论的批判却建立在对布氏的一系列误解之上。所以，虽然哲学史上通常认为罗素是这场争论中获胜的一方，这些误解却使得他的胜利大打折扣，也让布氏思想中一些可能更有价值的地方被隐藏了起来。所以，我们首先要对布氏的哲学做出正确的解释，以此为基础再对相关问题（如关系本身究竟是外在的还是内在的、布拉德雷倒退究竟应该被如何理解）做出合理的解答。

基于以上这些考虑，本书的研究将主要集中在布氏本人的哲学上，特别是他最重要的哲学专著《显象与实在》上。以此为基础，本书将讨论三个衍生而来的重要话题，即布拉德雷倒退、内在关系和一元论。除了布氏本人之外，所涉及的哲学家主要还包括罗素、维特根斯坦、西田几多郎和辨喜。需要澄清的是，后来的一些讨论（比如关于布拉德雷倒退的争论）实际上已经距离布氏的文本比较遥远。笔者充分认同此类研究的价值，也不认为其思路有什么问题；但笔者本人不打算过于脱离布氏的文本，因此不会在相关的延伸讨论上过于深入。

二 相关问题的研究现状

应当说，作为英国唯心主义和新黑格尔主义的代表性人物[①]，布氏得到的关注其实并不算少。然而，这些关注在很大程度上受到了罗素和摩尔的影响，但这两位著名哲学家对他有颇多误解，以至于后续的一些讨论实际上远远偏离了布氏的本意。因此，准确把握布氏本人的哲学自然是本书的首要任务。

国内外学界关于布氏哲学的研究还是取得了丰硕成果的，这些成果可以被划分为两种不同的思路。一种思路主要围绕布氏本人的学说展开，以其作品为依据、尽量对其不同的说法给出融贯的解释，同时针对其他哲学家所做的反驳或批评为布氏进行辩护。另一种思路则主要围绕布氏哲学衍生出的问题展开，如后来关于布拉德雷倒退的讨论等。

关于前一种思路，国内学界的成果较为有限。布氏被译成中文的完整著作目前只有1959年出版的、庆泽彭所译的《逻辑原理》。较为重要的研究专著也只有一部，即中国社会科学院哲学研究所的张家龙研究员于1997年完成的《布拉德雷》，该书共五章，较为全面地介绍了布氏形而上学、逻辑学和伦理学的几乎所有重要方面。相比之下，国外研究领域成果较多，具体包括：诗人兼哲学家艾略特（T. S. Eliot）研究布氏经验与知识理论的著作《布拉德雷哲学中的知识与经验》（*Knowledge and Experience in the Philosophy of F. H. Bradley*）；牛津大学曼彻斯特学院的威廉·曼德（W. J. Mander）关于布氏逻辑学和形而上学的两部专著《布拉德雷的逻辑学与形而上学》（*Perspectives on the Logic and Metaphysics of F. H. Bradley*）以及《布拉德雷形而上学导论》（*An Introduction to*

---

① 需要指出的是，布氏本人否认自己是一名黑格尔主义者，这一点本书会在适当的地方加以说明。

Bradley's Metaphysics）；南安普顿大学的安东尼·曼瑟（A. Manser）主编的论文集《布拉德雷的哲学》（*The Philosophy of F. H. Bradley*）；印度德里大学苏希尔·库马尔·萨克塞纳（S. K. Saxena）的专著《布拉德雷形而上学研究》（*Studies in the Metaphysics of Bradley*）等。此类研究有时会局限在布氏本人的哲学内部，如果不能很好地与后来哲学的发展有机结合起来，就可能错过当代一些重要话题的讨论。

关于后一种思路，较为重要的成果包括：西澳大利亚大学的斯图尔特·坎德利什（S. Candlish）关于罗素与布氏争论的专著《罗素/布拉德雷之争及其对二十世纪哲学的重要性》（*The Russell/Bradley Dispute And Its Significance For Twentieth-Century Philosophy*）；马德里理工大学的梅内森（Bo R. Meinertsen）关于与布拉德雷倒退有关的当代讨论的专著《事态的形而上学：成真、共相和对布拉德雷倒退的告别》（*Metaphysics of States of Affairs*：*Truthmaking*，*Universals*，*and a Farewell to Bradley's Regress*）等。此类研究容易出现的问题在于脱离布氏的文本，所作讨论有时与其本人主张并无实质性关联。

接下来让我们具体看看那些对笔者帮助最大的文献。这些并不是本书引用的全部文献，其余文献会在书中的相应部分被提及。

布氏哲学体系的一个重要组成部分是逻辑学，可以说，他在形而上学上的很多观点都是以其逻辑学主张为基础的。因此，对其逻辑学的研究可以说是理解其哲学体系的必要准备。美国蒙大拿州立大学的詹姆斯·威拉德·阿拉德（James Willard Allard）和另一位学者盖伊·斯多克（Guy Stock）在1994年编写了一本关于布氏逻辑学和形而上学主要文本的摘抄，名为《布拉德雷：关于逻辑学和形而上学的著作》（*F. H. Bradley*：*Writings on Logic and Metaphysics*）。其中较为有参考价值的部分是编者为相应文本撰写的导论。在逻辑学部分，编者概述了作为布氏逻辑学核心的判断理论，阐述了其逻辑学与黑格尔哲学的关系。他们指出，布氏所谓的"判断"就是通常所谓的"命题"（proposition），但布氏用它指一种行动（act），该行动把一种观念性内容指向实在。此外，编者也概括了布氏一些独特的逻辑学观点，如所有判断的逻辑主词都是作为整体的实在、所有判断都是条件式而非主谓判断等，这些观点均是其形而上学之逻辑基础的重要组成部分。另一部具有重要参考价值的专著是安东尼·曼瑟出版于1983年的《布拉德雷的逻辑学》（*Bradley's Logic*）。全书共十二章，几乎涵盖了布氏逻辑学所处理过的所有问题，包括语词意义、观念、判断、推理（inference）等。

接下来看看关于布氏形而上学的研究，其中很多成果是以论文的形式呈现的，有一些被收入相关的论文集。在这些论文集中，对笔者帮助较大的是如下四本，我们可以按照年代顺序依次介绍。

曼瑟和斯多克于1984年主编的《布拉德雷的哲学》（*The Philosophy of F. H. Bradley*）共收录了十六篇论文，既有对布氏文本的细致分析，也有一些延伸的研究，比如对布氏和胡塞尔、布氏和弗雷格的比较。其中有三篇论文直接涉及布氏的逻辑学，分别讨论其判断理论、对充足理由律的运用、整体论的真理观。耶鲁大学的布兰德·布兰沙德（Brand Blanshard）在《布拉德雷论关系》（"Bradley on Relations"）一文中把布氏的关系理论与其经验概念结合在一起，展现了其中的对应关系，揭示了布氏论证中隐含的前提，即其所仰仗的矛盾律本身就依赖于关系。剑桥大学圣埃德蒙学院的詹姆斯·布拉德雷（J. Bradley）在《布拉德雷关于感觉的形而上学及其在哲学史上的地位》（"F. H. Bradley's Metaphysics of Feeling and Its Place in the History of Philosophy"）一文中强调了布氏的直接经验理论对理解其整个哲学的重要性，分析了布氏思想的唯心论成分及其与黑格尔、格林（Thomas Hill Green）、鲍桑葵（Bernard Bosanquet）的相似之处，还谈到了詹姆士在《多元的宇宙》（*A Pluralistic Universe*）中对布氏的批评。坎德利什在《布拉德雷形而上学中的怀疑论、思想实验与优先性》（"Scepticism, Ideal Experiment, and Priorities in Bradley's Metaphysics"）一文中介绍了作为布氏哲学方法的怀疑论和"思想实验"概念，并把布氏的怀疑论原则划分为弱的、中等的、强的三种——这些方法与布氏选取"经验"作为自己哲学的出发点有密切的关系。爱丁堡大学的蒂莫西·斯普利格（Timothy Lauro Squire Sprigge）在《布拉德雷与胡塞尔的自我及其世界》（"The Self and Its World in Bradley and Husserl"）一文中解释了布氏对自我和"有限的经验中心"的看法，并通过与胡塞尔的对比揭示出布氏相关思想的独特之处。

曼德于1996年主编的《对布拉德雷逻辑学和形而上学的探讨》（*Perspectives on the Logic and Metaphysics of F. H. Bradley*）共收录了十二篇论文，主要涉及布氏的关系理论、逻辑学、对自我的看法和真理观等。渥太华大学的伊芙琳·福利特（Evlyn Foriter）在《罗素与布拉德雷之争是关于内在关系的吗？》（"Was the Dispute between Russell and Bradley about Internal Relations"）一文中指出，尽管这场争论的双方都存在对对方的误解，但其争论的焦点其实还是命题的统一性，而且布氏对罗素的回应是无力的，因为其论证总是预设了他对关系的独特理解。曼德在《自我在布氏唯心论论证中的角色》("The Role of the Self in Bradley's Argument for Idealism")一文中辨析了自我与非自我之区分的不同含义,并分析了布氏反对感觉与实在之间存在外在关系的论证,说明二者的内在关联是布氏哲学的重要立足点。与此相似,渥太华大学的莱斯利·阿莫尔(Leslie Armour)在《布拉德雷其他的形而上学》("Bradley's other Metaphysics")一文中分析了布氏对形而上学的三种定义,说明了为什么他要选择"直接经验"(也就是感觉)作为形而上学的出发点。为了在自己关于实在的独特看法与日常的真理概念之间做出调和,布氏提出了关于真理的等级原则,阿拉德在《布拉德雷关于真理的等级原则》("Degrees of Truth in F. H. Bradley")一文中分析了他提出这种原则的理由,指出他所谓的真理就是为真的判断,并说明判断是抽象的,而完美的真理就是变得真实的或个体性的判断——从根本上说,这些观点源自布氏把具体的东西当作真实、把抽象的东西当作非真实的基本立场。

詹姆斯·布拉德雷于1996年主编的《布拉德雷之后的哲学》(Philosophy after F. H. Bradley)共收录了十五篇论文,主要涉及布氏哲学与各种相关理论的比较。其中有一定参考价值的是宾夕法尼亚库兹敦大学菲利普·费雷拉(Phillip Ferreira)的《布拉德雷对联想的批判》("F. H. Bradley's Attack on Associationism")、加拿大萨斯喀彻温大学(University of Saskatchewan)大卫·克罗斯利(David Crossley)的《经验知识的辩护及基础》("Justification and the Foundations of Empirical Knowledge")

斯多克于1998年主编的论文集《显象和实在》(Appearance versus Reality)共收录了九篇论文。都柏林圣三一大学(Trinity College Dublin)的詹姆斯·列文(James Levine)在《"什么"与"那个":布拉德雷、罗素与前期维特根斯坦论单称思想理论》("The What and the That: Theories of Singular Thought in Bradley, Russell and the Early Wittgenstein")中分析了这三位哲学家对于涉及对象之思想的看法,该文对将来可能做出的进一步比较研究有重要的参考价值。为了解释有限的、关系性的思想如何融入实在,布氏提出了一个独特概念"思想的自杀"(thought's suicide),即思想最终会杀死自己以融入实在。对此,约克大学的托马斯·鲍德温(Thomas Baldwin)在《思想的快乐自杀》("Thought's Happy Suicide")一文中做出了分析和批判,揭示出布氏的理论似乎是悖论式的,因为它自身就不是真理而且会自杀。牛津大学莫德林学院(Magdalen College, Oxford)的拉尔夫·沃克(Ralph C. S. Walker)在《布拉德雷的真理理论》("Bradley's Theory of Truth")一文中澄清了一种重要的误解,即布氏的真理观是一种融贯论;作者指出,等同理论、融贯论和符合论有不同含义,必须根据具体含义的不同来断言布氏究竟持有何种真理观。坎德利什在《历史的错误:关系、英国唯心论的衰落和分析哲学的起源》("The Wrong Side of History: Relations, the Decline of British Idealism, and the Origins of Analytical Philosophy")中梳理了相关的哲学史脉络,这些梳理构成了他后来关于罗素与布拉德雷之争的专著的基础。斯普利格在《布拉德雷关于绝对者的原则》("Bradley's Doctrine of the Absolute")一文中比较详细地梳理了"绝对者"在布氏那里的不同含义以及他关于"绝对者"的论证,该文也是笔者阐释"绝对者"概念的重要参考。

在专著方面,对本书的写作有较大启发的是如下三部。

首先是印度学者萨克塞纳出版于1967年的《布拉德雷形而上学研究》。该书共包含七章,主题分别是形而上学、显象、直接经验、关系的形式、思想与实在、绝对者及其显象、总结。该书的优点是几乎涵盖了布氏形而上学的所有话题,而且揭示了布氏思想与印度思想之间的共鸣。遗憾的是本书成书年代较早,一些讨论涉及的资料有限,这也使得作者的部分理解似乎有一定的偏差。

加勒特·范德·维尔(Garrett Vander Veer)于1970年出版的专著《布拉德雷的形而上学与自我》(*Bradley's Metaphysics and the Self*)分为两个部分,前一个部分讨论布氏的形而上学;后一个部分讨论其关于自我的看法,具体包括离散的自我(discrete self)、作为"Ego"[①]的自我、人格同一性等。该书最大的特点是把布氏对自我的讨论提升到与其形而上学同等重要的程度。遗憾的是,它与萨克塞纳的著作一样成书较早,有待于与新的研究成果进一步结合。

笔者认为,在所有二手文献中最具参考价值的是曼德出版于1994年的专著《布拉德雷形而上学导论》。该书共包含八章,其最大的优点在于如下三点:一是没有回避布氏哲学体系中的任何一个难题;二是参考了当时能参考到的几乎所有重要成果;三是其给出的解释最为融贯、最契合布氏本人的思路,对于其中潜在的问题也充分地加以揭示。由于布氏的体系非常庞杂,其论述也多有不清楚的地方,不少研究都只能选取其中的一个

[①] 本书不会把"Ego"译为"自我",而是把这个词保留下来,相关的理由请参阅第三章第二节第二小节的讨论。

或一些方面作为切入点，结果就是给出的解释可能与布氏的其他论述相抵触。相比之下，曼德的研究没有回避其中任何一个难点，而且所做的解释与布氏不同论述的契合程度是最高的。由于本书会大量引用这本专著，笔者在此就不做过多介绍了。

除了形而上学之外，伦理学和宗教思想也是布氏哲学体系的重要组成部分。在伦理学方面，比较有价值的是麦克尤恩（P. MacEwen）于1996年主编的论文集《布拉德雷思想中的伦理学、形而上学与宗教》（*Ethics, Metaphysics and Religion in the Thought of F. H. Bradley*），其中尤其有参考价值的是：莱斯利·阿莫尔的《道德原则的统一性》（"The Unity of Moral Principle"），该文分析了布氏对享乐主义和康德主义的批判；约克大学唐·麦克尼文（Don Macniven）的《布拉德雷的形而上学与伦理学》（"Metaphysics and Ethics in Bradleys"），该文详细介绍了作者所总结的布氏伦理学的四个阶段，为读者理解其伦理学体系提供了非常有益的参考；大卫·克罗斯利的《布拉德雷〈伦理学研究〉中的感觉》（"Feeling in Bradley's *Ethical Studies*"），该文说明了感觉既是布氏形而上学的基础性概念，也是其伦理学的基础性概念。此外，坎德利什发表于1978年的论文《布拉德雷论我的岗位及其责任》（"Bradley on My Station and Its Duties"）（并非上述论文集中的论文）比较详细地阐述了布氏《伦理学研究》的第五章，梳理了他关于如何实现自我价值的具体论述。在宗教思想方面，较为有参考价值的是曼德发表于1995年的论文《布拉德雷的宗教哲学》（"Bradley's Philosophy of Religion"），该文澄清了把上帝等同于绝对者这样一种可能的误解，并论证了对于布氏来说，宗教从经验、理论和实践三个方面来看都是显象。

接下来我们看看本书要讨论的三个衍生问题——布拉德雷倒退、内在关系、一元论——的研究现状。

布拉德雷倒退与内在关系问题关联密切，有时甚至很难被严格区分开。需要说明的是，布氏本人并没有使用"布拉德雷倒退"一词，这个术语其实是后人的总结；他也没有提出关于该倒退的单独论述，而是在谈及关系的非实在性时触及了相关问题。因此，围绕布拉德雷倒退展开的讨论主要是后来学者们的发挥与引申。大部分讨论以论文的形式呈现，其中的代表性成果有：理查德·麦克斯韦·加斯金（Richard Maxwell Gaskin）发表于1995年的论文《布拉德雷倒退、系词与命题的统一性》（"Bradley's Regress, The Copula and the Unity of the Proposition"），戴顿大学（University of Dayton）的威廉·F. 瓦利塞拉（William

F. Vallicella）发表于 2002 年的论文《关系、一元论与对布拉德雷倒退的申辩》（"Relations, Monism, and the Vindication of Bradley's Regress"），意大利马切拉塔大学（University of Macerata）的弗朗西斯科·奥里利亚（F. Orilia）发表于 2007 年的论文《布拉德雷倒退：迈侬与伯格曼》（"Bradley's Regress: Meinong vs. Bergmann"），哥德堡大学的安娜-索菲亚·莫兰（Anna-Sofia Maurin）发表于 2010 年的论文《特普理论与布拉德雷倒退》（"Trope Theory and the Bradley Regress"），都灵大学的奎多·博尼诺（Guido Bonino）发表于 2012 年的论文《布拉德雷倒退：关系、示例与统一性》（"Bradley's Regress: Relations, Exemplification, Unity"），伦敦国王学院的卡塔琳娜·佩罗维奇（Katarina Perovic）发表于 2014 年的论文《原初的布拉德雷倒退的引入》（"The Import of The Original Bradley's Regress（es）"），以及上海交通大学的李主斌发表于 2016 年的论文《布拉德雷倒退与统一体难题》。比较新的关于该问题讨论的专著是之前提到过的、梅内森 2018 年出版的《事态的形而上学：成真、共相和对布拉德雷倒退的告别》一书，该书涉及的内容较多，共十章，大部分篇幅在讨论事态的本体论地位，直接涉及布拉德雷倒退的主要是第九章和第十章。

关于关系的讨论，我们首先需要的是一种概念澄清工作，因为不同哲学家对于"关系"的理解非常不同。对于布氏而言，关系问题的核心在于证明关系的非实在性；对于罗素而言，该问题的核心则在于关系是内在的还是外在的，而他本人持有明确的外在关系立场。罗素表达相关论点的专著和论文会成为笔者的重要参考。对两人争论做出较为系统性阐述的文献主要有两部。一部是坎德利什的《罗素/布拉德雷之争及其对二十世纪哲学的重要性》，该书共包含七章，论题实际上已远远超出了两人直接争论的范围。作者在第一章叙述了两人争论的概况，在随后的每一章中交替介绍布氏和罗素的相关理论，在相当大的程度上扭转了哲学史上关于罗素赢得了这场争论的成见。另一部是北京大学臧勇的博士论文《罗素与布拉德雷关于关系的争论》。该论文共包含四章，在中间两章分别详述了布氏和罗素各自的观点及论证，并在最后一章对这场争论的复杂性做了细致的分析。作者实际上继承了坎德利什的工作思路，比较准确地指出了罗素对布氏文本的误解。该论文对罗素关系理论的梳理将成为本书的重要参考。

另一位对关系问题做出较多论述的哲学家是维特根斯坦，笔者会在本书恰当的部分引入他在其前后期哲学中对"内在关系"概念的不同理解，以表明关于关系是外在还是内在的争论，很大程度上源自对相关概念的不同理解。在这个问题上，中山大学的黄敏发表于2012年的论文《布莱德雷、罗素与维特根斯坦论关系》揭示出这三位哲学家对关系的理解如何影响了各自的哲学体系，为笔者提供了很多启发。

最后是一元论问题，在这个部分笔者会进行一些比较性的工作，主要涉及日本哲学家西田几多郎和印度思想家辨喜。关于这两人，笔者在此前都做过一定的研究。笔者曾于2020年在日本哲学会英文刊物《哲学》（Tetsugegu）上发表过一篇关于对西田和维特根斯坦进行比较研究的可能性的论文《一种重新考虑西田"真正无的场所"的维特根斯坦式进路》（"A Wittgensteinian Approach to Reconsidering Nishida's Basho of True Nothing"），对作为西田哲学体系最高级概念的"真正无的场所"提出了一定的批判，认为它很容易成为一个没有任何含义或指称的空洞概念，必须被放置在相关的、十分特殊的语言游戏中才能被恰当理解。

关于辨喜，笔者翻译了他的大量文本，准备编成多卷本文集出版。这些翻译工作的成果将在本书得到适当的引用。此外，剑桥大学神学院的巴鲁亚（Ankur Barua）发表于2017年的论文《不二论的绝对与黑格尔的精神：把吠檀多放置在英国唯心论的视域上》（"The Absolute of Advaita and the Spirit of Hegel：Situating Vedānta on the Horizons of British Idealisms"），概述了目前比较英国唯心论和印度吠檀多思想的几种基本思路，可以为将来进一步的比较研究提供参考和指引。

可以看出，已有的研究面临着一种潜在的断裂，即关于布氏本人的研究和源自其哲学的延伸讨论之间的断裂。很多当代前沿的研究虽然很精彩，但其实已经偏离布氏的文本太远，未能充分发掘其思想资源和哲学史意义。在这个方面，做得比较好的是坎德利什和曼德两位学者，他们在尊重文本和探讨前沿问题之间实现了平衡。因此，笔者会在研究中较多地参考这两位学者的成果。

三　本书的研究思路和结构

必须承认的是，国内关于布氏的研究总体还比较薄弱；这既体现在对布氏文本的翻译还非常不够，也体现在对其衍生问题的关注有所欠缺。本书的研究以目前国内外已有的研究为基础，基本目标是实事求是地厘清布氏本人的基本观点和相关问题研究的现状。为了实现这个目标，笔者会遵从如下三项原则：

第一，强调布氏本人的文本，并把焦点集中在《显象与实在》一书上。笔者已经做了大量相关的翻译工作，本书中引用的布氏的文本均为笔者自己所译。当然，在具体的推进过程中，笔者会打破其文本原有的结构，按照自己理解的逻辑对其进行重构。

第二，尽可能涵盖布氏哲学的所有重要内容。例如，《显象与实在》一书的第二卷占据了该书的绝大部分篇幅，但其中的很多内容却很少在研究中被提及，本书将努力弥补这方面的不足。

第三，在一些重要的结论上保持开放性。本书仍然是一种阶段性的研究，其也是为将来进一步的工作做好准备，因此会在得出具体结论时采取更为审慎的态度。例如，关于布拉德雷倒退的问题，笔者只是在梳理既有研究的基础上提出自己对该倒退的理解，不会简单断言说这种理解比其他理解更合理、更好。

从篇章结构上看，本书共包含六章，其实可以被分为两个大的部分。第一大部分是前三章，主要处理布氏本人的哲学文本，特别是《显象与实在》；第二大部分是后三章，主要处理上述三个衍生话题。每一章均包含四节，每节由三个至六个小节组成。

六章的具体内容如下：

第一章主要梳理布氏哲学的基本框架。具体涉及该哲学体系的背景（包括布氏与黑格尔、唯心论、经验论的关系），逻辑基础（特别是其独特的判断理论、"那个"［that］与"什么"［what］的区分），基本原则和方法（比如怀疑论、辩证法、充足理由律等），作为其体系出发点的"直接经验"概念（包括三种不同经验的区分、对此概念所包含问题的分析等）。

第二章主要处理其形而上学。具体涉及他关于"显象"的论证（特别是他关于性质与关系的看法、关于实质［substantive］与形容词［adjective］的观念、对"是"的理解是否过于狭隘），思想与实在的关系（尤其是其独特的"思想的自杀"概念），"实在"概念是不是自相矛盾的（包括辨析"绝对者"与"实在"两者的异同），独特的真理观（特别是关于真理与知识等级的理论及其问题）。

第三章主要处理《显象与实在》中的其他重要问题。具体涉及"自然哲学"（包括时空、运动、因果性、大自然等话题），自我与非自我如何区分（包括他对身心关系的看法和对唯我论的批判），伦理学问题（包括对善恶问题的基本看法以及对享乐主义的批判），信仰与神秘主义（包括他如何理解"God"这一概念）。

第四章主要处理关于"布拉德雷倒退"的争论。具体涉及对布氏本人关于无穷倒退的论证（包括他对"多"和"一"的看法、对作为系词的"是"的理解），后来人们对该倒退的不同理解与回应（主要涉及把该倒退理解为是良性的还是恶性的），该倒退与当代形而上学讨论的关系（特别是与特普论的关系），笔者本人建议的对该倒退的一种独特的怀疑论式解答。

第五章主要处理关于"内在关系"的争论。具体涉及布氏本人对关系的理解（包括阐明他完全不在通常的意义上使用"关系"一词），他关于关系非实在性的论证（包括他对外在和内在关系的反驳），"内在关系"的不同含义（包括罗素、摩尔、维特根斯坦等人对"内在关系"的不同用法），反思罗素与布氏的争论（包括澄清双方的争论其实是一系列更深刻的分歧的自然结果）。

第六章主要处理一元论问题。笔者首先澄清一元论可能具有的不同含义，并确定布氏的形而上学主张属于何种一元论；然后对西田和辨喜两人的思想做简要介绍，并比较他们与布氏思想的异同；在此基础上，笔者尝试剖析布氏哲学所反映出来的某些更深层次的问题，为全书做一个总结。实事求是地说，笔者在一些根本性问题上并不赞同布氏的看法；而且，其中的问题可能需要在与西方哲学之外的思想对照中才能被更清楚地看到——这也是本书在最后一章引入西田和辨喜两位东方哲学家的原因。

此外需要说明的一点是，布氏的文本不仅文风晦涩，而且包含大量的重复段落。例如在《显象与实在》一书中，许多文字都是在表述相近甚至同样的意思，远远超出正常的强调所需的范围。笔者会尽量把这些重复的部分合并在一起处理，以更好地把握其核心思想。尽管如此，本书还是会出现一些重复的内容，也请读者理解。

在实现基本目标的前提下，笔者希望本书能为我们的思考本身提供一定的帮助，本书的副标题"对布拉德雷哲学的批判性研究"正体现了这一点。这个名称显然受到了罗素的著作《对莱布尼茨哲学的批评性解释》(*A Critical Exposition of the Philosophy of Leibniz*) 的启发，笔者想借此表明的是：本书并不停留在对布氏理论做梳理的层面上，而是意图发掘其可能具有的思想方面的价值。通常而言，一种哲学思想的价值可能在于如下两点：要么是提出了独特的、值得探讨的哲学问题，要么是对某个或某些哲学问题提出了独特的、值得被借鉴的解答。在笔者看来，布氏的贡献主要还是在于前者，即他提出了诸如关系的非实在性、布拉德雷倒退等值得探讨的话题；相比之下，他本人的解答则充满争议甚至矛盾，这体现了他哲学思想的某些更深层次的冲突。例如，其哲学体系的一个核心问题在于，一元论主张并不是其一系列论证的结果，而是这些论证得以成立的前提。换言之，他首先相信并接受了一元论的基本原则，然后根据这样的原则来修正相关概念并组织论证，以达到相应的目的。通过本书的研究，笔者希望能够在一定程度上把握到这些深层次的冲突，以帮助我们在自己的思考中避免类似的麻烦。

第一章　布拉德雷哲学的基本框架

第一节　布拉德雷哲学的背景

一　哲学史背景

从总体上看，在布氏所处的19世纪末20世纪初，整个西方哲学都在发生深刻的转型，包括人们熟知的分析哲学的诞生、新康德主义与新黑格尔主义的兴起等，都发生在这个时期。之所以发生如此巨大的变化，原因无非在于两个方面：一是在哲学之内，即在黑格尔哲学体系之后，西方哲学内部迫切需要改变既有的框架、探索新的研究对象和范式；二是在哲学之外，即自然科学的发展和社会的实际变化给哲学带来了巨大的冲击。例如，达尔文进化论的推广给传统的基督教信仰带来了极大的震撼，一定程度上造成了信仰方面的危机，当时的哲学家便不得不重新思考宗教问题，为解决相应的危机提出各自的方案——我们在随后的讨论中也会看到布氏为此所做的努力。

从哲学史的角度看，布氏常常被归于新黑格尔主义者。在当时，新黑格尔主义主要在英国和美国流行，是黑格尔哲学在英美传播后与其哲学传统相互作用的产物。英国哲学拥有浓厚的经验主义传统，与黑格尔哲学晦涩而艰深的风格形成鲜明的对比。当时很多英国哲学家认为，相比于黑格尔哲学，传统的英国哲学是肤浅的、不够深刻的，缺乏对形而上学最高对象的把握。因此，按照黑格尔的方式进行哲学思考就成了一种思潮。由于黑格尔哲学是典型的唯心论（idealism）①，这些哲学家也自然被视作英国

---

① "唯心论"（idealism）一词的翻译是个不太好处理的问题，其中重要的因素是"唯心论"或"唯心主义"一词在汉语语境下染上了过于浓厚的意识形态色彩。后来有不少学者主张将其翻译为"观念论"，这也不失为一种不错的选择。不过笔者还是认为"唯心论"一词更契合其原意，因而保留了这种译法。此外，笔者会在很多语境下忽略黑格尔哲学、新黑格尔主义与唯心论三个术语的微妙差异，在下文中也会把英国的新黑格尔主义者直接称为唯心论者，请读者们留意。

的唯心论者。

在英国，最早引入黑格尔思想并产生一定影响的并不是哲学家，而是塞缪尔·柯勒律治（Samuel Taylor Coleridge，1772~1834）和托马斯·卡莱尔（Thomas Carlyle，1795~1881）等诗人和文学家。柯勒律治在其作品《文学传记》（*Biographia Literaria*）中表达了类似黑格尔的思路，即"一切知识都依赖于客体与主体的符合"，并提出终极的原理就在于主体与客体的同一性。据有的学者概括，他的观点其实是从宗教出发的，试图把哲学与宗教融合在一起，因此在涉及人类自我的问题上采取了一种唯灵论（spiritualism）的解释，与唯物主义（materialism）和现象论（phenomenalism）相对立。（参阅科普勒斯顿，2019：149~151）

而在哲学领域，最早引入黑格尔哲学并产生较大的影响的哲学家是詹姆斯·斯特林（James Hutchison Stirling，1820~1909），其著作《黑格尔的秘密》（*The Secret of Hegel*）在当时有很大的影响力。在他看来，"对象是神圣心灵的物质化，这就是黑格尔的秘密所在"（鲍德温，2011：43）。除此之外，英国唯心论的代表人物还有托马斯·格林（Thomas Hill Green，1836~1882）、伯纳德·鲍桑葵（Bernard Bosanquet，1848~1923）、约翰·麦克塔格特·埃利斯·麦克塔格特（John McTaggart Ellis McTaggart，1866~1925）等人，他们的基本主张会在下一小节得到简要的讨论。

如人们所知的那样，英国哲学传统主要是经验论的，典型代表人物有洛克、休谟等人。但经验论并不是一种简单的立场，它可能有各类形态，也可能与其他不同的立场相融合。而且，经验论本身也并不是与唯心论相对的。在哲学史上与其相对的概念应当是理性主义（rationalism），而与唯心论相对的应当是唯物论。[①] 因此也就有很多同时兼具经验论和唯心论色彩的理论存在。比如贝克莱，我们可以说他的哲学带有一定的经验论色彩，但他也是一位典型的唯心论者。对此，科普勒斯顿在《从功利主义到早期分析哲学》第六章中做出了如下概括：

> 信奉现象论的经验主义者往往把物理的对象和心灵都还原为印象或感觉，然后通过观念联想原则对它们进行重构。他们的基本意思是：我们只知道印象意义上的现象，如果有超现象的实在，我们无法

---

① 更严格地说，与唯心论相对的是实在论（realism），而我们可以把唯物论视作实在论的一种。

知道它们。然而，19 世纪的唯心论者则确信，物自身是人类心灵中或通过人类心灵显示出来的一个精神实在的表现，它实质上是可理解的、可知的。（科普勒斯顿，2019：143）

对唯心论形而上学来说，终极实在在某种意义上是精神的，因而在这个意义上，唯心论哲学是唯灵论（spiritualism）的形而上学。由此可以得出，唯心论与唯物主义是截然对立的。现象论者试图超出唯物主义与唯灵论的争论，把心灵和物理对象都还原为现象，这些现象既不能恰当地说是精神的，也不能恰当地说是物质的，实际上就此而论，我们不能恰当地称他们是唯物主义者。可是这些现象显然与唯心论者的精神实在很不相同。（科普勒斯顿，2019：144）

当时哲学的发展受到哲学之外因素的影响巨大，而唯心论之所以能在经验主义传统浓厚的英国开花结果，宗教信仰方面的危机起到了重要的催化作用。与经验论等竞争者相比，特别是在面对不可知论、实证主义和唯物主义等思潮的新挑战时，唯心论的一大优势就是更容易提供宗教方面的慰藉，因此它自然也就成为试图维护宗教之人的盟友。这一点经过本书第三章第四节的讨论后可能会变得更加清晰。

除了上述三种主要的哲学立场外，当时英国哲学的另一大思潮是"功利主义"（utilitarianism）。[①] 严格来说，这并不能算是一种典型的形而上学立场，而更像是一种与传统形而上学有很大差别的哲学态度。功利主义者坚持的尺度就是有助于实现最大多数人的最大幸福，其主要代表人物是边沁（Jeremy Bentham，1748~1832），其他重要人物包括詹姆斯·密尔（James Mill，1773~1836）及其子约翰·斯图亚特·密尔（John Stuart Mill，1806~1873）。在他们看来，经验论和唯心论都是应当受到批判的。当然，这种立场也受到了布氏的批评，特别是在伦理学方面。关于这一点，我们在第三章第三节还会谈到。

二 布拉德雷的"对手"和"友军"

和任何一位哲学家一样，布氏在理论上也有很多"对手"和"友军"，与这些人在思想上的交锋和沟通实际上也促成了他哲学体系的发展与完善。

[①] 也有学者指出了"功利主义"这种译法的问题，提倡将其译作"效益主义""功效主义"等。这样的建议是很有道理的，不过为了尊重已有的翻译传统，笔者还是在此保留了"功利主义"的译法。希望提醒读者的是，这本身并不是一个包含贬义色彩的术语。

一般认为，布氏属于黑格尔、鲁道夫·洛采（Rudolf Herman Lotze，1817～1881）、克里斯托弗·西格瓦特（Christoph von Sigwart，1830～1904）所代表的唯心主义传统，与洛克、贝克莱、休谟和密尔所代表的经验主义传统相对。（参阅 Wollheim，1956：12）所以，受英国经验主义传统影响较深的哲学家就往往与布氏有较多的争论。在这些人中，名气最大的应当还是罗素（Bertrand Russell，1872～1970），两人关于关系究竟是内在的还是外在的争论构成了早期分析哲学中的一个重要话题，包括摩尔（G. E. Moore，1873～1958）在内的哲学家也参与其中——本书第五章将专门讨论这个话题。实际上，布氏的竞争对手远不止以罗素和摩尔为代表的、后来被称为分析哲学家的人。在《从功利主义到早期分析哲学》中有这样一段概括："布拉德雷的敌人是一般唯心论者的敌人，即那些经验主义者、实证主义者和唯物主义者，尽管就他的情况来说还要加上实用主义者。"（科普勒斯顿，2019：183）和人们通常中的印象一样，从其根本立场上来看，布氏还是应当算作唯心论者，而关于这种唯心论的准确含义，我们会在本书随后的讨论中尝试澄清。但无论如何，唯心论的基本主张还是与经验主义、实证主义和唯物主义都非常不同。因此，布氏有那么多的对手也就不足为怪了。

相比之下，此处所谓的"友军"指的是与布氏一样持唯心论立场的人。不过这种"友军"其实并不牢靠，他们内部的争论并不比与其他阵营的争论更少。

此类人物中我们首先应当关注的是格林。在格林看来，休谟实际上已经揭示了经验论自身的局限性，而康德和黑格尔的哲学正好可以提供一种与此不同的新哲学。他的基本思路还是黑格尔式的，把对主客体关系的讨论作为哲学的起点，也接受黑格尔所谓的思想与实在相同一的看法；但与此同时，他对主体的看法又受到了康德的影响，主张主体是对各种现象的综合。最终，他对康德和黑格尔的哲学进行了调和，认为"康德关于心灵的综合活动的观念将我们引导到黑格尔的无限精神概念上"（科普勒斯顿，2019：165）。在伦理学方面，他总体继承了柏拉图和亚里士多德的传统，强调"善"是伦理学中的首要概念。在政治哲学方面，他继承了黑格尔的看法，强调国家的角色。应当说，格林的学说在总体上体现了早期唯心论者的典型特征。

在格林之外，另一个重要人物是约翰·麦克塔格特，他的观点在唯心论者中较为另类。多数像布氏这样的唯心论者都坚持一个最高级别的绝对者的存在，而自我与绝对者之间的关系由此便成了一个难题；但在麦克塔格特看来，绝对者在一定意义上就是有限自我的体系，并不存在脱离了社会或自我体系的绝对者，因此也就不存在自我与绝对者的关系问题。他的学说带有一定的经验论色彩，因为他赞同有某些事物实存，也赞同多样性的存在，即实存的事物是有差异的，这与布氏的一元论非常不同。根据科普勒斯顿的概括："麦克塔格特真正希望表明的是：实存的整体是有差异的，而且有多种实体存在。"（科普勒斯顿，2019：237）

与上述两人相比，与布氏哲学关系最密切的唯心论哲学家还是鲍桑葵。他的主要著作包括《作为认识科学的逻辑学》（Logic As the Science of Knowledge，1883）、《知识与实在》（Knowledge and Reality，1885）、《逻辑学或知识形态学》（Logic or Morphology of Knowledge，1888）、《逻辑要义》（The Essentials of Logic，1895）等。鲍桑葵的哲学体系与布氏非常相似，但也有一些差别，这可以从如下几个方面来看。

首先是对逻辑学的看法。在本章第三节我们会讲到，布氏逻辑学的核心概念是判断（judgement），鲍桑葵对此持有类似的看法，并且认为逻辑学的任务就是要说明判断是如何可能的。他说："理智地构成我们称之为实在世界的那个整体，这个工作是认识的工作。分析这个构成过程或决定过程的工作是逻辑的工作，也许可以把它说成是认识的自我意识，或说成是对认识本身的反思。"他将判断称为"差异的同一"（identity-in-difference），认为"判断的本质是将一个观念内容指称实在"，而"不是观念之间的关系，不是从一个观念到另一个观念的过渡，它不包含其他两个观念内容之间特种联系的第三个观念"。[①] 和布氏一样，鲍桑葵也认为判断最终的主词是作为整体的实在，因此每个判断都可以被改写为"实在是这样的，以至于……"或"实在以……为特征"。这样我们最终会拥有一个终极的判断，它当然不是一个简单的东西，而是会把所有真理包含在自身之内。与布氏略有不同的是，鲍桑葵虽然也认为思想与实在是同一的，但对思想的含义做了一些修订，不把思想与感觉对立起来，而是让前者事实上将后者包含在内——这其实更接近格林的思路。此外，在对逻辑与形而上学关系的看法上，鲍桑葵与布氏都认为这两者有着密切的关联，在很多方面甚至可以被等同起来。但和逻辑学一样，形而上学其实并不告诉我们任何新的事实或发现，而只是将我们已经知道的东西联系起来。

---

① 以上引文出自《逻辑学或知识形态学》第一卷第3、1、83~84页，转引自科普勒斯顿（2019：216~217）。

其次是对道德、宗教和艺术的看法方面。两人其实都非常看重这三者的地位，有时把它们与哲学并列，将其视为有限的心灵达到最高统一性的某种途径。在道德方面，鲍桑葵认为个人的意志虽然与他人的意志不可分割，但并不会失去自己的个体性或是被取消；在宗教方面，人类则可以超越自身的狭隘性，达到一种与神的结合。总之，道德是可以被纳入宗教之中的。但同布氏一样，鲍桑葵认为自己哲学的最高范畴不能被简单地等同于基督教中的上帝，后者是至善的；前者则把善与恶的对立包容在自身之内，不让其显现出来。

最后是在各自体系的最高范畴。如刚才所说，鲍桑葵体系的最高范畴不是上帝，而是"绝对"或"绝对者"。最终说来，这样的绝对者只可能有一个，它是完全无矛盾的，一切对立的、有限的东西都被包含在它之内。这自然就涉及刚才提到的、一元唯心论（Monistic Idealism）的核心难题：如何理解绝对者与有限的自我之间的关系。在这个问题上，鲍桑葵的看法具有两面性：一方面，他的主张与布氏非常相似，都认为有限的个体是矛盾的、不完满的；另一方面，布氏认为个体最终要被包含在绝对者之中，实际上会被"消解"，鲍桑葵则认为我们可以在与其他个体的相互作用中让自己变得更完满并扩展自己，而这种经验表明最终的绝对者并不是一个与自我完全不同的东西，而是与它相似。（参阅鲍德温，2011：57~58）

可以看出，两人最大的分歧还是在于对个体的看法。实际上，格林在此问题上的主张就与布氏非常不同。简言之，布氏在哲学上最终否定或至少极大贬低了有限自我或个体的实在性，格林却认为善的实现离不开个人。相比之下，鲍桑葵对这二人的观点做出了调和。他的策略是强调绝对者与有限的个人之间的相似性，认为前者具有的特征与后者是类似的，因而后者的价值和实在性会在前者那里得到保留而非被取消。他在一定程度上继承了格林将个体性视为价值标准的想法，认为完整的个体性最终也只会存在于绝对者之中。

当然，两人哲学的最终归宿都还是走向一种无所不包的经验或宇宙整体。而且，他们都认为这种经验或宇宙整体与世界呈现出来的样子是根本不同的。不过从哲学史的角度看，鲍桑葵的影响力总体不如布氏，这或许是因为"鲍桑葵是一位更乏味、更少矛盾的思想家……他所提出的观点几乎都可以在当时更著名人物的著作中找到"（科普勒斯顿，2019：215）。

三　布拉德雷哲学与唯心论、经验论的关系

如前所述，布氏在哲学史上通常被归为新黑格尔主义者，这是有道理

的，毕竟他在很大程度上继承了黑格尔的核心概念、基本思路甚至晦涩的文风。

在核心概念方面，布氏哲学体系的最高范畴就是"绝对"或"绝对者"（Absolute），这显然继承自黑格尔的"绝对观念""绝对精神"。除此之外，根据张家龙的概括，作为布氏哲学基础的"内在关系"理论也源自"黑格尔关于具体和抽象的理论。黑格尔认为，概念是具体的；所谓'具体'是指多样性之有机联系的整体，不同的规定之统一；这就是说，'具体'就是整体、联系和统一。相反，'抽象'就是孤立、片面和割裂"（张家龙，1997：198）。不过，布氏内在关系说的理论来源可能较为复杂，这一点会在本书第五章第一、第二节得到澄清。

在基本思路方面，布氏整个哲学的目的就是论证上述"绝对者"或超越一切"显象"和关系的"一"（One）的存在，这个"一"是无所不包的，超越了包括主体/客体之分在内的所有对立。他相信一切矛盾的东西和二律背反最终都会在这样的"一"中被消解或克服，这显然是一元论的立场，也是对黑格尔哲学体系的继承和发展。

文风方面就不消说了，感兴趣的读者可以自行去领略布氏著作的晦涩。

当然，如果因此就忽视布氏与黑格尔的不同之处，肯定会有失偏颇，也会错失布氏哲学的独特价值。从根本上说，布氏对人类的思想持批评和否定的态度，认为这样的东西是无法理解和把握终极实在的，这其实与黑格尔对理性的推崇有很大的不同。黑格尔认为知性（understanding/Verstand）固然无法直接把握绝对者，但理性（reason/Vernunft）能够做到这一点。可以说，黑格尔在这样的意义上是一位理性主义者。布氏则不然，他对理性自身持一种批判态度，并不认为它能够把握终极实在。对此，科普勒斯顿概括说：

> 他（黑格尔）力图揭示自身发展的宇宙的本质结构，即存在的整体性。他表示完全信赖辩证思维的能力，相信它能既在绝对本身中，又在绝对自然和精神的具体表现中，揭示绝对的本性。而布拉德雷的辩证法主要采取通过论证思维（discursive thought）[①] 进行系统的自我批判的形式，至少在他看来，这一批判表明，对于终极实在，即

[①] 这里的"论证思维"是周晓亮的译法；笔者则将其译为"论述性的思想"，因为布氏用它指与感觉相对的、关系性的思想。我们在本书第二章第二节还会谈到这一概念。

对于真正实在的东西，人类思维不能达到任何恰当的把握。对他来说，这个论证思维的世界是显象的世界，而形而上学的反思通过揭示由这种思维引起的二律背反和矛盾表明，论证思维的世界正是显象的世界。布拉德雷确实相信，被论证思维扭曲了的实在本身没有任何矛盾，它是一个无缝的整体，一个无所不包的、完全和谐的经验活动。（科普勒斯顿，2019：182~183）

与黑格尔相比，在关于理性的问题上，布氏加入了更多怀疑论的成分，质疑理性对绝对的把握；在关于绝对的问题上，他又增添了更多神秘主义的成分，认为无所不包的绝对可以包容理性并满足我们关于真理乃至信仰的所有追求。

可见，称布氏为新黑格尔主义者，更多还是出于哲学史的考虑或分类上的方便。不过，即便给他贴上这样的标签，也不应当忽视如下两点：第一，布氏并不赞同简单地给自己贴上上述标签；第二，我们必须小心地梳理他与其他思想流派之间的关系。

关于第一点，一方面，布氏毫不避讳自己对黑格尔的赞许和感激，例如他在《显象与实在》第二十四章说"我在这一章比其他任何地方都更感谢黑格尔"（AR 318）；但另一方面，他在《逻辑原理》中又明确否认自己是黑格尔主义者。（参阅 PL x，以及 Allard and Stock，1994：3~4）这样的态度其实并不难理解，毕竟布氏在很多问题上的看法与黑格尔并不相同。此外，有学者指出，黑格尔对布氏的影响在不同领域内有很大差异：影响最大的是在伦理学方面，在形而上学方面相对较小，在逻辑学方面则最小。（参阅 Allard and Stock，1994：4）总之，"主义"这种标签有其好处，但也的确很容易误导人。

关于第二点，虽然之前说过，布氏与英国经验论者有很大的分歧、属于不同的传统，但他还是不可避免地受到英国哲学传统的影响。有研究者认为他与贝克莱的思想有继承关系：

> 布拉德雷……对"绝对"作了经验主义的解释。"绝对"就是绝对经验，知觉经验；而绝对经验一方面是一个无所不包的整体经验，另一方面是由杂多的有限的个人经验构成的。……我们曾经引用穆尔的论证指出，布拉德雷的"实在是精神的"这一论题是从贝克莱的主观唯心主义前提"存在就是被感知"导出的。（张家龙，

1997：196）①

这种看法有一定的道理，在本章第四节我们会论述，布氏哲学的整个出发点就是经验概念。但如果详加考察就会发现，尽管给予经验概念以如此重要的地位，但布氏的基本思路还是与经验论者完全相反。例如，罗素认为经验是可以被分析的，这种分析的途径就是语言分析，最终可以得到的是各种感觉材料（sense data），它们在语言上表现为"这个""那个"之类的逻辑专名。布氏则并不认为可以对经验做这样的分析，他所谓的经验本身就是一个不可分的整体，其中并不存在主体与客体的区分；而且，作为最高范畴的绝对者恰恰在某种意义上被等同于这样的经验，因此布氏才说："存在和实在在感知力（sentience）中是同一个东西；它们最终是彼此不可分的。……绝对者是一个体系，它的内容不过就是感觉经验。因此这会是一种单一的、无所不包的经验，把所有局部的多样性囊括在和谐中。"（AR 129）所以，布氏和很多哲学家所谓的"经验"，除了字面上的相同之外，具体含义上的共通之处是很少的。

可见，给布氏一个模糊的哲学史定位或许并不难，称他为新黑格尔主义者或一元唯心论者都并无大错，但要让这个定位变得准确则并不容易。他的观点与唯心论和经验论都有一定的联系，与前者的联系尤为密切，但又与它们都保持着一定的距离，甚至在一些问题上有根本性的分歧。因此，最妥当的做法还是深入布氏本人的论述中，准确地辨析其与不同理论的相似和差异，最终逐步给他在各种哲学观点构成的网络中找到较为恰当的位置——这也是本书的目标之一。

四　布拉德雷著作的基本情况及问题

在开始进一步的讨论前，有必要简单介绍一下布氏本人著作的情况。

布氏的第一本哲学专著是1876年出版的《伦理学研究》（*Ethical Studies*），共包含七章（essay），讨论七个有密切关联的主题。尽管这本书在严格意义上并不是一部关于形而上学的著作，却是布氏哲学的起点，他在后来的《显象与实在》中多次提及此书，并说自己的重要观点已经

---

① 这里说的穆尔即摩尔（G. E. Morre）。严格来说，张家龙的观点可能有些过强。首先，把布氏对"绝对"的解释称作经验主义的，这其实并没有十分准确地区分布氏所说的"经验"与一般经验论者所说的经验之间的差别；其次，断言"存在就是被感知"是布氏对实在所做界定的前提，也缺乏足够的证据。不过，注重布氏与此前英国哲学思想的关联，的确是很有必要的。

在该书中得到了表达。从行文上看，这也是他最具黑格尔风格的作品。从理论上看，享乐主义（hedonism）和康德为了责任而责任的伦理学观点是他主要的批判对象。在布氏看来，我们每个人的道德目的是自我实现，而道德是一种与人类社会密切相关的东西。实际上，一个人的职责就取决于他在社会中的位置和角色，这也使得他走向一种带有相对主义色彩的立场。该书最后的结论是，关于道德的问题并不能在纯粹伦理学的层面得到解决，我们必须走向超越伦理的领域，即宗教的领域。可见，他的伦理学与宗教理论是紧紧捆绑在一起的。在本书第三章第三节，我们会较为细致地讨论他在伦理学上的主张。

之前说过，鲍桑葵和布氏都非常看重逻辑学，甚至在某些方面将逻辑学与形而上学等同起来。布氏出版于1883年的《逻辑原理》（The Principles of Logic）一书集中表达了其逻辑学理论；在1922年，他又对该书做了修订，形成了第二版。全书共三卷，主要处理的是判断（judgement）和推理（inference）。他的主要目标是论证人类思维无法把握实在，而实在则以某种方式将思维包含在自身之中。他提出了与鲍桑葵类似的看法，即任何判断最终的主词都是整个实在，这使得他的某些主张看上去有些令人匪夷所思。相比之下，他在该领域的主要声誉则来自对逻辑学和心理学的严格区分。在他看来，逻辑的基础并不在于经验性的心理活动，不能被还原为心理领域的事项，后者是作为经验科学的心理学研究的对象。应当说，这样的看法与弗雷格等人是非常接近的，可能源自弗雷格的老师洛采，为逻辑学和哲学保留自己的领域做出了一定贡献。布氏的逻辑学理论会在本书第一章第三节得到进一步讨论。

《显象与实在》一书是布氏的代表作，最早出版于1893年。1897年，布氏对其做了修订和补充，添加了附录部分，这便是该书的第二版，也是目前通行的版本。[①] 他曾坦诚自己的书缺乏足够的系统性，但对全书总体上的完成情况还是较为满意的。全书共包含二十六章，前十二章为第一卷，后十四章为第二卷。此外还有一个附录，收藏了一个导论和三篇文章，以及一些解释性的注释。其中第一卷的标题为"显象"，他在该卷中通过独特的论证表明我们通常看到的世界不过是"显象"，最终说来是包含矛盾的、不真实的。他最突出的观点是否认关系的实在性，认为借助关系所理解的世界是自相矛盾的。在此基础上，他把时空、运动、自我等都归为显象。第二卷的标题则为"实在"。在第

---

① 关于《显象与实在》一书出版的历史，请参阅 Candlish（1984：264）。

一卷的基础上，他做出了实在与显象的区分，认为实在是没有矛盾的、和谐完满的全体。关系是必须被超越的，在超越关系之后，一切都将融入一个既包含全部多样性而又没有任何区分的实在。此外，在本卷中他还谈论了思想与实在的关系、谬误与真理、身体与灵魂、伦理、宗教等传统哲学话题。在附录中，他则着重解释了一些自己提出的、容易引起误解的概念，如矛盾、关系、同一性等。值得注意的是，全书的篇幅分布非常不均匀，第二卷占据了三分之二以上的篇幅，但重要的论证则几乎都集中在第一卷。

1914 年，布氏出版了共十六章的论文集《真理与实在论文集》(*Essays on Truth and Reality*)。在他去世后的 1935 年，《著作集》(*Collected Essays*) 出版，其中包含了一篇重要的未完成的论文《关系》("Relations")。我们在后续讨论中会引用这两本书中相应的文字。

当时以及后来的哲学家们围绕着布氏的这些著作展开了一系列讨论，然而，这些讨论中包含了很多关于他的刻板印象。在《关于布拉德雷的真相》("The Truth about F. H. Bradley") 一文中，坎德利什概括了此类印象：艾耶尔（Alfred Jules Ayer, 1910~1989）认为布氏是一位形而上学家，但考虑到艾耶尔本人对形而上学的贬低，可以看出他对布氏的批判态度；逻辑学家尼尔（William Calvert Kneale）则直接否认布氏在逻辑学方面的工作，认为他根本不是真正的逻辑学家；摩尔则指出，布氏的形而上学观点中包含着蕴含（entailment）和实质暗含（material implication）的混淆，而且教条地假定没有任何关系的成立是或然的（这一点在本书第五章还将得到详细讨论）；罗素对布氏提出了更多的批判，认为他的形而上学观点中包含着根本性的混淆（比如混淆了谓述 [predication] 和同一性 [identity]），想当然地假定唯一可能的命题形式是主谓形式，并最终把人类知识局限在主观性的监狱之内；包括罗素和摩尔在内的很多哲学家都指出，布氏的哲学在至关重要的关系问题上尤其含混不清，缺乏根据地断言所有关系都是内在的，并且试图把关系不合理地还原为其关联项；最后，布氏所坚持的一元论和唯心论让他拒斥了最为常识性的观点，即世界包含诸多对象。①

应当说，这些看法中有的是有道理的，但更多的则是出于各种误解。这部分是由于哲学家常常会抱有的偏见，部分则是由于布氏著作本身的晦

---

① 以上内容请参阅 Candlish (1989: 332)，特别是在该页的脚注中，坎德利什详细列出了所有人观点的具体来源，非常具有参考价值。

涩以及论述上的混乱。本书希望尽可能地对这些晦涩和混乱之处做出澄清，届时再来评论布氏哲学在整体上的价值。

第二节 布拉德雷哲学的原则和方法

一 布拉德雷对形而上学的理解

如同任何一位哲学家一样，布氏本人的哲学也有相应的原则和方法，它们实际上为其所有理论确定了基本的框架。在本节中，我们将其分解为如下五个方面逐一考察：对形而上学的理解，基本方法，充足理由律，观念与语词、抽象与具体、特殊与共相这几组概念间的关系，对语言的理解。

布氏的前两部哲学专著分别是关于伦理学和逻辑学的，但对他而言，这些仍然只能算是对更重要的哲学问题进行讨论的必要准备，而这种更重要的哲学问题还是属于形而上学的范畴。根据西方哲学的传统理解，形而上学要探究"第一原则"（first principle），不过对于"第一原则"的含义究竟如何，大家有非常不同的看法。之前说过，康德哲学和黑格尔哲学传入英语世界后，对传统的英国哲学产生了较大的冲击，这很大程度上是因为前者艰深的思维方式与略显"肤浅"的经验论形成了鲜明的对比。在布氏等新黑格尔主义者看来，英国经验论并没有抓住形而上学的关键。（参阅 Saxena, 1967: 22）他在《显象与实在》的前言中直言不讳地表达了对此前和当时英国哲学的不满：

> 我认为，英国哲学最需要的是对第一原则的怀疑论式研究，而我还不知道有什么著作似乎充分满足了这样的需求。怀疑论指的并不是对某个信条或某些信条的怀疑和不相信。我的理解是，怀疑论试图发现并质疑任何先入之见（preconceptions）。这样的怀疑论只能是劳动和教育的结果，但它也是一种不能被忽视的训练。（AR x）

在布氏看来，此前和当时的英国哲学缺乏怀疑论传统。这指的显然不是休谟式的温和怀疑论，而是针对第一原则本身的怀疑论。在他看来，这种怀疑论是研究形而上学的必要条件，但它不是人的本能，而是需要经过训练才能获得的。

那么，什么是布氏所谓的形而上学呢？他对此有较为清晰的界定：

> 我们或许可以把形而上学理解为试图知道与单纯的显象相对立的实在的努力，或者是关于第一原则、终极真理的研究，或者是不仅碎片式地理解宇宙，而且将其视作一个整体的努力。任何这样的追求都会遭受一些反驳。它肯定会听到这样的说法：它渴望获得的知识完全是不可能的；或者即便在某种程度上是可能的，实际上也是无用的；或者无论如何，我们在陈旧的哲学之外什么都无法获得。（AR 1）

有学者认为，"知道与单纯的显象相对立的实在的努力""关于第一原则、终极真理的研究""不仅碎片式地理解宇宙，而且将其视作一个整体的努力"这三者是布氏提出的对形而上学的三种定义；而根据《显象与实在》的基本立场，万事万物的统一性始终占据着原初的、第一的位置，因而对于布氏来说，第三种定义是最为本质性的。（参阅 Armour, 1996b：108~109）在笔者看来，这三者严格来说其实并不是三种定义，而是不同层次上的说法："关于第一原则、终极真理的研究"是在最为一般性的层次上对形而上学的界定；"知道与单纯的显象相对立的实在的努力"借用了布氏对显象和实在的区分，是在唯心论层次上的界定，毕竟实在论或其他立场可以不接受这样的区分；而"将其视作一个整体的努力"则是对布氏自己形而上学基本主张的概括，带有浓厚的一元唯心论色彩，是很多形而上学家并不接受的。实际上，在各种形而上学立场中，布氏的一元论只是十分特殊的一种。

不过在布氏看来，当时有很多对形而上学的错误看法在流行，为此，《显象与实在》第二版的整个"导言"（Introduction）部分都在试图纠正对形而上学的偏见，它们被布氏概括为三种类型。

第一类偏见认为，关于形而上学的知识是完全不可能被获得的。布氏对此的反驳很巧妙，他指出，说关于实在的知识（即形而上学）是不可能被获得的，这本身就是一种关于实在的知识、是一种关于实在的断言；说我们的知识无法超越事物看上去的样子而达到实在，这本身也就是对事物显象[①]的超越，否则我们根本无法做出此类断言。因此，对形而上学可能性的拒斥其实也是一种形而上学立场，所以不谈论形而上学

[①] 请读者们原谅，我们在还没有清楚分析"实在"与"显象"这两个术语含义的情况下就不得不使用它们。对它们的澄清要到本书第二章才会完成。

是不可能的。

第二类偏见认为，形而上学的研究最终是徒劳的，毕竟有那么多比现在的形而上学家出色得多的人都没有在这方面取得真正的成功，迄今为止也并没有什么完备的形而上学存在。布氏认为，形而上学的不完备之处并不意味着它没有价值。实际上，形而上学是一种出于人类本性的、对世界及人类在其中所处地位的怀疑和反思，这种怀疑论和反思即便没有得到完全的满足，也是无法被戒除的、是有价值的。如果一个人出于上述理由而反对形而上学，那他实际上就会阻断我们对事物的本质做任何反思，可人类思考的意义恰恰就在于这种反思。所以，即便形而上学导致的某些具体结果看上去不令人满意，比如可能导致完全的怀疑论，但还是应当有人研究它们。

第三类偏见认为，已经有很多形而上学理论存了，我们在这方面并不需要什么新的东西。对此布氏指出，世界和人的心灵都在不断变化，而每一代人都会要求理智上的满足。这种变化和要求意味着新的形而上学是永远被需要的。①

总之，形而上学不是一种遥不可及或无用的东西，而是我们出于本性不得不去追求的。它根植于人的本性之中："形而上学为我们出于本能而相信的东西找到坏的理由，但找到这样的理由也是一种本能。"（AR xii）出于本能，我们不可能戒除它，只能不断努力做出探索，即便这种探索从未取得完全的成功。至于形而上学的具体任务，用布氏独特的术语来表述就是："考察显象的领域、通过完美的个体性观念来度量每种显象、按照一种顺序并在一种关于实在性和价值（merit）的体系中排布它们。"（AR 433）

不过，由于布氏在具体的论述中常常采取否定性的表述，对自己的正面立场也很少做出明确而集中的阐发，不少批评者认为他的形而上学主要是否定性的。这样的看法可能受到了其晦涩文风的误导，一定程度上也源自没有充分理解他对显象和实在的区分。实际上，他的形而上学包含了相当多的肯定性部分（参阅 Saxena，1967：26），但由于他把几乎一切存在的东西都归于显象并声称显象始终是矛盾的，读者们往往就容易忽视他对实在做出的各种肯定性表述。这一点随着本书第二章的讨论会逐步得到澄清。

二　基本方法：怀疑论、思想实验与辩证法

尽管提供了对形而上学相对清晰的界定，但布氏并没有直接阐述自己

---

① 对上述三类偏见的讨论请参阅 AR 1～5。

研究形而上学的基本方法。通过对他文本的梳理并参照一些学者的总结可以看出，其方法涉及怀疑论、思想实验（ideal experiment）[①] 和辩证法这三个方面，其中最基础、最重要的是怀疑论。

在上一小节的引文中，布氏把形而上学描述为"对第一原则的怀疑论式研究"，这凸显了怀疑论在他方法中的重要地位，也是对西方哲学传统方法的继承。在西方哲学史上，作为一种立场的怀疑论可能并不占据主流地位，比如皮罗主义（Pyrrhonism）等；但作为方法的怀疑论则是非常重要的，比如笛卡尔的普遍怀疑论和休谟强调常识的温和怀疑论。实际上，几乎所有西方哲学家都离不开这种方法，否则哲学思考就无法起步。

那么，布氏究竟如何理解怀疑论呢？他明确指出，哲学上的怀疑论不等于心理上的怀疑或犹豫，也不等于不断地追问"这究竟是什么意思？"。例如，当我们要求一个对数学一无所知的人复述某篇关于微积分的论文，那么他肯定不可能通过不断追问"这究竟是什么意思？"而成为一名数学上的怀疑论者。（参阅 AR 498）真正的怀疑不是无知，而是对已知的东西保有审慎、不轻信的态度，小心地对其加以考察。因此，布氏的怀疑论事实上构成了其形而上学的一部分，促使他逐步走向最后的绝对者。而在布氏看来，哲学上一般的怀疑论是不彻底的，因为其最终没有导向那个无所不包的绝对者。（参阅 Saxena, 1967: 27 ~ 28）

至于自己所奉行的怀疑论原则，布氏说："为了思考，你必须服从于一定的标准，而这种标准就暗含了关于实在的绝对的知识；当你怀疑它的时候也就接受了它，当你反抗它的时候也就是在遵守它。"（AR 135）这与哲学史上应对极端怀疑论者的常见策略如出一辙，即找出对方也不得不肯定的东西，令其陷入自相矛盾的境地——笛卡尔的"我思故我在"就是对这样一种策略的应用。不过，布氏本人在使用该原则时有一些含混之处，可以产生不同的解读，如下这段关于我们对某个事物之存在的假定的论述可以作为例子：

> 如果我们知道一个事物只在某种特定条件下拥有某种性质，那么由此得出的推理不会辩护如下结论：如果没有任何条件，那么该事物

[①] 有学者指出，布氏把"ideal"一词用作"观念"（idea）一词的形容词形式，借以表明判断是由观念构成的。（参阅 Allard and Stock, 1994: 5）笔者认为这样的说法是有道理的，否则我们很难理解布氏的很多文本，因此也可以把"ideal"一词译作"观念性的"。但在涉及"ideal experiment"的语境中，其含义好像又比单纯的"观念性的"更宽泛一些，所以笔者最后还是采用了"思想实验"这种译法，还请读者们留心。

也是如此。这是确凿无疑的；更进一步来说，如果我们没有别的信息来源，如果涉及的性质对我们来说只在某种关系中才成立，那么我们在这种关系之外断言它的实在性就是非常不合理的。坦率地说，这终将是毫无意义的尝试。（AR 13）

布氏在这里的说法有些含混。他似乎试图对我们的假定做出某种限定，但由于涉及"关系"这个复杂的问题，对他所做限定的适用范围及强度就可以有不同的解读。对此，坎德利什概括了布氏由弱到强的三种怀疑论原则。弱的怀疑论原则是：我们无权假定，始终与另外某个东西结合在一起的东西，能够在不结合在一起的情况下存在（One is not entitled to assume of something which always come in combination with something else, that it is capable of existing uncombined）。中等的怀疑论原则是：没有任何论证可以证明如下事情，即始终与另外某个东西结合在一起的东西，能够在不结合在一起的情况下存在（No argument can prove of something which always comes in combination with something else, that it is capable of existing uncombined）。强的怀疑论原则是：如下假定是无意义的，即始终与另外某个东西结合在一起的东西，能够在不结合在一起的情况下存在（It is meaningless to suppose of something which always comes in combination with something else, that it is capable of existing uncombined）。[①] 可见，布氏的表述可以被理解为：上述那样的假定是未经授权的，或是无法得到论证的，或是根本无意义的——这构成了由弱到强的一系列主张。但无论如何，布氏都认为始终与另外某个东西结合在一起的东西不能不这样结合。这一点与内在和外在关系问题有关，因为外在关系的存在恰恰是布氏观点的对立面成立的必要条件，我们在第五章第一、第二节会回到对此问题的讨论。

值得注意的是，在使用方法论意义上的怀疑论的同时，布氏却对作为哲学立场的怀疑论做出了批判。例如他指出，在伦理学领域内，怀疑论的一般目标在实践上和理论上都是不融贯的。它在实践上是不融贯的，是因为否认道德恰恰就是在断言道德；当我们选择一种生活方式的时候，就是对自己应当成为何种人的问题做出了回答。它在理论上的不融贯之处则在于，对某物的否定恰恰预设了评估该事物价值的标准；所以，如果我们否

[①] 参阅 Candlish（1984：253~257；2007：36~41）。坎德利什在后一篇文献的第41页中还指出，布氏本人似乎未能清晰地区分上述不同强度的怀疑论原则。

定道德判断中包含任何真理，那就恰恰暗含了关于道德的知识。可见对于布氏而言，由于所有否定都包含了肯定，任何一种作为立场的怀疑论都是不融贯的。（参阅 Macniven，1996：93）

在怀疑论之外，布氏方法中的另外两个方面是思想实验和辩证法。

思想实验的概念最初是在《逻辑原理》中被提出的。（参阅 PL 394~431）从论述上看，这种思想实验其实就是推理："推理是一种实验，一种观念性的实验，可以获得新的真理。"（PL 492）而他在《真理与实在论文集》中对此概念有一段较为系统的表述：

> 我会通过注意某些误解来开始，这些误解针对的是像我这样的作者做出的终极探究中被使用的方法。有一种观念是，我们有意或无意地通过特定的公理开始。这样的观念在我看来是缺乏基础的。实际上被遵循的方法可以被称作黑格尔使用的程序，也就是被用于实在的、直接的思想实验。……我的目标是获得能满足特定需求的东西，但只有通过实验和拒绝才能发现道路和途径。这种方法显然是实验性的。（ETR 311）

之所以将其称为思想实验，一方面是因为它与自然科学的实验有类似之处，都是通过必要的步骤去证实或证伪相应的假定，而即便演绎也在某种意义上是未得到保障的，我们不能确保它们的结果（参阅 PL 397）；另一方面是因为这种实验是在思想中进行的，发生在共相之间，涉及意义或观念，因此是观念性的（ideal）（参阅 Candlish，1984：247）。布氏自己就说："这种过程在如下意义上是观念性的：它依据共相之间关联的力量而前进。"（PL 441）

之所以采用这样的方法，是因为他认为自己的形而上学必须不依赖于任何假定，必须在不做预设的情况下对实在的本性进行探究，而只有上述思想实验的方法能满足这一点。从结果上看，这种实验意在揭示所谓的逻辑真理、概念真理或自明的真理，最终导向理智的满足。这与布氏对形而上学本性的考虑有关。在上一小节我们说过，他认为形而上学方面的追问是出于人的本性；而在这里，实验方法最终就是要实现理智上的满足："既然形而上学仅仅是理论，而且既然就其本性来看，理论必须被理智造就，所以在这里理论就是唯一需要被满足的东西。一种无法满足我本性的各个方面的结论无疑并不令我满足。"（AR 136）当然，这并不意味着思想实验仅仅是我们思维领域内的事情，它们仍然是针对实在的、有正确或

错误之分，并且得到自明性的担保。（参阅 Mander，1994：15～17）

与思想实验的概念相比，辩证法在哲学史上出现的频率似乎更高，特别是在黑格尔那里被发挥到了极致。不过，布氏对这个概念的使用与黑格尔非常不同。黑格尔的辩证法代表了实在自身的运动，这种运动形成了一个序列，最高的绝对者只是该序列的最后一项。布氏的辩证法则只是一种思想过程（参阅 Mander，1994：54），而且他直接做出了显象与实在的区分，把几乎一切东西都当作显象，并否认了它们的实在性。他的"辩证法"思路是：所有矛盾都产生于从更高级的统一体而来的抽象，只不过这些抽象从根本上说都是非法的，事实上也预设了自己最终会溶解于其中的那个统一体——这等于是直接走向绝对者而略去所有中间步骤。（参阅 Mander，1995：290）在这一点上，布氏恐怕更接近斯宾诺莎而非黑格尔。（参阅 Findlay，1984：273）

三 布拉德雷是否坚持充足理由律

布氏在自己的怀疑论方法中似乎暗示，始终与另外某个东西结合在一起的东西不能不这样结合，这一点让不少哲学家都认为他持有一种内在关系理论和充足理由律（Principle of Sufficient Reason）。关于前者，我们会在本书第五章进行细致的讨论，在此只是简单澄清一下。内在关系可以有不同的含义，但布氏的一些论述似乎在暗示说，如果关联项（terms）处于某种关系中，它们就不得不处于这样的关系中；换言之，这种关系对它们来说是必然的。如果将这样的原则贯彻下去就可以得出，如果一件事情如此，它就必然如此；如果一件事情为真，它就必然为真。有学者将此概括为布氏在其形而上学中所使用的一条公式：可能且必然的东西就是确定的。（参阅 Saxena，1967：247）而这实际上就是充足理由律的延伸。

一般认为，在哲学史上，关于充足理由律的较为清晰的界定是由莱布尼茨提出的，其大致含义是：如果一件事情为真，那么就必定存在着事情是这样而不是那样的充足的理由。实际上，莱布尼茨之前的很多哲学家都接受这种想法，包括后来的叔本华，但这究竟是否像矛盾律、排中律那样是一条逻辑规律，则是充满争议的。

关于布氏假定了充足理由律并将其运用于证明所有关系都是内在的这一点，是由罗素提出的。在罗素看来，布氏的关系理论依赖于这样一条假定，即所有真理都是必然为真的。（参阅 Russell，1910：374）这样一来，或然性（contingency）就完全被排除在外了，一切都处于不得不处于的关系——也就是内在关系——之中。罗素认为这种论证是不成立的，因为内在关系理论依赖于充足理由律，而充足理由律本身的成立又假定了内在关系理论，这无疑是一种循环论证。①

布氏的某些表述看上去的确有罗素所指责的问题，比如他将纯粹的外在关系界定为："它们似乎是没有任何理由而被关联起来的；而且就它们被关联在一起来说，这种关系似乎是任意的。"（AR 514）这看上去的确是拒斥在没有理由的情况下将任何事物关联起来。但这是否就是预设了充足理由律呢？不少学者认为，罗素实际上误解了布氏的论证，布氏也并未预设充足理由律。曼德就指出，罗素等人在两种意义上指责布氏假定了充足理由律。一是我们不能说两个事物被关联在一起，除非能说出情况如何或为什么是这样的。但布氏明确说了有很多事情是无法被解释的，并不存在此种意义上的充足理由；比如对于绝对者将所有显象包括在自身之中这一点，我们就无法给出充足的理由。二是所有真理都是必然的。但布氏也不持有这样的看法，因为他根本不在这样的意义上使用"必然"一词，因此这样的指责自然不成立。（参阅 Mander, 1994：50~51）

那么，该如何理解布氏那些看似在陈述充足理由律的段落呢？其实，这些论述主要是从逻辑学的角度做出的，不能脱离布氏独特的逻辑学理论。他对"矛盾"和"必然"的理解与一般的观点有所不同。他所谓的"矛盾"主要指的是完全没有任何共同点的东西，更接近于通常所说的相反关系，这一点我们在下一节还会谈到；外在关系之所以是无意义的，是因为它们试图把没有共同点的东西结合起来，而不是因为其关联项的关联只能以另一种方式存在。（参阅 Mander, 1994：102）由此可见，他所谓的"必然"指的也不是通常意义上的必然性；更准确地说，他根本没有类似的观念，这一点随着对其逻辑体系的梳理会变得更清楚。

因此，在上述谈论外在关系的引文（该引文出自《显象与实在》附录中的笔记 B）之前的笔记 A 中，布氏表述了与充足理由律不同的意思：

> 并不存在本来就对立的东西，而我们也没有理由去接受这样的观念。当多样的事物努力在一个点上联合起来时，它们就是相反的（contrary），而这个点本身并不承认内在的多样性。对于理智而言，任何赤裸的结合（bare conjunction）都是这样的尝试。理智在其本性

---

① 关于内在关系理论的含义和罗素的具体论述，会在本书第五章第三节中得到讨论。

中并没有单纯的在一起性（togetherness）①的原则……如果在这种统一性中无法发现对于理智而言是自然的多样性的内在关联，我们就只拥有一种属于并融合于（conjoined in）唯一无区分的点的多样性。这是一种矛盾，而我们最终发现事情不过就是如此。（AR 511）

对此，詹姆斯·威拉德·阿拉德和威廉·F. 瓦利塞拉也都持类似的看法，即布氏那些类似充足理由律的表述其实都是在判断理论的范围内而言的，他并未在其他论证中假定罗素所批评的那种充足理由律。（参阅 Allard，1984：173~174；Vallicella，2002：19）

四 观念与语词、抽象与具体、特殊与共相

无论是上述不同版本的怀疑论原则，还是对思想实验、辩证法和充足理由律的运用，其实都不离开对语言本质的理解。语言哲学自19世纪末20世纪初诞生以来，在西方哲学中一直占据着重要地位。但实际上在此之前，对语言本质的理解对于哲学家而言就是个重要的话题，只是相关讨论尚未形成后来意义上的语言哲学而已。布氏也不例外，用现在的眼光看，他的很多考虑可以被归入语言哲学的范畴。（参阅 Allard and Stock，1994：11）例如，他发现我们对经验的思考总会受到语言的影响（参阅 Candlish，1984：253）；而在论证显象和实在的区分时，他实际上也借助了对语言自身局限性的考察，因为语言必然要使用性质、关系等概念，但这些概念无法如实地反映实在——这一点我们在本书第二章第一节还会谈到。

具体来说，我们会把对他相关主张的考察分为两个部分，在本小节首先讨论一些和语言有关的基本观念，包括观念与语词、抽象与具体、特殊与共相，在下一小节考察他对语言的一般性理解。

首先来看观念与语词。对于布氏来说，观念与语词肯定不是一回事。（参阅 Manser，1983：59）他在《逻辑原理》中给出了对观念的界定，认为它并不等同于符号，这等于是在观念和语词之间做出了区分。在他看来，进入判断中的不是观念本身，而是作为符号的观念：

> 我们不仅在使用观念之前无法做出判断，而且严格来说，在把它

---

① "togetherness"一词不太容易直接译为汉语。布氏似乎用它指东西单纯聚集在一起而缺乏统一性的状态，因此笔者权且将其译为"在一起性"。

们作为观念使用之前，我们也无法判断。我们必须意识到，它们不是实在（realities）而仅仅是观念，是它们之外的实存（existence）[①] 的标志。在成为符号之前，观念并不是观念，而在使用符号之前，我们也无法做出判断。（PL 2）

需要澄清的是，布氏所谓的"观念"（idea）指的既不是心像（mental image），也不是某种发生在心灵之内的行动（act），而是事实或事物的内容，是观念性的（ideal），用他本人的术语说就是"什么"（what），这是与该事实或事物的实存本身——也就是"那个"（that）——相对而言的。（参阅 Ellis，2005：107）关于这一对术语的含义，我们会在下一节详细阐述。

接下来让我看看抽象与具体、殊体与共相，这两组概念是捆绑在一起的。

布氏明确提出，真实的东西是个体。他认为经过语言加工的东西是抽象的，无论是这样的共相还是殊体都并不真正存在，存在的是未经语言抽象的东西。他使用了一个较为独特的概念来刻画这种东西，即"具体的共相"或"具体的普遍者"（Concrete Universal），它体现了差异中的同一性，是存在于殊相中的、通过殊相而存在的共相。这个概念可以说是唯心主义者的代表性术语，布氏在《逻辑原理》和《真理与实在论文集》中都使用了它，但在《显象与实在》中并未使用。此外，他在不同地方对此概念的解释也略有不同。（参阅 Manser，1983：79）但无论如何，未经语言抽象的东西就是具体的共相和殊体，它们是真正存在的；而真正存在的个体既是殊体也是共相，这二者在个体身上是统一的：

  就它与其他个体是相对的而言，它是殊体；就它在其多样性中始终保持一样而言，它是共相。它们是我们在其中做出的两种区分。它拥有两个特征、方面、部分或时刻（moments）。你可以从任何自己喜欢的方面来考虑它，或者从契合语境目的的那个方面来强调它。因此，一个人由于他与其他现象有限的、排他性的关系而是殊体。他在自己不同的属性中始终是一，因而是共相。你可以说他是殊体或共

[①] 关于"实存"一词的含义，布氏曾给出这样的界定："（严格来讲）我所说的实存指的是一系列时间上的事件或事实。这一系列东西并不是始终被直接经验到的，而是一种以被呈现的东西为基础的观念性构造。"（AR 280 Note）

相，因为作为个体，他是这二者，而且你可以强调他个体性的一个方面。个体既是具体的殊体也是具体的共相；而且，作为从不同视角而来的整体的名称，它们都是真实实存的名称。(PL 188)

那么，究竟该如何理解抽象的殊体、抽象的共相、具体的殊体、具体的共相这四个概念的呢？对此，坎德利什给出了较为清晰的说明。当布氏说抽象的殊体不存在时，他指的是诸如胡子性或红发性①的特殊示例并不是独立的实存，展示这些属性的人才是真实的。当说抽象的共相不存在时，他指的是胡子性或红发性本身是被思想加诸世界之上的抽象，因此仍然不是独立的实存。当说一个东西的存在是具体的殊体时，他是在提醒大家注意这样的事实：一个作为红发性的特殊示例的人，排除了同类的其他成员，正如当我占据某个空间时，其他人就从该空间被排除了；也正如当我是红发时，黑发性的示例被红发性的示例排除了。当说一个东西的存在是具体的共相时，他指的是那个事物以一种特殊的方式收集了一定数量的抽象的殊体。(参阅 Candlish, 1978: 166~167)

可见，布氏对这些术语的使用方式相当特殊，与人们的通常理解有较大距离，而这显然是受到了黑格尔对它们用法的影响。对此我们在这里不做简单的评判，而是在随后的讨论中逐渐分析其利弊。

五 布拉德雷对语言的理解

现在我们可以来看看布氏对语言角色的一般性理解。在讨论具体的共相时我们已经指出他对语言抽象作用的批判，而他总体上的确对语言持一种较为贬低的态度，认为语言从根本上说是有限的，最终无法刻画实在。在他看来，语言始终都代表了一般性 (generality)，当我们说出一条关于某个个体的命题时，无论对该命题增加怎样的刻画，都可能存在另一个个体符合我们所做的描述，即便像罗素那样添加"this""that""now"等语词也无济于事。对此，布氏给出的解决方案是：承认在语言开始起作用之前存在一种直接的感觉，它是一体的，不包含任何多样性，也不包含任何区分；只有当我们开始进行反思、使用概念和语词的时候，多样性和区分才会出现。②我们实际上从整体中做出了不恰当的抽象，这种抽象在语言中的体现就是：分离了实在中并不真正分离的东西。(参阅 Candlish,

---

① 关于这两个概念的解释和讨论，请参见本书第二章第一节。
② 这体现了布氏关于经验的看法，我们会在本书第一章第四节中对此详加讨论。

1989：348）在此基础上，他进一步提出了与我们日常把握到的显象相对立的实在概念，认为实在中是没有多样性和区分的，而这自然就意味着语言无法达到实在。因此他在谈论大自然（Nature）时说："答案必须在一种不包含对于绝对者而言的意义的语言中才能被给出，直到被转变为一种超越了我们能力的表达方式。"（AR 248）

对此，有学者指出了其理论预设中潜在的问题。布氏对语词的理解看上去有些狭隘和片面，似乎完全忽视了它们被使用的整个语境。他所谓的语言更像是一种类似拼图的东西，这些拼图具有相同的种类和形状，但彼此又缺乏联系——难怪他由此认为语言不恰当地切割了经验；如果语言仅仅由孤立的语词构成，它们对经验的刻画当然是很成问题的。在布氏看来，自己的哲学就是要克服语言的缺陷，尤其是在刻画实在时的那种在一般性上的缺陷，从而确保命题的独一无二性；而他由此一步步滑向一元论的结论也就不足为奇了。（参阅 Wollheim，1956：17~20）

在笔者看来，这样的批评还是很中肯的，因为随着讨论的深入我们会发现，布氏对语言的理解的确有很多问题，以至于我们常常不得不怀疑他所说的语言究竟是不是我们通常理解的日常语言。由此也可以看出，在讨论哲学问题之前，首先做出对语言本质之理解的澄清是非常必要的，这也正是语言哲学的意义所在。如果布氏首先在语言哲学方面做好相应工作的话，其形而上学理论中的一些潜在困难就有可能得到更好的解决。

和语言本质相关的问题中，最重要的还是如何理解语言和实在之间的关系。虽然之前我们也简单概括了布氏认为语言无法刻画实在，但这种"实在"是在布氏独特的意义上被使用的；而此处所谓的语言和实在之间的关系，则指的是语言与通常理解的实在之间的关系，笼统一点说也就是语言和世界之间的关系。布氏也认识到了该问题的重要性，并将其称为"思想与实在之间关系的大问题"（the great problem of the relation of Thought to Reality）（AR 492）。从其用语中可以看出，他有时并未严格区分思想和语言，实际上就是把这二者看成一回事，这与当代语言哲学的基本思路非常不同。

简言之，布氏最基本的看法是，思想与实在是一体的。① 对他来说，思想或判断始终由两个部分组成，一是"逻辑观念"（logical idea，或

---

① 这也是本书第二章第二节的主题，很多相关问题会在那里得到澄清，我们在此只是先简要概括一下其观点。

观念性内容［ideal content］、意义［meaning］），这是形容词式的（adjectival）、普遍的；二是实在，这是实质性的（substantive）、个体的，判断就是关于它的。（参阅 Levine，1998：45）这里需要注意的是他对"观念"一词的用法，他说："事实是个体性的，观念是普遍的；事实是实质性的，观念是形容词式的；事实是自我实存的，观念是象征性的。"（PL 43~44）可见，他并没有足够清晰地区分观念和语言，因此，他的一些关于观念的评论也适用于语言；而他所谓的观念指的也并不是心像，而是这些心像的内容或普遍性的意义。（参阅 Levine，1998：44）这种观念并不是凭空存在的，而是必须与实际的情况相对应的：

> 现在，一种仅仅"在我头脑中的"思想或从所有与真实世界的关系中被分离出来的赤裸的观念，都是一种虚假的抽象。因为我们已经看到，拥有一种思想差不多就是把它指涉向实在（to refer it to Reality）。因此，完全未被指涉的观念会是自相矛盾的。（AR 350）

> 我们自然会认为，一个判断在谈论某个事实或某种实在。……我们不仅必须说些什么，而且我们所说的也必须是关于某种实际的东西的（must also be about something actual）。（PL 41）

然而，既然布氏对语言持较为贬低的态度，同时又认为思想和实在是一体的，这是否意味着他实际上承认了语言和思想、语言和观念的区分？此外，即便认为我们所做的谈论始终是关于实际的东西的，这似乎距离思想与实在是一体的结论仍有相当的距离。

对此，可我们可以做出如下两点澄清。

第一，布氏对于语言、观念和思想三个概念的使用的确是较为含混的，并未清晰地区分它们，这与当代语言哲学的理解非常不同。不过，这也不是布氏独有的问题，毕竟在语言哲学出现之前，大家对语言与世界（或实在）之间关系的讨论还很不充分。此外，像布氏这样未对这几个概念做明确区分的哲学家还有很多，比如笛卡尔。[①] 当然，必须承认的是，这种混淆的确让他的论述显得较为混乱，也引起了学者不少解读上的困难。

第二，布氏化解上述困境的思路较为独特，即引入"思想的自杀"这一概念。比如他说："但如果真理和事实是一体的，思想就一定会以某

---

① 关于这个问题的进一步讨论，可参阅张励耕（2014：110~111）。

种这样的方式达到自己的完满（consummation）。但在那种完满中，思想当然已经被这样转变，以至于继续称它为思想似乎是不可行的。"（AR 152）简言之，布氏采取了一种看似悖谬的说法：思想的确与实在合一，但真正与实在合一的思想又不是真正的思想了。考虑到他对语言、观念和思想三者的模糊用法，我们也可以说，语言和观念最终也会"自杀"，从而被包容进实在中。不过，这一点还是要等到本书第二章的讨论后才会变得足够清晰。

总之，对语言本质的理解构成了他进行一系列哲学讨论的重要基础。但他对一些重要相关问题的讨论并不是通过语言哲学（毕竟当时也没有这个领域），而是通过逻辑学进行的，现在是时候关注他在这方面的论述了。

第三节　布拉德雷哲学的逻辑基础

一　"那个"与"什么"

本节我们将讨论布氏哲学的逻辑基础，也就是其基本的逻辑学思想，相关内容主要见于其著作《逻辑原理》。这是一部篇幅相当长的作品，涉及的主题很多，还有不少技术性非常强的部分。必须说明的是，笔者并不意图在此处理其所有重要的逻辑学理论，而只是处理与本书的主题，特别是与形而上学相关的部分，具体包括：关于"那个"（that）与"什么"（what）的区分，判断（judgement）与推理（inference），对真（truth）与矛盾的独特看法，以及从总体上如何评价其逻辑学思想的独特性。他的真理观以及关于真理等级的看法，我们会在第二章第四节加以处理。至于其逻辑学中的其他主题，特别是那些技术性很强的部分，如判断和推理的具体种类等，读者们可以参考张家龙《布拉德雷》一书中的第三章，以及两部关于其逻辑学的专著，即曼瑟的《布拉德雷的逻辑学》（*Bradley's Logic*）和阿拉德的《布拉德雷形而上学的逻辑基础：判断、推理和真》（*The Logical Foundations of Bradley's Metaphysics：Judgment，Inference，and Truth*）。

首先要澄清的是，布氏逻辑学的出发点是判断，而非观念或概念。判断的一个主要特征就在于它要么为真要么为假，而在无所谓真假的地方也就不存在判断。如此看来，他所谓的判断相当于现在通常所说的句子或命题（sentence/proposition）。（参阅 Manser，1983：99）这样的看法与后来弗雷格的观念不谋而合，但相比之下，布氏研究判断的基本思路则显得很特别。在亚里士多德那里，研究是围绕着对"是"（einai）这个词之不同功能的分析展开的，命题最终被拆分为主词和谓词两个部分；在弗雷格那里，日常语言被改写为命题函项的形式，通常的主谓命题最终被拆分为变量和函项两个部分。而在布氏看来，无论任何东西都可以被拆分为两个部分，即实存（existence）和内容（content）；这其实就是说，对于任何一个东西，我们都可以感知到（perceive）它存在（that it is）以及它是什么（what it is）。前者指的是，如果一个事实存在，就必须是某物（something），这个某物也被布氏称为"那个"；后者指的是，如果该事实是真实的（real），就必须拥有独一无二的、能够与其他事实区分开的特征，这种特征也被布氏称为"什么"。但实际上还有一类特殊的东西，那就是符号（symbol），它们除了拥有上述两个方面外，还有第三个方面，即含义（signification）；这就意味着它们在一定程度上舍弃了自身的独特性而获得了普遍性，从而能够代表其他东西。（参阅 PL 2；张家龙，1997：43~45）

那么，实存与内容的区分究竟有什么意义呢？从形式上看，"那个"就相当于命题中的主词，"什么"则相当于谓词，它们组合在一起就构成了通常意义上的判断。如此说来，"那个"类似于通常所谓的殊体，"什么"则相当于共相，双方共同为我们理解世界和做出判断提供基础：

> 无论差异会如何区分各种精神现象，它们在一点上是相似的：它们都有内容，也有实存。它们不局限于"那个"，但都有一个"什么"，因为存在着复杂的性质以及性质之间的关系。既然如此，我们就有了形成共相所需要的一切。因为在不同的语境下，无论我们是在处理感知、感觉还是意志，内容的同一性是而且必须是一个共相。（PL 309）

但必须注意的是，在布氏看来，"那个"与"什么"的区分严格来说并不存在于事实自身之中，而是我们的思想对之进行抽象后的产物。换言之，主词所代表的东西自身并不存在"那个"与"什么"之分，而是一个统一的整体，对它而言也不存在判断这么一回事；判断其实是属于思想这个范畴的、是思想的产物、是可以为真或为假的。所以他说：

主词把所有东西合在一起，而谓词则涉及割裂，所以给其主词造成了统一性上的部分丧失。因此，终极实在或任何"这个"① 都不可能由性质构成。（AR 205）

"这个"不是内容，也不拥有内容。（AR 206）

并不存在属于"这个"或"我的"的不可剥夺的内容。当说"这个"的时候，我的直接感觉拥有一种复合的特征……但它并没有作为一个分离的部分而属于它的"什么"。……单纯的"这个"无法占据（appropriate）任何东西。（AR 206）

布氏认为，"那个"所代表的东西本身并不拥有我们的思想赋予它们的"内容"，但它又是复合的、丰富的。这种看似有些令人费解的说法与如下两点有关：一是他对经验的独特理解，即经验既是一个不可分的整体，又具有最大的真实性和多样性——这一点我们会在下一节做出分析；二是他对显象和实在的区分，即思想和语言其实都属于显象的领域，它们对实在的切分最终会导向矛盾——这一点我们会在第二章详细讨论。

所以，思想面对的其实是一个未经区分的整体，而思想一旦与之发生关联，就必定会产生上述区分，但这种区分并不符合实在本身的状况。因而在思想与实在（或曰事实）之间似乎有一条无法逾越的鸿沟：

从本质上说，判断是对"什么"和"那个"这两个暂时被疏离的方面的再联合（reunion）。但思想的观念性就在于这些方面的疏离（alienation）②。……所以，就这种疏离在思想中并没有变好而言（so far as in thought this alienation is not made good），思想绝不可能比单纯的观念性的东西更多。……思想把一种观念性的内容谓述给一个主体，观念并不与事实相同，因为在它之中实存和意义必然是分开的。（AR 145，146，148）

但是思想不会满足于此，它不会停留在显象的领域内而不试图走向实在，因此又要努力恢复那个被自己破坏的整体。可思想的本质恰恰又在于

---

① 这里的"这个"（this）其实就相当于"那个"（that），只是布氏的用语不那么严格而已。
② "alienation"在哲学上也可以被译为"异化"，但这显然并非布氏所要表达的意思。他只是用这个词指本不应该被分开的东西之间的分离，因此笔者将其译为"疏离"。

上述分离和对那个整体的破坏，于是它最终会走向一种类似自我毁灭的境地，这被布氏称为思想的"自杀"（suicide）：

> 思想本质上在于"什么"和"那个"的分离。……思想在间接地努力修复这个被破坏的整体。它试图发现一种自洽的、完整的观念的排布（an arrangement of ideas）；通过这种谓词，它限定了实在并使之变好。如我们已经看到的那样，它的尝试最终会是自杀式的。真理应当意味自己代表的东西，也应当代表自己意味的东西；但这两个方面最终被证明是不相容的。在主词和谓词之间仍然有一种未被移除的差异；当这种差异存留时，会表明一种思想中的失败，但如果它被移除，就会完全摧毁思维的独特本质。（AR 319）

如此看来，布氏似乎绕了一个很大的弯："什么"和"那个"的区分不是事实或实在本身所具有的，而是思想的产物，但思想自身又不可能满足于此；也就是说，只要我们在思考或使用语言，就会出现"什么"和"那个"之分，所以思想的本质就在于做出这样的区分，如果离开这种区分，思想就会坍塌；但与此同时，思想本身又不可能不超越这种区分——这就形成了一种看上去的悖谬之处——而布氏认为，这恰恰意味着我们目前对于思想或判断的谈论始终停留在显象的领域内，最终会导向矛盾。对这种悖谬之处的化解或超越涉及对思想和实在之间关系的理解，而这正是本书第二章第三节的主题。

二　判断的真正形式

在上一节我们说过，布氏逻辑学的出发点不是观念或概念。与黑格尔相比，他完全不关心如何确定思想之先天范畴的问题，而是要构建关于判断和推理的理论。（参阅 Allard and Stock，1994：4）这自然与他对逻辑学本性的理解有关，他认为："逻辑学的首要目的就在于揭示推理和判断的一般本性以及主要类型……所谓真理就是被看作观念的实在，这种实在必须被视为一个可理解的体系，而每一个判断和推理都以这样的实在为直接目的。"（PL 620）[①]

[①] 有学者指出，这也与布氏反对心理主义、把逻辑学同心理学严格区分开有关，而且由此进一步引出了思想和实在之间关系的问题。（参阅 Wollheim，1956：15）这样的看法是很有道理的，但可能并不足以说明布氏独特的逻辑学思路。在第二章第三节讨论思想与实在的关系后，相关问题或许会变得更清楚。

那么究竟什么是判断呢？布氏对此的概括是，判断本身"是一种行动（act），它把一种观念性内容指涉向一个超越于该行动之上的实在"（PL 10）。有学者指出，这个定义谈论了判断的三个本质特征：第一，判断是特殊种类的行动，是心智行动；第二，它们拥有被布氏称为"观念性（ideal）内容"的特殊种类的内容；第三，判断拥有客观的指涉，且由此而为真或为假，换言之，并不是整个行动为真或为假，而只是它的一部分——也就是它的内容——为真或为假。（参阅 Allard and Stock，1994：5）总之，布氏在考虑一段话语是否是判断时，首先考虑的是它能否为真或为假；只有在关于真（truth）和假（falsity）的观念已经被把握到的情况下，真正的判断才有可能发生。而在布氏看来，只由一个词构成的句子也可以是判断，因为它们有真假，比如"狼""火"，尽管它们无法被归于传统的主谓逻辑模式下。（参阅 Manser，1983：100~103）

可以看出，布氏对判断的理解和分析的确与传统的主谓逻辑思路非常不同，这可能是受到了黑格尔式唯心论的影响。他接着上述关于判断的定义说：

> 观念性内容是逻辑的观念，刚才给出的就是其定义。当我们通过它自身知道它并不是事实而是一个飘荡游离的形容词时，它就如其所是地被认知了。在断言（assertion）的行动中，我们将这个形容词转化为一个真实的实质（substantive），并与这个实质结合在一起。而且我们同时把握到，这种被建立起来的关系既不是被该行动确立的，也不是仅仅在它之内或由于它才成立的，而是既独立于它又超越它的。（PL 10）

在这样的分析之下，判断中只存在一个观念，所以也就不存在任何关于系词的问题。（参阅 Manser，1983：101）观念可以被理解为特殊的或普遍的，但在布氏看来，逻辑应当只处理普遍意义上的观念。（参阅 Stock，1984：132~134）

那么，布氏究竟如何看待判断的本性呢？这涉及他在逻辑问题上两个非常独特的看法：第一，他认为所有判断都是条件式而非直言式；第二，他认为所有判断的逻辑主词都是作为整体的实在。简单地说，前一点实际上是否认有任何直言判断（categorical judgement）存在，这依赖于他对条件句的独特分析，特别是对反事实条件句的分析。后一点则依赖于他的如下看法：判断的观念性内容始终是通项（general term）而殊相（singular term)。(参阅 Allard and Stock, 1994: 7) 现在就让我们详细考察一下这两条独特的主张。

布氏关于所有判断都是假设性的观点，其实包含三个相互关联的部分：(1) 所有判断都是假设性的；(2) 所有假设性的判断都是缩写的论证；(3) 所有判断都是缩写的论证。(参阅 Allard, 1984: 174) 关于 (1)，布氏给出了一个简单的说明：

> 我们可以通过规定任何直言判断 (categorical judgment) 都必定为假来另辟蹊径。主词和谓词最终不可能是对方。但如果止步于此，我们的判断就没有达到真理；而如果我们获得了真理，关联项及其关系就会中止。因此，我们所有为真的判断都必定是有条件的。如果不借助另外某个东西的帮助，谓词就不会成立。(AR 319)
>
> 谓词可能或多或少地完全不为真。因此我们的确总是服从于未知的东西并任其摆布。所以我们的判断最终一定会是有条件的，只是程度不同。(AR 320)

布氏认为任何直言判断都必定为假，这显然是一种与常识和一般的逻辑学观点大相径庭的主张，而这与他对"是"的独特理解有关。根据通常的看法，主词和谓词通过"是"被关联在一起，后者可以是前者的属性或定义；布氏却说它们最终不可能是对方——这初看似乎是把"是"的含义局限在了严格的等同上。这是其论证中一个充满争议的关键点，我们在此只是先指出，暂时不做讨论，在第二章第一节谈及他关于显象的论证时再返回该问题。

布氏从上述文字中得出的结论是：普遍的直言判断实际上都是条件句，都是在说"如果……那么……"。这样的句子被他视为一种缩写的论证 (argument) 或推断 (inference)，其前提是该条件句的前件，是关于该前件在其下被断言的条件的判断，也是关于实在的。这样布氏就解释了为什么他所谓的判断既是条件句又是关于实在的。(参阅 Allard and Stock, 1994: 10)

在普遍的直言判断之外，布氏将非普遍的 (non-universal) 判断分为三类：一是关于感觉的分析判断 (analytic judgement of sense)，它们涉及关于我现在的感觉或感知的判断，比如"我牙疼""有一匹狼"；二是关于感觉的综合判断 (synthetic judgement of sense)，它们要么陈述了关于时空的某种事实，要么陈述了关于被给予的材料的某种性质，而我并没有在此刻直接感知到该性质，比如"这条路通向伦敦"；① 三是处理一种绝不是在时间中的可感事件的实在的判断，比如"上帝是一个灵体（spirit）"，它们可能在形而上学中没有地位，但在逻辑学中肯定有一席之地。上述判断涉及的都不是单个的事件，因为其使用的语词是通名。这意味着它们都未能达到独一无二的事件，因此被布氏称为假的。② 应当说，这样的看法也与我们的常识相距甚远，但与他对何为"真"的独特理解有密切关系，在本书第二章第四节的讨论后，这些看上去有些奇特的理论或许会变得更清楚。

布氏关于判断本性的第二个独特看法是，所有判断的真正主词或主体（subject）都是实在，其正确的逻辑形式是"Reality is such that S – P"（实在是这样的，即 S – P）。③ 需要注意的是，布氏虽然主张绝对者是所有判断的"subject"，但这个词的含义不完全等同于传统所谓的主词或主体。之前说过，他对传统逻辑进行了激烈的批判，认为任何判断都是假言的或条件式的，这样一来，就没有任何判断把一个谓词归属给真正的主体。它们其实都是条件句，把各自的内容谓述给作为整体的实在。④

与此相关联的还有他对于"否定"（negation）的独特看法。通常认为，否定是与肯定相对立的，否定句是对肯定句所肯定的东西的否定。布氏却提出，所有否定都预设了一个肯定的根据。（参阅 PL 117）这样的观念实际上还是根植于他对实在的看法：所有判断都是关于唯一的事实

---

① 参阅 PL 49~50；Manser（1983：110）；Allard and Stock（1994：10）。需要注意的是，布氏在这里对"分析的"（analytic）和"综合的"（synthetic）的使用不是在康德意义上的；他认为这两者虽属于不同的范畴，但并不是对立的。

② 参阅 PL 93~95；Manser（1983：110）。布氏在这里似乎陷入了一种循环论证。他之所以认为这些直言判断都为假，是因为事实只有一个，而它们则断言了多样的事实。但"事实只有一个"这一点本身又依赖于他对实在的独特理解以及对实在和显象的区分，而这种理解和区分实际上又和他对判断的看法有千丝万缕的联系。我们会在本书第二章第一节和第三节处理相关论证，届时布氏不同说法间的复杂关系会更清晰地呈现出来。

③ 布氏在多处提到这样的说法，例如可参阅 PL 101，630。而根据斯托克的说明，鲍桑葵其实比布氏更频繁地使用了这个公式，参阅 Stock（1984：132）。

④ 有学者指出，这种对判断的理解显然与通常所谓的实在论是相对立的，构成了布氏在形而上学方面所持有的唯心论主张的基础。如此一来，我们的判断句都会缺乏确定的真值，毕竟它们都不是完整的，都只是在一定程度上对实在的刻画。（参阅 Allard and Stock，1994：4，12）这样的看法是很有道理的，只不过布氏不会简单地把自己套进实在论和唯心论对立的框架当中。而且，他对于判断句的理解会直接导向一种带有等级之分的真理观，这说明他在开始讨论判断时所持有的真理观——判断一定可以为真或为假——并不像初看那样简单。这一点会在本书第二章第四节得到讨论。

（即实在）的，即便否定判断也不例外。这是因为我们在否定中也谓述了关于实在的观念，这些观念服从于一些没有被清晰陈述的条件；因此，否定句正确的逻辑形式仍然是"Reality is such that S-P"。（参阅 Manser, 1983：103；Allard and Stock, 1994：12；Mander, 1994：45）这样的看法对于逻辑本身似乎并没有太多实质性的影响，但对形而上学立场的影响却不小；毕竟这样一来，所有判断都只对应唯一的实在，我们也就无须承认否定事实的存在。

三 逻辑规律、矛盾与推理

可以看出，布氏提出了一套与通常的理解非常不同的判断理论。那么，他对于同一律、排中律、矛盾律等基本逻辑规律又持何种看法呢？从总体上看，他并没有否认或修订这些规律，而是从自己独特的逻辑观念出发，对它们的本质或基础做出了较为独特的阐释。例如关于同一律，他说道：

> 同一律是对如下事情的否认，即如果真理为真，那么它是可以从外部被改变的。因为如果是这样的话，它就要么会让自身与它的缺失（absence）结合在一起，要么会与一个肯定性的（positive）他者结合在一起；可以看到，任何一种选择（在这里我们姑且把它们视作选择）都是自相矛盾的。因此，任何单纯的语境都不可能在一条真理为真的范围内对它做出修订。我们必须说，它只是补充了某种不影响真理自身的东西。换句话说，真理不可能被修订，除非修订是从内部进行的。这自然引出了一个问题，因为真理似乎一方面是抽象的、如此不完整的，另一方面又是自立（self-contained）甚至自存的（self-existent）。(AR 510 Note)

在布氏看来，同一律并不是"A = A"这样的同语反复。根据张家龙的解释，它是针对真理而言的："同一律的基础就是前面所论述过的判断性质：每一个判断如果确是真的，就一定是断定那个终极实在的某一性质，决不随事件的变迁而有所改变。……（1）真理在一切时间都是真的。(2) 一旦是真的就总是真的，一旦是假的就总是假的。……（3）凡在某一场合中是真实的，在另一场合中也必真实。"（张家龙，1997：59）也就是说，真理一旦被确立，就不会因为外部的变化而被改变。这让我们想起了本章第一节中对布氏是否持有充足理由律的讨论。他的确在暗示一种可以被解读为充足理由律的观点，即如果一条真理为真，它就必然为真；但也如此前指出的那样，这是在判断理论的范围内而言的，不能被简单地推广到其他领域。当然，我们可以批评布氏说，他对于"真"的理解有歧义，没有说明这是一个形而上学概念、逻辑学概念还是语义学概念，不过这些区分毕竟是后来才发展起来的，在此可能还是不要苛求他为好。

至于排中律，布氏也并未对之做出否定或修正。他认为排中律是对选言判断的一种运用，其真实性只是相对的，但又超过了选言判断的限制。（参阅张家龙，1997：62~63）

相比之下，他对矛盾或矛盾律的看法则非常特别，而且这一点对于理解他的理论至关重要，如果想当然地以为他是在通常意义上使用"矛盾"一词，很多相关的说法就会变得十分令人费解。

我们通常所说的相矛盾的东西就是"A"和"非A"，但布氏不是这样理解的。从语词上看，他在很多时候不加区分地使用两个术语来指示矛盾，即"contradiction"和"discrepancy"。前者当然就是通常所说的矛盾；后者则既有矛盾的意思，也可以被理解为差异、偏差、不符合等。此外，布氏在使用常见的"self-contradiction""self-contradictory"之外，还使用"self-discrepancy""self-discrepant"表示自相矛盾的意思。这些较为含混的用法不仅给相关段落的翻译带来许多困难，也让他关于矛盾的观点变得更加晦涩。在此，必须澄清他赋予矛盾一词以怎样独特的含义。

他在《显象与实在》的笔记A中解释了自己对矛盾一词的理解：

> 当事物显现为赤裸的结合时，也只有在这时，当为了思考它们而不得不在没有关联和区分的内在根据的情况下谓述差异（discrepancy）时，换言之，当你不得不把多样性简单地，也就是在同一个点上（and that means in the same point）统一起来时，事物就是自身相反的（self-contrary）①。这就是矛盾的意思，或者我至少无法找出别的意思来了。（AR 505）

---

① 这个词其实也可以理解为"自相矛盾"。

但这显然与通常所谓的"矛盾"概念不同，我们可以通过如下两点加以说明。

第一，我们说的"矛盾"一般是一个逻辑学概念，而在布氏的头脑中，它不仅有逻辑学含义，还有形而上学含义。（参阅 Mander，1994：49）其逻辑学含义是关于思维规则的，具体是指：不要把真正相反的东西放在同一个思想中；其形而上学含义则是关于事实的，具体是指：相互有差异的（discrepant）东西是无论如何不能相容的。综合来看，矛盾律仍然是同一律的反面，其含义是：真理是不会改变的，但相矛盾的东西断言了真理的改变，因而不可能为真。①

第二，可以看出布氏并不简单地把"A 并且非 A"称为矛盾。对他来说，在形而上学方面，真正的"非 A"的意思是"与 A 没有任何共同之处"。因此，如果两个事项或陈述没有任何共同的东西，它们就是矛盾的；而在思维规则方面，把两个完全不同的东西通过一个单纯的"和"放置在一起的尝试，就是矛盾。②

显然，布氏在此做出了一种可能有着严重后果的混用：他不加区分地使用了"相反的"（contrary）和"相矛盾的"（contradictory）这两个术语。根据通常的理解，这是两个不同的概念：两条相反的命题不可能同时为真，但可以同时为假；两条相矛盾的命题则既不可能同时为真，也不可能同时为假。例如，"A 是白色的"与"A 是黑色的"就是相反的命题，它们不可能都为真，但可以都为假，比如实际情况是 A 是绿色的，但"A 是白色的"与"A 不是白色的"就是相矛盾的命题。

他之所以不区分这两者，可能与其更进一步的理论目标有关。在相反和相矛盾之外，还有一个更弱、更模糊的概念，即有差异的（discrepant）。在布氏看来，只要两个东西不完全一样，就可以说是有差异的，而相反和相矛盾都在这个概念的统摄之下。他的最终目的是达到一个没有任何差异的实在，而不仅仅是消除所有相反或相矛盾的概念、命题，因此，是否区分这两者对他而言就并不那么重要。

---

① 关于布氏对矛盾的逻辑学理解和形而上学理解，请参阅张家龙（1997：60~61）。这里还需要说明的是，这种观念与布氏的形而上学立场有密切关联。在他看来，真正的实在是个体的，个体是和谐的、自我一致的、无矛盾的。关于这一点，请参阅本书第二章第一、第三节的讨论。

② 参阅 Mander（1994：50）。阿莫尔从判断的角度对此提出了类似的解释：所谓矛盾就是未能做出足够的区分以产生一条真正的判断；而一条"矛盾式"就是一个不完的过程。（参阅 Armour，1996a：17）

我们可以这样来理解其思路：相反的谓词不会相重合，即不会有共同的示例，例如没有任何东西既是白色的又是黑色的；但有差异的谓词则可以相重合，例如一样东西可以既是白色的又是方形的。表面上相反的东西，最终可能仅仅是有差异的，例如"快""慢"这对概念是相反的，但一个快的物体和一个慢的物体可能拥有同样的速度，因此它们实际上只是有差异。按照这样的进路，随着我们采取越来越宽泛的视角，总是可以在表面上相反或相矛盾的东西身上发现共同点，最终达到一个没有任何差异的东西，在那里，任何相反的或相矛盾的东西就都不存在了。（参阅 Mander, 1994：50~52）

应当说，布氏对差异、相反、矛盾等词的用法不仅很独特，而且较为混乱，这种独特性和混乱其实源自他对那个最高的、无所不包的、没有任何差异的东西的追求；在这个东西之内，差异、相反、矛盾最终都会消失，因而它们之间的混淆似乎并不影响布氏最终目标的实现。但作为读者和研究者，我们还是必须小心辨析他的这些用法，特别是他对矛盾的独特理解和对相反/相矛盾的混用，否则就很容易误解其文本。[①]

四　布拉德雷逻辑学的独特性

通过上述讨论可以看出，布氏的逻辑思想具有很强的独特性。这不仅体现在他对一些具体术语的特殊用法上，也体现在他对逻辑本质，特别是逻辑与形而上学关系的理解上。

布氏受黑格尔的影响很大，他心目中的逻辑学的研究对象也是思想，但并不限于思想的纯然形式。而与黑格尔不同的是，他并不简单地把思想与实在等同起来，更不认为理性能够把握实在，而是认为实在包含思想、拥有比思想更多的东西。逻辑学描述我们如何思考，但这门学科越是深入，就越是接近形而上学。（参阅 Mander, 1994：26~27）关于逻辑学和形而上学的目标，他说：

> 形而上学的目标是理解宇宙，是发现一种不包含矛盾的、一般性

[①] 这里或许可以简单谈及一下布氏对重言式的看法。他认为重言式并不是真正的判断，只是看上去具有判断的形式，它已经被损毁（gutted）并且最终会消失。（参阅 PL 26, 141）曼瑟指出，这与维特根斯坦在《逻辑哲学论》4.462 中对重言式的看法是一致的，即重言式不是实在的图像。（参阅 Manser, 1983：101）只不过，维特根斯坦认为矛盾式同样不是实在的图像，但布氏似乎并不持有类似的看法，这也再次验证了他对矛盾的理解与众不同。

地思考事实的方法。……对于形而上学来说,如果一条原则能成立,那就必须完全依靠自己而成立。当宽阔得足够涵盖这些事实的时候,它必须能够在没有内在不协调(without jarring internally)的情况下被思考。再说一次:一切都依赖于这一点。多样性和统一性必须被暴露在天光下,而且为了理解这些,这条原则必须被看到。它一定不能把我们带向关系的迷宫,因为关系会导向虚幻的关联项,而关联项又会消失在无尽的关系中。(AR 103~104)

在这里,布氏表明了对关系的批判态度,将其斥责为"迷宫",这一点我们会在本书第二章详加讨论。他所理解的形而上学的最终目标是通过逻辑的方式被表述的,即"不包含矛盾"。总之,同鲍桑葵这样的新黑格尔主义者一样,他认为研究思想的逻辑学和研究实在的形而上学之间并无根本性差异。

除了对逻辑学和形而上学关系的独特理解外,布氏对推理的理解也很有特色。简言之,所谓推理就是一种特殊的判断。(参阅张家龙,1997:80)这种推理包含三个要点:一是作为起点的前提;二是对材料做出的理智上的操作;三是在这种操作后产生出的结果。(参阅 PL 256;Mander,1994:17)其中,所谓的理智上的操作"是一种对被给予的东西的思想实验,而该过程的结果不可避免地被归属给原初的材料"(PL 431)。这说明推理其实就是所谓思想实验的一种;而布氏在其他地方表明,这样的实验还包括假设和否定。(参阅 PL 120~121)

如此看来,任何推理都包含两方面角色:一方面是一种过程,另一方面又是一种结果。(参阅张家龙,1997:81)这样的推理显然与观察不同,"一个推理不可能完全产生自外部或完全被动地被接受。它不单纯是视野(vision),而是比观察更多"(PL 245)。推理最重要的角色在于必须给予我们新的知识,为我们增加信息储备。(参阅 PL 246;Manser,1983:162)但布氏拒绝提供固定的推理模式,这既是因为他把推理看作一种能力,也是因为一旦加上这样的限制,能从中产生出的结果也就被限制了。(参阅 Mander,1994:17)

如果说上述看法还只能展现布氏逻辑思想之独特性的话,他对观念的联想理论以及逻辑学上心理主义的批判,则体现了他在哲学史上的贡献。所谓观念的联想理论,在英国经验主义传统中有不少体现。在很多经验论者看来,观念是我们感知的最小单位,而我们的心灵并不能觉察到这些观念之间有任何真实的联系；换言之，它们是孤立的、相互之间没有共同之处，犹如一个个孤立的"原子"。布氏将这样的理论概括为"心理原子论"（psychological Atomism）（PL 302），并认为休谟就持有这样的看法。

那么，对持有这样看法的人来说，观念是如何关联起来的呢？这需要诉诸两条规律，即接近律（Law of Contiguity）和相似律（或曰契合律，Law of Similarity or Agreement）。英国心理学家贝恩（A. Bain，1818～1903）在《感觉论》（Senses）一书中概括出这两条规律。其中，前者是指："在一起发生或紧接着发生的行动、感觉和感受状态，往往会在一起发展或凝聚，以至于当其中任何一者在随后被呈现在心灵之中时，其他的也都会自然浮现出来。"后者是指："行动、感觉、思想或情绪，倾向于在以前的印象或心理状态中唤起与自己相似的东西。"（PL 265；还请参阅张家龙，1997：97）根据这两条规律——坚持它们的思想倾向构成了逻辑学中的心理主义——我们所做推理的基础就是这种出于相似性的心理活动。这种活动显然是经验性的，实际上无法为我们的逻辑提供坚实可靠的基础，而观念的结合也无法令人满意地解释我们使用共相的能力。（参阅 Manser and Stock，1984：10）

布氏对这样的倾向持否定态度，认为观念间的关系只能通过"复原律"（Law of Redintegration）来解释。所谓复原律是指："任何单一的心理状态的任何部分在被复制时，都会趋向于复原（reinstate）剩余的部分（remainder）；或任何一个要素都倾向于复制（reproduce）那些与它一道形成一种心灵状态的要素。"（PL 304）复原律与接近律、契合律非常不同，后两者提供的是一种对特殊观念或事实的联想，前者提供的则是共相之间的联合，并由此为我们的推理提供了统一性和普遍性。这样一来，逻辑就有了坚实可靠的基础，不会导向心理主义。（参阅张家龙，1997：97~98，133；Manser，1983：48~51）

从哲学史的角度看，布氏的观点具有重要的地位，实际上与弗雷格的思路是一致的。不过与其他逻辑学家相比，布氏较为独特的一点在于，他还是给予经验以重要的地位，并且希望把逻辑与经验关联在一起。当然，这种"经验"与我们日常所谓的"经验"和经验论者所谓的"经验"都非常不同。有学者指出，他之所以把判断作为自己逻辑学的核心要素，就是因为判断是一种经验。（参阅 Armour，1996b：121）现在，是时候考察一下他独特的"经验"概念了。

第四节　作为布拉德雷哲学出发点的"经验"

一　布拉德雷哲学体系的出发点

任何哲学理论都有其出发点，这可能是某些确定的原则、某一条得到确证的命题或某种怀疑论方法。比如，笛卡尔在《第一哲学沉思集》中，实际上就把彻底的怀疑论方法作为其哲学思考的出发点，通过"普遍怀疑"达到了"我思故我在"这样一条连最极端的怀疑论者也无法否认的命题，从而为自己的哲学大厦找到了坚实的基础。布氏在构建自己的哲学体系时，采取了与笛卡尔类似的方法，试图找到一种任何反驳者都不得不赞同的观点。他说："既然我被认为是依赖于自己无法认出的假设，我会在这里重复一下自己的假定。我首先假定了，真理必须满足理智，而不满足这一点的东西既不是为真的也不是真实的。我只能通过表明任何可能的反驳者都会假定它来维护这条假定。"（AR 509）但与笛卡尔不同的是，他并不意图通过这样的方式得到一条明确的命题，因为在他看来，既能满足理智要求又不能被反驳者反驳的，只能是我们的"经验"。在其代表作《显象与实在》一书的第十四章"实在的一般本性（接上一章）"中，布氏做出了如下这段十分重要的概括：

> 当严格地进行这样的实验时，我自己不能把握到除了被经验到的东西之外的任何东西。任何绝没有被感到或感知到的（felt or perceived）东西，在我看来都是完全无意义的。我无法试图在如下情况下思考它：完全没有意识到我在思考，或者没有意识到我在违背自己意愿的情况下把它思考为被经验到的；此时不得不接受这样的结论：对我来说，经验和实在是一回事（experience is the same as reality）。在我看来，落在别的地方的事实都不过是单纯的语词和失败，或是自相矛盾的尝试。（AR 128）

这里所说的"实验"即"思想实验"，它具体是这样进行的：首先，我们可以通过思考发现，并不存在绝对没有被我们感知到的东西，因为说这样的东西不存在是自相矛盾的，毕竟只要我们把握到它的存在，它就以某种方式进入我们的经验中；其次，我们也绝不可能把握到自己经验之外的任何东西，这是因为我们不可能在不意识到自己经验的情况下进行思考。由此可以得出的结论是：经验本身是任何试图对其提出质疑的人也必须首先肯定的。

可以看出，布氏的思路与笛卡尔论证怀疑论者也必须赞同"我思故我在"的思路非常相似，只不过他对"经验"一词的用法涵盖了非常广阔的范围，把思维、感知等都包含在内。既然经验是无法被否定的，它就是最为真实的东西；而真实的东西也不会超出经验，因为除了经验之外，任何东西都是可以被怀疑或否定的，不具备完全的实在性——这就是他所谓的"经验和实在是一回事"。除了《显象与实在》之外，他在其他很多地方也都明确提出只有经验才是真实的、实在的，而不属于经验的东西就不是真实的，或者用他的术语说就是显象：

> 真实的东西是在呈现（presentation）或直觉性的知识中被知道的东西。这就是我们在感觉或感知中遇到的东西。（PL 44）
> 抛开"这个"（this）和"现在"（now），我们从未拥有也不可能拥有实在。如果真实的东西是真实的，就必须被感觉到。最终没有任何东西是真实的，除了被感觉到的东西。（ETR 190）

这样的思路在当时并不罕见，比如同时期的哲学家赫尔巴特（Johann Friedrich Herbart）就认为，哲学讨论必须从对日常经验的分析开始，因为被具体经验到的世界是我们唯一拥有直接确定性的东西——这样的想法也在很大程度上影响了布氏。（参阅 Basile，2014：191）黑格尔则把直接经验看成一个非离散的连续统（nondiscrete continuum）或感觉内容的整体（whole of sense-contents），这一点也为布氏所继承。（参阅 PL 515；AR 508；ETR 153；James Bradley，1985：section I）所以，布氏选取经验作为自己体系的立足点，既是相应论证的结果，也是当时哲学思潮的体现。

二 直接经验、关系经验与绝对经验

必须注意的是，"经验"本就是一个十分复杂的概念，比如布氏所说的"经验"就肯定不同于经验论者所说的"经验"。那么，他本人理解的"经验"究竟是什么意思呢？他对此并未做出明确的界定，但还是提供了不少旁敲侧击的描述，比如："经验是无法被定义的，它只能被指示（indicated）。"（CE 205）在他看来，这种只能被指示的东西是每个人都可以把握或感知到的；但也正因如此，它便具有十分丰富的内涵，毕竟我们能够把握到的东西是五花八门的。其实,"经验"在其文本中并不是一个简单的概念,而是至少包含如下三个子类:直接经验(immediate experience)、关系经验(relational experience,也可以译为"关系性经验")和绝对经验(absolute experience)。

三者中最基础性的、最先被我们把握到的是直接经验。布氏对它的理解是:"……直接经验只被限定在被给定的、单纯被感到的或被呈现的东西的范围内。但间接经验包括了所有从'这个'和'我的'的基础上构建而来的事实。它是所有被当作存在于超越被感觉到的时刻之上的东西。"(AR 219)在他看来,我们的认识就开始于直接经验,这是一种没有任何区分的东西,日常为人所熟知的主体/对象等分别在其中都不存在。换言之,它是直接被给予的,是"一种事实和所予"(As a fact and given)①(AR 569)。但另一方面,它又是无所不包的,是包含了"多"的"一",也是"在一中被感到的多"。(参阅科普勒斯顿,2019:197)这种既是"多"又是"一"的东西,在语言中可以被刻画为"这个"或"我的",我们的其他经验是以此为基础构建而来的。② 因此,直接经验的内容不可能是概念化的,否则它就需要以概念作为中介,因而不再是直接的了。(参阅 Crossley,1996:323~324)

在直接经验的基础上,我们会引入概念的作用、采取关系性的思考方式,进而构建出关系经验。布氏认为这种经验一定是自相矛盾的:"关系性经验就其本质而言必须被称作自相矛盾的。矛盾在任何地方都在于如下尝试:把复数的、多样的东西当作是一的、相同的……没有多样性和统一性,关系经验就会消失……"(CE 635)③ 在这个阶段,认知的主要形式是思想和意志(参阅张家龙,1997:14),它们把在直接经验中统一在一起的东西割裂开了,因此不可能提供给我们真实的东西,还是属于显象。

既然关系经验并不是实在,它就必然会继续扩展,走向更高级的经验形式,也就是绝对经验。之前说过,真实的东西存在于直接经验中,是被

---

① "given"或"the given"通常被译为"所予",但笔者有时也会视语境的不同将其译作"被给予的东西"。
② 这很容易让我们想起布氏的对手罗素关于亲知和感觉材料的理论。罗素认为,我们对之具有亲知的东西,在语言上可以被表述为"这个"或"那个";而对于布氏来说,"这个"并不是一种类似原子的东西,而是在指示一个未经区分的整体。总之,尽管两人使用了相似的术语,但具体含义还是非常不同的,不宜进行简单的类比。
③ 布氏对关系性经验的批评建基于他对关系本身的否定性态度。简言之,布氏认为关系及其代表的关系性的思考方式本身会引起无穷倒退,也就是"布拉德雷倒退",因此是自相矛盾的。关于这个问题的讨论,请参阅本书第四章。

给予的非关系性的统一体（a given non-relational unity）（参阅 James Bradley，1984：231）。但是，我们关于这种统一体的经验并不是直接经验本身，而是属于更高级的绝对经验。可见，直接经验和绝对经验有不少特征上的相似之处、都是非关系性的，但还是不尽相同。关于这两者的区别，詹姆斯·沃德指出：在直接经验中，划分和区分仅仅是在此时此刻（presently）出现的；而在绝对经验中，所有这些东西都融合在一起（merge）并消失了。（参阅 Ward，1925：13；AR 160，306）

总之，直接经验和绝对经验都是直接的、整体性的，关系经验则是间接的、割裂的；但绝对经验具有无所不包的特点，这是直接经验所不具备的。直接经验可以说是布氏哲学体系最根本的立足点，我们的认知也以它为起点，经过关系经验，最终达到绝对经验。

三 感觉、直接经验与实在

在简单分析了布氏所谓"经验"的三个子类后，我们还需要进一步看看它具体包括哪些内容。对此，布氏曾给出如下解释：

> 一切都是经验，而且经验都是一。……经验主要在哪些方面被发现呢？宽泛地说，有两种主要的模式，一种是感知和思想，另一种是意愿和欲望；还存在一种不会完全落在其中任何一方中的审美态度，存在着似乎与这两者都不同的愉悦和痛苦。此外我们还拥有感觉（feeling），它必定包含两种含义。它首先是整个灵魂的一般性状态，根本没有分化为刚才所说的任何特殊的方面。而且，就其内在地具有未经区分的统一性（undistinguished unity）而言，它是任何特殊的内部状态。（AR 405，着重号为笔者所加）

布氏的很多论述都很晦涩，让人难以把握其准确含义，上述这段话就很好地体现了这一点，其中有不少误导性的地方，引发了很多争议。"一切都是经验、经验都是一"的说法有些类似口号，它表明布氏试图用经验来囊括我们所能把握或经受的一切。但是，他的具体论述又很粗糙，只是提及了感知和思想、意愿和欲望、审美态度、愉悦和痛苦、感觉这五个子类。粗略来看，它们的确涵盖了我们的感知或感受的诸多方面，但其相互之间的关系则显得很不清楚。例如，愉悦和痛苦为什么不属于感觉？感知和思想有何区别？除审美态度之外的其他态度应居于何种地位？这些问题都未得到澄清。唯一可以确定的是：无论如何，经验显然大于思想、感觉、理智、事实等任何一个单一领域。

在上述五个子类中，感觉是较为特殊的一个，这是因为布氏常常把它等同于直接经验，在很多文本中将这两个词互换使用。（参阅 James Bradley，1984：227）① 关于感觉，布氏的描述是："它首先是整个灵魂的一般性状态，根本没有分化为刚才所说的任何特殊的方面。而且，它是任何特殊的内部状态，就内部而言具有未经区分的统一性。"（AR 405）可见，感觉中没有任何分化，这种未经分化的东西在我们的认知中具有原初性的地位。曼德这样概述布氏的思路：如果我们考察日常经验，并把其中所有概念化的东西或思考去除，剩下的就是无需中介的基础状态，这种状态是真实的、实在的，被布氏称作"感觉"或"直接经验"。曼德认为，这样的观念可能来自黑格尔，在同时代的柏格森、詹姆士那里也有体现，甚至为后来的怀特海所继承。（参阅 Mander，1996a：xiii）布氏自己也承认黑格尔对自己的影响，他说："如果意思是不包含任何多样性方面的话，感觉当然不是'未经区分的'。我会借这个机会说，这种关于感觉的看法远不是新颖的，而我当然主要把它归功于黑格尔的心理学。"（AR 508）这段话也表明，布氏绝不是在简单地否认我们感觉中的多样性，他所谓的"未经区分的"并不是在排斥多样性，而是说多样性以未经区分的方式被包含在感觉中。只有在意识参与进来后，多样性才会被区分出来；因此布氏才断言，在我们这里最先出现的东西是感觉而非意识："……意识并不是原初的（original）。在我们这里首先出现的其实是感觉，一种还没有对象或主体的状态……在这里并不存在状态及其内容之间的差异，总之，被经验的东西和经验是一体的。"（ETR 194）②

在这样的基础上，布氏最终把实在与经验统一在一起，提出"实在是一，而且是经验"："在断言说实在是经验时，我始终以此为基础。只有在感觉的统一性中才能发现事实，而一个东西最终无法与另一个东西相分离，无论是在实际中还是在观念中。……简言之，存在（Being）和实

---

① 也有个别文本似乎并不完全符合这样的等同。例如根据我们此前的解释，愉悦和痛苦是感觉的子类，而阿莫尔则指出，布氏所谓的直接经验是超越愉悦和痛苦的。（参阅 Armour，1996b：117）不过，这样的例子只是少数，考虑到布氏文风的晦涩，我们可以将其解释为一种语词使用上的不严谨。

② 由此也可以看出布氏与黑格尔的一个重要区别：尽管他们都认为思想和实在是不分离的，但布氏认为实在并非只是思想，两者并不等同；黑格尔则更倾向于把实在与思想等同起来。（参阅 Mander，1994：14）

在在感知力中是同一个东西；它们最终是彼此不可分的。"（AR 129）之所以能够这么说，是因为在布氏看来，可以刻画感觉或直接经验的"这个"与实在有重要的相似之处，即它们都不包含"什么"（what）与"那个"（that）的区分，也就是不包含谓词和主词、对象和主体的区分，都拥有整体性："在实在中，内容与实存没有区分，'什么'与'那个'没有变得松散（loosening）。简言之，实在意味着它所代表的东西，也代表它所意味的东西。而'这个'在某种程度上拥有同样的特征上的整体性。"（AR 198）

在此需要注意的是，尽管把实在与经验紧紧捆绑在一起，但首先，布氏还是小心翼翼地维护着实在与经验之间的微妙距离，并没有简单宣称二者是完全等同的；其次，他更没有直接宣称实在就是直接经验，而只是说直接经验是通向实在的起点。如果直接在实在与直接经验之间画上等号，就很容易将布氏的理论误解为一种类似贝克莱式的唯心论，即实在最终必定是感觉经验（sentient experience）。① 这样的观点很容易滑向唯我论（solipsism），而这正是布氏明确批判的。因此，把实在简单等同于感觉或直接经验的思路显然不符合其本意。总之，布氏没有采取一种类似贝克莱式的思路，而是认为任何在经验中被经验到的东西，最终都被包容进作为整体的实在之中。在这里，巴西莱的解读或许能帮助我们更好地理解布氏的想法：经验和作为整体的实在都可以说是"一中的多"（many-in-one），这是它们的相通之处；其中，直接经验本身是一个尚未被感知或反思割裂的、感官上的统一体（sensuous unity），这构成了其他任何经验的一种无时无刻不在的背景。（参阅 Basile，2014：202）

四 "直接经验"概念中潜在的问题

无论是巴西莱概括的"一中的多"，还是布氏本人提出的"未经区分的统一性"，都多少带有含混、晦涩的色彩，甚至可能导出完全相反的理解，特别是在经验中居于基础性地位的"直接经验"，被布氏刻画为既是

---

① 阿拉德和斯多克似乎就做出了这样的解读。（参阅 Allard and Stock，1994：111）此外，曼德似乎也采取了类似的解释，即感觉不仅是布氏哲学的起点，也是其目标，对思想的最终满足必定也是对感觉（意愿、感受、欲望等）的满足。（参阅 Mander，1994：14）在笔者看来，这样的解释尽管有一些文本上的依据，但在理论上还是很成问题的。当然，这在很大程度上的确源于布氏文风的晦涩和具体说法的前后不一致，例如他在《显象与实在》第 141 页的一些说法的确支持曼德的解读。笔者认为，我们有时不得不舍弃布氏的一些具体论述，否则就会付出更大的理论上的代价。总之，想一以贯之地解释布氏的文本，的确是非常困难的。

"多"又是"一",这种看上去自相矛盾的描述可能直接威胁到他关于"实在是一,而且是经验"的结论。因此,在面对布氏的观点及论证时,我们必须小心地加以批判,以避免其中潜在的问题。

最早对其相关论点提出较为系统性批评的论文是沃德发表于1925年的《布拉德雷的经验原则》("Bradley's Doctrine of Experience")。在这之后,印度学者萨克塞纳在《布拉德雷形而上学研究》一书的第三章"直接经验"(Immediate Experience)中,对沃德的观点进行了分析和深化,再加上他本人的质疑,总结出布氏"直接经验"概念中十个潜在的问题。笔者对它们做了进一步的整理,将其概括为如下三个方面。

首先是布氏自己的表述中缺乏证据或含混的方面。他认为"直接经验"是一种毋庸置疑的事实,但这个概念在心理学上是不可靠的,也缺乏日常经验和科学的支持,实际上不过是继承自黑格尔的、带有推测性质的信念。此外,他认为"直接经验"是被"给予"的,但无法说清楚它是被什么"给予"的,又是被"给予"谁的——这就使得"直接经验"成了一个模糊的概念,无法起到它应当起到的作用。不过,对这个方面的问题,人们可以尝试做出必要的补充和澄清,以从日常角度更好地理解直接经验。有学者指出,这种经验大概就是前语言状态的婴儿或如狗这样的较为高级动物看到的世界。(参阅 ETR 356～357,410～412;Stock, 1998:6)虽然这很难说满足了布氏对其特征的所有刻画,但还是能帮助我们设想对直接经验的感受。而关于"给予"的问题,布氏可以坚称这只是一种比喻性的用法,并不是真的存在"给予"的一方和被"给予"的一方;毕竟语言和概念是在关系性阶段才开始发挥作用,因此在刻画直接经验时,我们不得不采取一些比喻性的说法。

其次是布氏论证上不充分的方面。有时我们虽然可以理解他的论点,但很难看出他的论证过程是否真正有效,或是他采取此种论证的充分理由。比如,我们为什么不能从其他东西——比如意识或自我意识——而非感觉开始?对此,布氏并未给出足够充分的解释;特别是在感觉与自我的关系问题上,其说法有很多含混之处。此外,究竟该如何理解直接经验与实在的关系?除了某些把直接经验与作为整体的实在关联在一起的相似性——比如"这个"和实在都具有整体性——之外,是否还有更充足的理由?布氏给出的理由很难说是充分的,包括他对直接经验所包含的矛盾的解释,也很难让人相信它必然会走向无所不包的、作为整体的实在。不过,我们还是可以尝试通过更全面地考虑其哲学体系的方式帮助他做出一定的回应。比如,关于直接经验与实在的关系,其实需要考虑布氏对显象与实在的区分；而关于意识或自我意识地位的问题，则需要考虑他对显象的独特理解，毕竟在他看来，日常生活中的一切都处于关系性的经验中，因而都包含矛盾、都是显象——他对这些术语的独特用法和理解构成了其论证的相当重要的根据，一旦接受了他的理解，很多论证上的不充分性还是可以得到补救的。

如果说前两个方面的问题可以得到改善的话，最后一个方面对布氏来说则可能是致命的，那就是"直接经验"概念自身似乎包含难以自圆其说之处。无论根据布氏本人的观念还是我们通常的想法，一个人在观察自己的感觉时总是要带着反思的态度，因而很难避免对其直接性的破坏；既然如此，我们如何可能获得对感觉或直接经验的直接把握？布氏此时似乎采取了一种自相矛盾的立场，一方面断言我们可以做出观察和反思；另一方面又坚称这种观察和反思完全不会破坏或影响直接经验。此外，一个同样重要的问题是：究竟是感觉自身的内容是多样的，还是说它本身是一个单一的整体、我们在观察或把握它时才把多样性归属或投射给它？布氏并未给出明确的断言，只是强调感觉包含了未经区分的多样性（undistinguished diversity），但这样的表述其实是非常令人费解的（以上三个方面请参阅 Saxena，1967：97~109）。

在笔者看来，最后这个方面的确揭示了"直接经验"概念自身面临的麻烦，特别是对于直接经验自身多样性的问题，布氏在自己的整个体系中都未能给出完全融贯的解释。如果感觉或直接经验真如布氏所说是一个未经划分的整体，那么它如何可能被认识或描述？它在何种意义上可以拥有任何特征？对此似乎并没有一种前后融贯的回答。有学者指出，布氏的感觉概念似乎包含了两个相互矛盾的方面，即它必须同时是复杂的和非关系性的：它是复杂的，因为它要为我们的经验提供材料；它又是非关系性的，因为其自身不包含任何差异或区分，而我们只能将其所包含的东西称为"未被关联起来的差异"（参阅 Basile，2014：202）[1]。即便布氏反复强调这种多样性是"未经区分的"，也不过是对相应问题的回避或改头换面，最终还是没有给出一种前后一致的解答。这就意味着，在经验中居于基础性地位的"直接经验"难以成为知识的对象，因而所有关于它的谈论最终说来都无法为真——正是这个难以克服的困难，让布氏以直接经验

---

[1] 应当说，这样的矛盾其实充斥在布氏的整个哲学体系中，而布氏本人认为自己关于显象与实在的区分可以解决此类问题。至于这种解决是否成功，大多数学者的回答可能不会令布氏觉得乐观。读者们也可以参考本书第二章前三节的讨论。

为出发点的整个体系都充满了张力和争议。①

五 "经验"概念中的困难

既然直接经验概念中包含着这些潜在的问题，那么以它为基础的"经验"本身也自然面临着一系列相应的困难。首当其冲的是概念的地位。布氏的经验是贬低概念的，在他的框架下，我们的概念思想（conceptual thought）被斥责为苍白无力和不充分的，只有通过混沌的经验的支持才得以可能。（参阅 Baldwin，1998：77～78）但在这里似乎存在着一种混淆，因为如沃德指出的那样，"经验的统一性"是一回事，"关于统一性的经验"则是另一回事；统一性的观念其实离不开思想，因为只有在反思的层面上，关于统一性的知识才变得可能。（参阅 Ward，1925：14）布氏似乎并未充分意识到这种区分，结果就是他简单地断言任何作用于经验的概念都是对经验的贬损，而我们关于经验的谈论必须超越于概念之上——可离开了概念，我们又如何可能真正谈论经验呢？布氏并未给出直接的回应，但从读者的角度看，他的观点会使得任何关于经验的知识最终都变得不可能，或至少变得缺乏根据——这和上述"直接经验"概念所包含的问题是一脉相承的。

这种对概念角色的贬低或斥责，导致布氏所谓的经验本身陷入了一种悖论式的困境：一方面，他坚持认为经验是原初的、真实的；另一方面，这种所谓的"经验"恐怕才是一种人造物。（参阅 Saxena，1967：263）比如：布氏认为经验几乎无所不包，可以是关系性的，也可以是非关系性的。可我们为什么要将如此不同的东西都称为经验？这样一个无所不包的概念能有什么实际意义呢？唯一合理的解释似乎是：这是一种带有倾向性的、人为选择或构造的结果，这种选择或构造服务于某种理论上的目的。此外，我们活生生的生活经验也似乎被完全忽视了（参阅 Saxena，1967：264），以至于除了出于自身理论体系完备性的考虑或另外某种隐藏的目的之外，我们很难看出为什么要坚持如此奇特的概念。

更为重要的是，布氏未能成功解释所有经验如何可能成为知识的对象，而这不过是他在直接经验问题上矛盾表述的自然推论——既然居于基础性地位的直接经验无法作为知识被把握，我们又如何可能真正把握关系

---

① 需要说明的是，布氏关于真理的看法可以在一定程度上缓解这种张力。他的确认为关于直接经验的谈论最终说来都无法为真，但他同时坚持一种关于真理的等级观念，即真理是有等级的；关于直接经验的命题只是在较低的等级上为真，只有最终的实在才是完全为真的。不过，这种等级理论也面临着相应的困难，请参阅本书第二章第四节的讨论。

性经验和绝对经验？更进一步来说，这可能使得他以经验为基础的所有理论都变得可疑；特别是在关于实在的问题上，我们很难设想如何获得关于实在的知识——可如果没有这种知识，布氏的整个体系又如何能够自圆其说？

布氏本人并非没有意识到这些困难，而他化解困难的最重要的帮手是"超越"（transcend）概念。在他看来，经验在成为知识的对象时被超越了，但又仍然保留了自身的本性：

> 我们必须问直接经验如何可能知道它自身。（ETR 181）
> 如果它成了一个对象，它就被超越了。（ETR 160）
> 除非得到一种许可，否则我们无法谈论一种在直接经验和超越它的东西之间的关系……被当作一种关系的关联项的直接经验就变成了一种片面的对象，并且不再保留自己作为被感受到的整体的本性了。（ETR 176）

不过，这样的处理仍旧有麻烦，因为这等于是把直接经验与超越它的内容之间的关系看作事实，但这样的事实恰恰预设了直接经验的观念，也预设了一种对之做出反思的阶段。换言之，他似乎做出了让步，承认出现在我们面前的经验一开始就可以是有意识的经验（conscious experience）；但这样一来，我们为什么还要假定所谓的直接经验或感觉阶段、假定一种主体与对象未分的状态，而并不直接从有概念参与其中的、有区分的意识阶段开始？对此，我们很难从布氏的文本中直接找出令人满意的回答。所以，更合理的选择似乎是坚持这样的看法：任何对经验的描述都暗含了主体与对象的区分——但这与所谓的没有任何区分的直接经验概念是相抵触的。（参阅 Ward，1925：18~19，22）总之，能够成为知识对象的经验不可能是布氏意义上的"未经区分"的直接经验；可一旦抛弃了"未经区分"这一特点，布氏的哲学似乎又失去了立足点——这是贯穿布氏整个体系的一种困境。

布氏其实也发现了这种困境，但他摆脱困境的思路却是采取各种看上去更为自相矛盾的说法，以至于让其经验概念变得过于神秘。比如："就我所知的范围内而言直接经验并不存在，因此无论它是否存在，我都无法知道它的存在。"（ETR 160）类似的论述在其著作中并不少见。在哲学家中，布氏学说的神秘主义色彩是比较浓厚的，这自然遭到了很多人的批评。詹姆士就在《心理学原理》（*The Principles of Psychology*）第二卷第二十一章题为"感觉的至高实在性"("The Paramount Reality of Sensations")的小节中对这种混沌不清的直接经验做出了批评性的概括:"在其中,幻觉、梦境、迷信和可感对象(hallucinations, dreams, superstitions, conceptions, and sensible objects)都欣欣向荣、互不干涉、不受约束。"在他看来,这等于是给各种迷信和错误的认知留下了无尽的空间。鲍德温也指出,布氏的此类观念与华兹华斯(Wordsworth)等人的看法相近,后者在描述孩子的经验时也采取了类似的思路,但这样的神秘主义其实不应当在严肃的哲学论辩中占据一席之地。(参阅 Baldwin, 1998: 79)布氏本人倒并不觉得这种神秘主义有太大问题,这与他对形而上学乃至宗教的理解有关。不过无论如何,笔者还是赞同大多数研究者的意见,即这样的神秘主义虽然有其自身的地位和作用,但至少不应在哲学论证中占据重要地位。毕竟,矛盾就是矛盾,不能用神秘主义的魔法让其在理性的审视面前蒙混过关。而这种神秘主义最致命的地方在于:它恰恰违背了布氏自己选取经验作为出发点的"初心",即获得一种任何反驳者都不得不赞同的观点——如果一种观点包含神秘色彩如此浓厚的概念,它如何可能不得不被赞同?

六 布拉德雷的洞见:日常经验的地位

我们在此对布氏的经验概念及其论证做了较多的批评,尝试展现了其中的困难,但这并不意味着他的观点和思路毫无可取之处。实际上,布氏的理论至少在一点上提供了非常具有启发性的洞见,那就是如何理解我们的日常经验。

为了解释这种洞见,必须首先澄清的问题是:布氏所谓的感觉或直接经验是否为个体所拥有?或者说是否就是我们个人的感觉?这并不容易回答,因为布氏并没有首先承认个体的存在,而是认为"个体"实际上是以经验为基础的构造。在他看来,唯一能作为哲学之出发点的就是未经区分的直接经验或感觉,对于这种经验,我们其实并不能有意义地说它是否为个体所拥有,因为个体其实是以这样的经验为基础构建而来的。同样,我们也不能简单地说这是"我"的经验,因为"我"也是一种以直接经验为基础的构造。所以,当布氏后来断言"实在是经验"时,所指的经验其实并不是"我"的或个体的经验。在他看来,主体与对象、自我与非自我本就是不可分的,而通常所谓的"自我"其实是一种在直接经验基础上的构造:"自我是通过超越最初不完美的经验形式所获得的结果之

一。"（AR 465）①

在此基础上，布氏也给予了日常经验相应的地位。在他看来，我们的日常经验并不是仅仅被给予的，而是包含我们做出的主动构造。这样的看法不仅限于日常经验领域，而且适用于所有被给予的事实："单纯被给予的事实是错误理论的想象的产物。它们被一个心灵加工，该心灵抽象出具体的、被知道的整体的一个方面，并且把这个抽象的方面作为一个真实的事物摆出来（set out）。"（ETR 108）②

具体而言，根据曼德的概括，布氏所谓的经验与日常感觉经验有两点不同：第一，它在范围上比五种感官提供的材料更宽泛，包括感受、情感、意愿、欲望和思想等"在任何意义上我能意识到的（I am aware）东西"（ETR 189）；第二，它在本性上与日常经验不同，是一种直接的整体，包含差异（difference）但没有区分（distinction），"这个整体包含了多样性，而又并没有被关系分割成各个部分"（AR 141），是"一种没有对象和主体的状态"（ETR 194；还请参阅 Mander，1994：11）。可以看出，布氏所谓的感觉或直接经验是先于思想的，而日常经验则是一种有思想参与其中的、在经验基础上的构造。这种构造以感觉或直接经验为出发点；感觉自身仍然是包含矛盾的，因此依旧属于显象，必须打破自身并发生变化、超越自身，最终变成思想。因此，被感觉到的东西最终还是会变成思想或概念化的东西。（参阅 Mander，1994：12）而当直接经验被超越后，就会有概念化或语言的因素参与进来——此时的经验才更接近于通常意义上的经验。直接经验的特征即在于其整体性；相比之下，日常经验反而是抽象的、片面的，或者借用布氏的术语说，是关系性的。而只有在此阶段，多样性才会被区分出来，而这样的区分必须有概念和思维的参与。（参阅 Wollheim，1956：19）这自然就意味着日常经验是思维的产物，呈

---

① 这里需要做出的一点澄清是，布氏也在后来的文本中说过，直接经验和经验是属于我的（to be mine）（参阅 CE 655）。但是，这里的"我"指的显然不是通常意义上那种个体的我或自我。实际上，他对"我"的理解很奇特，认为通常所谓的个体的我或自我是后于经验的、是来自经验的构造。但与此同时，他似乎又预设了一个超越所有东西之上的我，我们或许可以将其称为超级的观察者或超级的"我"。当说直接经验是"我的"的时候，他想到的应该是后一种意义上的"我"。在笔者看来，所有一元唯心论最后都会预设这样一个超级的"我"的存在，甚至必须坚持这个"我"跟世间万物都是一体的，否则就会让整个体系失去支撑点。不过这是一个非常复杂的问题，我们在本书第六章会回到这一点。

② 曼德指出，这种看法其实是对康德以来的一种观点的继承，即任何观察都有一定的理论预设。（参阅 Mander，1994：40）

现给我们的是一个抽象的世界。（参阅 Mander，1994：102～103）应当说，这样的看法与布氏对语言、概念思想的批判性态度是相呼应的。他对语言在处理经验时所扮演的角色持批评态度，认为语言对经验的切割破坏了直接经验的整体性，造就了一个割裂的、抽象的世界。

这种思路揭示了日常经验概念本身的局限性，毕竟日常经验必须预设一个有限的自我作为感知者，这决定了它始终只能是局部的、片面的、有限的。同样，这种"自我"也是有限的，显然也不可能为布氏意义上的、不包含任何矛盾的实在提供根据，因此也必定会被超越。由此可以做出的推论是，只有预设一种无所不包的、直接的经验，同时可能还要预设一个最终与这种经验相等同的、大的"自我"，日常经验或任何具体的感觉、思想才得以可能。这样的观点看似匪夷所思，实际上却是合逻辑的，布氏不过是以自己独特的方式揭示了这一点。

总之，布氏的"经验"概念在其整个体系中居于核心地位，但也面临着严重的困难；其中最根本性的困难在于：这样一个"未经区分的统一体"不可能成为知识的对象。其实，选取经验作为出发点的哲学家绝非布氏一人，例如西田几多郎也有类似的想法，而他的理论也具有与布氏相似的困难之处以及神秘主义色彩。与这种思路相对，维特根斯坦和麦克道威尔等人则从分析哲学的角度对不包含任何概念在其中的"经验"观念进行了较为有力的批判。这种观点上的交锋也揭示出经验本身的复杂性和对之做出准确理解的难度。布氏的思路可以说提供了一种独特、重要而又充满张力的尝试；不过，他把这样的经验与实在密切关联起来，进而危及多样性的地位，这样的代价对于大多数人来说还是过于沉重了。我们在下一章还会谈到这一点。

第二章　"显象"与"实在"

第一节　关于"显象"的论证

一　区分显象与实在的标准

在上一章的讨论中，我们既概括了布氏哲学体系的基本框架和潜在问题，也表明了显象与实在的区分在其理论中的重要性。在本章，我们将以这种区分为主题，详细分析布氏关于它的论证，以及显象和实在各自的含义和问题。相关的论证和讨论主要出自其代表作《显象与实在》。值得注意的是，这是一本在篇章结构上非常不平衡的著作。这不仅是说它的第一、第二卷在篇幅上差别很大，更重要的是，很多关键性的论证在前三章便被宣告完成，尽管其篇幅占全书的比例甚至连百分之三都不到。

这三章的地位的确极为重要，因为后面所有章节的重要理论几乎都依赖于其中提出的原则和论证。布氏不仅文风十分晦涩，而且经常在各种地方反复重申同样的观点。《显象与实在》前三章的基本观点的确是很新颖的，而且在随后的章节中被不断重复，堪称他形而上学思想的发源地。难怪他在第三章结尾处自信满满地说："能跟上思路或已经把握到本章核心思想的读者无需花费时间去阅读随后的一些章节。"（AR 29）但实际上，这些所谓的"核心思想"充满了争议，远不像他认为的那样牢不可破。本节我们将依次讨论该书的前三章，考察他是如何区分显象与实在的，并在最后总结一下他所谓的显象的特征。

在全书开篇处，布氏便提出了显象和实在的区分："这样被理解的世界是自相矛盾的（contradicts itself），因而是显象而非实在。"（AR 9）可以看出，区分二者所依据的标准是矛盾：矛盾的东西是显象，不矛盾的则是实在。这样的界定看似明确，实际上还是有潜在的问题，因为在第一章第三节我们分析过，布氏对"矛盾"的用法与日常的理解非常不同。关于自己所说的"矛盾"的含义，他曾在《显象与实在》附录的笔记 A 中给出过两种解释：一是在没有关联和区分的内在根据的情况下谓述差异，此时事物是一种赤裸的结合、本身没有区分却被谓述为是有差异的；二是把多样性在一个点上统一起来，此时事物既是多样的又是统一的。（参阅 AR 505）应当说，这两者都大致符合我们对矛盾的日常理解，即一个东西不能既是 A 又不是 A、不能既没有区分又有差异、不能既是多样的又是统一的。但之前我们就说过，布氏几乎是未加区分地使用相反的（contrary）与矛盾的（contradictory）这两个概念，前者实际上也被他视为界定显象的标准：

"如果一个事物没有内在的区分，它就不可能是（或做）两种不同的东西，而差异不可能在同一个点上属于同样的东西，除非在那个点上存在着多样性。这样一种联合（union）的显象可能是事实，但对于思想而言却是一种矛盾。"在我看来，这是包含着关于相反的（contrary）东西的真理的论题，而现在我会尝试向读者推荐它。（AR 501）

这样的混用在某些语境下或许不会引起什么直接的恶果，但实际上，布氏在另一些地方做出的混用却是很严重的，例如：

终极实在并不与自身相抵触（Ultimate reality is such that it does not contradict itself），这是一条绝对的标准。（AR 120）
真实之物是自我实存的（self-existence），而我们或许可以换一种方法说，真实的东西就是个体性的东西。（PL 45）
关于绝对真理的断言在任何一边都至少暗含说，实在必定不能与自身相抵触，而且必定是一。在任何一边，体系的观念都被使用并接受为对真理的检测，至少是被默许是这样的。（PL 681）

在布氏看来，"不能与自身相抵触"似乎是自己提出的标准中最严格的，但我们其实很难界定"与自身相抵触"指的是相反的还是矛盾的，抑或逻辑上的其他什么标准。他认为个体的东西才是真实的，因为其中不包含任何普遍的东西，而普遍的东西（或曰共相）是对实在的不恰当抽象、是片面的，最终会导向"矛盾"。可以看出，他其实是把逻辑上的矛盾、相反、与自身相抵触、区分与差异的统一、多样性与统一性的共存等概念笼统地放在一起，统称为"矛盾"——这样的思路可能受到了黑格尔的较大影响。准确地说，前三个概念还属于通常的逻辑学范畴，后两者则源自黑格尔意义上的"矛盾"，只不过布氏把它们都装进了名为"矛盾"的"筐"中而已。他的出发点可能是狭义的逻辑学意义上的"矛盾"，但我们很难看出其他这些东西如何能被完全地还原为这种狭义的"矛盾"。

矛盾与非矛盾的区分可以说是他整个形而上学讨论的基础，在很多语境下，其用法上的含混暂时不至于引起严重的问题。因此我们还是暂且接受他的用法，只是在遇到问题之处再加以澄清。布氏之所以引入这样的区分作为标准，就是为了给显象和实在划界，把矛盾的东西归于显象，把不矛盾的东西归于实在。从字面意思上看，显象就是指事物或世界看上去的样子，它最终说来并不是真实的；实在则是事物或世界本来的样子，是真实的。只不过布氏并没有采取某种柏拉图主义的立场，并不简单地认为显象属于感觉的范畴、实在则是理性或理智的对象。考虑到其矛盾标准以及对语言和概念的贬低，他实际上走向了一种比黑格尔更极端的立场：从根本上说，理性或理智也属于显象，仍然无法把握实在，甚至任何对实在的认知或区分都会导向矛盾，因而是显象。

二　事物的性质

矛盾与非矛盾是划分显象与实在的标准，而相关讨论的起点，则是反驳传统的第一性的质和第二性的质①的区分，这也是《显象与实在》第一章的主题。第一性的质和第二性的质的区分在亚里士多德那里就有提及，而一般认为对此做出较为系统讨论的哲学家是洛克。尽管他从未提及洛克的名字，但布氏显然对洛克所代表的经验主义思维方式持明确的批判态度。而他之所以选择这种区分作为讨论的起点，是因为：

> ……它如此简单，而且从总体上说是易于处理的。第一性的质是我们感知或感受到的那些方面，简言之，是空间性的；其余的性质则是次生的。解开世界奥秘的钥匙就在于：把前者当作实在，而把其他一切东西都当作是衍生而来的、差不多是一种有道理的显象。（AR 9）

---

① "Primary qualities"和"Secondary qualities"这两个概念，被译为"基本性质（或主要性质）"和"次生性质"可能更好；但为了尊重已有并被广泛接受的译法，本书中还是将其称为"第一性的质"和"第二性的质"。

第二章 "显象"与"实在" 67

上述引文并不是在表达布氏自己的观点，而只是提出讨论的出发点。布氏认为这样的看法易于处理，但从根本上说仍是错误的。主张第一性的质与第二性的质相区分的人，把第一性的质（如空间中的广延）当作实在，而把第二性的质（如颜色、声音）当作显象。布氏则认为这样的看法并不彻底，而无论第一性的质还是第二性的质归根结底都是显象。

显然，论证第二性的质是不真实的，这似乎并不困难，因为它们并不为事物本身所具有的，只是相对于特定的感官而言才存在："我们假定一样事物必须是自身一致（self-consistent）和自立的（self-dependent）。它要么拥有一种性质，要么没有。……并没有什么东西真的拥有颜色；颜色不过属于自身并无颜色的东西。对于冷、热来说也是如此。"（AR 9）显然，除了颜色，声音、嗅觉和味觉等性质也概莫能外。包括在谈及令人愉悦、令人厌恶等性质时，我们也不是在谈论事物自身的性质，而是在说事物给我们带来的体验。因此第二性的质依赖于感官，并不是真实的。

此外，梦境、错觉等也为我们提供了进一步的证据，表明即便没有对象或事物存在、没有第一性的质存在，我们的感官自身也可以产生出各种性质。这意味着认为第二性的质是第一性的质的产物也是没有道理的。所以，第二性的质不仅不是真实的、不是事物实际的本性，严格来说也不是由第一性的质派生而来的，而"必须被认为仅仅是显象"（AR 11）。①

但布氏的目的不在于仅仅证明第二性的质是显象，而是要证明第一性的质也是显象，这也是他与经验论者的根本性区别。为此，他提出了如下四种论证：

第一，第一性的质中最具代表性的就是广延，也就是物体或对象所占据的空间。布氏认为，通过考察事物是如何在扩展（extended）中处于空间关系中即可以发现，空间这个概念本身包含着矛盾。因为从空间的连续性和离散性中会产生出诸种困难，最终迫使我们承认，空间既是无限的又必须有一个终点——这显然是一种自相矛盾。（参阅 AR 30~31）在布氏看来，这足以说明空间的非实在性，进而对物质主义（materialism）构成

---

① 值得注意的是，布氏在这里表达了对这样一条原则的赞同："如果一样事物拥有一种性质，那么它必定拥有它。"（AR 11）这实际上就是备受罗素诟病的充足理由律。但通过考察相关文本可以发现，布氏在这里的论证并不依赖于该原则。然而这样一来，他反复赞同此类原则的理由又显得有些可疑。正如我们在第一章第二节所指出的那样，布氏在逻辑学中赞同某种意义上的充足理由律，但实际上并未将其运用到其他领域内；可是布氏自己似乎并未意识到这一点，而是在多个地方表达了对它的赞同。合理的解释可能是：布氏并未想清楚充足理由律在自己理论体系中的作用，而这种略显混乱的思路也误导了罗素。

致命的反驳。

第二，第一性的质与第二性的质的关系是无法被理解的；该论证主要是对布氏自己矛盾原则的运用，以及对显象和实在之区分的重申。

第三，任何表明第二性的质不是真实的论证，其实都适用于第一性的质。一般认为，第二性的质是依赖于相应感官的，如颜色依赖于我们的视觉系统，而第一性的质是事物自身所具有的。但仔细思考就会发现，我们对扩展或广延的把握也离不开自己的感官，比如视觉或触觉；所以，广延这样第一性的质也离不开我们的感知、离不开与其他事物的关系。

第四，一般认为第二性的质依赖于第一性的质，是后者在我们感官系统上产生的作用，但其实第一性的质也离不开第二性的质。例如，我们无法设想没有任何第二性的质的、与任何其他性质相分离的、纯粹的广延，任何对广延的思考都一定会涉及第二性的质。所谓的广延只是一种抽象，并不真实存在。

应当说，这四种论证并不新颖，都是较为常见的对第一性与第二性的质的区分的反驳。其中，前两种论证显得不那么有力，因为都依赖于布氏本人的一些独特看法；后两种论证更有力一些，一定程度上说明了上述区分的理由或标准自身有着相当程度的问题。无论如何，布氏认为它们足以支持我们反对做出第一性的质和第二性的质的区分，这种区分对我们没有任何帮助。他的结论是："如果第二性的质是显象，第一性的质就不可能独善其身（stand by themselves）。"（AR 15）

从反对这二者的区分这一点来看，布氏的思路与贝克莱确有相似之处。他们都可以被归为唯心论者，都认为一种独立于我们之外的外部实在的存在是没有道理的。① 在布氏看来，第一性的质与第二性的质的区分，实际上给物质主义提供了理论基础，因为所谓物质主义似乎就是承认第一性的质的实在性："这种原则当然是物质主义，这是一种非常简单的信条。扩展的东西连同其空间关系一道，都是实质性的事实，其余的则是形容词式的。"（AR 12）他在此引入了"实质性的"与"形容词式的"这两个概念，它们正是《显象与实在》第二章的主题。

三　实质与形容词

布氏认为，上述讨论表明我们的基本思考方式出了问题，也就是说，

---

① 当然，这里的"外部实在"一词是在通常意义上说的，指实在论（realism）主张的实在，不是在布氏意义上所谓的"实在"。用标准的术语来说，布氏对"实在"的理解和使用完全不是实在论的。

把世界中的内容划分为事物及其性质的做法是失败的,而这在语言上便体现为实质与形容词之分。在布氏看来,单一的事物不可能被一个以上的性质限定,因此拥有超过一个性质的事物不可能属于实在,只能属于显象。(参阅 Baxter, 1996: 1) 无论如何,我们需要另辟蹊径。在《显象与实在》的第二章,他通过糖块性质的例子进行了新的尝试。需要说明的是,布氏是一位很少举例子的哲学家,这极大地增加了理解他学说的难度,所以关于糖块的例子是非常值得关注的。他说:

> 就拿我们熟悉的一块糖的例子来说吧。这是一样东西,它拥有性质、形容词来做出限制。例如,它是白的、硬的、甜的。我们说,这块糖是所有这些;但"是"这个词的真正含义则很可疑。如果就把性质当作性质自身的话,那么一个事物并不等于任何它的性质;如果"甜的"与"单纯的甜"相等同,那么这个事物显然不是甜的。同样,就糖是甜的来说,它不是白的和硬的,因为这些性质是完全不同的。同样,如果把性质分别对待的话,这个事物也不可能是它的任何性质。糖显然不是单纯的白色、单纯的硬度和单纯的甜度,因为它的实在以某种方式存在于其统一性中。但另一方面,如果考虑除了这些性质之外这个事物中还有什么,我们会再次陷入困惑。我们会发现,无论在这些性质之外还是之内,都不存在一个真正的统一体。(AR 16)

这里的说法似乎是在针对一些经验论者所主张的束理论(bundle theory),即一个事物不过就是其所有性质组成的一束东西。但布氏的目标不止于此,而是要论证我们不能用系词"是"把一个事物(糖块)与其性质关联起来。虽然我们在日常生活中会说一块糖是白的、硬的、甜的等,但在他看来,"是"要么表达一种直接的同一性,即糖块与自己具有的任何一种性质相等同,而这显然是荒谬的;要么像束理论主张的那样,表达一种单一事物与诸多性质的统一体的等同,即糖块等同于这些性质的统一体——但布氏认为,并不真的存在这样一个统一体,因而这样的等同也就是不成立的。上述两种可能性均有各自的问题:前一种似乎假定了"是"只能表达等同,后一种则涉及我们对于统一体、"一"与"多"之间关系的理解。我们先来看看后面这个要点。唐纳德·巴克斯特在《布拉德雷论实质和形容词:复合物—统一性问题》("Bradley on Substantive and Adjective: The Complex-Unity Problem")① 一文中将该要点称为复合物—统一性问题（complex-unity problem），指一个单一的事物如何可能与很多事物相等同。

在布氏看来，"是"把同一性归属给糖块及其性质——准确来说是其性质的统一体。但问题在于，性质明明是多（many），它们如何成为一（One）？多如何能等同于一？布氏认为这是不可能的，可见其论证思路是：唯一一种把事物（糖块）及其性质（白的、硬的、甜的）关联起来的方式就是宣称它们之间的等同，但这种等同又是矛盾的，因此这种关联本身是矛盾的。布氏思路的奇特之处在于，他认为这种矛盾并非源自推理上的缺陷，而是源自大家思维方式上的根本性错误；他主张我们不应继续纠缠于此类问题，而是要直截了当地得出结论说，关系与性质这样的思维方式本身包含固有的不融贯之处，都是显象而非实在。（参阅 Manser and Stock，1984：23）

上述论证有一条重要的、备受诟病的前提：系词"是"表达的是同一性，且只能表达同一性。这样的前提明显违背常识，因为系词可以有各种不同的用法，比如表达实体和属性的关系等。布氏也认识到这个问题的重要性，并将其称为"关于固有性的问题"（problem of inherence）（AR 19），实际上也就是"关于'是'的意义的问题"。阿拉德和斯多克将其概括为：我们如何能够无矛盾地把一样东西思考为无条件的是很多不同的东西（how can we think... of one thing as being unconditionally many different things）？（参阅 Allard and Stock，1994：104~105）在糖块的例子中，糖块是白的、硬的、甜的，但白的、硬的、甜的却彼此并不相等，因此不是无矛盾的。但布氏在此又是在自己独特的意义上使用"矛盾"一词的，毕竟从日常的角度看，这里并没有什么矛盾存在。

显然，一种常见的可能反驳是指出这里的"是"表达的不是等同，而是"拥有"或从属关系；但布氏认为，即便把"是"换成"拥有"也是无用的，因为"拥有"仍然是一种关系、仍然包含矛盾。这种关系要么什么都没有说，要么改变了主词自身，从而产生出一条错误的命题："如果你的意思是相分离的 A 和 B '拥有'这种关系，你还是在断言一种错误的东西。但如果你的意思是 A 和 B 在这样一种关系中被关联起来，

---

① "Unity"一词既可以被译为"统一性"，也可以被译为"统一体"；前者侧重于强调其作为抽象性质的方面，后者则侧重于强调其作为具体事物的方面。本书将视具体语境的差异而采取不同的译法。

你似乎就什么都没有说。因为和之前一样，如果谓词没有带来任何差别，它就是无用的；如果它让主词不再是其自身，它就出错了。"（AR 17）

如巴克斯特所说，布氏在此并没有单纯依赖于把谓词等同于同一性的预设，而是诉诸一种古老的两难，即同一性陈述要么什么都没有说，要么由于把错误的东西谓述给主词而是错误的。（参阅 Baxter，1996：12）而在把"是"替换为"拥有"等其他谓词后，两难也没有被化解，因为事物自身还是被改变了，不再是其自身，这可以被称为一种"自杀"①：

> 事物通过消失在关系中、通过接受形容词自身的地位（admission of the adjectives to a standing of their own）可以避免矛盾。但这其实是在通过自杀而避免矛盾。这无法提供关于关系和关联项的合理表述，无法发现真正的统一性，离开这种统一性就只会一无所获。整个方案显然只是权宜之计。它其实就是在对外部世界说"我是我的形容词的拥有者"，而对性质说"我是关系，这让你获得了解放"。……事实在其中呈现在我们面前的直接的统一性已经被经验打破了，随后又被我们的反思打破。（AR 19）

应当承认的是，布氏的说法有循环论证的嫌疑。他所谓的"让主词不再是其自身"的标准依赖于他对关系和同一性的独特理解，而他又反过来用这种独特理解为自己对"是"和其他谓词的质疑提供辩护。唯一可以维护其论证效力的地方是，他的这些信念之间倒是形成了一个融贯的整体；换言之，如果我们全盘接受他的理解和前提，其结论就应当是成立的。

这种对实质与形容词的分析导向了著名的布拉德雷倒退。简言之，我们无法获得复合物的统一性，除非我们已经假定有一种使之成为"一"的关系存在，该关系提供了统一性。布氏自己的核心观点则是，不能把关系当作独立的真实存在的东西，否则会导致如下倒退：

> 我们已经承认关系 C 与 A 和 B 不同，不再是对它们的谓述。但是，我们似乎仍然说了某种关于这个关系 C 以及关于 A 和 B 的东西。这种东西并没有把其中的一方归属给另一方。如果是这样的话，似乎

---

① 这里的"自杀"是在偏负面的意义上被使用的，与下一节提到的"思想的自杀"不尽相同。

就出现了另一个关系D，关系C是其中的一方，A和B则是其中的另一方。但这种权宜之计立即会带来无穷倒退。新的关系D无法谓述C或A、B，因此必须求助于另一个新的关系E，它关联起D和之前的东西。但这样又会引出新的关系F，如此以致无穷。因此，把关系当作独立的真实存在的东西并不能解决问题。(AR 18)

由于我们还会在本书第四章专门讨论布拉德雷倒退，在这里就不做进一步展开了，只是简要提及一下该倒退出现的背景。无论如何，布氏考察实质与形容词问题的目的并不仅仅是批判这种思考方式，而是希望发掘其背后更深层次的预设。在他看来，造成人们无法准确把握实在的关键在于思维本身，而思维的基础就是关系，或者说是用关系来理解实在这样一种模式。于是他的关注点便从性质转向了关系：

> 性质存在，而且是在关系中的。……我们似乎无法让自己摆脱古老的两难境地：如果你谓述了某个不同的东西，你就把某个它并不是的东西归属给了主词；而如果你谓述了某个没有什么不同的东西，你就什么也没说。
>
> ……我们不再认为关系是被关联项的属性，而是认为它是某种独立的东西。……但这样仍然不会带来任何改进。(AR 16～17)

总之，他的最终目的不是批判实质与形容词这种思维方式或对之做出修补，而是彻底否定关系的实在性，这正是《显象与实在》第三章的主题。

四 性质与关系

关系问题是从对实质与形容词的讨论衍生而来的，但并不是其必然的后承。我们自然可以尝试证明布氏的论证是无效的，或者即便有效，我们也只需对他所批判的思维方式本身做出必要的修补。但布氏在此做出了一步较大的跳跃，把矛头指向关系本身，认为上述讨论所揭示的问题表明关系本身是矛盾的。如巴克斯特指出的那样，布氏认为实质与形容词之间的关系实际上就是一与多之间的关系，这种关系可以被称为"使之成为一"（one-making）。而对于布氏来说，所有关系都是这种"使之成为一"的关系，而且任何两个事物都处于某种关系中。所以，只要有多存在的地方，就有复合物—统一性问题存在。而他解决这个问题的最终方案很激进，那

就是否认关系的实在性。这样一来,就没有多而只有一存在,这样的一就是实在。(参阅 Baxter,1996:3~4)

布氏从关系与性质的相互依赖性入手来否定关系的实在性。在第三章"关系与性质"开篇不久,他就亮出了自己关于关系和性质的核心观点,这也可以说是他哲学的一个标志性口号:"我们的结论是:关系预设了性质,性质也预设了关系。任何一方既不能与另一方在一起,也不能离开对方;这种糟糕的循环并不是关于实在的真理。"(AR 21)从表面上看,他只是在说关系和性质相互预设了对方,不能分开而独立存在;但结合自己对于矛盾和显象的理解,他认为这表明上述二者都属于显象而非实在。在接下来的部分,他采取如下三个分论点来论证自己的看法:第一,如果离开了关系,性质就什么都不是;第二,当与关系一同被考虑时,性质同样是难以理解的;第三,无论是否有性质,关系都是不可理解的。我们在这里简要分析一下每个分论点的情况。

布氏并未给出关系的明确定义,只是在论证过程中顺便提及了对关系的看法:"请考虑彼此有差异的性质 A 和 B;这种差异肯定存在于某处。如果它在任何程度上、在任何范围内存在于 A 或 B 之外,我们就会立即得到关系。"(AR 24)或许在他看来,这样常见的概念并不需要多费口舌来澄清,尽管在随后的讨论中我们会发现,他对关系的理解与通常的理解相距甚远,而且似乎在不同的含义之间切换,以至于读者很难把握到他准确的意思。

以这样较为模糊的界定为基础,布氏展开了第一个分论点的论证,他的思路是证明:不可能在没有关系的情况下发现性质。之前说过,布氏哲学的出发点是经验,其中,直接经验或感觉又被认为是一种未经区分的状态,在这种状态中是没有关系或性质的。一旦有了区分,关系或性质也就出现了。但是,性质从来都不是单独出现的,因为性质总是要依赖于某个具体的个体,而且一种性质也总是与其他性质相伴随。布氏将此概括为:"性质总是在某种连结(conjunction)中来到我们这里,而绝不是单独出现的,还有什么比这样的看法更自然的呢?"(AR 23)也就是说,性质是离不开关系的:"性质的多性(manyness)① 不可能与其简单性(simplicity)协调一致。它们的杂多依赖于关系,如果没有这种关系,它们就不可能被区分开。但如果没有被区分开,它们就是无差别的,因此不是性

---

① 这里的"manyness"一词似乎与布氏更常用的"杂多性"(plurality)并无实质性分别。但为了尊重原文并表现用语上的差异,权且将其译为"多性"。

质。……没有关系的多样性似乎是一个毫无意义的语词。"（AR 24）简言之，多样性依赖于性质，没有性质就没有多样性；性质依赖于差异，差异又依赖于关系，所以关系是这个多样的世界的基础。布氏对此总结道："没有关系就没有意义，充其量只是语词而不是思想……可以在不思考独特特征的情况下思考性质吗？可以在没有关系——这种关系可能是清晰的也可能是心灵为了理解而在无意识中引入进来的——的情况下思考这些吗？没有关系的性质对于思想来说有意义吗？就我自己而言，答案是否定的。"（AR 25）

关于第二个分论点，布氏提出，一方面，性质无法被完全消解为关系，而"对于思想来说，不是关系性的东西什么都不是"（AR 25）。另一方面，"没有任何东西不能被关联，而把关系中的性质转化为单纯的关系是不可能的。……关系必须依赖于关联项，正如关联项也必须依赖于关系。……因此性质必定存在，也必定被关联"（AR 25）。但是，经过这样分析后的性质会陷入一种字面意义上的矛盾境地，即它既被关系塑造又没有被关系塑造。为此，布氏提出了如下论证，也就是后来所谓的布拉德雷倒退的版本之一：

> A 既被关系塑造又没有被关系塑造；这些不同的方面并不是对方，也不是 A。如果我们把这些多重的方面称作 a 和 a，那么 A 就部分地是这两者。作为 a，它是作为区分基础的差异；作为 a，它是得自关联的独特性。A 其实是双方以某种方式共同形成的 A（$a \sim a$）。但（如我们在第二章中看到的那样）如果不使用关系，就不可能谓述 A 的多重性（variety）。另一方面，在一种内在关系中，A 的统一性消失了，其内容消解在无穷无尽的区分过程中。……它既统合（combine）又无法统合这些形容词。……每个在关系中的东西必定也是超越关系的。这种多样性对于每个东西的内在统一性来说都是致命的；它要求一种新的关系，如此以致无穷。（AR 26）

简言之，由于性质和关系是不可分的，我们就要么无法谓述其多样性，要么无法把握其统一性，而任何使得它变得可理解的尝试都会引入新的关系，从而导致无穷倒退——因此性质自身是难以理解的。此外值得注意的是，上述引文也是"内在关系"一词在《显象与实在》中的首次出现。

如果接受了布氏关于前两个分论点的论证，第三个分论点就比较容易澄清了。性质与关系是密不可分的，而无论是被单独考虑还是与关系放在一起考虑，性质都是难以理解的，所以，关系本身也是难以理解的：

> 首先，一个没有关联项的关系似乎不过是空话；因此，关联项似乎是某种超出了关系的东西。至少对我而言，无论一个关系导致了此前不存在的关联项，还是可以在没有关联项的情况下存在，还是在关联链条的终点之外没有任何差异，都是毫无意义的表达式。……
> 但另一方面，关系如何与性质相关，这也是不可理解的。如果关系对于性质来说什么都不是，它们就完全没有被关联；这样一来，它们就不再会是性质，而它们的关系就什么都不是。但如果这对它们来说是什么的话，那么我们显然应该要求一种新的关联性的关系。（AR 27）
> 问题在于关系如何与性质有关；而这个问题是无法解决的。如果你把关联当作一个固体，你就既能表明又无法表明其他的固体如何与它相结合。如果你把它当作一种中介或非实质性的空气，它就不再是一种关联了。（AR 28）

上述论证基本是关于性质不可理解性论证的翻版：在关系不可能脱离其关联项而存在的前提下，首先说明没有性质的关系是不可理解的，然后说明与性质相关的关系也是不可理解的，因为这会引入新的关系，从而导致无穷倒退。所有这些论证的效力显然依赖于对所谓布拉德雷倒退的分析，我们会在本书第四章展开这些工作。可以看出，它们实际上证明的是关系与性质的相互依赖性，这种结论也并无什么不合理之处。但在布氏看来，这样的结论会进一步表明关系与性质都不是真实的、都是显象；而既然这两者都是我们思维的基础，我们的思维方式——他将之称为关系性的思维方式——给予我们的也必定是显象：

> 我的结论是，一种关系性的思维方式——它被关联项和关系的机制所推动——给出的必定是显象而非真理。这是一种权宜之计、一种设备、一种单纯的实践上的折中，非常必要，但最终是站不住脚的。……当这些不一致之处被关联在一起时——在形而上学中是必然会如此的——结果就是公开的、巨大不一致。……我们的理智已经被谴责为包含着混淆和破产，实在则落在外部、无法被理解。或者更糟糕的是，它已经被剥去了所有的区分和性质。它已经赤裸，没有

任何特性，我们则深陷困惑之中。（AR 28~29）

关系是布拉德雷哲学的核心话题之一，在后来也引发了最多的争议，甚至"布拉德雷倒退"也可以说是隶属于该话题之下的。在这里我们只是简略地整理一下相关讨论的起点，在第四章和第五章还要做出大量分析。

五 显象的特征

在完成了《显象与实在》的前三章后，布氏认为自己的论证在相当程度上已经达成了，否则他也不会自信满满地说"能跟上思路或已经把握到本章核心思想的读者无需花费时间去阅读随后的一些章节"。但作为读者，我们似乎还是缺乏对于"显象"特征的充分把握，而布氏自己既没有给出"显象"的明确定义，也没有专门澄清其特征。因为在他看来，只要理解了他在前三章中那些晦涩的说法，一切疑惑都会烟消云散，尽管笔者相信，应当没有任何人真的能做到这一点。其实不只是"显象"概念如此，布氏常常在未经任何解释的情况下就随意引入一个概念，然后在相隔甚远的文本中才很暧昧地给出一个不算那么清晰的定义，这样随意的行文方式不仅徒增了阅读的难度，也削弱了他论证的力量。

但无论如何，根据散落在他著作中不同地方的说法，我们还是可以粗略地刻画"显象"的基本含义和特征。

关于"显象"的基本含义，布氏曾明确说过显象就是"一个事物向某人显示出来的样子"（ETR 272）。这样的说法倒是很契合日常对"appearance"字面意思的理解，即它指的是事物显现出来的样子而非其真实的情况。但从形而上学的方面来看，它的含义又得到了一定的深化和扩展。布氏曾说，"显象"的基本意思是"在任何超越自身的有限东西中的现存"（the presence in everything finite of that which takes it beyond itself）（ETR 272），而在他看来，没有任何感知可以把一个特征完全包含在自身之内，因而必定是显象。（参阅 AR 335；Saxena，1967：67）

沿着这样的思路前进，我们会得出一些奇特的结论，即在布氏看来，并不只是说事物呈现出来的样子是显象，而是我们所看到的事物或"事物"这样的概念自身本就都是显象：

如果实质和形容词的关联、性质和关系的关联已经被表明是无法被维护的，如果空间和时间的形式最终是充满矛盾的，如果因果关系和主动性不过是在不一致性上再增加一些不一致性——总之，如果所有这些都不可能是对实在的谓述——那么剩下的还有什么？如果事物存在，那么它们在哪里存在、如何存在？但如果这两个问题都是不可回答的，我们似乎就不得不得出结论说：事物不过是显象。（AR 61）

……我们很难看出任何事物如何可能是真实的。而到目前为止，事物最终都仅仅是显象。（AR 63）

可见，布氏把我们经验中的几乎一切东西——关系、时空、因果性、事物的存在等——都归为显象，这使得显象几乎成为一个无所不包的概念。但这似乎与第一章中提出的经验或直接经验概念并不一致，因为布氏明确宣称经验是真实的，而且实在就是经验。这种表面上的不一致其实很容易化解，因为布氏并不是说事物自身始终只能是显象，而是说一旦我们试图去思考或理解事物，它们就会成为显象。（参阅 Saxena, 1967：67）所以他总结道："但我们并不是暗示说，事物自身始终是一种显象。我们的意思是，它的特征是这样的，以至于一旦我们对它做出判断，它就会变成一种显象。而我们已经在整本书中看到，这种特征就是观念性（ideality）。……任何比整体更少的东西最终都不是自立的（self-contained）。"（AR 430）

所以更准确的说法是，上述提及的所有概念，包括"事物"在内，都是我们在反思和理解中的抽象构造；这种构造的出发点是经验，经验是真实的，但我们的反思和理解则必定会把真实的东西转化为显象。所以，任何东西并不是实际上在感知中呈现（appear to）给我们，而是在被反思的时候必然被看作不是完全真实的，因而就成了显象。（参阅 Vander Veer, 1970：115）只不过，布氏在相当程度上修订了区分真实与非真实的标准，也就是修正了"矛盾"一词的日常用法。他借以区分二者的"矛盾"概念好比一个筛子，这个筛子的网眼实在是太细了，以至于任何日常或属于理性范畴的东西都无法从中通过；而我们当然也可以设想一种对此概念的更温和的运用，让日常或属于理性范畴的东西能够通过它的筛选，但这样一来，经过筛选后的东西就会比较粗糙，或者杂质较多，不能满足布氏对于"实在"的理论需求。

到这里我们可能会陷入一种误解，即认为显象与实在是完全不同的两个范畴，二者相互之间没有任何关系。这样的话，布氏的形而上学就可能成为二元论的，会设定显象与实在两个基本范畴。这的确可以成为解读其思想的一种思路，但显然不符合他的很多文本。在本书第六章我们会说明，布氏是一位坚定的一元论者。如果在他的体系内出现了两个基本范畴，那么其中任何一个就不可能是无所不包的、唯一真实的。因此从根本上说，显象不是与实在完全割裂的；甚至可以说显象被包含在实在之中。毕竟，尽管与实在相区别，但显象绝不等同于幻觉或任何虚假的东西，不是相对于真实而言的另一个极端，而是最终要被包含在真实中的东西。所以布氏认为，我们不应当贬低显象：

> 任何作为显象而被拒斥的东西，恰恰也由于同样的原因而不仅仅是虚无。这不会被完全搁置并摆脱，因此，既然它必定会落在某个地方，就一定属于实在。（AR 119）
>
> 总之，显象是造就宇宙的材料。如果赋予其恰当的特征，我们就不会高估或轻视它们。（AR 511）

显象属于实在，只不过会在实在中失去自己"区分"的本性，被"转化"（transmute）或"克服"。（参阅 Vander Veer，1970：116~118）其实也只有这样理解，实在才能真正成为无所不包的、唯一真实的东西，而布氏也可以给自己所从事的工作一个恰当的定位。哲学属于理智的范畴，严格来说并不直接属于实在，也不能直接把握实在："哲学自身也仅仅是显象。它不过是众多显象中的一种，如果它在一个方面得到了提升，在其他方面就会变得更低。"（AR 402；还请参阅 Vander Veer，1970：119）但由于显象从根本上说是被实在包容的，只要我们准确理解哲学的本性，做出恰当的"转化"，就可以超越它走向实在——这也就引出了下一个问题，即思想与实在之间的关系究竟是怎样的。

在开启进一步的讨论之前，有必要澄清一下布氏论证的方式和有效性。关于显象的界定是布氏全部形而上学理论的立足点之一，但通过本节的讨论可以看出，他的相关论证是充满争议的，因此相应的结论很难说是完全站得住脚的。例如，在最初的关于取消第一性的质和第二性的质的区分的讨论中，首先，我们很难说他的论证是成功的，其中大部分论证不过是对各种常见思路的总结或加工；其次，即便这些论证表明传统的区分是站不住脚的，我们也很难说这就表明第一性的质和第二性的质都是显象。毕竟，说 B 具有某种性质，以及 A 和 B 在其他方面没有区别，这并不在逻辑上蕴含 A 具有那种性质——除非我们能够提供一种独立的论证，直接表明 A 具有该性质。布氏的四点论证都起不到这样的作用；而他实际上只提供了一种独立的论证，即第一性的质其实也是思维的产物，不是经验，因而是显象。这样的表述严格来说并不是"论证"，而只是对他关于显象与实在的区分标准的运用，或是对他矛盾与非矛盾原则的重申；如果认为这是一种论证，那么它显然有循环论证的嫌疑。尽管我们可以认同他对显象和实在的定义，但似乎很难全盘接受他反驳第一性的质和第二性的质的区分的论证。同情或支持布氏的人可能会另辟蹊径，从其他地方为显象和实在的区分提供支持；厌恶或反对他的人则可能直接认为他的理论是不成立的。但无论如何，布氏本人似乎对自己的论证持有充分的自信，毕竟在被作为一个整体看待时，他理论内部的各个部分之间可以提供相互的支持，尽管这或许会被指责为一种循环。

类似的麻烦可以说充斥在其体系中：他提供了一系列相融贯的原则、标准和论证，但极少给出在这个体系之外的、独立的证明或理由——难怪跟他进行论辩是一件十分艰难的事情，因为对他任何一个具体结论的否定似乎都是对其基本原则或整个体系的反驳，而这样的反驳很容易被视为一种立场上的分歧或单纯的误解而被认为是无效的。因此，有效地反驳布氏绝不是一件容易的事情，尽管接受他的结论也同样不容易。

第二节 思想与实在的关系

一 思想与判断

在本书第一章，我们已经概述了布氏对于语言、概念以及理性思维的贬低；在上一节，我们也解释了显象与实在的区分标准，并说明了显象是一个涵盖很广泛的概念，日常生活中的一切几乎都被归于显象。既然如此，我们的理性或理智如何可能知道所有这一切？换言之，我们的思想何以可能超越于显象之上？为了能够做到这些，思想显然不能局限在显象之内，用布氏自己的话说就是："'既然我的所有官能都被限定在我的花园内，我就不可能知道隔壁的玫瑰是否开放了。'这似乎是前后不一致的。"（AR 111）"我们仅仅是由于误解，才在把思想当作某种比实在更少的东西时遇到了困难。"（AR 143）

本节我们就试图解答上述问题，并澄清思想与实在的关系。需要说明的是，在《显象与实在》中，布氏首先在第十三、第十四章阐述了实在的本性，然后在第十五章讨论思想和实在的关系。出于论证和谋篇布局上的考虑，笔者调整了这一顺序，首先讨论思想如何能把握实在，然后再转入对实在本身的讨论。

思想一词显然有着丰富的含义，可以涵盖各种不同的东西。而在布氏看来，所谓思想其实就是我们做出的判断，主要涉及理性或理智。他常常将思想刻画为"discursive"，也就是论述性的。所谓"论述性的"，又被布氏等同于"关系性的"（relational），因为思想的本质就在于把关系赋予我们的直接经验，所以论述性的思想也就等同于关系性的思想。（参阅 Blanshard，1984：224）

在本书第一章第三节讨论布氏的逻辑学时我们已经指出，思想是观念性的，它一定会对事物做出划分，将其分为"那个"与"什么"，前者相当于我们语言中的主词，后者则相当于谓词。① 如果没有这样的区分，语言的结构就会坍塌，因此这是我们做出判断的基础：

> 思想似乎在本质上就在于它们的划分（division）。因为思想至少在一定范围内显然是观念性的。没有观念就不会有思维，而一种观念暗含了内容与实存的分离。……观念性就在于把性质与存在分开。（AR 143~144）
>
> 谓词是一种脱离了它自身直接实存的内容，而且在与最初的统一体相分离的情况下被使用。而正如被谓述的那样，它在与自己的抽象存在和在我头脑中的存在无关的情况下被运用。如果情况不是这样的，就不会有判断存在；因为区分或谓述都不会发生。但如果情况是这样的，我们在这里就会再次发现一种观念。（AR 145）

如我们在第一章第三节已经指出的那样，布氏并不赞同我们日常看待判断的方式，而是提出所有判断的主词从根本上说都是唯一的实在，而我们做出的判断不过就是通过"什么"（谓词）对"那个"（主词）做出的限定："正如在'这匹马是一只哺乳动物'中那样，谓词并不是一种事实，所以完全确定的是，主词是一种实际的实存。同样的事情对于每一个判断来说都成立。没有人意图断言除了实在之外的任何事情，或是做除了

---

① 这里需要澄清的一点是，布氏所谓的谓词与我们通常的理解有较大差距。严格来说，他其实是把实在看作所有判断唯一的主词，而通常被我们称为判断的整条命题才是他所说的谓词。这就意味着，这种主词或主体其实位于通常所谓的整个判断之外。因此，尽管布氏表面上还是采用了主词、谓词的说法，但他所理解的命题完全不是通常所谓的主谓命题，而罗素关于布氏认为命题都是主谓命题的观点其实是对布氏的误解。（参阅 Mander，1994：70~76）

通过'什么'来限定'那个'之外的任何事情。"(AR 145)

如果说思想的本质——或更准确地说是其部分本质——在于把"那个"与"什么"区分开，那么当我们做出一条形如"××是××"的判断时，这两个被区分开的方面却又在思想中被联合起来了。所以，同一性和差异必须以某种方式在判断中被联合起来。只不过，这不是判断所断言，而是其所暗含的东西。(参阅 Mander, 1994：81) 因此布氏说：

在相同性被断言的地方，差异被预设了。在差异被断言的地方，存在着相同性作为基础。由此可以得出，如果你并不介意自己的暗含之意（implications）被放置在你的意义的层面上，你就可以表明所有判断的形式都是：被同一性统一起来的差异。(PL 373)

从本质上说，判断是对"什么"和"那个"这两个暂时被疏离的方面的再联合（reunion）。但思想的观念性就在于这些方面的疏离。(AR 145)

思想在判断中获得了完整的形式。在判断中，一个观念被谓述给一种实在。……谓词只是单纯的"什么"、单纯的内容特征，这种特征被用来进一步限定主词的"那个"。这个谓词被从它在我大脑中的心智实存中分离出来，在不涉及它的存在的情况下被使用。……谓词是一种脱离了它自身直接实存的内容，而且在与最初的统一体相分离的情况下被使用。……如果情况不是这样的，就不会有判断存在；因为区分或谓述都不会发生。(AR 144)

如果把判断当作完整的思想，那么我认为在所有判断中主词和谓词都不可能是相同的。在每个判断中，真正的主词都是实在，这超出了谓词，而谓词是它的一个形容词。(AR 148)

我们的判断总是不可避免地采取主谓命题的形式，其主词就是被呈现为"这个"的实在，而并不存在我们无法思考的主词。主词具有两个特征，即感觉上的无限性（sensuous infinitude）和直接性（immediacy）。(参阅 AR 155) 主词是无限的，谓词则是有限的；主词断言了一个单独的、自存的存在者，其中的"那个"与"什么"并不相分离，谓词则无法做到这一点。但是，无限性和直接性自身也仍然是不一致的，因此它们也都只属于显象的范畴，是一个个体的显象。(参阅 AR 155~156) 总之，主谓命题这种模式本身就决定了我们不可能充分地理解或把握某个独立自存的东西，而只有独立自存的东西才是真实的。由于判断和思想自身的这种局限性,"思想做出的完全吸收主词的尝试一定会失败"(AR 157)。

　　布氏在这里的立场看上去有些令人费解。他似乎既主张思想的本性在于"那个"与"什么"的区分,又声称判断把这种区分重新联合起来,从而使得思想获得了完整的形式——如此看来,思想好像并不是一个单一的概念,而是具有不同的含义。根据曼德对布氏立场的解释,传统的主谓命题模式实际上限定了我们对于判断的看法,也就是说,所有主谓形式的判断都不可能产生出关于实在的真判断。对此布氏的主张是,尽管基本的主谓模式是完全错误的,但我们的认知并不到此为止;换言之,还存在着更好的思想的形式,可以超越上述问题。(参阅 Mander, 1994: 60~61)在布氏看来,思想并不是一个抽象的概念,而是一种可以"运动"的东西,它在一开始停留在对直接经验的区分的层面上,此时的它是有缺陷的,或者用布氏的术语说是包含矛盾的,但它最终会超越显象走向实在。这意味着,我们的思想拥有和实在的关联,并在显象属于实在的那种意义上属于实在。① 由于思想的核心是理智,也就意味着,"如果乐意的话,可以说理智不过就是我们本性的可怜的碎片;但在理智的世界中,它必定会保持至高无上的地位"(AR 454)。

　　值得注意的是,思想和实在的区分,实际上与布氏关于真理的看法有密切关系,坎贝尔就指出,这种区分与关于等级的原则是相抵触的。(参阅 Campbell, 1931: 31~37; Vander Veer, 1970: 121)我们会在本章第四节再详细讨论这个问题,而接下来,我们可以先看看思想与真理的关系,以及思想是如何得到满足的。

二　真理与思想的满足

　　之前说过,在布氏的哲学体系中,思想本质上是关系性的。这是因为差异是思想的必要条件,如果完全没有任何差异,思想就会变得不可能。所以,思想的目标并不是单纯的相同性(sameness)或逻辑上的重言式,也不是一种"单薄的真理"(thin truth);它必定涉及多样性,离开了多样性或差异,思维就会被禁止。(参阅 AR 501)

　　正如布兰沙德指出的那样,思考一个东西不是最终失去自己的同一性而等同于那个东西。(参阅 Blanshard, 1984: 223)严格来说,布氏所追求的既不是让思想与主谓模式相脱离,也不是让思想最终与实在完全同一,毕竟"严格来说,没有任何观念最终能达到实在;因为作为一个观

---

① 参阅上一节末尾处的讨论。

念，它绝不会包含所要求的条件的整体。实在是具体的，而最真的真理也必定或多或少是抽象的"（AR 351）。经过思想的作用后，"谓词或主词都无法存活。它们都被保留了下来，但都被转变了"（AR 352）。而之所以要转变主词和谓词，从根本上说是为了让思想超越所有差异：

> 如果不存在判断，也就没有思想；如果不存在差异，也就没有判断或自我意识。但另一方面，如果存在一种差异，主词就超越了被谓述的内容。（AR 150）
> ……（我必须重申）当思想开始比关系性的东西更多时，它就不再是单纯的思想。这种关系从中被抛出并且又返回其中的基础，并没有被这种关系穷尽。简言之，它会是一种不是单纯真理的实存。（AR 151）

主词不是单纯的实在或没有特征的赤裸的实存，它与谓词之间的关系其实是一种悖论：如果它与谓词相同，我们就没有必要在它们之中寻求一种判断；如果它与谓词不同，在这种情况下，"要么是，根本不存在任何判断，而只有没有思想的思维的假象；要么是，有判断存在，但它的主词比谓词更多，是一个超越了单纯'什么'的'那个'"（AR 148~149）。无论哪种情况都不会令我们满意，所以主词和谓词都包含矛盾，因而只是显象。对于这种矛盾，布氏评论道："一般而言，我们越是狭隘地看待主词，它所包含的关于多样性的内在根据越少，它就越多地通过长期存在的、不可解决的矛盾来威胁我们。但我们可以补充说，如此一来，这样的主词所拥有的抽象性就越多、拥有的真理就越少。"（AR 506）

可见，我们看待主词的方式是有程度之分的，而且其拥有真理的多少与其拥有的抽象性的多少是成反比的。上述几段引文中都出现了真理（truth）概念，这也说明它与思想和实在密切相关。根据通常的理解，我们的理智思维所形成的判断可能为真或为假，其目的是获得真理；布氏也不否认这一点，只不过他对真理的理解十分独特。在他看来，思维的对象是真理而非事物："真理是思维的对象，而真理的目标就是观念性地限定实存。……真理是对这样的内容的谓述：当被谓述时，它是和谐的；而且真理移除了不一致性和与之相伴的不稳定性。……就这种疏离在思想中并没有变好而言，思想绝不可能比单纯的观念性的东西更多。"（AR 145）

思想不超出观念性的范畴，真理的目标也是观念性地限定实存，就这样的范围内而言，思想与真理的确有重合的部分。但是，一方面，真理是和谐的、"移除了不一致性和与之相伴的不稳定性"，并不等同于思想；另一方面，真理也并不等同于实在。毋宁说，它是达到实在之前的一种阶段，只有超越它，我们才能达到实在。因此布氏说："所以，真理表明了一种剥离（dissection），而绝非表明了实际的生命。它的谓词绝不能被等同于它的主词。而如果它变成了这样，而且如果它的形容词可以是自身相一致的并重新熔化为（re-welded to）实存，它就不再会是真理了。它会转变为另一种更高级的实在。"（AR 147）由此可以看出，布氏所说的真理并不是一种与谬误相对立的东西，所有判断也并不处于非真即假的境地。真理是有等级的，不同的东西可以包含在数量上不同的真理性。这一点我们会在本章第四节详细讨论。

总之，真理不是我们认知的终点；特别是在考虑到真理有等级之分的情况下，事情就更是如此，因为显然不可能把程度较低的真理视作终点。这也就意味着，一定存在位于真理之外的、关于思想的标准。在布氏看来，这样的标准就是满足理智（satisfy the intellect）：当理智得到满足时，我们也就达到了认知的终点；换言之，理智的满足就是我们要寻求的标准。（参阅 Mander, 1994：4；Candlish, 1984：244）① 所以，我们是通过理智的满足来界定真理，而不是通过真理来界定理智的满足；也就是说，理智的满足是我们预先设定的标准，未满足理智的东西就并不为真，最终说来是矛盾的：

> 我首先假定了，真理必须满足理智，而并不满足这一点的既不是为真的也不是真实的。我只能通过表明任何可能的反驳者都会假定它来维护这条假定。……对我的理智来说，"事实"并不为真，除非它们满足了它。就它们并不为真的范围内而言，既然它们被提供了，它们就不是实在。
>
> 由此我得出结论：真实之物（what is real）必定是自立的、自存的，不能从外部被限定。因为外在的限定是一种单纯的结合（conjunction），而我们已经看到，那对于理智而言是一种多样性确定自身同一性的尝试，而这样的尝试就是我们所谓的自相矛盾。（AR 509）
>
> 在对已拥有的东西的完整性的渴求中，并不存在矛盾（in desire

---

① 需要说明的是，我们在这里暂时忽视了"理智"和"思想"这两个概念之间的差异，这主要是因为布氏本人在相当程度上未加区分地使用这二者。

for the completion of what one has there is no contradiction）。（AR 159）

简言之，无意义、矛盾和谬误之类的东西会在理智那里产生不满足，不能让理智停留在那里。在此，理智满足扮演着双重角色：一方面，它是我们进行探究的推动力；另一方面，它又是这种探求是否真的得以实现的标准。（参阅 Mander，1994：4）[1]

那么，"最终满足理智的是什么呢？"（AR 507）如前所述："抽象的同一性完全不可能满足理智，哪怕部分的满足也是不可能的。"（AR 508）而布氏对满足的界定还是部分依赖于他对矛盾的看法："如果任何东西得到了满足，就不可能再有超出它之外的诉求，而且不会有任何东西提出与在自身之内得到充分满足之物相抵触的、合理的主张。"（ETR 2）

根据曼德的解释，这种所谓的"满足"有如下几个特点：第一，这是一种理智上的直觉或自明；第二，这种满足不是私人性的事情，而是必须能够被公共性地分享；第三，满足是一个有等级的观念，毕竟我们可以经验到各种等级的满足和不满；第四，满足最终说来是一种处于我们和事项的特殊的、个体的本性之间的关系，因此在任何情形下都是潜在的，不存在一种简单的、一般性的标准。（参阅 Mander，1994：6）这些特点比较准确地概括了布氏的想法。由于与真理有着非常密切的关系，所以在完成对真理等级问题的讨论后，我们可能才会获得对理智满足问题——特别是满足的等级和满足的特殊性这两点——更充分的理解。但在这里，我们还是可以先做出两项必要的澄清。

第一，理智满足是界定真理的标准，但这并不能被视作真理的全部性质。对布氏而言，对满足和真理之间关联的解释，需要在主观和客观存在之领域的终极同一性中去寻找。（参阅 Mander，1994：8~9）最终说来，满足理智这个标准是为了帮助我们找到真实的东西，也就是实在："这是一个宏大的假定：满足我们的东西是真实的，而且实在必定会满足我们。在我看来，只有当我们觉得宇宙实质上是与我们每个人一体时、在我们之中作为一个整体被感到、意愿或知道时，这种假定才是可接受的。"（ETR 242）

第二，布氏的整个说法让他看上去持有一种融贯论的真理观，但其实

---

[1] 值得注意的是，曼德在同一地方指出，这种理智满足并非满足的唯一形式，甚至也不是最高级的形式，比如宗教就在某些方面比哲学更重要；此外，理智上的满足不可能独立于其他满足而达到自己的目标，因为生命中任何一个方面的终极满足都不可能离开所有方面的终极满足。布氏也明确说过，哲学"不过是众多显象中的一种"（AR 402）。

并非如此，关于这一点，我们会在本章第四节做出进一步澄清。但布氏的确反对知识论上的基础主义，不赞同罗素所批评的莱布尼茨哲学中的那种理论方法。准确地说，布氏的观点更接近一种整体论，即没有任何单独的主张可以绝对为真，它们的真假必须通过自身在体系中的位置才能被确定。在这个体系中，所有命题都是相互关联的，对一条命题的辩护会涉及其他命题。（Mander, 1994：15）布氏自己的哲学就是这样一个相互支持的体系。

三 思想的自杀

在上一小节我们已经说过，真理似乎是介于主谓模式的思想和没有差别的实在之间的中间阶段，是要被超越的。但布氏的相关表述显得有些自相矛盾：一方面，思想会出于自身的矛盾而必然超越差异和多样性；另一方面，布氏也明确地说思想的本性就是要做出类似主词/谓词这样的区分。那么，思想如何可能既超越差异和多样性又做出区分？做到了这一点的思想还是思想吗？我们如何调和这样的矛盾？对此，布氏提出了一个很奇特的术语，即"思想的自杀"（thought's suicide）。为了辩护对这个概念的使用，他采取了三个步骤的论证：首先表明思想和事实在严格意义上是不同的；其次表明"思想会终结在吞下了其特征的实在中"（AR 152）；最后再说明，拥护思想的人无法为思想的自杀找到障碍，因而思想的自杀是不可避免的。但他的论证线索显得很不清楚，所以还是打破其原有文本、重构其思路为好。

我们可以首先通过布氏本人的一个具体例子来看看思想是如何运作的，这实际上也与关系问题有关：

> 让我们回到两个长着红头发人的例子，他们初看上去都有红头发，但并没有在这一点上被等同起来，然后他们在如下判断中被关联起来："他们在是红头发的这一点上是相同的。"在每种这样的情形下都存在一个整体，它既被关联项限定又限定了关联项，但在每种情形中的整体是不同的。这两个人首先被认为是被包含在一个被感知到的整体内并限定这个整体，而他们的红性（redness）在直接的无条件的整体中与他们其他的性质和未被划分的感觉整体（sensible totality）的其他部分一起被给出。但在后一种情形下，这个可感的整体（sensible whole）已经被打破了，那两个人自身也被分析了。他们都被分解进入红头发性（red-hairedness）与其他性质的关联中，而红头

发性自身则变成了主词和关联每种情形的多样性的统一点（point of unity），这些多样性被谓述给它，并且在它之下彼此相关联。我必须坚持说，这两个人的多样性与这种一般性质之间的、他们相互之间的关联，无论多么不完美和不纯粹，依然是真理和实在。……

……通过头发是红色的，这两个人被真实地关联起来，而且他们的关系不仅仅是外在的。（AR 519~520）

在做出"两个人都是红头发"这样一条判断时，一方面，我们把这两个人包含在了一个被感知到的整体内，换言之，我们做出的判断针对的就是这样一个整体；另一方面，这两个人又被打破了，分解进一种新的关联中，这种关联的主词不再是之前的那两个个体，而是红头发性自身，它与多样性关联在一起。可见，思想在形成判断时，可以打破旧有的个体和关联，产生出一个新的整体，而每条判断所对应的这个新的整体都是不同的。[①] 思想的这种特征决定了它本身不可能是完满的；也就是说，其多元的、关系性的方式，不可避免地会陷入内在的不融贯性和自相矛盾。思想是离不开语言的，而正如坎德利什指出的那样，布氏认为经验本身是非关系性的，语言则必然要使用性质、关系等，因此后者不可能是实在的映像（mirror）。如果要如实反映实在，就只有超越语言；而一旦超越了语言，思想也就不再是思想了。所以从根本上说，思想在原则上不可能是整体性的、终极为真的，不可能让其内容变得和谐。（参阅 Candlish，1984：252；Mander，1994：58~59）用布氏自己的话说就是：

一方面，我们不能把这些关联项和它们之间的关系当作一个不证自明的、自立的整体，不能认为这无须进一步说明；另一方面，当做出区分时，我们也无法避免对于关系及其关联项之间关系的无尽追寻。

……因此，思想不可能让内容成为一个和谐的体系。接下来，即便它可以做到这一点，那个体系也不会是主体。它要么是一座关系的迷宫，要么是一座打算让我们永远在其中打转的迷宫；或者它会完全

[①] 罗素在解读布氏的理论时，认为他持有一种把关系当作整体所具有的性质的看法，这可能出于对他判断理论的分析。但实际上，布氏对很多术语的使用与罗素非常不同。例如，他所谓的"整体"并不是一个与部分相对的、有限的东西，而是指一种既包含多样性又未经区分的东西，不能简单地被理解为一条命题或对几个事物的统称；因此，关系也并不是这样的"整体"所具有的性质。

失去关系性的形式。

……这种本性也是思想自身想要的。它是单纯的思想也想拥有的特征，而且从各个方面来说都已经存在于思想中了，尽管是以一种不完整的形式。我们的主要结论大致就是这样。（AR 157~158）①

但与此同时，思想的本性中也包含着对整体性的渴望："无论统一性的方面、杂多性的方面还是把这两个方面合在一起，对于思想来说都不真正是外来的。在渴望成为一个整体、渴望理解一切、渴望既包含又超越纷争时，思想并不需要任何外来的东西。"（AR 160）可以说，思想自身之内似乎就包含了两种相矛盾的"本性"：一方面，由于它无法摆脱主词/谓词的模式，必须做出"那个"与"什么"的分别，所以不可能如实地反映实在；另一方面，它又固有地渴望整体性——这种矛盾必然推动着它超越自身，让思想不再是思想，这就是所谓"思想的自杀"。用布氏自己的话概括就是：

在欲求超越这种区分时，思想会走向自杀。……在判断中，我们总是会发现事实和真理、观念和实在的区分。真理和思想并不是事物自身，而是属于它、关于它的。思想把一种观念性的内容谓述给一个主体，观念并不与事实相同，因为在它之中实存和意义必然是分开的。（AR 148）

思想是关系性的、论述性的，而如果它不再是这样的话，就会自杀……（AR 150）

思想唯有自杀才能实现完满，此时所有日常的、固有的区分和模式——它们均被布氏认为是关系性的——都会得到转变，融合在那个无所不包的整体中：

既然真理和事实都存在，就一定不会有任何东西失去，而在绝对者中我们必须保留自己的每一项经验。……为了达到一种与实在完全等同的领会的模式，谓词和主词、主体和对象——总之整个关系性的

---

① 前两段引文其实也是对布拉德雷倒退的一种表述，我们在本书第四章会详细讨论相关文本。

形式——都必须融合在一起。……它①会是整个经验，包含了处于和谐中的所有要素。……如果真理和事实是一体的，思想就一定会以某种这样的方式达到自己的完满。但在那种完满中，思想当然已经被这样转变，以至于继续称它为思想似乎是不可行的。（AR 151～152）

我们当然不能继续称这种自杀后的东西为思想，但由于它已经消融在整体中，不称其为思想也并没有任何恶果或负面的意义，这或许就如同人在长大后就不会再迷恋小时候的乐趣。自杀后的思想已经摆脱了主谓模式的限制——任何这样的限制只会导向矛盾——因此已经不会再从外部被限定，这完全符合布氏对于真实之物的界定："由此我得出结论：真实之物（what is real）必定是自立的、自存的，不能从外部被限定。"（AR 509）

自杀后的思想实现了圆满，但在此还有两个简单的问题需要澄清。

第一，在批评思想自身的缺陷时，布氏并没有暗示说感觉比思想更高级。从范畴上说，它们都属于显象、都是自身包含矛盾的，最终也都要被超越。虽然感觉中似乎并不包含思想那样的主谓之分，但它并不由此就可以被等同于一个没有区分的整体甚至实在："有一种观点把或试图把感觉感知当作唯一已知的实在。②另一方面，有一种观点努力把时间中的显象考虑为某种无关紧要的东西。它试图在无感知的思想的世界中发现实在。……双方最终都迫使我们把完全的实在当作贫乏的、受到损害的碎片，这样的碎片是内在相冲突的（internally discrepant）。"（AR 334）

不仅是感觉，意愿也是如此：

意愿和思想（will and thought）最终不过是两种显象的名称而已。它们都不可能属于最终的实在，而且它们的统一性和多样性最终也仍然是无法解释的。它们可以作为局部的或相对的东西被提供，但不会是终极的解释。（AR 421）

……总之，即便思想和意愿的统一体自身是不证自明的，世界的各个方面也很难被还原为它。另一方面，即便这样的还原被完成了，意愿和思想的同一性及其多样性也仍然没有被理解。……

世界不可能被解释为两种相对应功能的显象（the appearance of

---

① 即指整体。
② 由此也可以看出，如本书第一章第四节所分析的那样，布氏所说的经验不等于感觉感知，后者只是前者的一个子类。

two counterpart functions),由此我们就可以满足并继续前进了。(AR 422)

实际上,无论思想、感觉还是意愿都属于显象的范畴。而除了谈论思想的自杀外,布氏还把自杀一词用于其他显象,比如时间、单纯的"这个"等。所以我们可以合理地推断,所有显象其实都面临着自杀的问题,否则就无法融入实在。

四 思想与实在

思想的本性决定了它一定会走向自杀,但自杀后的思想又不再是思想了,这样的两难会产生如下问题:既然知识属于判断的范畴,也就是由思想产生的,我们如何可能获得任何关于实在的知识?毕竟思想是少于实在的,不会提供关于实在的肯定性知识;而在思想被包容进实在之后,它又无法提供这样的知识了。换言之,我们可以达到实在、被包容进实在中,却似乎无法获得关于实在的知识——这样的困境是否可以摆脱?

布氏的确做出了相应的尝试。在他看来,思想与实在之间有着根本性的区别,实在是个体性的,这种个体性指的是"差异的同一性"(the identity of differences)(参阅 Saxena, 1967: 56),也就是"可感的经验"(sentient experience)(参阅 AR 152),而思想则是一般性的,这就决定了"我们仅仅思考的东西并不是真实的,因为在思考中存在着'什么'与'那个'的分离"(AR 246)。一般性的东西是有限的,始终只能捕捉到个体性的东西——也就是实在——的某个局部或片面的特征;但是,我们不能由此就认为一般性的东西与实在是割裂的,它们实际上仍然密切关联在一起。所以布氏提出,上述两难困境可以被转化为属于显象的思想与实在是如何相容的问题:"困难并不在于给出一种就自身来说似乎是站得住脚的陈述,而是在于调和任何带着明显的不一致性的观点。真正的问题是表明,显象与恶是如何在一般性的有限形式中与绝对者相容的(are compatible with the Absolute)。"(AR 143)只要证明思想和实在是相容的,前者就可以为我们提供关于后者的知识,尽管这种知识有各种缺陷,而且最终是要被超越的,但它的确是关于实在的知识。

思想有着自身的局限性,不可能超越"那个"和"什么"的二分,这种二分其实也就等价于实存(existence)和内容(content)的区分,只不过前者是从逻辑学的角度说的,后者则是从形而上学角度说的:

第二章 "显象"与"实在" 91

> 在任何被认为是真实的东西——无论它是什么——中,我们都会发现两个方面。总是有两件事情可以被拿来谈论它;而如果不能说它们二者的话,我们就没有获得实在。这就是"什么"和"那个",也就是实存和内容,它们是不可分的。(AR 143)
>
> 任何真实之物都拥有两个方面:实存和特征(character);而且思想总是在这种区分中运作。在其实际的过程和结果中而言,思想不可能超越"那个"和"什么"构成的二元论。(AR 148)

思想是有限的,但其本性中还是包含了超越自身的推动力,这对于所有有限者而言都是如此:"有限者的本质本性(essential nature)是:在任何它呈现出来的地方,它的特征都应当超出它实存的限度。"(AR 146)所以尽管思想无法超越上述二分,但这种二分本身其实仍然是被包容在实在之内的,仍然反映了实在的部分特征。可以说,"那个"其实就反映了实在,关于"那个"的断言就是对实在的断言,尽管这样的断言是部分的、片面的:"当转向判断的主体时,我们会清楚地发现另一个方面,也就是'那个'。……没有人意图断言除了实在之外的任何事情,或是做除了通过'什么'来限定'那个'之外的任何事情。"(AR 145)正是在这样的意义上,我们并不能简单地断言,由于思想低于实在,所以就无法提供关于实在的任何知识:"有这样一种错误的观念:如果实在比思想更多,那么实在自身就至少不能被说成是这样的。断言说任何东西的实存在任何意义上超越了思想,这是在对某些心灵暗示关于物自身(Thing-in-itself)的原则。……我完全不赞成如下推论:不存在比思想更多的东西。但我也认为,思考任何可以存在于思想之外的东西,是不可能的。"(AR 147~148)①

总之,我们关于实在的知识是真理,一切真理都是思想,但仍然都属于显象的范畴;真理和思想在一边,实在在另一边,二者之间存在着差异,但思想的本性决定了它能把握到这种差异,至少能把握到其部分特征,因此实在并不是一个与思想或真理完全不同的东西:

---

① 布氏在这里提到了对物自身观念的批判。在他看来,物自身观念就是上述错误思路的产物。他认为这种观念是自相矛盾的,因为如果我们真的无法思考位于思想之外的东西,就不可能得出物自身的观念。这实际上体现了布氏在反驳怀疑论时常常采用的原则:我们在否定某样东西时恰恰肯定了它。所以,他所说的绝对者绝不是物自身:"如果有人反对说,这样一种绝对者是物自身,我就会深深地怀疑这个反对者是否能理解。……差异并没有消失,而是都被包含在这个整体中了。"(AR 161)

>……真理属于实存，但它并不像那样存在。它是一种实在所拥有的特征，但作为真理和理想，这种特征已经从实存中被释放出来了……（AR 147）

> 但如果不以某种方式超越思想或把这种差异带入思想中，断言这种差异似乎就是不可能的，而且这些表达式似乎也是毫无意义的。因此，实在似乎是一个与真理不同的他者，但又不能被真正当作是不同的；在我自己看来，这种两难长久以来就是困惑和怀疑的主要原因。我们的确做了一些事情，通过把存在或实在等同于经验或最宽泛意义上的感知力来解决这个问题。（AR 492~493）

实在可以说就是多样性中的同一性（identity in diversity），这也是思想的目标。对于思想来说，同一性和差异是相对的。（参阅 Mander, 1994：81）思想的终点就是被包容进实在中，那意味着所有多样性都得到了调和、多样性与同一性也得到了调和，最终实现一个完全融贯的整体：

> 如果多样性是关联和区分的过程之互补的方面，这种过程并不外在于要素或是对理智的外来的强迫，而是理智自身的推动（*proprius motus*），情况就不同了。每个方面自身都会是向另一个方面的转变，一种对它自身和理智来说都是固有的、自然的转变。而整体将会是理智自身的不证自明的分析与综合。……而如果我们发现的一切最终都是这样一种不证自明的、自身完整的整体，在其自身之内包含着作为构成宇宙细节的过程，那么在我看来，理智就会得到充分的满足。（AR 507）

这种思路其实与黑格尔非常不同。在黑格尔那里，思想与实在最终说来是相等同的；布氏则拒绝这样的看法，不把二者直接等同起来，而是主张思想最终被包容在实在中。曼德对此总结道，思想是接受实在的，它的运作方式是从中切除（cut off）或抽象出某个方面；不仅如此，思想还将自身与自身相分离，也即它由众多彼此相分离的观念构成——这也就是思想和实在最根本的分别。换言之，思想在本质上采取了一种关于宇宙的多元论观点，而实在尽管显现出差异，却并不包含任何划分，是一个统一的、有机的整体。（参阅 Mander, 1994：58）这些观点很大程度上依赖于他关于实在的独特看法，现在是时候让我们来考察"实在"这个概念了。

第三节 "实在"概念及其问题

一 "实在"一词的含义

《显象与实在》一书的主体部分共分为两卷,第一卷谈论显象,第二卷谈论实在,其中实在才是布氏关注的重点,他说:"本书实际的出发点和基础是一种关于真理和实在的假定。"(AR 491)他区分显象与实在的唯一标准即是否矛盾:包含矛盾的是显象,不包含矛盾的是实在;显象和实在都服从同一个"法庭"的审判:"如果当被检查或比较时它们①被发现的确是自相矛盾的,我们就会把它们判定为是显象。但如果它们不服从于同一个法庭的话,我们就无法做到这一点。因此,既然不会发现任何不从属于自我一致性(self-consistency)测试的东西,我们就不得不把它设定为至高的、绝对的。"(AR 121)

根据这样的标准,不仅几乎所有的日常事物,而且包括时空、自我、逻辑、哲学在内的东西都被归属到显象的范畴。这样一来,我们能够获得的关于实在的知识就几乎全都是否定性的,即实在不是某某。但这显然不是我们的目的,因为最终说来,我们还是要获得肯定性的认知。在这一点上,布氏采取了类似笛卡尔反驳怀疑论的策略,指出否定性的东西其实总是以肯定性的东西为前提:

> 思考就是判断,判断就是批判,而批判就是使用一种关于实在的标准。对这一点的质疑只会带来盲目和令人困惑的自我欺骗。但如果是这样的话,在把不一致的东西作为显象拒斥时,我们显然就在运用关于事物终极本性的肯定性知识。终极实在并不与自身相抵触,这是一条绝对的标准。如下事实证明了它是绝对的:无论努力否认它还是尝试怀疑它,我们都暗中假定了它的有效性。(AR 120)

可见,当我们因为显象包含矛盾而拒斥它时,并不意味着就将其归于纯粹的虚无;在不断从否定的角度谈论实在的同时,我们实际上已经做出了某种肯定性的断言。因此布氏在第二卷开篇的地方说:

---

① 这里指的是检测真理的标准。

> 我们在结束的地方当然反思了某种肯定性的东西。任何作为显象而被拒斥的东西，恰恰也由于同样的原因而不仅仅是虚无。……实在必须拥有显象而且不可能比显象更少，而这是我们目前为止达到的唯一肯定性的结论。（AR 119）
>
> 我们的标准否认不一致性（inconsistency），因此断言了一致性（consistency）。如果能够确定这种不一致的东西是非真实的，我们就一定会在逻辑上确定实在是前后一致的。这个问题不过是在说一致性的意义是什么。（AR 123）

但需要注意的是，"实在"这个词在布氏文本中的含义不尽相同，也经历了不同的发展阶段。根据萨克塞纳的解释，在《逻辑原理》中，"实在"指的是"一种存在（being），它存在（exists）于一系列现象中"（PL 585），在实在中为真的东西被当作"关于事实有效的"（valid of fact）——这比较接近我们通常的理解；而在《显象与实在》中，布氏则转向了一种更形而上学式的理解，主要把它当作唯一不矛盾的、真实的东西。（参阅 Saxena, 1967: 52）即便单就《显象与实在》来说，"实在"一词的用法也是较为丰富的，涉及"终极实在"（ultimate reality）、"被给定的实在"（given reality）、"直接实在"（immediate realtiy）、"整个宇宙"（the total universe）等相近概念：

> 终极实在（ultimate reality）并不与自身相抵触，这是一条绝对的标准。（AR 120）
>
> 因为被给定的实在（given reality）绝不是前后一致的，思想就不得不采取无限扩展的道路。（AR 145）
>
> 这个问题似乎只需要微不足道的讨论。因为对我们来说绝对者是一个整体，所以我们必须假定对直接实在（immediate reality）的感觉的确可以限定它。而且，在转向"这个"的特殊意义时我并没有发现任何困难。（AR 199）
>
> 我经验的全部内容——在这里，无论是我自己还是另一个人在考虑它们，都不会带来任何区别——不可能是我的灵魂，除非我的灵魂像整个宇宙（the total Universe）一样广大。（AR 265）

在谈到"直接实在"时，他使用了"对直接实在的感觉"（the sense of immediate reality）这样的表达，可见这指的应当就是我们直接经验的总体。"被给定的实在"也接近这样的含义。"终极实在"则是绝对的，它超越于感觉和理智；在日常生活中，我们可能会将这样的绝对者称为"整个宇宙"或"宇宙全体"，但这似乎缺乏"终极实在"所具有的超越性和无所不包的含义。总之，要么可以说"实在"本身就有不同的含义，要么可以说我们关于"实在"的认知有着程度、等级或视角上的差别。布氏本人似乎更倾向于采取后一种说法，他认为我们关于实在的知识是可以有等级之分的："实在来到知识中，而我们对任何东西知道得越多，实在就越多地以一种方式被呈现给我们。实在是我们关于更坏或更好、丑陋或美丽、为真或为假、真实或不真实的标准。"（AR 489）萨克塞纳则指出，我们至少可以区分开作为绝对者的实在（Reality）和作为绝对者特征的实在（reality）；前者更接近于一种实体，后者则接近于实体的属性。（参阅 Saxena，1967：54）

无论如何，想获得对布氏"实在"概念的全面把握并不是一件容易的事情。我们在本节可以尝试进行这样的工作，首先把握实在的特性，然后对其复杂含义做出澄清。

二 实在的本性

根据布氏的一些说法，理智尽管无法完全把握实在，但还是可以提供某种关于实在的知识，我们也由此可以把握到实在的一些性质或对它做出某些描述。既然显象是包含矛盾的、不真实的，作为与显象相对的概念，实在就是不包含矛盾的、真实的；既然显象是多样的，实在就不是多样的。所以，实在最基本的两个特征就是：它是真实的（real），是一（One）。我们在本小节依次考察这两点。

在布氏看来，显象之所以是显象，就是因为其中包含杂多性，这些杂多性决定了差异（discrepancy）必定存在，因此，真实的东西不可能包含杂多性：

> 总之，我们必须要问：真实之物（reals）的杂多性是否可能，以及这些是否能共存而没有差异？这样的杂多性会意味着很多并不彼此相依赖的存在物。一方面，它们会以某种方式拥有现象上的多样性，因为我们已经看到，这种拥有是本质上的。另一方面，它们会免于外部的干扰和内部的差异。……真实之物的杂多性与它们的独立性是不可能得到调和的。（AR 124）

有杂多性就意味着有不相互依赖的存在物，而如果两个存在物不是相互依赖的，它们就是自存的（self-existent），相互之间就处于一种外在关系中。而在布氏看来，一切事物都处于内在的关联——也就是内在关系①——中，都可以通过主词为实在的判断得到表述。因此，断言有多样性存在的命题最终并不为真，而断言只有"一"存在的命题才是真的；也就是说，真实的东西（真实之物）最终说来不包含多样性，也不是自存的、独立的："真实之物不可能是自存的，而如果自存的东西被当作世界，最终也会陷入不一致性中。……所谓的真实之物的独立性并不是事实，而是一种理论上的构造；只要它拥有一种意义，那种意义就是自相矛盾的，而且会导致混沌（chaos）。把这种实在当作非真实的，这是安全的。"（AR 126）

这样不自存、非独立的东西最终一定是"一"，因为如果我们可以断言有多个东西存在，它们之间就不是相互依存的，而是处于一种外在关系中，从而必然导向矛盾。所以，作为所有判断主词的那个东西一定是"一"——它在形而上学的意义上是与显象相对的实在，在日常意义上则可以说就是我们的宇宙，也可以是超越于所有相对的东西之上的绝对者。但无论怎样看待或称呼它，它都肯定是"一"而不是"多"："任何现象性的东西都在某种程度上是真实的，而绝对的东西必须至少和相对的东西一样丰富。此外，绝对者不是多，也不存在独立的真实之物。宇宙在如下意义上是一：它的差异在一个整体之内和谐地存在，而在这个整体之外则什么都没有。"（AR 127）

可以看出，所有关于实在性质或特征的讨论都围绕着差异和同一性的问题展开。在《逻辑原理》中，布氏就明确表示所有判断都涉及多样性和同一性：

---

① 关于"外在关系"和"内在关系"的具体含义，我们会在本书第五章第一节做出解释。在此我们可以先参考布氏一段关于关系和杂多性问题的评论："实在是一。它必定是单一的，因为如果杂多性被认为是真实的话，就会与自身相抵触。杂多性暗含了关系，而且通过它的关系，它不情愿地始终断言了一种更高级的统一性。因此，假设宇宙是杂多的会陷入自相矛盾，最终说来也就是要假定它是一。把一个世界增加到另一个世界之上，两个世界就会立即变成关系性的（笔者注：relative，也可以理解为'相对的'），每一方都是更高级的、单一实在的有限显象。"（AR 460）简言之，杂多性暗含了关系，而关系一定会导向矛盾，这就是布氏的基本思路。而他化解这种困境的方法也很简单，那就是主张实在中完全不包含任何杂多性或关系。当然，所有这些论证都依赖于一个重要的观点，即关系一定会导向矛盾——这便是布氏关系理论的核心。

所有判断都声称一种多样性中的同一性和同一性中的多样性。（PL 642）

每条判断都做出了一种双重确认，或一种包含两个方面的单独的确认。它断言了不同属性之间的关联，间接地指涉一个同一性的主体；或者它直接断言了该主体的同一性，暗示了其属性的差异。（PL 174）

曼德指出，这些概念是继承自黑格尔的，而在多样性和同一性之间存在着一种中间的基础，即差异中的同一性，所有真正令人满足的命题都应当表达这种差异中的同一性。多样性是一种无可辩驳的事实，它在经验中被给予我们。没有它，实在就是一个单一的、未经区分的原子。（参阅 Mander, 1994: 55~56）的确，在布氏看来，对实在的把握以感觉为起点，不是一种单纯理论上的结果；当然，我们从理论上对实在的把握最终也会达到同样和谐的终点，因为"实在从感知上说是和谐的，它一定就是完全和谐的，必定会满足我们的整个本性"（AR 137）。它最终是和谐的、无所不包的，我们所能设想或经历的一切显象都被囊括在其中，这自然也包括各种崇高的愿望，比如对真善美的追求："至少就目前的情况而言，我们必须相信实在满足了我们的全部存在。我们的主要愿望——对真理和生命、美和善的愿望———定都会得到满足。而且我们已经看到，这种完满（consummation）一定以某种方式是经验性的、个体性的。宇宙的每种要素——感受（sensation）、感觉（feeling）、思想和意愿——一定被包含在一种全面的感知力中。"（AR 140）

在布氏看来，感觉提供给我们一种关于整体的经验，这种经验其实就是一种对实在的把握，是我们对于实在之认知的源头。这样的经验可以说是"一"，既包含了多样性又没有被分割。而且，我们所拥有的善的观念和美的观念都会导向同样的终点，即一个超越所有多样性的、无所不包的、作为"一"的整体：

首先，在单纯的感觉或直接的呈现中，我们拥有关于一个整体的经验（第九、第十九、第二十六、第二十七章）①。这个整体包含了多样性，而又并没有被关系分割成各个部分。必须承认的是，这样一种经验是最不完美、最不稳固的，而它的不一致性会立即引导我们去超越它。……而且如我们看到的那样，关系性的形式在任何地方都指

---

① 指《显象与实在》的相应章节。

向一种统一体。它暗含了一种超越关系并位于关系之上的实质性的总体，暗含了一种努力在细节中实现自身却未能成功的整体。而且，善的观念、美的观念都以不同的方式暗示了同样的结论。它们或多或少都涉及一种关于超越了关系而又充满多样性的整体的经验。……我们可以形成关于一种抽象经验的一般性观念，在其中，现象上的区分被融合在一起，一个整体在更高级的阶段变得直接，而又没有失去任何丰富性。我们完全无法详细地理解这种具体的统一体，但这不是我们拒绝享受它的好的根据。（AR 140~141）

感觉属于经验的领域，有时也被布氏称为直接经验。这意味着我们的经验中已经包含了对于实在的把握，因此有必要简单总结一下实在与经验的关系。

三 实在与经验

在本书第一章第四节讨论经验问题时我们已经指出，布氏把实在与经验这两个概念紧紧关联在一起，甚至主张说实在就是经验："对我来说，经验和实在是一回事。在我看来，落在别的地方的事实都不过是单纯的语词和失败，或是自相矛盾的尝试。"（AR 128）只不过，这里的"经验"指的肯定不是关系性的经验，因为这种经验包含了内容与实存的分离、包含了矛盾；也不完全等同于直接经验或感觉，尽管后者的确包含了实在的某些特征，如一个未经区分的整体等；所以，能够直接与实在画等号的可能只有绝对经验。这种从直接经验开始、经过关系性经验走向绝对经验的过程，很好地体现了布氏形而上学体系的结构："让我们把'这个—现在'的不确定的杂多性或直接经验当作基础和起点，把绝对者当作终点，并且把二者之间的领域视作从前者到后者的一种过程。这会是一个争斗的领域，在其中，内容同与存在的统一性相分离，但又再次努力朝向这种统一性。"（AR 269~270）

关系性经验处于直接经验和绝对经验之间，可以说是一种非常重要但又是过渡性的阶段。这个阶段之前的经验是统一的、整体性的，关系则对这种经验做出了并不充分、并不恰当的表达，因而是包含矛盾的，必然走向超越关系性的阶段，也就是绝对经验或实在。（参阅张家龙，1997：12）这的确有些类似于黑格尔所谓的辩证发展过程。绝对经验和直接经验具有类似的特征，它们都是整体性的、未经区分的；其区别在于：绝对经验是无所不包的，把所有关系性的经验或显象都包容在自身之内，而直接经验则并非如此。所以，实在可以被视作绝对经验，二者都是那个唯一的整体。所有显象或更低级的经验最终都要被包容进这个整体中，只不过它们并不是消亡了，而是对这个整体做出了贡献：

> 只有唯一的实在，它的存在在于经验。在这个唯一的整体中，所有显象都一同出现，而在此过程中它们在各种程度上失去了自己独特的本性。实在的本质在于实存和内容的联合、一致，而另一方面，显象则在于这两个方面之间的差异。实在最终不属于任何东西，只属于单一的真实之物。因为对于任何东西来说，无论它是什么，它都比绝对者更少，而且内在的差异会立即宣称你拥有的是显象。所谓的实在划分了自己，分崩离析而成为两类不协调的因素。"什么"和"那个"显然是两个最终不同的方面，而这种内在于所有有限事实的差异都蕴含了它的中断。……一切有限的东西的内在存在都依赖于超越它的东西。因此，在任何坚持一种所谓的事实的地方，我们都发现自己被其内在特征引向某个位于其自身之外的东西。而这种自相矛盾、这种一切存在事物的不安和观念性，都是一种明显的证明，即尽管这些事物存在（such things are），但它们的存在仅仅是显象。
>
> 但另一方面，显象不会在绝对者中消失。每种显象都会对整体的统一性有所贡献，而且对它而言是本质性的。（AR 403~404）
>
> 实在位于思想之上，也位于存在的任何局部的方面之上，但它包括了所有这些东西。其中的每样东西都通过与其余东西统一在一起而让自己变得完整，从而造就整体的完美。这个整体就是经验，因为除了经验之外的任何东西都是无意义的。……在任何意义上"是"的东西都限定了绝对的实在，因此是真实的。但另一方面，因为一切事物为了完成自身并满足自身的要求，都必须超越自身，因此最终除了绝对者之外没有任何东西是真实的。（AR 493）

实在是个体性的，此处的个体性指的就是之前所说的差异的同一性（identity of differences），它是所有句子的主词。（参阅 Saxena，1967：56）既然是无所不包的，这个个体性的实在就并不是一个单一的东西，不能简单地被"那个"或其他名称概括；但是，我们关于它的经验则是单一的、一体的、唯一的，因为如果我们试图对这种经验做出切分，就会再次回到关系性经验的层面上："我们不能否认，复杂的整体被感觉为单一的经验。因为一方面，这些状态不是简单的；另一方面，它们不只是杂多的，它们的统一性也不是清晰的，不与它们的杂多性相关和相对。……我们感到的东西在它所持续的时间内始终被感觉为是一体的，而不是简单的或被分解为关联项与关系。"（AR 462）所以，这样的经验必定是唯一的，而实在也必定是唯一的经验，它们可以说是对同一个东西的不同称呼："实在毫无疑问是一。它拥有统一性，但我们必须问：这是什么的统一性？而我们已经发现，我们知道的一切都完全由经验构成。因此，实在必定是唯一的经验，而怀疑这样的结论是不可能的。"（AR 463）

由于之前我们已经花了较多笔墨讨论实在与经验的关系，在这里就不做过多展开了，最好是用布氏自己的如下这段文字作为总结，其中还包括了关于实在和显象等级的评论：

> 我们已经发现实在是一，它在本质上是经验，而且拥有愉悦的平衡（a balance of pleasure）。在整体中，除了显象之外并无他物，而显象的每片碎片都限定了整体；另一方面，当被放在一起看待时，显象就中止了。在宇宙中没有任何东西会消失，没有任何东西不会对单一的实在做出贡献，但每个有限的多样性也都会得到补充、被转变。绝对者中的一切都仍然是其自身。它私人性的特征保留了下来，但还是被补充和添加中和了（neutralized by complement and addition）。因此，由于没有任何东西最终可以仅仅是其自身，最终也就没有任何显象可以是真实的。但显象未能成为实在这一点是有不同等级的；而断言说一种显象在整体上并不比另一种显象更有价值，这从根本上说是恶性的。（AR 453）

四 实在与显象的关系

在本章前两节的讨论中，我们已经发现了布氏理论中的如下张力：一方面，他以矛盾为标准，对显象和实在做出了截然的区分；另一方面，他又不得不承认二者之间有着紧密的关联，否则我们就无法从显象走向实在。毕竟，如果思想必然少于终极实在，就不可能拥有任何关于终极实在的肯定性知识。（参阅 Saxena，1967：56）如有的学者指出的那样，这样的思路其实是黑格尔如下想法的翻版：上帝离开了世界就不再是上帝了；绝对理念（Absolute Idea）如果是孤立的话，就不可能是任何经验。（参阅 Ward，1925：34）总之，实在其实是离不开显象的，这是布氏必须接受的立场，他本人也意识到了这一点：

离开了显象，实在自身就什么都不是。……

实在出现在其显象中，而且它们是它的披露（revelation）；否则它们就也可能什么都不是。实在来到知识中，而我们对任何东西知道得越多，实在就越多地以一种方式被呈现给我们。（AR 488~489）

我们的原则让我们确信，绝对者是高于部分（partition）的，并且以某种方式通过它而变得完美。（AR 200）

布氏虽然将显象斥责为是包含矛盾的，但并没有贬低显象。他并不是认为显象不存在、只有实在存在，也不认为显象完全是非真实的、只有实在是真实的。在坚持显象与实在之间有着根本性区别的同时，他又主张显象最终是属于实在的，这似乎暗示了二者之间的差异可能是程度上的：

……显象是存在的……

……仅仅是出于这种理由，显现的东西（What appears）无疑存在；而且不可能从中祛除出它的存在（conjuring its being away from it）。

……任何存在的东西都一定属于实在。……因为它拥有一种作为毋庸置疑的事实的肯定性特征，而无论这种事实可以如何被宣布为是显象，它在实在之外也不可能有生存的位置。（AR 114）

显象与实在的关系是双面的：它们既没有被关联在一起，又不是完全没有被关联在一起。一方面，实在被暗示说可以等同于其显象的总和；另一方面，它又是与显象相分离的。（参阅 Mander, 1994：138）把布氏的论述综合在一起，就可以做出如下推论：显象虽然是自相矛盾的，但恰恰也正是以这种方式是真实的，因为所谓真实，就是所有东西都处于和谐之中，而显象有其自身的和谐，那就是自相矛盾。（参阅 AR 123）当然，这样的说法听上去的确有些诡辩色彩。但无论如何，布氏的核心意思还是比较明确的，即实在其实不离开显象，显象以其自身的自相矛盾对实在做出了相应的贡献，并最终会被包容在作为整体的实在中：

声称实在落在知识之外，这完全是胡说。（AR 114）

在如下意义上实在是一：它拥有一种排除了纷争（discord）的肯定的本性，这种本性必定为所有真实之物所拥有。它的多样性只有在彼此不冲突的范围内才可能是多样的，任何不是这样的东西都不可能是真实的。显象必定属于实在，因此必定是和谐一致的，并不像它

看上去的那样。（AR 123）

没有实在的显象是不可能的，否则还有什么可能显现呢？而没有显象的实在也是虚无，因为在显象之外肯定什么都没有。（AR 432）

以这样的观点为基础，布氏反驳了两种常见的哲学观点，即现象主义（phenomenalism）和物自身学说。简言之，前者简单地把显象直接等同于实在，或者认为实在不过就是显象的总和；后者则把二者彻底割裂，认为我们的知识无法把握到实在，因而将其称为"物自身"。

在现象主义者看来，存在的只有现象或现象被关联、排布的方式，而事物或自我也都是现象或其排布的产物。布氏对于这种观点的主要不满在于，作为一种关于世界的理论，现象主义是不完备的，因为它无法给出我们能够通过思考获得的、关于世界的统一性；而且它拒斥了本质、科学、形而上学等方面的诉求，毕竟只要我们被严格限定在现象及其关联的范围内，就不可能获得对本质、统一性或必然性的解释。（参阅 Mander，1994：138~139；AR 106）

康德的物自身学说则代表了另一种思路：我们遇到的一切都落在现象的领域内，因而世界最终会被划分为两个非常不同的领域——一方面是现象，在其中事物显示给我们，这就是知识和经验的领域；另一方面是本体（noumena）或物自身，这是一个不可知的领域，我们对其并无知识或经验。在布氏看来，这样的主张完全是自相矛盾的，因为如果物自身领域真的不可知，我们就不可能知道它存在。此外，物自身的世界与现象世界的关系是不清楚的：如果双方处于某种关系中，前者就在某种意义上被后者限定；可如果它们没有任何关联，我们就完全不可能知道关于前者的任何断言是否为真。（参阅 Mander，1994：139~140；AR 112）

总之，只有认为显象与实在处于一种布氏所主张的、带有诡辩色彩的复杂关系中，即它们既不相等同又不完全相分离，所有相关的难题才能被化解。至于这种关系是否站得住脚，则似乎是很可疑的。①

五 绝对者与实在

在之前的行文中，我们已经多次提到了"绝对"（The Absolute）概念，视语境的不同，笔者在有的地方也将其译为"绝对者"。可以看出，在很多时候它表达的似乎就是实在的意思。张家龙（1997：196）则明确

---

① 布氏的主张和印度吠檀多思想有不少相似之处，请参阅本书第六章第三、第四节的讨论。

指出，"'绝对'就是绝对经验"。对于它的含义，布氏有如下界定："当任何东西的所有本性都被包含在自身之内时，它就是绝对的。当它存在的每一种条件都落在它之内时，它就是无条件的（unconditional）。当任何相对立的东西都完全是不可设想的时候，它就摆脱了谬误（error）的机会。"（AR 475）

跟实在一样，我们对于绝对者的把握仍然是从较为低级的东西开始的，比如感觉或直接经验。如阿莫尔指出的那样，任何关于绝对者的谈论都必须通过某种不那么真实的东西来进行，因而在某种程度上为假。（参阅 Armour, 1996b: 116）因此，我们对绝对者的认知必须突破理智的有限性：

> 对于有限的存在者来说，完全意识到绝对者的存在是不可能的。……整个问题都依赖于我们在何种意义上理解"知道"（knowing）。如下事情是不可能的：详细地构建绝对的生命（absolute life），拥有它所在于的那种特定的经验。……这①肯定是一种与事实极为不同的知识。但它的确为真，而且尊重自己的界限；它似乎完全可以通过有限的理智被获得。（AR 140）

我们的认知从感觉开始，经过关系性的阶段，最终达到绝对者。关于绝对者的观念和其他观念一样，都是自我超越的。（参阅 Saxena, 1967: 251~252）到了超越性的阶段后，此前的所有划分就会融合并消失。可以说，在绝对者中感觉和思想是相统一的：

> 把真实之物分割为观念和实存，这是一种仅仅在显象的世界内才能被接受的划分。在绝对者中，所有这样的划分都必定会融合并消失。但我们也坚持认为，任何一个方面的消失都意味着它主张的满足得以实现。……在整体中，任何一方都肯定与它的对立面一同出现。思想和感觉都在对方那里发现了对自己的补充。因此我们认为，实在可以完全在于显象的两方中的一方的原则是一种根本性的谬误。（AR 334）

融合了一切划分的绝对者必定是一个整体，也就是"一"：

---

① 即指关于绝对者的知识。

> 任何被经验的东西都在其中被经验或作为一个整体被经验,而且任何像独立的杂多性或外在关系这样的东西都无法满足理智。这是因为它是一种自相矛盾。出于同样的理由,绝对者在"体系"这个词项最高级的意义上是一个体系,任何较低级的意义都是非真实的,因为那最终是自相矛盾的。(AR 495)

> 按照我们的看法,绝对者当然没有等级,因为它是完美的,在完美中不可能有多少的差异。(AR 318)

布氏对绝对者的描述与对实在描述很相近。绝对者是一种超关系的(supra-relational)、完全和谐的(all-harmonizing)、经验的整体,在经验的各个领域中显现出来,尽管都是不完整的显现。(参阅 Saxena,1967:211)我们的直接经验和绝对者都处于非关系性的状态——无论是来到关系的领域之下还是之上都会让我们超出可区分的性质的领域——尽管这并不意味着它们不包含任何差异,而是说差异被包容在了整体中。(参阅 Mander,1994:87)

但此时我们就面临一个核心难题:绝对者与实在究竟有何区别?或者绝对者有何独特性?

蒂莫西·斯普利格在《布拉德雷关于绝对者的原则》("Bradley's Doctrine of the Absolute")一文中指出,绝对者可以被视为宇宙,但布氏对此做出了四点限定:首先,绝对者或事物的总体并不是事物单纯的聚合(aggregate)或聚集(assemblage),它是"一"而不是"多";其次,绝对者是一种非时间性的经验或心灵状态,构成它的要素无比丰富、包含了所有经验和东西,但仍然与属于人类经验的统一体有某种相似性;再次,绝对者并不是人(person),因为人必定感到自己与一个世界相对,绝对者则把一切囊括在自己之内;最后,尽管绝对者是一切,但在某种意义上,这样的一切和全体被呈现在它的部分或方面中。(参阅 Sprigge,1998:194~195)

可以看出,实在是相对于显象而言的,前者是真实的、不包含矛盾的,后者是表面上的、包含矛盾的;绝对者也是无所不包的整体,却是相对于人这样的有限者而言的。根据斯普利格的进一步分析,有两个与绝对者相对的概念:一是下一章会讨论的"有限的经验中心",其实也就是有限的自我;二是被构造出来的对象世界(constructed object world)。其中,前者被斯普利格解释为总体的心智状态,该状态构成了某种在特定时刻的感觉个体,是从绝对者而来的局部的抽象;后者则是交流的有限经验中心出于实用目的共享的设定，而由于有不同的关于有限经验中心的体系存在，也就有诸多这样被构造的世界存在。总之，这两者都只是绝对者的显象。（参阅 Sprigge，1998：195）需要说明的是，这些说法并非来自布氏本人，而是斯普利格提出的理解布氏思路的途径。在笔者看来，这两个概念的确可以帮助我们把握到绝对者一词的独特含义。绝对者与实在有太多重叠的部分，所以我们只好借助于同其他概念的对比来理解其独特性。绝对者不同于通常所说的宇宙或世界，因为在布氏看来，后者并不是真实的，而是一种基于我们观念的构造，这一点在本书第三章第一节还会得到澄清。而在谈论显象与实在的区分时，布氏并未过多涉及自我概念，尽管从范畴上说，自我当然也是属于显象这一侧的。他也的确主张自我其实是绝对者的一种显象，最终会消解在绝对者之中，我们会在第三章第二节对此做进一步讨论。

在同一篇文章中，斯普利格还概述了布氏关于绝对者的论证。在他看来，这种论证的前提有三条：普遍关联原则（任何事物都以某种方式与任何其他事物关联在一起）、整体论原则（所有关系都是整体性的）、一切真正存在的事物都得自经验。其中最后一条前提我们在本书第一章第四节已经讨论过，前两条前提则涉及布氏的关系理论，我们会在本书第五章第一、第二节进行分析。从这些前提出发得出的结论是：必定存在着单一的经验，它包含了其他一切东西，而且是比包含在其中的任何东西都更加真实的个体——这就是绝对者的特征。[1] 可以看出，无论是实在还是绝对者，都与经验有着密不可分的关系。斯普利格据此认为，应当存在着一种绝对意识或经验（Absolute Consciousness or Experience）（参阅 Sprigge，1998：217），而这实际上就是我们此前论述过的绝对经验。斯普利格认为，这样的绝对经验包括了过去、现在和未来的一切，是一个永恒的现在；[2] 而且，由于不存在超越其上的东西，绝对者必定处于一种总体满足的状态，可以在某种意义上被描述为是完美的。

必须注意的是，布氏关于绝对者和实在的论述似乎都包含矛盾之处。

---

[1] 斯普利格认为布氏的论证是有问题的，而且对相关前提给出了具体改进的意见。关于该论证的具体步骤和斯普利格的改进意见，请参阅该文第 197~200 页。此外，斯普利格也批评了布氏的一些具体观点，认为他并没有足够重视物理实在的实存，让它只能作为一个被共享的、有限经验中心的构造而存在。斯普利格认为，更好的做法是把绝对者原则与一种布氏有时会同情的泛灵论的自然观结合起来。（参阅该文第 215 页）这就涉及布氏哲学中的神秘主义成分，而在笔者看来，这些成分的角色很难说是正面的。我们会在本书第三章第四节谈及其神秘主义。

[2] 布氏本人并未直接采用这样的说法，最多只是隐晦地表达了类似的意思。

他声称实在是不包含任何矛盾的,但不得不说,根据他的标准和一系列论证所得到的"实在"概念是令人匪夷所思的:它距离我们的常识太遥远、与诸多日常理解相抵触,而且我们关于它的知识主要是否定性的。退一步说,即便不能简单地说这种"实在"包含矛盾,但我们究竟可以在怎样的程度上理解它呢?它是所有判断的主词,可这样被改写之后的判断真的能为我们所理解吗?在本书第一章第三节我们曾批判过布氏的矛盾概念,现在看来,如果说他的矛盾概念还没有偏离常识太远的话,他心目中的可理解性观念则的确是令人费解的。这迫使我们怀疑自己正常的理智究竟能否把握实在或提供关于实在的、真正恰当的知识。

布氏本人似乎坚持两种相抵触的立场:一方面,他认为没有任何实在会落在所谓的知识之外;另一方面,他又相信思维是关系性的、绝不能完全契合实在,因此实在似乎又落在了思想之外、不能被我们思考。(参阅 Mander,1994:50,140)可以说,布氏整个形而上学的一个核心难题就是怎样调和上述矛盾,但他关于显象与实在的区分本身似乎又是实现这种调和的必要条件——因此我们有理由质疑他可能把要论证的结论当作了前提。

此外我们也可以质疑,他所指出的那些自身包含矛盾的事物和现象,是否需要采取显象与实在二分的极端立场才能变得和谐。实际上,我们完全可以采取更温和的方式逐一化解这些矛盾,或者对其中不重要的、没有意义的部分置之不理。对此有学者指出:

> 虽然我们可以合理地声称,如果对实在的说明充满矛盾,就不能承认这个说明是真实的,但显然不能由此得出我们必须接受布拉德雷的论点,即我们构想实在的所有日常方式和科学方式事实上都充满矛盾。的确,像空间、时间、自我这样的概念给哲学家们带来问题或困扰已经好几百年了。但我们可能不会倾向于默认这样的结论:由于这些观念是内在自相矛盾的,所以那些问题是不能解决的,除非我们已经相信实在不同于它显示出的那样。
>
> 指望从形而上学中得到完美的自身融贯性是不合法的……我们能够形成的关于绝对的任何概念本身都属于显象领域。(科普勒斯顿,2019:211)

当然,布氏并非没有意识到这些危险,而他为化解它们所做的最重要的工作,就是下一节要谈及的关于真理与实在之等级的讨论。但在进入这个话题之前，还需要对两个小问题做出必要的澄清。

第一，布氏使用了"整体"（the Whole）、"实在"（Reality）、"绝对"（the Absolute）这三个相近的概念，我们该如何理解它们之间的区别和联系？很遗憾，他并未提供现成的答案，其行文的晦涩也让这种澄清变得尤其困难。在此我们只能说：它们似乎是从不同角度对同一个东西的把握。例如，"整体"是一种较为日常的理解，接近"整个宇宙"；"实在"是形而上学式的理解，是与显象相对而言的；"绝对"则是从"自我"的角度做出的理解，但它并不是由单个自我构成的，对此我们会在第三章第二节做出进一步澄清。①

第二，布氏关于实在的立场应当被理解为唯心论还是实在论？按照通常的看法，布氏被认为是属于一元唯心论阵营的；但考虑到对实在的描述，他似乎又认为这种无所不包的、无矛盾的东西并不依赖于我们的观念或设想。毕竟，唯心论在反对实在论时最常用的论证就是：我们无法设想的东西就不可能存在——但布氏显然不接受这样的思路，因为他从不把思想和实在相等同，而是让后者包容前者。（参阅 Mander, 1994：131）对此，合理的解释可能是：布氏的思想具有不少唯心论的特征，但在关于实在的问题上则兼有实在论的成分。或许，唯心论和实在论这种划分还是过于简单，不足以准确地刻画某些哲学立场，对于布氏独特的形而上学来说就更是如此。

第四节　布拉德雷的真理观*

一　真理与谬误

什么是真理？什么是谬误？这是哲学中的一个根本性问题。我们通常对真假的看法或许更接近弗雷格的表述，即真、假是两个值，而命题一般要么为真要么为假——当然也不排除可能有第三种情况出现，比如有些命题既非真亦非假，但这毕竟只是一种特例。无论如何，命题的真假具有两

---

① 在此还可以参考布氏的如下说法："不知道绝对者为什么以及如何将自身划分为不同的中心，也不知道它以何种方式在被这样划分的同时仍然是一体的。多种经验与单一经验之间的关系以及它们相互之间的关系，最终超越了我们。"（AR 467）

* 本节的部分文字发表于论文《布拉德雷关于真理的等级原则及其问题》（载于《世界哲学》2023 年第 2 期）中。

极性（bipolarity），并不是一种类似连续统（continuum）一样的东西。然而，也有一些哲学家对此持有不同的看法，认为这种真理观无法准确地刻画真理与谬误的本质——布氏就是其中的一员。

在布氏看来，从根本上说，真理的标准和其他事情的标准一样，就是满足我们本性的需要。（参阅 ETR 219）那么，究竟什么是真理？什么是谬误呢？对此布氏举了个例子：比如，实际上被吊起的人是威廉，我却误以为那是约翰——这两个事件不会同时成立，而我错误地把一种有差异的（discrepant）内容当作了实际情况。（参阅 AR 168）其实，他还是以是否包含矛盾来区分真理和谬误，更具体地说："当一种与自身的存在相疏离的（alien to）内容与某种接受它限制的事实相关联时，显象就会是真理。真观念（true idea）是相对于它自身作为事实和事件的存在而言的显象，但在与它所限定的另一个存在的关联中则是实在。另一方面，谬误是与自己的实在相脱离的（loose from）内容，并且与一种与其相矛盾的实在相关联。"（AR 166）

通常认为，从概念上说，与谬误相对的就是真理，但布氏并不认为它们从根本上说是两个相对立的极端。他把"真理"① 一词的含义解释为"其对立面的不可设想性（inconceivability）"（AR 476）。关于这种不可设想性的具体意思，布氏并未给出直接的说明，但可以看出，他实际上将其视为"不可能性"（impossibility），而对这个概念他则做出了如下界定：

> 不可能的东西可以是绝对的或相对的，但它绝不会直接建基于我们的无能。
> 绝对不可能的东西是与实在已知的本性相抵触的。而在这种意义上，不可能的东西是自相矛盾的。
> 相对不可能的东西是与知识的从属性的碎片相抵触的东西。它是不可能的，除非我们放弃了某个此前被认为是真的东西。在这里，不可能性有等级上的差别，相应于与它相抵触的知识的力量。（AR 476）

与真理相反，谬误是包含矛盾的，这种矛盾其实是对实在的一种有偏差的认知，因为事物本身并不包含矛盾，矛盾只产生于我们的思想做出的

---

① 需要说明的是，布氏使用的与真理（truth）相对的术语是"error"而非"false"，在汉语中后两者均可以被译为"谬误"。

错误结合，而这才是谬误的主要根源。而谬误之所以包含矛盾的，是因为它总是涉及这样两个方面：一方面，它不能被实在接受；另一方面，它实际上还是属于实在。就第一个方面来说，谬误自身包含相抵触的东西，实在则是和谐的，所以前者必定会被后者拒斥。矛盾体现了与实在的抵触，但它并不被包含在判断的谓词之中（即并非判断的谓词自身包含矛盾），而是源自我们做出的前后不一致的陈述，而通常所谓的错误的或为假的判断就是对这种抵触做出的谓述。就第二个方面来说，谬误属于显象的范畴，而显象从根本上说仍然在实在中占有一席之地，所以谬误最终说来仍然属于实在。真理是实在的特征，但既然谬误也可以说是属于实在的，它与真理就不可能截然对立。所以布氏认为："除了如下方法外别无出路：接受整个这团事实，然后试图修正它并让它变好。谬误也是真理，不过是局部的真理，仅仅是因为局部和不完整才是虚假的。"（AR 169）

可以看出，布氏持有一种与通常的真理观非常不同的观念：不把谬误当作与真理相对立的另一端，而是看作真理在一定程度上的缺失。这就意味着，他心目中的真理是有程度或有等级之分的。正因如此，"谬误和邪恶就不会是对我们绝对经验的反证（disproof）。当它们的本性被理解为是与绝对者相冲突时，它们才构成反证"（AR 164）。所以，谬误并不是一种位于绝对者之外或是与它相对立的东西，而是仍然被包含在绝对者之内，最终会消融在和谐的绝对者中："我们已经看到，绝对者必定是一个和谐的体系。我们首先一般性地感知到这一点，而在谬误的情形下，我们尤其要回应一种所谓的否定性示例。我们对手的主张是：谬误的本性让我们的和谐变得不可能。而我们已经从另一侧表明，他并不拥有这样的知识。我们已经指出，谬误至少可能改正自己，并消失在更高级的经验中。"（AR 173）

在布氏的体系中，不掺杂谬误的真理才是完全的真理，而每一个局部的真理一定浸染了某种程度的谬误。也就是说，真理和谬误之间的任何截然区分都不见了，错误的或为假的判断并不构成一类特殊判断，而真理和谬误的区分只是程度的问题。（参阅科普勒斯顿，2019：205）那么，这种观念是否成立？真理是否真的是有等级的？接下来我们就把这种真理观与其他常见的观念进行比较，考察一下他的理论是否站得住脚。

二 实用论、符合论与融贯论

真理观的一个核心问题在于：是什么使得特定的命题（布氏称之为判断）、思想或信念为真。对此，常见的理论有三种，即关于真理的实用论（the pragmatic theory of truth）、符合论（the correspondence theory of truth）和融贯论（the coherence theory of truth）。简言之，根据实用论，真命题的真在于对我们的益处，即这些命题可以在某个领域内发挥相应的实际作用或带来某些好处；根据符合论——其提倡者主要是罗素和摩尔，真命题的真在于与事实的对应或契合；而根据融贯论，真命题的真在于它与一组特定命题的相互融贯。

从布氏的文本来看，他关于真理的理论很容易被解读为融贯论。正如坎德利什所指出的那样，罗素就认为布氏持有融贯论的真理观，并且认为这构成了其一元论立场和内在关系理论（axiom of internal relations）的重要组成部分。但是，尽管布氏用融贯性来验证真理，他还是区分了真理的本性（nature）和对真理的检测（test）。也就是说，融贯性的确是可以被用来检测真理的重要标准——即便罗素也不否认这一点，但这并不等同于真理的本性。（参阅 Candlish, 1989: 334~335）实际上，布氏对上述三种常见的真理观都进行了批判。

首先是实用论。按照通常的眼光来看，一条命题当然可能既是有用的又是为假的，或既是无用的又是为真的。布氏则认为，这表明实用论割裂了真理与实在、知识，让它们处于外在的关联中。（参阅 ETR 110）这样一来，真理最终会成为外在于知识的真理（truth which is external to knowledge），知识会成为外在于实在的知识（knowledge which is external to reality）。（ETR 111；参阅 Candlish, 1989: 341）然而，布氏的一些说法可能会误导人们以为他持有类似实用论的真理观。比如，他认为真理必须满足理智，这使得他的标准看上去具有相当的实用性，而詹姆士就试图证明布氏持有此种观念。但从根本上说，如之前澄清的那样，真理的标准并不等同于真理的本性，而且布氏始终坚持认为存在着更高级的绝对真理，它不可能只具有实用性。（参阅 Mander, 1994: 42~43）因此，他的真理观不是实用的。

接下来是符合论。布氏本人将符合论称为复制理论（copy theory）（参阅 Ellis, 2005: 103）。在载于《真理与实在论文集》（Essays on Truth and Reality）的《论真理与复制》（"On Truth and Copying"）一文中，他对这种理论提出了四点反驳：第一，在布氏看来，从根本上说，判断和实在属于不同的范畴，因此谈论它们之间的符合是荒谬的；第二，关于过去和未来的判断不可能通过符合论得到解释，因为过去的事情已经消失，而未来的事情尚未发生；第三，选言的（disjunctive）、否定的和假设性的判断并不能通过符合论得到解释，毕竟它们既不能被当作完全的谬误，也缺乏与之对应的事实，而对于普遍的和抽象的真理来说也是如此；第四，在布氏看来，更为重要的是，符合论要求一种与真理相对应的、赤裸的、非概念化的事实，但并不存在这样的被给定的事实，毕竟任何观察都有一定的理论预设，这就意味着不存在与真理相符合的东西，符合论也彻底失去了基础。此外，如果接受符合论的话，我们的思想与实在之间就会存在无法逾越的鸿沟——这样的推论也是布氏无法接受的，毕竟他始终认为，思想必须拥有通向实在的路径、最终融入实在之中，而这是无法借助符合论来实现的。①

但是，如同在实用论的问题上一样，布氏的确做出了一些可能让人误以为他持有符合论真理观的表述，例如："我们自然会假定，一个判断说了关于某个事实或实在的事情……请考虑，一个判断必定为真或为假，而它的真或假不可能在于其自身之内。它们涉及对超出自身之外的某个东西的指涉。我们对之做出判断，而如果它不是一个事实，又还能是什么呢？"（PL 41；还请参阅 PL 579~580，ETR 109）在此他提出判断的为真或为假与某种外在于该判断的东西有关，这似乎是在暗示对符合论的承诺。但在另一些地方，他还是更为明确地表达了对符合论的否定："为了寻求方便而时不时做出的……把实在等同于一系列事实、把真理等同于复制的尝试——在我看来是有误的。我希望限定主体并避免形而上学，因此如在前言中所陈述的那样，我并没有在此准备好给出最终的回答。"（PL 591，Note）之所以有这些误导性的表述存在，一方面可能是因为他自己的思想有一定的变化；另一方面则可能是因为他本人文风上的晦涩和在具体措辞上的随意，但无论如何，更多的文本还是表明他并不持有符合论的真理观。

不过，如果说布氏在前两种真理观上的论述只是有一些误导性的话，将其真理观解读为融贯论则的确是相当具有说服力的，尽管他本人仍然否认这一点。和实用论、符合论的情况一样，他也仍然只是把融贯论视作真理的标准而非其本性。沃克指出，融贯论只是对真理的检验标准之一，但真理绝不等同于融贯关系本身；而说真理在于融贯论，不同于说一条信念

---

① 参阅 Mander（1994：40~41）；Candlish（1989：341）。曼德和坎德利什都指出，布氏的这种看法有些类似维特根斯坦在《逻辑哲学论》中提出的图像论，即能表现事实的东西一定也是事实。此外，对于布氏来说，他提出的关于真理的等同理论最终会与符合论达到共同的终点，即思想与实在的完全融合。所以，等同理论可以被视为一种特殊的或终极的符合论。（参阅 Mander，1994：41）这样的解释有一定的道理，我们也会在下一小节做出进一步的说明。

为真当且仅当它是融贯的。（参阅 ETR 202, 219；Walker, 1998：98~99, 106）这样的概括的确契合布氏的文本，例如："真理必须展现出内在和谐的标志，或者扩展和无所不包性（all-inclusiveness）的标志。这两种特征其实是同一条原则的不同方面。"（AR 321）也就是说，真理必须在最大程度上是融贯的，也必须在最大程度上是广泛的、无所不包的——这两方面是不可分离的；而且，它们的源头都是经验。曼德对此的解读是：实在只在经验中被给出，但并不是以融贯和广泛的形式被给出的；我们的任务就是对经验提供的材料加以运作，使其具有融贯和广泛的形式。（参阅 Mander, 1994：38~39）所以，在严格的意义上布氏并非典型的融贯论者，毕竟他并不认为一条判断的真完全在于它与其他判断或信念的融贯。而既然这三种主流观念都无法刻画其理论，我们就必须另辟蹊径。

三 关于真理的等同理论

在布氏看来，从根本上说，关于真的问题涉及真理和实在之间的关系，而实在论、符合论和融贯论最终都无法构建起两者之间的内在关系，从而让它们陷入外在的关联中。布氏化解相应难题的思路的确很独特，但其实也非常单刀直入：既然任何把真理同实在割裂开的看法都有难以克服的困难，那么唯一的选择就是认为在它们之间不存在任何间隙；或许可以说它们处于一种内在关系中，但这似乎还是暗含了它们有某种差别。所以，最彻底且最有力的主张就是：真理本身和实在是等同的——这就是关于真理的等同理论（the identical theory of truth）。[①] 其实，这种理论并非布氏的独创。鲍德温认为黑格尔、摩尔和早期罗素都持有类似的观点，在他们看来，真的命题就是事实，而假的命题就是非真实的事态。[②] 而坎德利什也指出，布氏之所以始终坚持符合论，也是出于其绝对唯心论和一元论立场，因为对于这种立场而言，融贯论还是不够的，只有等同理论才能符合其要求。（参阅 Candlish, 1989：342, 346；ETR 202~218）

对于这种理论，布氏自己的表述是：

> 把实在同知识分离开，把知识同真理分离开，这样的做法无论形

[①] 需要说明的是，布氏本人并未使用这个术语，这只是后来的学者对其理论的合理概括。

[②] 参阅 Baldwin（1991：35, 40）；Walker（1998：95）；Candlish（1989：344）。当然，罗素后来放弃了这种看法，转向了符合论，这与他的实在论立场和对亲知的看法有关，我们在此不做过多讨论。

式如何，都必须被抛弃。逃离迷宫的唯一出路就是接受剩下的选择。我们的希望在于鼓起勇气拥抱这样的结论，即实在并不位于真理之外。真知识和实在的等同必须被当作是必然和基础性的，无论这可能带来怎样的困难。

……有人争论说真理与实在不一样。好吧，如果是这样的话，我推测它们之间还是有一种差异。而在我看来，这种差异并不包含在真理中。但如果是这样的话，在我看来显而易见的是，真理是有缺陷的。请问：关于实在的真理如何比实在更多或更少，而又不会不再是真理？在我看来，唯一的回答是：实在拥有某种不可能是真理内容的东西。……如果我们要进步的话，就必须一劳永逸地接受真理与实在的等同。（ETR 112~113）①

接受真理与实在的等同的确会带来不少困难；而至于这是不是一件"一劳永逸"的事情，我们也还需要做出更细致的探究、认真考察一下布氏的论证。他为此提供了两种论证。第一种论证是从怀疑论的可能性的角度提出的：如果真理和实在是相分离的，就没有任何东西能沟通它们之间的裂痕，这样一来，人类知识就会变得不可能；而既然我们拥有知识，那么真理和实在就不是相分离的。第二种论证则可以说是一种反证：因为真理属于思想的范畴，所以真理与实在的关系从根本上说就是思想与实在的关系，而实在则不可能存在于思想之外；也就是说，超出思想之外的实在观念自身是矛盾的，因为设定它其实就是在思考它，因此它始终落在思想之内，甚至给思想设定界限这一点本身，就是对这些界限的超越——总之，思想与实在的界限必定始终是相重合的。（参阅 Mander，1994：30~31）

布氏的论证在一定程度上依赖于他自己独特的术语和理解。不过，即便上述论证成立，我们对于布氏本人观点的理解还是面临各种困难。首先，这只是我们的总结，并非布氏直接做出的论述；其次，他本人的论述

---

① 需要注意的是，当说真理（truth）与实在相等同时，我们需要考虑这种"真理"究竟指的是什么。通常来说，"truth"既可以指为真的命题，也可以指这些命题具有的性质，即为真或真理性。曼德指出，在谈论真理和实在的等同时，布氏心中所想的应是第一种含义；也就是说，如果一个或一组命题为真，那么它或它们就与自己关于其为真的实在相等同。（参阅 Mander，1994：29）但在笔者看来，布氏本人似乎并未清楚地意识到这种区分，而是既声称真命题本身与实在相等同，也暗示作为性质的真与实在相等同。这也再次体现出他文风上的晦涩。

中有太多与此相抵触甚至前后不一致的地方。对此，不少学者都提出布氏的真理观是发展性的，即他在不同时期持有不同的真理观。曼瑟就指出，等同理论（包括与之相应的等级原则）在《逻辑原理》中尚未被建立。[①] 坎德利什也指出，布氏在《逻辑原理》第一版中持有符合论的真理观，也就是所谓的"复制"理论，但这种观念在第二版中即被修订；而所谓等同理论是在《真理与实在论文集》的阶段才完全确立的。[②] 但更为重要的问题在于，我们在此会遇到布氏哲学中一个根本性的两难，即实在既大于思想又与思想相等同。用布氏自己的话说就是："如果思想断言了任何不是思想的实际的或可能的对象的内容的实存（If thought asserted the existence of any content which was not an actual or possible object of thought）——在我的判断中，这种断言当然会是自相矛盾的。"（AR 155）布氏化解这种两难的思路是修正我们关于判断的理解。在他看来，所有判断的最终形式都是"实在是如此这般的……"，因此，我们日常所使用的那些判断最终说来都并不为真，它们需要不断被扩展，最终实现自己完全的形式，即把所有东西都囊括在内："只要有任何东西还被留在外部，判断就是不完美的。"（ETR 233）这是一个有等级的、不断前进的过程，其最终结果就是"思想的自杀"。最终的真理也就是这样一种"自杀"，是实存（existence）和内容（content）的重新融合，不再包含任何抽象的东西。[③] 但是，一旦接受了对判断的这种看法，我们自然就会发现：真理和谬误不再是一种两极性的东西，而是有等级的。所以，提出一种明确的、关于真理的等级原则对于布氏来说就是必不可少的了。

---

① 参阅 Manser（1983：106）。布氏在《逻辑原理》中曾明确说过，"不存在真理和谬误的等级"（PL 197），这显然与他后来的看法非常不同。

② 参阅 Candlish（1989：335~338）。需要说明的是，关于布氏持有关于真理的等同理论这一点，并不是所有学者的共识。沃克就认为，不宜把布氏视作持等同理论的人，尽管他的确把真等同于实在；因为对于布氏来说，真理不是判断的一种性质。（参阅 ETR 388；Walker, 1998：97）沃克的看法可以解释布氏的一部分文本，但在笔者看来，这似乎并不影响我们用等同理论来概括其真理观；而且除此之外，好像实在也没有其他更恰当的概念能够适用于布氏的相关理论了。

③ 参阅 Ellis（2005：123）。此外，曼德指出，布氏的这种主张有着相应的理论上的代价。首先，他预设了这样一个奇怪的观点：除非我们知道一切，否则就不可能知道关于任何事情的真理；其次，实在与思想的关系仍然是令人费解的，这使得实在是神秘的，我们只能偶尔透过自己有限的、无知的面纱窥见它。（参阅 Mander, 1994：36~37）应当说，这两种代价其实都很高昂，特别是后者，这导致布氏的理论在很大程度上难以被大多数哲学家所接受，也很难为我们对相关问题的理解提供太多正面的帮助。

四 真理与实在的等级

关于这种等级，用布氏自己的话说就是：

> 不存在完全为真的真理，也不存在完全为假的谬误。严格来说的话，这是一个关于量的、关于多少的问题。出于某些目的，我们的思想当然可以被当作是完全错误或完全准确的；但在绝对者的衡量下，真理和谬误肯定都始终是有等级的。……我们可以换一种说法，说真理为真，这取决于把它们转化为实在所需要的工作的多少。……尽管不是完美的，但所有思想在某种程度上都是真的。（AR 320~321，着重号为笔者所加。）

这种独特的观念根植于他对显象与实在的理解，也是他用来化解思想与实在、显象与实在之间关系难题的重要手段。更具体地来看，根据曼德的概括，这种等级原则包含如下三个主题：

第一，由于没有"自杀"的思想并不能完全地把握实在，因此所有判断都不完全为真、都在某种程度上为假。思想的最终归宿就是"自杀"，但"自杀"后的思想已经不会给我们提供任何判断，所以获得一条完全为真的判断是不可能的。（参阅 AR 319）

第二，由于思想也并不完全与实在无关、最终会被包容在实在中，所以所有判断也都不完全为假、都在某种程度上为真。既然一条判断的真在于其与实在的等同，那么对于一条完全为假的命题来说，其内容与实在就是完全割裂的——但这是不可能的，因为任何判断的内容都不是与实在完全相分离的东西，而仅仅是从它而来的抽象，因此始终在某个方面属于它。布氏对此概括道："一种彻底的谬误意味着把一种内容归属给实在，而即便被重新分配和消解时（when redistributed and dissolved），这种内容也不会被吸收。这样极端的情况看上去是不可能的。"（AR 323）从这两个主题也可以看出，对真理的获得也是一个有等级的、不断发展的过程。

第三，等级原则暗含了多重世界原则（many-world doctrine）。布氏认为所谓的"真实世界"（real world）不过是从我们自己的角度做出的抽象建构，只是实在的碎片；实在包含了无限多这样的世界，比如政治的、商业的、宗教的、责任的、艺术的、想象的、梦想的世界。（参阅 ETR 31）所以，尽管某个观念可能在一个世界中不限定任何东西，但总是会在另外某个世界中限定什么,由它构成的命题总是可以在那个世界为真。①

所以,布氏修订了通常关于真假的两极性看法,他总结说:"……这样我们就来到了谬误和真理交汇的地方。不存在完全为真的真理,也不存在完全为假的谬误。严格来说的话,这是一个关于量的、关于多少的问题。"(AR 320~321)以这样的关于真理的等级观念为出发点,我们可以做出如下很自然的推论,即显象也是有等级的。对此,布氏举例说明道:

> 如果所有显象都同样是矛盾的,它们就都无法帮助我们更接近实在的终极本性。……假定为了某个特定的目的我想要一根长度恰好是一码的棍子,那么当我把一英寸、三十五英寸以及不超过三十六英寸的任何可能长度的棍子都谴责为是同样不足的时候,我错了吗?……在任何存在等级尺度的地方,你都可以把其中的步骤看作是或多或少完美的……(AR 495)

尽管显象从根本上说都包含矛盾,但这些矛盾并不是完全等同的,肯定有程度等方面的差异,这就决定了显象肯定也是有等级的。与正确的东西相比,不同的错误的东西之间也是有程度差异的,比如这里提到的一英寸、三十五英寸以及不超过三十六英寸这些不同的表述,不能仅仅因为它们都没有刻画真实的情况就被斥责为是同样的错误。

但既然真和假、真理与谬误之间的区分只是程度上的,我们就还需要一种关键的澄清,即这种程度究竟是什么意思。布氏本人的说法是,这就是它们转变为绝对者(在此也就相当于实在)所需要做出的改变的多少:"对于被转换到绝对者中的真理和事实来说,要求更少的重新排布和增加的东西是更加真实和为真的。这就是我们所谓的实在性和真理的程度。……你可以通过转变——如果其缺陷变好的话,这样的转变就会出现——相对的数量来度量任何东西的实在性。"(AR 323, 332)虽然不存在完全的真理,也不存在完全的谬误,但有的谬误的确距离实在非常遥远,以至于在被转变为实在时,其独特本性会消失,此时我们也可以在不那么严格的意义上称其为"彻底的谬误"(total error)(AR 325)。由此可

---

① 关于这三个主题,请参阅 Mander(1994: 141~144);关于前两个主题,也请参阅 Candlish(1989: 343)。

以看出，所有通常所谓的真理都仍然与实在有距离、需要做出转变才能融入实在，毕竟它们都属于显象的领域；而这样一来，一切显象都可以被视作一个包含等级的"连续统"（布氏本人并未使用这个词），而随着显象越来越多地被囊括进实在、越来越多地被扭曲（transmute），它们的实在性等级就会提升。可以说，通过这样的方式，实在与显象就构成了一种辩证的关系：它们既从根本上说是一体的，又因为等级或程度的差异而有区别。（参阅 Mander, 1994：153）

五 等级原则的问题

以上便是布氏关于真理等级的原则。显然，这种原则与通常的观念非常不同，布氏的论述中也有着各种晦涩甚至前后不一致的地方，这自然使得其原则面临着一系列困难和反驳。笔者结合曼德的概括，将这些困难和反驳总结为如下五点。

第一，这种等级观念与我们经典的逻辑形式和逻辑规律——比如排中律——不相容，毕竟在等级原则中，我们不能由一条命题的真推导出其否定为假，所以为了接纳这种理论，我们似乎不得不放弃部分经典逻辑。尽管布氏本人并不在乎这一点，但这种代价对大多数人而言可能过于高昂。

第二，等级原则包含一种致命的自我否定因素：如果没有任何东西可以完全为真，布氏的形而上学或其关于真理的理论就也不可能完全为真。布氏其实对此做出了回应，在他看来，自己提供的并不是现成的、抽象的真理，而是通向实在的一种通道——它会把我们引向真理，尽管它自身并不等价于真理。（参阅 AR 483）

第三，引入真理的等级其实是不必要的，因为这可以被替换为一种关于知识的担保或效用的等级，而且后者并不与经典逻辑相冲突。布氏也回应了这样的批评，他认为这种方案是实用主义的，因为所谓的担保或效用都属于实用而非真理的范畴。他心目中的真理是一个超越性而非实用性的概念："我的意思并不是说，出于实际的考虑，我们的判断都是可接受的、会通过的。我的意思是，它们实际上或多或少地拥有绝对真理和实在的特征和类型。"（AR 321）

第四，即便接受布氏所主张的真理与实在之间的关系，我们也可以保留传统的关于真理的理解，把它作为最高级的概念，而把介于真理和谬误之间的命题称为其他的东西；总之，我们没有必要修正传统的真理概念，而只需做出其他方面的调整。这种反驳与上一点不同，因为它其实是在接受布氏理论的前提下做出的修正。应当说，布氏并未成功地回应这一点，毕竟他修正真理概念本身的做法具有相当大的代价，而至于这种代价是否值得，其实是很有争议的。所以，即便认为布氏的等级原则成立，也很难说它成功挑战了传统的真理观念，特别是对于"真"本身的理解。

第五，实在在布氏的哲学体系中占据了重要地位，那么，实在自身是否有等级？在这个问题上，即便接受关于真理的等级原则，两种完全相反的说法似乎也都可以成立，即实在是有等级的或实在是没有等级的。布氏自己的论述印证了这种矛盾。一方面，他曾对此做出明确的否认："按照我们的看法，绝对者当然没有等级，因为它是完美的，在完美中不可能有多或少的差异（第二十章）①。这些谓词属于显象的世界，也只在显象的世界中才有意义。"（AR 318）另一方面，他也主张显象并不脱离实在，都是对实在的抽象，最终要被包容在实在中；这样一来，显象的等级其实完全可以被理解为所具有的实在的多少，或者距离绝对者的远近。所以，当从实在或绝对者这一侧来看待问题时，我们当然可以说实在是有等级的，而且这种等级实际上为关于真理的等级原则提供了必要的背景。②

但萨克塞纳指出，我们还应注意实在与绝对者之间的微妙差异：由于真理是观念性的，因而实在至少部分地是观念性的；而与此相对，绝对者则不是观念性的，在其中，内容与实存是完全合而为一的。他认为，作为绝对者的实在没有等级的，能够拥有等级的只能是个体（individuality）或是绝对者在显象中显现出来时所具有的特征。（参阅 Saxena，1967：55）所以布氏才认为，任何形而上学向我们揭示的都不是真正的绝对者，而仅仅是它在真理和知识中被呈现的一般特征："但实在的这种一般性特征并不是实在自身，它也并不比真理和知识的一般性特征更多。"（AR 485）

萨克塞纳的说法有一定道理，但他对绝对者和实在的理解只能契合布氏的部分说法——当然，笔者在上一小节中提出的解释也只能契合其部分说法，毕竟在布氏本人的表述中就有相抵触的部分，很难被一种解释完全囊括。但无论如何，他的解释还是可以提醒我们，等级原则是布氏整个体

---

① 指《显象与实在》的第二十章"重述"（Recapitulation）。
② 关于这五点，请参阅 Mander（1994：146~150）。关于最后一点，还请参阅 AR 335，Vander Veer（1970：107）。

系中的一环，需要与其他理论放在一起被考虑。对此，可以参考如下这段文字：

> 一切都是本质性的，而一个东西在与其他东西比较时可能是毫无价值的。没有任何东西是完美的，而一切都在某种程度上包含完美的至关重要的功能。经验的每种态度、世界的每个领域或层次都是绝对者中的必要因素。其中的任何一种都以自己的方式满足我们，直到与比自己更多的东西相比较。因此，如果你愿意的话，可以说显象是谬误，但并不是所有谬误都是幻象（illusion）。任何一个阶段都涉及更高级的原则，而每个阶段（因此它是为真的）都已经是不一致的了。但另一方面，就其自身来看，按照其自身的观念来衡量，每个层次都拥有真理。可以说，它满足自己的主张，而且只有当被已经超越它的东西尝试时才会被证明是假的。因此，绝对者在显象的任何领域都是固有的。存在着等级和级别，但一切都是必不可少的。(AR 431)

总之，上述五点抓住了布氏理论的一些缺陷。其中，前三点可能没有切中其要害，但后两个问题的确揭示出等级原则面临的严重困境：它们在理论上的代价太大，而且很难得到一种一以贯之的解释。那么，布氏为什么要坚持这样一种困难重重的立场呢？这也就把我们引向另一个追问，即他提出等级原则的深层次动机，这可以被概括为如下两点。

首先，对等级原则的坚持与他对其他哲学家体系的不满有关。在理解实在与显象之关系的问题上，有现象主义和康德主义（即物自身理论）两种进路：前者主张显象就是实在，或实在不过就是显象的总和；后者则把二者彻底割裂开，认为我们的知识无法把握到实在。布氏希望通过等级原则来克服两者各自的困难，也取得了一定的成功，比如以一种晦涩且模糊的方式调和了显象与实在的关系。但如刚才指出的那样，这种思路也引起了相应的问题；而即便抛开这些问题不谈，他的观念也明显违背了直觉和常识，很难为我们所理解。例如，根据他的说法，我们其实无法准确地表达或思考显象和实在之间的终极关联，而只能指向这种关联。（参阅 AR 155）这使得其理论上的价值大打折扣，我们也很难说他比自己批判的那些哲学家做得更好。

其次，这种坚持从根本上说还是与其一元论立场有关。如我们在第三小节中指出的那样，对于一元论者而言，坚持真理的融贯论是不够的，只有等同理论才能契合其要求。可一旦接受了等同理论，提出等级原则就是必不可少的；否则的话，就需要为谬误、邪恶等东西设定另一个源头，这个源头与绝对真理、绝对的善是相对立的，由此就可能导向一种二元论甚至多元论的立场。当然，究竟是其真理观和等级原则迫使布氏走向一元论，还是其一元论立场迫使其坚持等级原则，这还是有争议的。笔者更倾向于后一种看法，而如果把布氏与其他一元论者——如西田几多郎和辨喜——相比对来看的话，这一点或许会变得更加清楚，即关于真理的等同理论和等级原则都是一元论立场的后承——这正是本书第六章的工作。

第三章 布拉德雷哲学中的其他重要问题

第一节 "自然哲学"

一 空间

在上一章，我们讨论了布拉德雷哲学，特别是其形而上学的核心概念，包括显象、实在、思想、真理等。在本章，我们将转向对其他几个重要话题的讨论："自然哲学"、自我、伦理学和宗教哲学。在本节我们将讨论其"自然哲学"。在此有必要先澄清一下笔者对"自然哲学"（Philosophy of Nature）一词的用法。布氏并未明确使用这个词，而且这也是个在现代哲学中早已被淘汰的用法。实际上，笔者是把他关于空间、时间、运动、因果性、物自身和大自然等话题的讨论放在一起加以分析，而似乎并没有很合适的语词能够概括这些讨论；相比之下，"自然哲学"反倒是个不错的选择。希望这个已经过时的术语不会引起不必要的误解。

布氏在上述这些领域的立场其实很明确：一言以蔽之，所有这些都属于显象的范畴。之前已经说过，显象最重要的特征就是自身包含矛盾，所以，布氏在论证上所做的主要工作就是证明它们最终都是自相矛盾的。其中，空间和时间这两个概念又是密切关联在一起的。哲学史上有不少关于时空问题的经典讨论，如康德在《纯粹理性批判》中提到的第一组和第二组二律背反，以及莱布尼茨在与克拉克的通信中关于实质主义（substantivalism）和关系主义（relationism）的争论——实质主义认为时空是独立存在的基体（substance）①，关系主义则认为时空仅仅是对象或事件

---

① 在汉语世界中，"substance"常常被译为"实体"；但由此造成的一个困难是，其含义往往会与"entity"混淆在一起——尽管它们之间的确有密切的关联。为此，笔者在本书中尝试将"substance"译为"基体"，指狭义上的、与属性相对的实体；而将"entity"译为"实体"，指广义上的、实际存在的东西。至于这种译法上的区分是否可行，还请读者多参与讨论和批评。

中时空关系这个体系的衍生物。(参阅 Mander, 1994: 112~113) 在布氏看来，类似的观点都没有正确把握时空自身的矛盾。我们先来看看他对于空间的探讨，在下一小节再转向更为复杂的时间问题。

空间因为包含矛盾而属于显象，其中的矛盾可以被分解为如下两个方面：

> 1. 空间不是一种单纯的关系。任何空间都必须由扩展的部分组成。因此，即使把我们的空间当作一种集合，它也会是固体的集合（a collection of solids）。关系会把不是单纯关系的空间结合起来。因此，如果被当作单纯的相互间关系的话，这种集合就不会是空间。我们会面对这样的命题：空间不过是空间的关系。而这条命题是自相矛盾的。
>
> 同样，从另一个方面来看，如果任何空间被当作一个整体的话，它就显然不只是一种关系……
>
> 2. 空间不过就是关系。首先，任何空间都必须由部分组成；而如果这些部分不是空间，它们组成的整体就也不是空间。……空间或空间的一个部分的真正意思是固体的，而这是自相矛盾的。任何扩展的（extended）东西都是一个集合，而一种扩展物的关系又会是扩展物的关系，如此以致无穷。……即便经过无尽的探索，我们也绝不会发现比关系更多的东西；可以看到我们无法做到这一点。空间从本质上说是一种消解在关系中的关系，在虚无中寻找自己的关联项。(AR 31~32)

布氏是从关系的角度分析空间所包含的矛盾的。（参阅 Mander, 1994: 115) 从这个角度看，空间不可能是一种单纯的关系，因为单纯关系的叠加无法产生出空间；它又不过就是关系，因为空间与其部分之间的关系似乎是一种悖论，我们会在空间部分的叠加中陷入无穷的进程。总之，作为一种关系，如果空间的关联项不是扩展的，它们就不可能被关联起来以产生一个扩展的整体；但扩展又是空间的本质，这样就陷入了矛盾。他由此得出一种类似二律背反的结论："空间是一种它不可能是的关系，也是一种它不可能是的性质或基体。"（AR 31)[①]

[①] 这里可以先说明一下，时间包含的矛盾与此类似，布氏说："如果你把时间当作单位之间没有持存的关系，那么整个时间就没有持存，因此也就不是时间。"（AR 33）曼德指出，布氏关于空间和时间问题的论证其实都是他对于关系问题论证的一种特殊形式。（参阅 Mander, 1994: 112）布氏认为关系都是包含矛盾的、非实在的，因此只要有任何东西涉及关系，就肯定属于显象；他又论证说一切东西都必定涉及关系，因此必定是显象，而本章中所要讨论的一切现象便都是显象。关于其论证的细节，我们将会在第五章加以讨论。

这么看来，关于空间的实质主义理解或许更成问题，其中的关键还是在于对关系及其关联项的理解。实质主义者认为空间关系存在于空间事项之间，也就是类似"点"或"位置"这样抽象的东西之间；关系主义者则认为它们存在于物质对象之间，因此不可能存在绝对空洞的空间。前者的观点会引导我们把一个具体的东西看作空间关系中的关联项，这样就会不断产生出与一个额外关联项的新关系，我们也就绝不会发现一个最终的关联项——这也是后面会提到的布拉德雷倒退的一个翻版。相比之下，布氏更青睐关系主义的理解，他说："空的空间——没有某些性质（视觉或肌肉上的）的、就其自身而言不只是空间性的空间——是一种不真实的抽象。"（AR 33）此外，由于"关系会把不是单纯关系的空间结合起来"，空间关系的关联项始终在空间上是扩展的、不能没有广延。（参阅 Mander，1994：114~117）总之，所谓的空间是关系性的，因而也就是一个自相矛盾的概念：

> 从外部来看，我们也必须接受一种类似的结论。……如果把它自身当作一个单位的话，它会消逝在对一个虚幻整体的找寻中。……简单地说，作为一个整体，它是自身与另一个不存在的东西之间的关系。……一个有限的、在自身之外没有空间的空间是自相矛盾的。……空间要成为空间，就必须拥有外在于自己的空间。它永远消失在一个整体中，这个整体被证明绝不会超出与某个超越此之外的东西的关系的一个方面。……这样来看的话，空间不是空间；如果试图在空间之外找到空间，我们就只会发现消逝在一种关系中的东西。空间是关联项之间的关系，但这种关联项是绝不可能被发现的。（AR 32）

上述理解在一些地方可能违背了关于空间和几何学的正确知识。比如布氏认为"一个有限的、在自身之外没有空间的空间是自相矛盾的"。但曼德指出，在非欧几里得空间中，就可能存在有限的、有边界的空间，此时只需放弃欧几里得五条理论中的第二条。（参阅 Mander 1994：120）而且，单纯的关系叠加无法产生出空间的观念这一点可能也有问题，因为通过叠加，可以让各个部分产生出此前没有的性质。比如一块颜色可以由本身不是颜色或无颜色的东西组成，特定的粒子排布就可以给予对象不同的颜色，这种性质是粒子自身不具备的——对于空间和时间来说可能也是如此。[1] 总之，即便承

---

[1] 据说此反驳见于牛顿-史密斯（Newton-Smith）1980年的著作《时间的结构》（The Structure of Time）第119页，参阅 Mander（1994：116）。

认布氏的论证过程没有问题，他论证的某些前提也是很值得怀疑的。

二 时间

接下来我们讨论更为复杂的时间问题。从总体上看，布氏对时间的理解基本是按照对空间的理解展开的。空间最主要的特征是扩展（extension，或曰广延），时间最主要的特征则是持存（duration），而布氏认为这种特征会导出和空间类似的悖论："如果你把时间当作单位（units）之间没有持存的关系，那么整个时间就没有持存，因此也就不是时间。但如果你认为整个时间具有持存，那么这些单位自身立即就会拥有持存，而它们也就不再会是单位。"（AR 33~34）显然，这就是空间与其部分之间矛盾关系的翻版。在空间的情形下，空间因为涉及关系而属于显象；时间也是如此。具体而言，他论证时间概念包含矛盾的思路包含两个方面：一是仿照空间的、对时间中的关系所包含矛盾的考察；二是对时间自身的独特特征"现在"的考察。

关于第一个方面，布氏认为时间是一种类似空间的东西，它兼具离散性（discreteness）和连续性（continuity），而这两者的并存会引起难以克服的困难："我们常常在空间的形式中考虑时间。它被当作一股洪流，过去和未来被当作它的部分，这二者大概是不能共存的，却常常被当作可共存的来谈论。……它既是一种关系，又不是一种关系；而且它在关系之外不可能是任何东西。……"（AR 33）而无论认为时间是否具备持存，我们都无法得到自洽的结论，这表明时间既具有又不具有持存——这是显然的矛盾。从根本上说，这种矛盾的根源还是在于时间包含关系："如果它们不是持存，就不会包含先后，它们自身是无始无终的，在时间之外。但这样一来，时间就不过是它们之间的关系；而持存则是一些非时间性的关系，这些关系以某种方式关联在一起形成一种持存。"（AR 35）

关于第二个方面，布氏认为，时间所包含的"现在"概念也是自相矛盾的[①]：

> 我们立即会直面的问题就是"现在的"时间性内容。首先我们可以问问它们是否存在。"现在"是简单的、不可分的吗？我们可以立即给出否定的回答。因为时间暗含了先后，因此暗含了多样性，所以简

[①] 值得注意的是，他在《逻辑原理》中谈论过"现在"一词的不同意义，参阅该书第51页及以下。

单的东西不是时间。这样我们就不得不认为当下包含了多重的方面……

"现在"由"诸多现在"构成，最终这些"诸多现在"被证明是无法被发现的。(AR 34~35)

我们可能认为时间由无数的"现在"构成，但仔细考虑就会发现，这样的"现在"既不是过去也不是未来，而任何对它的刻画或捕捉最终都会以失败告终，因为它总是转瞬即逝、在任何刻画中迅速转变为过去或未来。总之，我们似乎无法以任何方式把握时间的组成部分。

布氏以上述两方面论证为基础得出结论说：

如同空间一样，性质方面的内容（qualitative content）……呈现为一种不可解决的问题。如何在统一体中把这与它处于其中的时间统合起来，如何独立地确立每个方面，这都是超出我们能力的问题。时间和空间一样，最终都是显象。(AR 34)

与空间一样，时间被明确地证明为并不是真实的，而是一种矛盾的显象。(AR 36)

可见，他在很大程度上以同样的方式看待空间和时间，但也并不否认两者还是有一些重要差异。其中一项差异就是时间具有超越性，会引导我们走向某个更高级的东西，而时间本身既被包括在这个东西中，又超越于这个东西之上。（参阅 AR 183）这是因为与空间相比，时间涉及一个独特的维度，即变化与永恒。对此，他做了如下三个方面的详细说明：

1. 首先，如我们（在第五章）[①] 看到的那样，变化一定与一个永恒的东西有关。……变化要求某种接续（succession）发生于其中的永恒（permanence）。……它[②]是前后不一致的，但又是本质性的。因此我的主张是，变化渴望超越单纯的变化。它希望变成一种与永恒相一致的变化。因此在断言自身时，时间自发地试图自杀（commit suicide as itself），以超越它自身的特征并被更高级的东西占据。

2. 我们可以从另一种前后不一致中得出同样的结论。现在与未来、

[①] 即指《显象与实在》的第五章"运动、变化及其感知"。

[②] 即指这种变化。

过去的关系再次表明时间试图超越自身的本性。无论你为了任何目的把一种纰漏（lapse）① 当作一段时间，这种纰漏都会立即变成现在。然后这种纰漏就会被当作仿佛立即存在。否则，它如何能被说成是一个东西？除非它的确是，否则我看不出我们如何有权利把它当作拥有一种特征的……

3. 同样的倾向性在另一种运用中变得更明显。我们心灵的整个活动暗含了对时间的无视。理智把一次为真的东西当作永远为真的，因此无所畏惧地站在"不可分辨的同一性"的立场上——不仅如此，整个被称作"联想"（Association）的东西都暗含了同样的原则。因为这样一种关联只能在共相之间成立。……时间是一种自相矛盾的显象，徒劳地努力去显现为非时间性的东西的属性。（AR 183~184）

如此看来，时间与空间最大的不同之处在于，它是与那个超越于一切变化之上的、永恒的东西相关联的，这个东西就是布氏所谓的绝对者。其实，即便不接受布氏的术语，我们也可以从通常的观念出发去把握或设想一个超越于任何时间之上的至高存在者，为了达到它，时间必须被舍弃，而这其实就是在上述引文中所谓的"自杀"——自杀的不只是思想，还有时间。所以，时间注定会超越自身的矛盾，被包容进那个绝对者之中：

时间并不是真实的，而且它通过自己在成为非时间性的形容词上的不融贯的尝试，宣称了自己的非实在性。在一种属于更高级特征的显象中，它特殊的性质被融合在一起。它自身的时间性本性并没有完全停止存在，而是被彻底转变了。它被抵消了，并消失在无所不包的和谐中。绝对者是非时间性的，但它拥有作为一个孤立的方面的时间（it possesses time as an isolated aspect），当这个方面不再是孤立的时候，就会失去自己的特征。它存在，但被混入一个我们无法认识到的整体中。我们无法认识它，尤其不知道它如何能存在，但这并不表明它是不可能的。它是可能的，而且如之前那样，其可能性是足够的。因为可以是且在一般性的基础上必定是的东西——肯定是真实的。（AR 185）

不过这样一来，如曼德指出的那样，布氏似乎就在时间的问题上主张两条相互矛盾的命题：一是，时间不是真实的，不属于实在；二是，时间

---

① 布氏在此用"lapse"一词指一种微小的时间间隔或疏漏，笔者将其译为"纰漏"。

是真实的，属于实在。（参阅 Mander，1994：137）类似的矛盾主张归根结底还是显象与实在、思想与实在的关系问题。对此，曼德借助摩尔对布氏的批判，提出了一种很有帮助的解释。根据曼德的转述，摩尔认为，有两种进路可以理解布氏看似自相矛盾的主张：一种是，布氏在"时间"这个词的不同意义之间摇摆，所以时间在一种意义上是非真实的、在另一种意义上是真实的；另一种是，布氏在"真实"这个词的不同意义之间摇摆，所以时间在一种意义上是非真实的，而在另一种意义上是真实的。曼德指出，布氏关于真理的等级原则其实就是在同时采取上述两种进路。在第一种进路上，布氏的主张可能是：抽象的时间不是真实的，语境化的（contextualized）时间才是真实的。在第二种进路上，当他说时间不是真实的时候，意思是它并不是绝对真实或为真的；而当他坚持说它也是真实的时候，则是在主张它至少拥有某些程度的真理或实在性。总之，等级原则可以帮助布氏坚持这样的主张："时间是部分真实的"（参阅 Mander，1994：150~152）。笔者赞同曼德的解释，而且可以看出，这仍然是显象与实在之间关系问题的一个翻版。显象本身就既是真实的又是不真实的，或者说是部分为真的，这取决于我们在哪个层面上看待它——从实在的层面上看，显象可以说是真实的；从显象自身的层面上看，它又是不真实的。

三　运动、因果性与物自身

在论述了对时空的理解后，布氏还探讨了运动、因果性、物自身等话题。

运动与时空有较为密切的联系，毕竟任何运动都发生在时空之内。简单地说，布氏认为运动也是一种显象，它是自相矛盾的，这种矛盾与时间有很大关系：

> 运动暗含说，被移动的东西在同一时间上出现在两个地方，这看上去是不可能的。运动显然暗含两个地方，这两个地方也显然是相续的（successive）。但另一方面，这个过程显然必须是一个统一体。被移动的事物必须是一，而时间也必须是一。如果时间是很多时间、位于关系之外且不是一个时间性整体的部分的话，那么任何运动都是不可能的。但如果时间是一，它就不可能也是多。（AR 37）
>
> 如果没有持存，时间就是简单的，也就根本不是时间了。在这个抽象的点上谈论多样性、前后接续，都是不可能的。最好的辩解是这种陈述是无意义的。（AR 39）

从根本上说，运动的矛盾之处就在于变化的不可能性，而变化又涉及一与多、差异与同一等哲学上的传统难题：

> 变化的问题是运动问题的基础，但前者则并不是基础性的。它指向关于一和多、差异和同一、形容词和事物、性质和关系的两难。一个东西如何可能是另一个东西，这是藐视我们努力的问题。变化在原则上是几乎不超出这个两难的一个例子。它要么加入了不相关的复杂化，要么在妥协的盲目尝试中陷入困惑……
>
> 显然，变化一定是某个东西的变化，而且肯定包含多样性。因此它把一个东西断言了为二，所以落入了我们在前一章①里提到的责难。（AR 38）

简言之，对于我们的理性而言，变化这件事情本身似乎就是一种两难，因为我们不能理解一个事物身上发生的变化——如果它变化了，它就不再是它自身，我们就不能说它发生了变化；而如果它没有变化，我们自然也不能说它发生了变化。所以变化似乎是一个不可能的东西，我们也无法把握到变化这么一回事：

> 某个东西 A 发生了变化，因此不可能是永恒的。另一方面，如果 A 不是永恒的，那么发生变化的东西是什么呢？它不会再是 A 了，而是另外某个东西，换句话说，假定 A 在一段时间内（in time）不受变化的影响，并不改变。但假定它包含变化，而且立即变成了 A_1、A_2、A_3。那么既然我们面对的是另外某个东西，A 及其变化究竟是怎么一回事呢？我们还是面临这样的问题。A 的多重状态必须在一个时间内（within one time）存在，因为它们是相接续的。（AR 38~39）
>
> A 应当被要求变化；而且两个不相容的特征由此才必须同时出现。必须存在相接续的多样性，而时间也必须是一。……作为整体的变化就在于两个方面的联合。……要点在于，我们并没有达到 A 的变化。内容 A 在与多个时刻和多种状态的某种关系中的同一性——如果这有意义的话——仍然不是我们所理解的变化。（AR 40）

布氏认为，所有这些都表明变化包含矛盾，因而是显象："变化的问题

---

① 指《显象与实在》的第四章"空间与时间"。

很难被解答，只要变化不被降低为单纯的显象的话。"（AR 40）可以看出，他的思路与古希腊爱利亚学派的芝诺所提出的关于运动的悖论有很多相似之处，而他最后的结论也和芝诺悖论有异曲同工之妙，即在运动的问题上，我们是在表达一种矛盾、在描述一个既是又不是的东西：

> 我们不得不断言 A 既是连续的又是离散的，既是相接续的又是当下的。我们时而把它当作某个方面中的一，时而把它当作另一个方面中的多，这仅仅表明我们实际上是怎样做的。我们需要回答这些方面如何在一个东西中统一起来，至于这是在我们的心灵之外还是之内则是无关紧要的。如果不能把这些特征统一起来，问题就不会被解决。如果问题得不到解决，变化和运动就是内在地不相容的。如果把"潜在的""实际的"当作最后的救命稻草，并尝试通过它们达到和谐，我们就会原地踏步。我们其实是在说一个东西既是又不是，而且我们出于自己的目的才把这些本来不可调和的东西统一在一起。（AR 44~45）

与运动的问题相似，布氏认为因果性或因果关系也是显象：一个现象 A 为另一个现象 B 跟随，如果这二者处于因果性的关联中，就还是会因为关系而陷入矛盾："我们已经看到 A 不是 B，也不是一种与 B 的关系。'被 B 相跟随''变成了 AB'，这都是与 A 不同的；我们可以发现，如果 A 不只是单纯的显象的话，就不可能有任何方式把这些与 A 统合在一起（combining these with A）。"（AR 46）

在考察因果性这种关系如何运作的时候，布氏发现它还是会陷入无穷倒退的境地，而无论给原因增加怎样的要素，似乎都无法结束这种倒退——这仍然是布拉德雷倒退的翻版：

> 原因并不是单纯的 A；我们会发现这是非常令人难以容忍的。原因是 A+C；但这种统合似乎是无意义的。……在"A+C 被 B 相跟随"中，额外的 C 要么给 A 带来了某种差异，要么没有。首先假定它带来了某种差异。但这样一来，A 就已经改变了，由此关于因果性的问题在原因中就已经爆发了。A 和 C 变成了 A+C，之前的谜题在 A 和 C 如何变得与自身不同的问题上又出现了……
>
> 或者试试别的选择。让我们勇敢地断言，在作为 B 的原因的 A+C 中，它们的关系并没有给 A 或 C 带来任何差异，却解释了结果。尽管这种结合没有带来差异，但它显然辩护了我们归属给该结果所表达的

差异的原因（it justifies apparently our attribution to the cause of the difference expressed by the effect）。但（让我们首先处理原因）这样一种对要素的结合已经（在第三章）① 被表明是非常难以理解的。(AR 46~47)

因果关系仍然涉及变化，就自然也涉及时间，因而关于变化的悖论再次出现了：

> 我们感知的变化并不是完全连续的，因为存在着并不是这样被呈献给我们的持存；而无论我们的官能如何改进，它们也一定可以在某个点被超越。另一方面，说我们的接续是离散的，这似乎也是难以维护的。上述二者都不是事实。我假定我们注意到的东西是事件，事件之间是有时间间隔的，暂且不论这是什么意思。但是，当我们把持存的碎片当作包含了部分的整体甚至部分的可变的多样性时，另一个方面就会出现。最终，反思会迫使我们认识到，无论它看上去会是什么样子，所有变化其实都必定是连续的。(AR 50)

具体而言，通过如下反证法可以证明因果关系既是连续的（continuous）又不是连续的，从而获得一条矛盾式：

> （a）因果关系必须是连续的。……如果原因可以在持存的任意小的碎片内保持不变，它就一定永远保持不变。……另一方面，（b）因果关系不可能是连续的。因为这意味着原因完全没有持存。……这跟假定固体事物由点、线、面构成是一样的。这些虚构对于某些目的来说可能是有用的，但仍然是虚构。……因此因果关系不是连续的；而不幸的是，它也不是因果关系，而仅仅是显象。
> ……时间必须由碎片构成，却又不可能由碎片构成。(AR 51~52)

布氏并不想通过上述论证否认因果关系的存在，而只是希望表明它是显象。更具体地说，他认为因果关系中的双方——原因和结果——是无法被孤立出来的："从我们对因果关系的辩护中产生出的唯一积极的结果似乎就是发现，把原因或结果孤立出来是不可能的。"(AR 48) 在第五章我们会

---

① 指《显象与实在》的第三章"关系与性质"。

谈到，这也是布氏在关系问题上的一般性立场。

在上述两个话题之外，布氏还对康德的物自身理论进行了批判。之前我们已经介绍了他对现象主义和康德主义的反驳。在他看来，康德主义把世界划分为两个完全不同的部分，即现象和事物自身：

> 在这里我们已经达到了一种看待宇宙的熟悉的方式，这种原则拥有非常不同程度的领会。根据这种观点（无论它是否理解了自身），宇宙分解为两个部分，可以被称为两个半球。其中一个是经验和知识的世界——在任何一种意义上都不包含实在性。另一个是实在性的王国——其中既没有知识也没有经验。或者可以说，一边是现象，是事物在我们看来的样子，而我们自己对我们来说也是如此；另一边则是事物自身，它们并没有显现出来，或者愿意的话，我们可以称其为不可知的世界（Unknowable）。（AR 110）

> 它并没有说我们关于实在的知识是不完备的；它断言说它①不存在，而且我们根本没有任何知识，而只是不完备的问题。有一条清晰的界线，把我们的理解和事物自身（Thing）分开，这种划分是令人绝望的。（AR 111）

布氏指出，这种对于世界的看法是不融贯的，而物自身这个概念本身就是自相矛盾的，因而是显象：

> 此外，我们在谓述不再是其自身的事物时会遇到此前的所有困惑。但这种令人困惑的归属恰恰是那条原则想要避免的。因此，我们必须否认显象和物自身之间有任何关系。但这样一来，其他麻烦又会浮现出来。事物自身要么拥有性质，要么没有。如果拥有的话，我们试图避免的谜题就会在它之内再次爆发——把现象当作猎物，并满足于它们的毁灭。所以我们必须做出修正，主张事物自身是没有被限定的。但如果是这样的话，我们就不会再有任何的确定性了。因为一个没有性质的事物自身显然不可能是真实的。
>
> 如果从现象这一侧来看待这种情况，情况并不会更令人感到鼓舞。我们要么把显象与实在关联起来，要么不这么做。在前一种情形下，它们丝毫不会让事情变得更清楚。……但如果否认现象和实在之间的

---

① 指的应当是"实在"。

关联，我们的处境也不会得到改进。现在要么是，我们拥有令人困惑且无序的、并肩而立的两个领域；要么是，我们拥有一个在这二者之上的领域。在这种情形下，事物自身的"另一个世界"只会让目前的麻烦变得更多。（AR 112~113）

布氏认为，要想避免上述矛盾，就必须打破康德式的看待世界的方式，一方面要看到实在并不会落在知识之外；另一方面也要看到，即便显象也是属于实在的：

我们已经看到，关于物自身的原则是荒谬的。这种实在肯定不是某种无法证实的东西。相反，它拥有一个完全透明的、作为虚假和空洞抽象的本性，它的产生是很清晰的。我们会发现实在并不是显象，这样的结论一定稳如磐石；但另一方面，实在当然也不是另外某种无法显现出来的东西。因为这样的说法完全是自相矛盾，只有在没有人明白它是什么意思时才会被提出。声称实在落在知识之外，这完全是胡说。（AR 113~114）

……现在我们还是可以坚持显象是存在的。这是绝对确定的，而对它的否认就是胡说。任何存在的东西都一定属于实在。这是同样确定的，而对它的否认也是自相矛盾。（AR 114）

四 大自然

除上一小节的话题外，布氏还阐发了对大自然的看法。他在《显象与实在》第二十二章中专门讨论了这个话题。该章章名就叫"Nature"，这个词也可以被理解为本性、本质，但在这里显然应当是"自然"的意思；而考虑到布氏使用这个术语的独特性，笔者还是将其译为"大自然"，以同一般意义上的自然或自然界相区别。在该章开篇处他就明确解释了这个词的含义："大自然这个词当然有不止一种含义。我在这里会在赤裸的物理世界（the bare physical world）的意义上使用它，那个领域构成了纯粹物理科学的对象，而且似乎落在所有心灵之外。从一些心智的东西中进行抽象，剩下的实存就会是大自然。它是单纯的、不属于心智的形体或扩展，加上那些与这种广延直接相关或得自广延的性质。"（AR 231）

单从字面意思上看，这里所谓的"大自然"大致相当于通常所谓的外部世界。在布氏看来，这样的世界虽然看似是外在于我们的，但我们其实并不能合理地质疑其存在或真实性,他把这概括为一种二律背反:"(a)大自然只是对于我的身体而言的;(b)我的身体只是对于大自然而言的。"(AR 232)因为我们是凭借自己的身体和感官获得关于外部世界信息的,如果怀疑外部世界,就等于是在怀疑自己的身体和感官,所以双方要么都存在,要么都不存在。这意味着对于外部世界的怀疑论是站不住脚的:

> 在日常意义上,如果你得到了我们器官的证言,那么倘若外部世界不是真实的,我们的器官就也不是真实的。这两方的存在是在同一个层面上的,或者就都不存在。而说其中一方是实质性的而另一方属于它,正如附属物或配件那样,这是非常反理性的。总之,……大自然和我的身体的存在对于彼此来说都是必然的。经过考察会发现,双方在相互关系之外都不过是虚无。我们在任何一方中都不会发现不被另一方的显象所侵染的本质。(AR 234~235)

但是,这并不意味着这种外部世界就是真实的;它其实和我们的身体一样,都还是属于显象:

> 物理世界是一种显象,它完全就是现象性的①。……给予我们性质和关系的方式是一种不完备的领会方式,其中任何一方都是另一方的条件并预设了另一方。……物理世界是真实者的一种不正确的、单边的、自相矛盾的显象。它是两个未知事物之间的相互作用,这两个被关联起来的事物就其自身而言一定是某物,但如果与它们的关系相分离的话就什么都不是。换言之,它是一种不真实的多样性,但它在自己的丰富性中以某种方式进入并完善宇宙生命。但关于它被包含于其中的方式,我们无法说什么。(AR 235)

布氏的目的并不只是指出这种大自然的非真实性,而是希望进一步澄清和批判一系列与之相关的观念或看法。我们的日常生活与科学都使用大自然一词,但布氏认为,它们对这个词的理解是很成问题的,从根本上说是理智构造的产物。日常生活与自然科学之间是有断裂的,普通人和科学家对大自然的理解很不一样:"对于普通人来说,大自然并不是物理学家的

---

① 这里所使用的术语表明,"现象性的"(phenomenal)其实就大致相当于"属于显象"的意思,可见布氏对"现象"与"显象"二词的使用有诸多重叠的地方。

大自然；而在自己的科学之外，物理学家也按照自己必定相信它不可能是的方式来习惯性地看待这个世界。"（AR 232）严格地说，科学中所谓的物理世界与布氏所谓的大自然并不是一回事，前者被布氏认为是抽象的产物，最终会陷入矛盾：

> 物理世界是物理事物之间的关系。这种关系一方面预设了它们是物理的又与之相分离；另一方面，它们肯定并非如此。大自然是未知之物与未知之物之间的现象性关系；而由于是未知的，这些关联项甚至无法被说成是被关联起来的，毕竟它们自身不能被说成是任何东西。（AR 233）

> 大自然不过是感觉整体的一部分，我们通过自己的抽象把它分离出来，又通过理论上的必要性和装置来扩展它。我们把这种碎片设定为是自存的；而有时被称为"科学"的东西偏离了轨道，产生了严重的错误。它接受一种对独立实在的单纯表象的条件的理智构造；它会把这种虚构作为一种拥有固体式存在的东西投射给我们。但这样一来，一种相对的真理就变成了纯粹的谬误。它让那些讲得通的、完全能够成功的、不被批评波及的视角失去了信誉。

> 我们已经看到，单纯的大自然不是真实的。大自然不过是实在之内的显象；它是绝对者局部的、不完备的显现。物理世界是一种抽象，这种抽象自身对于某些目的而言是恰当的，但如果我们认为它是凭借自身力量而存立的（standing in its own right），就会立即陷入自相矛盾。（AR 236）

> 在实在中不可能存在单纯物理上的大自然。物理科学的世界并不是某个独立的东西，而是一种总体性经验中的单纯的要素。除了有限的灵魂，在恰当的意义上，物理世界并不存在。（AR 250）

在这里，之前提到的那种二律背反会再次现身，因为我们似乎既认为那样一个物理世界是独立于自己而存在的，又无法超出自己的感官去断言其存在。对此，布氏认为最好将物理世界的含义分为如下两种，以调和这种矛盾：

> 物理世界当然独立于我存在，而且并不依赖于我感觉中的偶然因素。无论我是否感知到它，一座山都在那里。这种真理是肯定的；但另一方面，它的意义是模棱两可的，可能包含两种不同的含义。如果

愿意的话，我们可以把这两种含义分别称为绝对的（categorical）和假定的（hypothetical）。你可以断言说，山实际上总是像它在被感知到时的样子。或者你的意思只是，它总是某个与感觉感知相分离的东西；只要被感知到，它就会发展出一种令人熟悉的特征。在就自身而言的山和对于观察者而言的山之间的混淆，或许是我们最常见的心灵状态。(AR 243)

在此基础上，布氏对自然科学的角色做出了一定的批评，也澄清了其与形而上学的关系。在他看来，自然科学把大自然当作一种上述"绝对的"世界，但这不过是一种抽象的产物；实际上，自然科学的对象是被包含在形而上学的对象之内的，后者是未经抽象的、真实的东西，可以说就是我们的经验，也可以说被包容在实在之内。因此，自然科学与形而上学其实并不是对立的：

在这里，大自然被当作一个没有灵魂的、靠自身力量站立的东西……自然科学的对象完全不是对终极真理的确证，而它的领域并没有落在现象之外……让这些观念服从于形而上学批判，或让它们与形而上学相对立，这都是误解了它们的目标和影响（bearing）。问题并不在于：物理科学的原则是否拥有一种它们未对之做出主张的绝对真理。而是在于：那种科学使用的抽象是否是合理且有用的……

当物质被当作一个自立的、连续且同一的东西时，就与形而上学无关了。(AR 250~251)

如果自然科学忽视了这种差异，或是简单地认为自己的对象就是未经抽象的、真实的，就会超出自己的限度，陷入与形而上学的对立，进而错过实在：

关于单纯的大自然的科学常常忘记了自身的限度，弄错了自己真正的目的，试图谈论第一原则。它变得超验（transscendant），向我们提供了独断的、不加批判的形而上学。因此，断言说在整个宇宙的历史中物质先于心灵，就是把发展和接续放在绝对者之内（第二十六章）①，也就是让整体之外的真实之物成为一个在其存在中的单纯要素。

---

① 指《显象与实在》的第二十六章"绝对和显象"。

这样一种原则不仅不是自然科学，反而即便我们假定它有别的价值，它至少对那种科学而言也是无用的……与自然科学相对，形而上学的责任是受到限制的。只要科学仅仅停留在现象及其发生的法则的领域内，形而上学就无权对此做出任何批评。当相对的东西——显象的单纯方式——被有意或无意地作为更多的东西被提供时，批评才开始。（AR 251~252）

布氏认为，一种由物质组成的、独立于我们感官的大自然概念，其实是希腊形而上学的产物，而我们几乎很难意识到这一点："我觉得，由坚固的物质组成的、其间有绝对虚空的大自然的观念继承自希腊的形而上学。而且我认为，在绝大多数情况下我们很难意识到这种观点是完全任由他人批评的（at the mercy of criticism）。"（AR 255）而真正的大自然虽然可能落在我们的感官之外，但并不会落在思想之外，这是建立在此前我们讨论过的思想和实在间关系的基础之上的："大自然可能会超越被有限者实际感知到的领域，但肯定不会超出有限思想的限度。"（AR 245）总之，真正的大自然绝不是抽象的，它可以有各种含义，这完全取决于我们在什么样的角度上理解它，而通常所谓的各种不同意义上的大自然都是抽象的产物：

　　大自然可以在各种意义上被理解（第二十二章）①。我们可以把它理解为整个宇宙，或者仅仅理解为空间中的世界，或者把它限定在一种狭窄得多的意义上。我们可以首先移除一切在我们看来仅仅是心智上的东西，并把留下的抽象物——第一性的质——等同于大自然……它是一种科学所要求的观念性的构造，而且是一种必要的起作用的虚构。……
　　……大自然是否是美丽的、可爱的，这完全取决于我们在何种意义上理解大自然。（AR 434~435）

大自然最终的归宿就是融入绝对者，但至于这种融入究竟是什么样子、意味着什么，则似乎超出了我们的理解能力：

　　……最终，所有部分和关系性的整体都不再继续保有自己相分离的特征。在考虑大自然的实在性时，我们一定不要忘记这一点。通过那种

---

① 指《显象与实在》的第二十六章"大自然"。

实在性的逐步增加,你会达到一个大自然被吸收的阶段。或者在你反思大自然时,你的对象会逐步把自身等同于宇宙或绝对者。(AR 438)

大自然在一方面必定是实际的,而这样一来也就一定是可感的;另一方面,它在部分上似乎仅仅是可理解的。这就是问题所在,而答案即:对我们来说仅仅是可理解的东西,对于绝对者来说意味着更多的东西。在那里,不知道是怎么一回事,我们思考的东西是被感知到的。在那里,一切都在一种关于观念和事实的直觉性的经验中立即且自身(at once and in itself)被融合、再吸收。(AR 246)

关于布氏的自然观以及对自然科学的指责,也有学者做出了批评。斯普利格指出,布氏并没有足够重视物理实在的实存,过于注重它被构造的那一面。这不仅让布氏的理论面临一些困难,也很自然地使得其走向神秘主义立场。(参阅 Sprigge,1998:215)应当说,过于浓厚的神秘主义色彩始终是布氏形而上学中备受诟病的地方,而在关于大自然的观念方面尤其如此——根据他的体系,我们最终还是很难获得任何关于大自然和绝对者的肯定性知识。

第二节 自我

一 自我的含义

与上一章最后一小节讨论的大自然相对的概念是"自我"(self)。实际上,大自然本身就预设了自我和不是自我的东西的区分,后者可以被称为"非自我"(not-self),通常显现为一个位于心智之外的或至少并不总是直接依赖于灵魂的领域。不少人认为,这样的自我能有效地帮助我们解决各种问题,因为"它提供了一个可以让事实安全地聚集起来的固定的核心。或者它至少以某种方式提供了一种类型,以帮助我们继续理解这个世界"(AR 64)。但布氏仍将其归属到显象的领域,因为它是包含矛盾的,并不能成为形而上学的终点。但如同大自然的情形一样,布氏也敏锐地发现"自我"一词可能有不同的含义。除非澄清了这一点,否则就很容易在不同意思之间摇摆不定。在《显象与实在》第九章"自我的意义"中,他总结了"自我"的七种含义。

第一种含义是,自我是"一团感觉(feelings)、思想和感受(sensation）……是这个人的灵魂在这个或那个时刻的填充物（filling）的总和。"（AR 66）。此时自我被等同于我们主观世界的各种活动的总和，这可以说是一种日常的理解，但这样的自我也是变动不居的，似乎不太符合我们对它的另一些要求。

第二种含义是，"自我的意义不是任何时刻的一团东西，而是那团恒常、平均的东西。……是什么造就了这个人通常的自我？我们的答案是：是他习惯性的倾向和内容，而非他每天每夜、每时每刻的变化"（AR 66~67）。与前一种含义相比，这种意义上的自我克服了变动不居的缺陷，但还是无法涵盖所有相关的内容。

第三种含义试图从人格同一性（personal identity）的角度理解自我，即自我是让人保持人格同一性的东西。但经过细致考察后会发现，身体、记忆、经验等都无法为我们提供满意的答案，因为"人格同一性通常既要求连续性，又要求性质上的相同性。但其中每一方需要多少、二者之间的相互关系如何——关于这样的问题，我发现其中只有纯粹的困惑"（AR 70）。看来这种理解方式带来的主要是麻烦。

接下来的两种含义比较简单。第四种含义把自我"定位在某种单子或被设定的简单存在者中"（AR 74）。第五种含义则主张"自我是一种我对之感到个人性的兴趣（personal interest）的东西。……兴趣主要在于痛苦和愉悦。因此自我就是一组感觉，它在或多或少的范围内始终是现存的，总是伴随着痛苦或愉悦"（AR 75）。但这样的解释也无法令我们完全满意。

第六种含义被布氏称为"最重要的"，主张自我与非自我是密不可分的，只有相对于非自我才能被理解，我们会在下一小节详细讨论这一点。

第七种含义也比较简单明确，主张"自我与'单纯的自我'或'简单的主体性'（subjective）是同样的（参阅第十九章）①。……我心灵中的一切……都不是本质性的。……作为心智个体任意部分的单纯自我，都是否定性的。它至少是无关紧要的，甚至可能更糟"（AR 86）。这显然也不会是我们想要的答案。

布氏认为这并不意味着我们应当去寻找另一种可靠的含义，而是意味着"自我"这个概念本身含义杂多且混乱，以至于我们无法获得关于它的清晰认知：

> 自我最终意味着如此多的东西，其含义如此模棱两可，在运用上

---

① 指《显象与实在》的第十九章"这个和我的"。

也如此摇摆不定，以至于我们感到很失望。……在个人的同一性之下，等待我们的是一团令人困惑的、相互抵触的观念。……在理论性和实践性的关系中，我们都发现自我并没有任何固定的内容，或者它拥有的内容不足以让它成为自我。……自我是未被使用的残留物，从否定的角度被使用的不足所确定，又从肯定的角度被单纯的精神实存意义上的感觉所确定（defined negatively by want of use, and positively by feeling in the sense of mere psychical existence）。没有任何东西从本质上说落入或没有落入这个名头之下。（AR 87~88）

用布氏的标准来看，这样的自我只能是一种显象："无论以何种方式看待自我，它都会被证明是显象。如果是有限的话，它就不可能在面对外在关系时保持自身。……自我无疑是我们所拥有的经验的最高级形式，但尽管如此，它也并不是一种真正的形式。它并没有提供实在中的事实；而就这些事实呈现出的样子来看，它们是显象和谬误。"（AR 103）

在此还有两点需要说明。首先，无论具体含义如何，哲学上的自我问题与作为经验科学的心理学并没有什么直接联系："形而上学应该被用来检查一种坚定的分析，而心理学则会为不上心的形而上学提供借口。而且不可能真的有作为认知理论的科学。"（AR 65）这与本书第一章提到的布氏在逻辑问题上对心理主义的拒斥是一脉相承的。

其次，自我也不能被视为绝对者，因为为了达到绝对者，自我最终必须被超越：

> 我的整个观点都可以被认为是基于自我的；我也不会怀疑自我或诸多自我的体系是我们所拥有的最高级的东西。但如果有人提出把绝对者称为"自我"，我就不得不停下来了。为了达到绝对者的观念，我们有限的自我必须遭受如此多的增减，以至于最后的产物能否被归于"自我"之下都成了一个严重的问题。如果你把自我和诸多自我的体系的观念贯彻到一个特定的点之上，也就是说，如果你已经把一切有效性、变化、机会（chance）① 和可变性都排除了的话——你难道不是实际上已经把你的观念带到了超出其适当运用之外的地方了吗？（AR 497）

---

① "chance"一词译为"机会"在字面意思上是说得通的，但需要提醒读者的是，布氏实际上用它指一种"偶然性"。

总之，布氏认为自我这个概念单独来看是无法获得任何清晰含义的，这表明它只是显象。而上述第六种含义为我们把握自我概念提供了重要的思路，即它必须与其他概念放在一起才能被理解，这个概念就是非自我。

二 自我与非自我

自我与非自我都无法离开对方而单独存在，这实际上就概括了布氏本人在这个问题上的看法。简言之，作为一个单独的概念存在的自我是自相矛盾的，它只有与非自我在一起才具有可理解的意义；对于非自我来说也是如此，它同样离不开自我。所谓的自我与非自我之分，在很大程度上其实就是主体与对象之分的另一种表述，这可以从布氏的如下澄清中看出一些端倪：

> 但可以看到，这种个体既包含了对象也包含了主体，既包含了非自我又包含了自我。至少非自我肯定被允许包括在内，只要它进入与自我的关系中并作为一个对象出现。有的读者或许更喜欢另一种形式的表达，但我认为这样的读者一定会赞同如下事实：如果你在最广泛的意义上谈论在一个人心灵中的东西，你就会在那里发现主体、对象和它们之间的关系。总之，在感知和思想中都是如此，欲望和意愿也不例外。这个与非自我相反的自我肯定并不与自我相重合，如果它被当作个体或本质性的个体的话。在这个问题上，这种糟糕的困惑是十分流行的，这迫使我们提醒读者要格外注意。（AR 75~76）

需要留心的是，布氏使用的自我一词是"self"，而在西方语言中，还有另一个与之含义相近的术语，即"Ego"，在中文里也常常被译为"自我"。至少在《显象与实在》一书中，布氏的确在很多地方把"Ego"和自我（self）并提，但可以看出，他还是更多地把前者界定为一种特定的观念，即一种类似实体的自我，而这在他看来是一种理智上的虚构，真正的自我不可能是这样一种东西：

> 我明白很多人常常把 Ego 当作某种并不是在本质上由这种或那种心智事项限定的东西。我并不否认在一种特定的用法中，语言是可以得到辩护的。但如果我们像现在这样考虑一下自己该如何理解处于关系中——这种关系在一个给定的时间存在于灵魂中——的主体和对象，情况就非常不同了。伪装成在自己的具体心智填充物之前或之上的 Ego

(The Ego that pretends to be anything either before or beyond its concrete psychical filling) 是一种粗糙的虚构, 不过就是怪物, 绝对是不可接受的。这个问题当然可以通过观察被解决。就拿任何一种感知或你们喜欢的情况来说吧, 在其中对象与主体的关系被发现是一种事实。我觉得, 没有人会否认那个对象是一种具体的现象。它拥有一种作为心智事实存在或存在于心智事实中的特征 (It has a character which exists as, or in, a mental fact)。如果我们从这一点转向主体, 会有更多的原因引起怀疑吗? 在每种包含大量感觉的情形下都是如此, 如果不是还有其他心智实存的话。当我看到、感知或理解的时候, 我 (关于关系的我的关联项) 是明显的 (palpably) 甚至非常具体的。当我在意愿或欲望什么时, 认为自我并不被特殊的心智事实限定, 这肯定是荒谬的。我们可以发现的任何自我显然是心智实存的某种具体形式的统一体。(AR 76~77)

那么, 究竟该如何理解自我呢? 布氏认为, "关键点在于自我和非自我的内容"(AR 76); 也就是说, 我们必须注意考察具体哪些内容被归属给自我或非自我。这种考察是从自我这一侧开始的, 布氏问道: "非自我或自我的内容——如果的确有这种东西的话——从本质上说是什么? 开始这种探究的最佳方式或许是询问是否存在任何这样的东西: 它不会变成对象, 而且在这种意义上是非自我。"(AR 77) 我们可以略过具体论述而直接概括其结论, 那就是: "我们不得不承认, 自我中只有很少一部分可以在本质上属于它。"(AR 78) 具体而言, 所有本来被认为是属于自我这个范畴的东西, 在一定情形下都可以被转化为非自我。换言之, 自我和非自我之间并无明确界限。布氏以疼痛为例说明这一点: "就拿轻微的疼痛来说吧。我们在最暗淡、最内在的壁龛中感受到不安和慌乱; 而一旦这种扰乱性的特征被注意到了, 我们就会立即对之做出反应。这种忧虑的感觉显然变成了非自我, 我们希望移除它。在我看来, 我们必须接受如下结论: 即便不是所有东西都能时不时地变成一种实际上的非自我, 我们也至少很难发现例外。"(AR 78)①

当把目光转向非自我这一侧, 看看它是否包含任何仅仅属于它的东西时, 会发现结论也是一样, 即任何被归属给非自我的东西在一定情形下都

---

① 从这段话也可以看出, 如斯普利格指出的那样, 布氏认为感觉 (sensation) 之类的东西属于非自我而不是自我, 这可能与日常的理解有一定的出入。请参阅 Sprigge (1984: 294)。

可以被转化为自我。这当然不是说自我与非自我之间没有任何区分，而是说它们的界限要么并不明确，要么可以转变，要么并无充足的道理：

> 读者可能已经发现我的论述在保卫一个要点，那就是非自我和自我之间在内容上相互变换的极限（extreme limit）。我从来没有否认那个极限的存在。……如果我们无法找出任何对于非自我来说是本质性的东西，那么一切东西只要进入我的心灵，似乎就可以形成被感觉到的东西的一部分。但如果是这样的话，它似乎就与意愿的对象所指向的那个组群（group）相关联。这样一来，非自我就再次变成了自我。（AR 79）

以上述分析为基础，布氏给出了他关于自我和非自我的界定："只要这团心智上的东西——它在任何时刻填充了灵魂——被感到了，它就是自我。也就是说，只要这团东西是在一个整体中被一起给出的、无法与那个尤其与愉悦和痛苦关联在一起的组群相分离，这整个东西就被感受为自我。"（AR 81）可见，自我与非自我始终是相对而言的，离开了其中一方，另一方就会变得不可理解；二者之间也并无明确的界限，可以在相应情形下转化为对方。①

布氏的观点与他对于日常概念的理解是一脉相承的。他认为我们的概念本身就是抽象的产物，只能把握经验或实在的某个方面，因而必定是片面的、包含矛盾的，无法离开与自身有关或相对的某个或某些概念。而巴西莱指出，在自我问题上，布氏不仅认为自我与非自我是不可分的，还认为与之有关的主体和对象这两个概念也是不可分的；而在他阐述自己观点的过程中，"有限的经验中心"这个概念扮演了重要角色。（参阅 Basile，2014：203）②

我们在本书第一章第四节已经澄清过这个概念，布氏自己也曾对其给出过界定：

---

① 需要澄清的是，如曼德指出的那样，布氏所谓的自我并不等同于通常所谓的"自我意识"（self-consciousness）。从根本上说，自我意识仍然是表象："自我意识是与自我感觉不同的，它暗含了一种关系。它是这样一种状态：在其中，自我变成了心灵之前的一个对象。"（AR 94；还请参阅 Mander，1994：127）
② 巴西莱还认为，布氏关于这种中心的说法非常接近莱布尼茨的单子论。但在笔者看来，这两个概念尽管有一些相似之处，各自所依赖的哲学体系却还是相距甚远，因此不宜从这个角度来阐发布氏的观点。

（有限的经验中心）是一种关于处于一体中的自我和宇宙的直接经验……而且，它其实并没有让自己得以存续的持存。它可以包含一个间隙及其前、后，但这些都是从属性的（subordinate）。它们是落在整体之内的局部的方面，并没有限定整体自身。一个有限的中心确实可以在现存（presence）的意义上被称为一种持存。但这样的现存不是任何与过去和未来相对的时间。……（有限的中心）不是一个对象。它是对象的世界得以构建和产生的基础。(ETR 410)

很多学者注意到，自我与非自我的对比其实就发生在这样的中心之内。阿莫尔指出，有限的感觉中心或经验中心的引入，使得我们可以从一个特殊的视角反映整体，这可以帮助布氏化解如下困境，即对统一性的表达必须通过多样性才能实现。（参阅 Armour，1996b：110~111）斯普利格则指出，自我与非自我的关系并不是经验的主体与经验的关系，而是发生于经验之中的一种关系；也就是说，所有相关的讨论都是在经验之内展开的，而其立足点或视角就是有限的经验中心，即我们从这样的中心来看待自我与非自我。自我是一个被经验的总体，处于与其他要素的关系中；因此自我并不是意识的一个对象，但它和它所意识到的东西之间的关系被经验到了。经验的主体就是整个有限的中心，也可以是通过这些中心经验自己的绝对者。（参阅 Sprigge，1984：286~287，292）

那么，世界上只有一个自我，还是有诸多自我？是不是每个人都有自己的自我？关于前一个问题，布氏的回答很明确，即世界上肯定存在着诸多自我。只不过这些自我都只能存在于有限的经验中心的视角下；当然，这样的中心也是有多个的。但如曼德指出的那样，我们并不能简单地把这些自我的总和或其整体等同于绝对者。（参阅 Mander，1996b：65）关于后一个问题，布氏的回答比较模糊，我们会在下一小节尝试澄清。

三 身心关系

每个人是否都有自己的自我的问题，实际上涉及另一个重要话题，即身心关系。这是一个充满困难的领域，布氏也充分认识到了这一点，他说："身体和灵魂的关系是一个被经验表明似乎真的是不可解的难题，我也接受和认可这样的说法。"（AR 261）不过，与看待其他各类现象的思路一样，他还是认为身体和心灵最终说来都是显象：

身体和灵魂仅仅是显象，是在整体中被设定并分开的区分。最终说来，充分地理解它们之间的关系，就是把握它们如何成为一。既然这对于我们的知识来说是不可能的，任何关于它们之间关联的观点就都是不完备的。

……身体与灵魂间关系的问题，没有提供任何与我们的一般性原则不一致的东西。……身体、灵魂或它们之间的关系都不会为针对我们的绝对者的反驳提供任何根据。（AR 261）

从根本上说，身体和灵魂都是抽象的产物，是包含矛盾的，因而任何关于它们之间关系的讨论都无法完全把握它们为什么看上去是一体的。在布氏看来，身心关系的问题本身就是抽象思维的产物——我们首先把身体和心灵看作两个独立的实在，然后又试图寻找它们之间的内在关联——这样的努力必定会失败：

已经出现的困难主要源自一个原因。身体和灵魂已经被设定为独立的实在。它们被当作不同种类的东西，每一方都拥有就其自身而言的、凭借自身的（in its own right）实存。这样它们的关联当然就变得不可理解了，而我们也无法发现它们如何能影响彼此。……我们可能会在两个不相关的事件的序列（series）中寻求庇护，它们似乎在相互影响，但其实只是并行不悖（running side by side）。由于它们的结合几乎不可能是单纯的巧合，我们又不得不承认它们之间有某种关联。（AR 261~262）

我们面临的核心困难在于：既要把身体和心灵视为完全不同的东西，又不得不寻找它们之间的关联，这种关联还不能仅仅是一种巧合。但实际上，如果它们都只是显象的话，就不能被当作独立的、真实的东西，身心关系问题的前提或出发点就被改变了。

具体而言，身体通常被认为是属于物理世界的，但它仍然是一种显象："身体是物理世界的一部分，而我们已经看到大自然就其自身而言完全是非真实的。……在说身体是大自然的一片碎片时，我们同时就指出了它不过是显象。"（AR 263）与此相对的概念被布氏称为"灵魂"（soul），它绝不是布氏意义上的实在或绝对者，而是一种与身体位于同一层面上的显象，也不是独立的，只不过我们通常不将其归属于物理世界："灵魂显然并不比身体更自存（no more self-subsistent）。它也是纯粹的现象性实存（phenomenal existence），是不完备、不一致的显象，无力让自身保持为一种独立的

'事物'。……灵魂是直接经验的一个有限的中心，拥有实存的特定的时间上的连续性，以及特征中特定的同一性（a certain identity in character）。"（AR 263~264）

无论是属于物理世界的身体还是不属于物理世界的灵魂，都不是独立存在的东西。准确地说，它们是在经验中被给出的。我们只能在经验中经验到身体，而且这不只包括我的身体，还包括其他身体。由于在经验中被呈现，而灵魂又是一个有限的经验中心，身体似乎就只是呈现在我们各自的灵魂中：

> 我们可以使用我的马或自己的身体作为例子。至少对我来说，这两个东西都只是"经验"；因为我没有"经验"到的东西对我来说肯定就是虚无。但如果你彻底搞清楚了（push home）它们被给定的实存的问题，就会发现它只存在于我的灵魂状态中。当我感知或思考它们时，在我心智状况之外并不存在任何可以被发现的"事实"。但对我来说，这样一种"事实"并不是关于我的马或我的身体的"事实"。它们真正的实存并不是呈现在我心灵中的东西，而可以说是被呈现给它的东西。（AR 266~267）

但是，这并不意味着身体是显象、灵魂是真实的，因为灵魂也存在于经验中，只不过其呈现方式与身体不尽相同。身体可以在某个特定的时间或空间位置被经验，但灵魂并不在某个特定的时刻被给出；所以，灵魂不在直接经验中被呈现，我们也无法经验它的实存：

> 灵魂不是被呈现的事实，而是一种超越了被给定的东西的观念性构造。
> ……因为灵魂的实存没有被经验和给出，因为它被对"现在"的超越造就且在于这种超越，因为它的内容显然与其存在不是一回事，它的"什么"与"那个"总是处于臭名昭著的冲突中——因此，它的整个地位就完全是不一致的、站不住脚的。
> ……灵魂并不是直接经验，因为后者是在一个时刻被给出的；灵魂也不可能是所有存在和内容完美的联合。这是显然的，而这样一来，灵魂就必定会落在谬误和显象的中间地带。（AR 267~270）

此外，我们通常认为灵魂产生自物质的特定排布，布氏并不否认这一点，但对此做出了明确的限制："灵魂的物质原因绝不会是全部原因。物质是实在的一个方面的现象性的孤立（phenomenal isolation）。而得自任何一种物质排布的事件，其实都预设了且依赖于整个条件背景。只是通过一种选择、一种许可，单纯的物理原因才能在任何地方被认为是存在的。"（AR 299）无论如何，身体和灵魂最终都会落在显象这一侧，都不是真实的："总之，身体和灵魂是现象性的排布（phenomenal arrangements），在被构造出的一系列事件中占有自己恰当的位置；而在那样的特征中，它们都是可维护的、必要的。但它们最终都不是真实的、仅仅是现象性的，任何一方对于不属于对方的事实都没有所有权（has no title）。"（AR 271）

不过，澄清了二者都是显象，这并没有解决所有问题，甚至并没有解决那些最重要、最根本性的问题。关于二者之间的关系、地位和角色，还有很多疑惑存在，布氏对这些疑惑进行了总结和解答。为此他首先概括了三种与自己立场相对立的常见看法。

第一种看法认为，灵魂不可能仅仅是一种现象性的东西，也不可能是一系列心智事件，否则它就会失去自身独立的实存，或是变成身体的一种附属物。（参阅 AR 272）总之，灵魂应当是一种具有独立实存的东西。

第二种看法认为，心智序列的存在要求一个超越性的灵魂或是 Ego 作为自身的前提条件，否则该序列就是不可理解的。（参阅 AR 272）总之，灵魂本身就需要一个超越性的 Ego 作为前提。

第三种看法认为，灵魂不可能是一系列心智事件，因为被给出的心智事实包含比现象更多的东西，而存在着一些不只是事件的心智事实。（参阅 AR 272，280）总之，把灵魂定义为现象性的东西是说不通的。

布氏对上述三点都做出了反驳。在他看来，问题的关键在于如何理解心智序列的中断。任何心智序列都可能是有中断的，而如果把灵魂等同于心智序列，它就也是有中断的，这似乎无法满足我们对于一种作为基底的东西的要求。于是，把身体作为基底似乎就成了一种更可行的选择。但布氏指出，首先，一个有机体未必在所有情形下对于一个灵魂的实存而言都是必要的。（参阅 AR 273）如我们已经指出的那样，灵魂可以产生自物质的特定排布，但"灵魂的物质原因绝不会是全部原因"，所以像身体这样的有机体不能作为灵魂的基础，更不能起到一种基底的作用。其次，即便心智序列有中断，也并不意味着它无法扮演基底的角色；这是因为时间只是一种显象，真正的实在并不在时间中，因而时间的中断并不意味着一个东西是不真实的："实在并不存在于时间中，而是仅仅显示在那里。……只要一种时间中的实存被感知为显象，我们就无法找到关于它为什么不会有纰漏、可以再次被创造的理由。"（AR 273~274）总之，"时间序列中的中断不会阻止我们把它当作一个单一的灵魂"（AR 277）。

以此为基础，他在关于 Ego 的问题上做出了进一步的反驳，指出一个超越性的 Ego 对于形而上学来说是无意义的，只会增加已有的困难，并实际上把我们带向无穷倒退的境地。所以我们还是否认这样一个 Ego 的存在为好：

> 这样一个灵魂只会进一步增加我们此前已经遇到过的困难。这个现象性的序列无疑是实在的显象，但我们很难由此得出，它的实在性是一个 Ego 或灵魂。……总之，从形而上学上看，你的灵魂或 Ego 是一团令人困惑的东西，我们早就把它处理掉了。而如果它仅仅作为起作用的构想被提供给我们而并不主张任何真理，那么如我们已经看到的那样，这种构想不会在形而上学中起作用。它所谓的功能一定会被限定在作为一门经验科学的心理学的领域内……（AR 279~280）

> 连续性和同一性、另一个世界和 Ego 并不存在。它们是观念性的，而且并不是事实。但它们拥有实在性，至少并不比时间性事件的实在性更少。我们必须承认，在完整的意义上，观念性或实存都不是真实的。但你不能从对其中一方的单边的否定直接转向对另一方的单边的肯定。（AR 283）

完成上述批评后，布氏从两个方面总结了自己对身心关系的看法。一方面，身心关系之间的主动性关联是无法被否认的："否认身体和灵魂的主动的关联要么是危险的，要么是不可能的。这是不可能的，除非我们愿意接受自相矛盾，把灵魂当作不对身体产生影响的单纯的形容词。另一方面，接受两个相一致、相平行的序列，就是接受一种与显象的主要部分相反的结论。"（AR 294）另一方面，由于身体和心灵都是显象，它们之间的关系最终说来就不可能被理解。这其实是对其一贯立场的贯彻，即显象最终是包含矛盾的，因而无法被完全把握或理解，身心关系可以说是这种不可理解性的很好的例子：

> 身体和灵魂之间的关联在其本质上是无法被解释的，而关于"如何"（how）的进一步询问是不合理且无望的。因为灵魂和身体都不是实在。它们每一个都是一个序列，被人为地从整体中抽象出来，而且都是自相矛盾的。我们最终不可能理解它们如何存在，而且也知道，

如果被理解了的话，它们就会被转变。如果每一方都被固定在自己不真实的特性中，我们就完全不可能理解它们。但这样的话，它们相互关联的方式就必定仍然是不可理解的。（AR 297）①

四　对唯我论的批判

除了讨论了身心关系外，布氏还在《显象与实在》中专门开辟一章讨论了唯我论问题。简言之，唯我论是一种自我中心主义（egocentric）的困境：由于我们的认知不能超出感官提供的材料，因此从逻辑上说，我们似乎永远无法超越自己的自我而直接把握外部世界或他人心灵的存在。这个问题的另一个版本其实也就是"他人之心问题"（Problem of Other Minds）：除了自己的心灵，我如何可能知道其他心灵的存在？毕竟，我们在大多数时候能够直接知道自己的想法和感受，但只能通过其行为或表现来推断其他心灵的情况，因而其他心灵的存在是一种间接获得的知识。质疑这种推断的合理性、认为我们不可能知道其他心灵存在的人，实际上就会成为唯我论者（Solipsists）。

唯我论的主张虽然在逻辑上是融贯的，但显然无法为绝大多数人所接受，所以哲学家们便考虑如何为关于其他心灵存在的知识提供辩护，即化解他人之心问题。一般而言，这种辩护可以被分为两类思路，一是诉诸类比（analogy）；二是诉诸最佳解释（best explanation）。类比论证最初由约翰·斯图亚特·密尔提出，其基本思路是：我知道自己拥有身体和心灵，而我的一系列身体上的表现以相应的心灵活动为基础；我也知道其他人和我一样拥有身体和各种身体上的表现；因此，我通过类比推断出他们的身体表现也以相应的心灵活动为基础，进而推断出他们心灵的存在。最佳解释则类似于自然科学的思路，即相信在特定的时间中、为某一特定现象提供最佳解释的假说就是合理的解释。这种论证方式也可以被称为溯因推理（abduction），是与演绎法和归纳法并列的形式。总之，"其他人拥有心灵"这种假说为我们在他人身上观察到的行为提供了最佳的解释，因而可以被作为知识接受下来。

---

① 这里其实还有一个有意思的问题，即灵魂相互之间能否直接产生影响或相互作用。布氏对此持否定看法，坚持认为灵魂只能通过各自的身体来相互影响。他说："我们到目前为止的结论是：灵魂间的相同性是一个事实。它们内容的同一性正如它们分离的实存一样真实。但另一方面，这种同一性不需要暗含它们之间进一步的关系。……灵魂似乎只能通过它们的身体而相互影响。"（AR 312）

布氏同样认为唯我论是不可接受的，并将其核心问题概括为："我们有任何理由相信超越了我们私人性自我的东西的实存吗？"（AR 218）而唯我论的论证被他概括为："最简单地说，支持唯我论的论证是这样的：'我无法超越经验，而经验必定是我的经验。由此可以得知没有任何超出我自身的东西存在；因为是经验的东西就是它的状态。'"（AR 218）

具体来看，他对唯我论的讨论分为两个部分。一是反驳唯我论，二是论证他人之心存在。

关于第一个部分，他是从自己的经验概念出发做出反驳的。他并不否认我们能把握到的只有直接经验，而间接经验是构造的结果；但他指出，唯我论错误地理解了直接经验的含义，实际上还是做出了超出直接经验的断言，从而陷入困境："根据我的理解，直接的经验只被限定在被给定的、单纯被感到的或被呈现的东西的范围内。但间接经验包括了所有从'这个'和'我的'的基础上构建而来的事实。它是所有被当作存在于超越被感觉到的时刻之上的东西。这是一种唯我论很难意识到其致命结果的区分；因为任何对经验的解释都无法维护它的论点。"（AR 219）

布氏考察了关于"自我"的经验是怎样一种经验，经过这样的考察发现，唯我论想要的那种"自我"并不存在：

> 作为一种实存，现象是属于它的形容词，我的自我应当是由一种直接的经验给予的。但这种礼物显然是幻象。这样一种经验不可能提供给我们超越了那个时刻的实在。没有官能可以传递对超越了现在的自我的直接揭示（第十章）①。……直接经验无法超越单纯的"这个"。但即便在它给予的东西中，我们也没有发现作为唯我论基础的那种自我。（AR 219）

此外，唯我论者无法清晰地区分自我和非我，有一些东西无法被归属给他们所谓自我或非我中的任何一方，这归根结底还是因为其出发点有问题："我们（在第九章）② 发现，在自我和非自我的界限的问题上，普遍存在着巨大的混乱。似乎存在着无法被明确分配给其中任何一方的特征。而如此一来，这肯定是拒斥唯我论所说的那种经验的另一个理由。"（AR 220）所以，根据布氏对于经验和实在的理解，唯我论对直接经验的看法是错误

---

① 指《显象与实在》的第十章"自我的实在性"。
② 指《显象与实在》的第九章"自我的意义"。

的，试图做出超越其上的断言，结果必然是遭到失败：

> 如果唯我论要被证明，它就必须超越直接经验。那么我们就可以问：(a) 首先，这种超越是否可能；(b) 其次，它是否能帮助唯我论。我们会达到的结论可以这样来陈述：它可能也必然会超越被给予的东西，但同样的超越会立即把我们随意地带到宇宙中。我们私人性的自我不是一个可以被逻辑辩护的落脚点。(AR 221)
>
> 所有实在肯定都落在所予的范围内。无论内容有多么渴望超越，当你让那种内容成为真实之物的一个谓词时，你都不得不返回对你的主体而言的"这个—我的"(this-mine)或"现在—被感觉到的"(now-felt)。(AR 222)

关于第二个部分，即论证他人之心的存在，布氏实际上认可的也是类比论证的思路。他认为这种思路虽然有缺陷，但我们得出的关于其他心灵的结论，只能以我们自己身体和心灵的类比为基础。因此这是一个足够好的论证，而且具有广泛的程度和适用性：

> 我自己的身体是在我的经验中形成的若干组东西中的一组。它以直接和独特的方式同愉悦和痛苦、感受与意志关联起来，其他组群是无法做到这一点的。但既然还有像我身体这样的其他组群，这些就肯定也被类似的伴随物限定。这些组群不可能与我的感觉和意志相对应。因为它们通常是无关的、不重要的，甚至常常是敌对的；它们会进入相互间的以及与我的身体的冲突中。因此，这些外来的身体都拥有自己外来的自我。这就是这种论证的概况，在我看来它是实际有效的。它以如下的方式缺乏证明。首先，身体中的同一性并不精确，在各种程度上都未能达到完整。此外，即便这种同一性是完美的，它的后果也可以被额外的条件修订。因此，另一个灵魂可以与我的灵魂有如此实质性的不同，以至于我会犹豫要不要称它为灵魂。尽管还未得到严格的证明，但这种论证看上去已然足够好了。
>
> 我们可以通过同样的论证达到我们的过去和未来。(AR 225)
>
> ……其他的自我和我自己的自我都是理智的构造，都如同我们可以期待的特殊事实那样安全。但如果任何一方想站出来寻求证明，就都不会得到证明。(AR 227)
>
> 与我们自己身体的或多或少的相同性，是我们得出关于其他身体

和灵魂的结论的基础。这种推论在精确性上有所损失（第二十一章）[①]，但在广度方面则通过获得更广阔的运用范围而得到了补偿。（AR 239~240）

根据布氏的体系，唯我论从根本上说是一种对经验和自我这两个概念的误解的产物。它假定了一个站不住脚的立足点，即我的私人性的自我，这个立足点因为超越直接经验而缺乏根据："即便经验是我的，也无法证明我经验的东西不过就是我的状态。整个反驳完全依赖于错误的先入之见。我私人性的自我首先被设定了，作为一种其实独立于整体的实质性的东西；然后它的可被觉察到的与宇宙的共同体——它在经验中被强加给我们——被降低到我们可怜的抽象的形容词中。但是，当这些先入之见被排除时，唯我论就会消失。"（AR 229）

当然，布氏认为唯我论中还是包含了一些真理的。他总结了其中的两条，并指出除此之外，唯我论在自我与绝对者关系的问题上也有一定的贡献：

> 首先，尽管我的经验并不是整个世界，但那个世界显现在我的经验中，而且就它存在的范围内而言，它是我的心灵状态。真实的绝对者或上帝自身也是我的状态，这是一条常常被忘记而我们随后会返回的真理。还有一条被唯我论盲信的（has blindly borne witness）真理应当被看到；我与实在相接触的方式是通过一种有限的小孔，因为除非通过被感觉到的"这个"，否则我无法直接达到它，而我们直接的交换和流动（transfluence）是通过一个小的开口发生的。……最终，为了知道宇宙，我们必须退回到我们个人的经验和感觉。
>
> ……除了这两条真理外……我的自我当然不是绝对者，但如果没有它，绝对者也不会是它自身。……在断言这种关系、断言关于实在和我自己之间的本质性关联时，唯我论已经强调了不应该被遗忘的东西。（AR 229~230）

总之，唯我论是一种从错误的前提出发得出的错误结论，但也提出了一些有见地的观点。避免这种错误的关键就在于正确理解自我，并始终确保不随意做出超越直接经验的断言。

[①] 指《显象与实在》的第二十一章"唯我论"。

第三节 布拉德雷的伦理学思想

一 伦理学与形而上学的关系

在布氏的整个体系中,伦理学可以说占据了重要地位,而布氏的第一部哲学专著就是《伦理学研究》(*Ethical Studies*)。该书的结构比较紧密,共包含七章(essays),其主题分别是:"与关于自由意志和必然性的理论有关的、庸俗的责任概念"(The Vulgar Notion of Responsibility in Connection with The Theories of Free-Will and Necessity)、"我为什么应当是有道德的?"(Why Should I be Moral?)、"为了愉悦而愉悦"(Pleasure For Pleasure's Sake)、"为了责任而责任"(Duty for Duty's Sake)、"我的岗位及其责任"(My Station and Its Duties)、"理想的道德"(Ideal Morality)、"自私和自我牺牲"(Selfishness and Self-Sacrifice)。根据坎德利什的总结,布氏伦理学的基本思路是:从一种特殊的道德观点开始,先考察其优缺点,在此基础上再去考察另一种道德观点,以图既保留原观点的优点又避免其缺点——这种结构其实就是辩证法,也是《伦理学研究》一书的写作原则。(参阅 Candlish, 1978: 155)总之,布氏的伦理学理论开始于对责任和道德概念的澄清,继而批判享乐主义和康德主义,在此基础上提出了关于"我的岗位和责任"的看法,最终落脚在自我价值的实现上。

本节的讨论需要从伦理学与形而上学的关系开始,因为在布氏看来,伦理学最终还是要以一定的形而上学观念为基础。他认为:"在理论中,你不能沉迷于一种终极怀疑中的一致性。无论愿意还是不愿意,你都不得不在某个点上假定不可错性。否则的话,你如何能做出判断呢?"(AR 454)只不过,由于他并不是一位基础主义者,而是更多地从一种融贯论的角度构建体系,所以他并没有在《伦理学研究》一书中为伦理学提供明确的形而上学基础及辩护。(参阅 Macniven, 1996: 91, 95)

伦理学的核心是道德(morality)或德性(virtue),因此对布氏而言,伦理学与形而上学的关系主要体现在:作为伦理学核心的道德背后有着一种原则上的统一性,即道德被一条或一组原则支配。对此,阿莫尔在《道德原则的统一性》("The Unity of Moral Principle")一文中指出,布氏在两种意义上理解道德背后的统一性:一是道德被一条原则支配,该原则要求被超越,并引导我们的意识朝向神秘的统一性;二是道德最终可以被形而上学统一性所解释。关于道德原则的超越性，布氏的看法是，道德可以出现于不同的意识层面，而一旦一个人清楚地看到了每一条原则，他就会把握到意识自身带我们超越了该原则所发生的那个层面。但是，这种超越不可能再是道德原则了，它最终会超出道德的界限。（参阅 Armour，1996a：1~2）这表明在他看来，伦理学的统一性最终还是要通过形而上学才能得到解释；只不过他的形而上学最终也会指向一种带有浓厚神秘主义色彩的终点，即一个无所不包的、最高级的绝对者。

除了道德或德性之外，伦理学也涵盖责任、义务、自我、快乐、痛苦等问题，而其中所涉及的最基本概念就是善与恶。布氏在《显象与实在》中用两章专门谈论善恶：第十七章谈论恶，第二十五章谈论善——这些讨论为伦理学提供了必要的理论准备，但并不能被简单地等同于伦理学自身。其中，第十七章是紧接着第十六章的话题"谬误"（Error）展开的。在布氏看来，善与恶分别对应真理和谬误。他认为自己在该书第十六章达到了这样的结论，即"谬误与绝对的完美（absolute perfection）是相容的"（AR 174）；而在第十七章他要尝试在恶的情形下达到同样的结论。换言之，他的目标是让谬误与恶这样的东西与善或完美相容，最终也就是与最高级的绝对者相容。（参阅 Armour，1996a：31）为此，他必须对什么是恶做出合理的解释，其具体策略是分析恶的不同含义，逐一表明其每种含义都是与善相容的。

他提出，恶有三种含义："（Ⅰ）痛苦（pain）；（Ⅱ）在实现目标（end）上的失败；尤其是（Ⅲ）不道德（immorality）。"（AR 174）在第一种含义上，作为痛苦的恶完全可以融入与之相对的愉悦中："非常肯定的是，小的痛苦常常完全被吞入一个更大的复合的愉悦中。……在一种复合状态中，痛苦无疑会在愉悦中降低，但我们仍然拥有一种在整体上是愉悦的结果。……我仍然相信，在宇宙中，愉悦是占优势的。"（AR 175~176）在第二种含义上，作为一种失败的恶其实是可以被消解掉的，因为所谓的"未达到的目标"其实与我们看待问题的方式有关，而通常所谓的邪恶也是如此："就我们看待它们的方式而言，它们是非常片面的，而如果被包含在一个与它们有关的更大的目标里，它们就不再会是失败的了。简言之，它们有助于一种更广阔的方案，而且可以在其中得到实现。……观念和实存的这些方面可以在一个伟大的整体中被统一起来，在其中，邪恶甚至目标都消失了。"（AR 177）在第三种含义上，作为一种不道德的恶会引起更多的困难，也是论证的难点所在，但仍然是可以被化解的，因为"道德上的恶仅仅在道德经验中存在，……它从本质上努力变为超道德的（supermoral），并因此进入一个非道德的领域。……如果追随它并直率地采取这种倾向，就可以化解我们的困难。……它加入进来并在更高级的善的目标中起作用，并且在这种意义上不自觉的是善的"（AR 177~178）。换言之，这种意义上的恶可以被解释为不是与善相对的，而是一种服从于更广阔、更高等级的善的要素。

讨论完了恶的问题，我们再来看看善的本性。布氏认为恶是与谬误密切相关的，而他对善的定义也与真紧紧捆绑在一起。与恶相类似，善也有的不同含义，但这些含义之间的差别并不大。比如，恶的一种含义与痛苦有关，善通常也与愉悦关联在一起，但还是与单纯的欲望有区别："善是令人愉悦的，而更多的善对应于更多的愉悦。……令人愉悦的东西自然会变成被欲望的东西，因此在整体上会是善的。但我们绝不能断言说任何令人愉悦的东西都是一种欲望的满足，……令人愉悦的东西有时就可能并不真正是善的。"（AR 357~358）与恶相比，善并不涉及与绝对者如何调和的问题，因而在理论上遇到的麻烦更少。但是，善最终仍然会被限定在道德领域内。阿莫尔指出，在布氏的体系中，道德最终必定被超越，而一切事物都在某种程度上是善的，这取决于它们对善的表达；但我们对善本身的分析却总是会陷入矛盾，或者说，善其实是不可分析的。（参阅 Armour, 1996a：26~28）总之，善仍然是包含矛盾的，因此还是显象而非实在。其实，无论善还是恶，都是包含矛盾的，只是这种矛盾的具体含义不同，因此它们都是显象，最终会被包容在整体中并发生转变。

上述这些讨论构成了布氏伦理学的形而上学基础，接下来我们开始探究其伦理学体系。

二 布拉德雷伦理学的四个阶段

布氏的伦理学体系开始于对怀疑论的反驳，他认为，无论从实践还是从理论的角度来看，怀疑论的一般目标都是不融贯的。它在实践上是不融贯的，因为否认道德就是在断言道德，而彻底的非道德主义（ammoralism）是不可能的，因为当我们选择一种生活方式的时候，就是对自己应当成为何种人的基本道德问题做出了回答。它在理论上也是不融贯的，因为如果否认道德判断拥有任何真理，我们就在暗含说自己关于道德已经知道得足够多——毕竟否认某物其实就预设了拥有关于评估该事物价值的标准。（参阅 Macniven, 1996：93）这与布氏一贯的看法相一致：所有否定都包含了肯定。因此，道德上的怀疑论是自相矛盾的。

在此基础上，他进一步澄清了自己对伦理学的看法，即伦理学是描述性的而非规定性的（prescriptive）科学，其目的就是理解道德的世界、思想的世界。伦理学所涉及的道德施事者（agent）就生活在具体的家庭社会结构中，他们不是抽象的。布氏并不接受元伦理学范式或道德知识论兼形而上学（moral epistemology-cum-metaphysic）的范式，这样的范式认为道德哲学本质上是一种关于能知道和不能知道什么的探究，是关于道德之实在的探究，需要通过论证的手段实现对道德的辩护。布氏的伦理学是描述性的，坎德利什认为这可以被称为一种道德的现象学（phenomenology of morals）（参阅 Candlish，1978：162）。

此外，他还区分了伦理理论家（ethical theorist）和道德家（moralist）。其中，后者的目标不只是阐发一个伦理学体系，也包括劝诱人们遵循它、转变其他人的道德观点或带动社会变化。但这些事情并不是前者的主要目标，他们的工作是理解道德的世界而不是创造它，这是一种理论而非实践上的任务——布氏显然认为自己属于前者而非后者。他认为，道德判断主要是一种洞见，而不是把规则机械地运用于特殊的情形。（参阅 Macniven，1996：92）可见，与形而上学相比，伦理学的一个特点便是可以为我们的实际生活提供指导，这种指导的一个重要部分便是如何实现自我的价值，或如何过一种有意义的生活。布氏对这个问题的回答根植于自己的伦理学体系，《伦理学原理》一书其实就是对这种回答的系统性表述。因此我们需要梳理一下该书的体系。对此，约克大学的唐·麦克尼文（Don Macniven）在《布拉德雷唯心论中的形而上学和伦理学》（"Metaphysics and Ethics in Bradley's Idealism"）一文中将这种体系概括为四个阶段，可以为我们提供重要的参照。

麦克尼文指出，伦理学的这四个阶段，也就是从孩子到成人的实际发展阶段，分别是：以自我为中心的享乐主义（Egotistical Hedonism）、制度主义（Institutionalism）、人格主义（Personalism）、形而上学或宗教神秘主义（Metaphysical or Religious Mysticism）（参阅 Macniven，1996：96）。

具体而言，与第一阶段相应的形而上学观点是唯我论现象主义（Solipsistic Phenomenalism），此时人还是一个十分不成熟的孩子，只知道自己的存在，也认为只有自己能把握到各种现象存在。但即便在这个阶段，人也不是完全孤立的，毕竟此时仍然有社会以及相应的基本道德存在，因而在道德上并不存在完全孤立的个体。

与第二个阶段相对应的立场在本质上是非后果主义（Non-Consequentialist）。在这个阶段，一个行为是正确还是错误，是依据与规则的一致与否得到确定的。而且在判断对错的过程中，更重要的是人们的动机而非后果。

这不是一种类似康德主义的立场，因为布氏对动机的理解并不是绝对律令式的，而是针对不同习俗而言的，是相对的。在其中，思想变成了象征性的、假设性的和真正普遍性的，它让自己从前一个阶段的、激情的束缚中摆脱出来，并开始遵循自身的事业——所谓的"我的岗位及其责任"就处于这样的阶段。

如此我们便走向第三个阶段，即理想道德（ideal morality）的阶段。在这个阶段，人变成了一个完全成熟的道德施事者、一个自我立法的（self-legislating）存在，他可以通过一般性的道德原则——比如要尊重他人——来解释多种多样的社会角色。这是一个道德自由的阶段，因为个体自由原则在这个阶段得到了充分的发展。成熟的道德施事者试图产生一个融贯的道德体系，能够在社会和个人两个层面上都恰当地解释各种价值。此时，我们与道德相关的思想也变成批判性的了；我们要产生伦理学理论，比如功利主义和康德主义，以回应道德怀疑论。但是，道德从根本上说是自相矛盾的，因为它要求在个人和社会层面的完美，而这对于有限的被造物来说是不可能的，这就迫使我们走向第四个阶段。

在第四个阶段，道德其实不再存在了，我们来到一个更高级的地方，超越了从道德角度看到的善与恶。恶的存在是伦理学中的一个难题，很难从道德内部得到解答，因为我们不能简单地断言道德自身是善的还是恶的，于是不得不超越道德以寻求答案。宗教就是一种在这个阶段的实践层面的尝试，它可以提供一种不同的、更具包容性的善恶观；形而上学则是一种在理论层面的尝试，它试图把宇宙理解为一个无所不包的整体，我们所谓的善与恶最终都消解在这个整体中。可以说，《显象与实在》这样一部形而上学著作本身就是伦理学发展到第四个阶段的产物。（参阅 Macniven, 1996：97~107）

通过麦克尼文的阐发可以看到，布氏的伦理学与形而上学构成了一个较为清晰和完整的体系。他的形而上学是伦理学发展的产物，反过来又为伦理学提供了必要的基础——这样的结构也体现了其思想的融贯论特色。

三 "我的岗位与责任"

在上述四个阶段中，最重要的、与自我价值的实现关系最为密切的是第二个阶段，它不仅关乎自我的定位，也涉及众多具体的伦理学问题。布氏对该问题的论述主要集中在《伦理学研究》第五章，该章的题目就是"我的岗位及其责任"。

从文本结构上看，《伦理学研究》的每一章都解答了相应的问题，并为下一章的讨论奠定必要的基础。该书第一章涉及关于道德的庸俗（vulgar）观念，或者说通常的道德意识及其要求。第二章则开始于驳斥对如下问题的自然理解：我为什么应当是道德的？对此，人们通常会持有的观点是四种，即自由意志观点、必然性观点、享乐主义和康德主义，但它们都因为无法满足我们所有的道德需求而被拒斥。在这个阶段布氏意识到，拥有不同道德要求的共同体，在道德上是可以相互比较的，而他自己的伦理学原则需要依赖于这样的主张：人类社会在不断进步，朝向历史中理想的人性的实现。在第三章，布氏提出四种无需辩证法修订的断言：第一，日常道德认为存在着比愉悦更高级的东西；第二，如果道德与另外某个东西相关联并作为其手段，那么相应的目标就仅仅外在地与道德相关联；第三，功利式的享乐主义追寻一种社会性的自我观念；第四，幸福而非愉悦才是道德的目标，幸福与道德的关联并不仅仅是外在的。在第四章，他又集中批判了康德主义的"为了责任而责任"的伦理学主张。

这样一来，"我的岗位及其责任"之前的几章就构成了一种辩证结构：通过第二章的讨论，布氏得出结论说，自我实现不可能导致一种纯然的自我状态，只能在活动中被达成；通过第三章的讨论，他提出自我不可能是纯粹特殊的；而通过第四章的讨论，他论证说自我也不可能是纯粹普遍的。在这种辩证结构中，"我的岗位及其责任"一章的观点并不是此前被考察的观点的对立面，而是对此前一系列困难的综合性解答。所以，在这一章开始的时候，布氏就满足于把道德的目标当作自我实现（参阅 Candlish，1978：156～157）——这对应于麦克尼文总结的伦理学四阶段中的第二个。

在自我实现的问题上，布氏主要面临两个理论上的对手，即享乐主义和康德主义。简言之，提倡享乐的人主张"为了快乐而快乐"，遵循康德观点的人则强调责任道德（morality of duty）、主张"为了责任而责任"——这二者在布氏看来都是错误的，他自己的主张也建立在对它们的批判之上。

享乐主义认为快乐是人生的唯一目的，并且试图通过快乐的量或多数人的快乐来巩固自己的观点，尽管它也会区分较高级的快乐和较低级的快乐。阿莫尔指出，布氏批判的目标其实是斯图亚特·密尔的哲学。密尔所谓的快乐不是我的快乐，而是必须被算进一种一般性的原则中。这样一种原则产生出两种愉悦之间的冲突：一种是被限定在一个给定个人和给定时间的愉悦，另一种是可以被所有地方的任何人共享的愉悦——这是密尔哲学的一个重要特征。（参阅 Armour，1996a：9）对此，布氏批评道："如果我们赞同说这种关联是包含两个方面的，而且相对完美的等级对于愉悦而言是本质性的，正如愉悦就其自身而言是完美中的一种要素，那么享乐主义立即就在原则上被驳斥了。欲望的对象绝不会只包含愉悦；而愉悦或任何其他方面是宇宙中唯一的目标这样的观念，必定是站不住脚的。"（AR 360）

在布氏看来，道德知识主要来自直觉而非推理、计算，而一旦我们开始对这种直觉做出反思，就把它看作一条原则，由此便已经超出了它。因此，当"为了快乐而快乐"作为一条原则被接受时，它就必定被超越——"为了责任而责任"也不例外。（参阅 Armour，1996a：4~5）提倡"为了责任而责任"的康德主义也是自相矛盾的，而布氏对此的论证与他对感觉和自我的认知有关。

布氏特别看重感觉在道德中的地位，可以说，感觉贯穿了其伦理学的所有层面，他曾说："在最底层，真实之物是我们感到的东西，在感觉之外不存在真实之物。"（ETR 315）而阿莫尔总结道，道德生活开始于这样的阶段：在其中，自私自利（self-interest）在感觉之流中被觉察到。（参阅 Armour，1996a：3~4）相比之下，享乐主义和康德主义的出发点都是观念性的、抽象的自我，而非真实的感觉。在布氏看来，康德所谓目的王国（the Kingdom of Ends）会把我们引向观念性的自我。自我本是存在于感觉中的，但"为了责任而责任"则引导我们超越原初的自我感觉、走向观念性的自我。这种自我存在于康德的目的王国中，在那里，每个人都拥有一个位置，这个位置就是在其自身之内的目的。每个人都意识到自己对他人的依赖。每个人对于整体而言都是必不可少的，而且这种必不可少也被整体认识到。（Armour，1996a：7~11）但从根本上说，观念性的自我是一种抽象，因而不可能是真实的，这导致"为了责任而责任"是自相矛盾的。因为"为了责任而责任"是要实现意愿（will），所谓实现就是让观念性的内容变成现实，而"为了责任而责任"却无法做到这一点。

更进一步地说，布氏承认道德对人或世界提出了要求，但这是一种不可能实现的要求，因此道德最终会被超越以进入一个超道德（supra-moral）的领域。这是因为无论道德还是关系都是观念性的，无法让实存和内容重新结合起来。（参阅 Mander，1994：110）所以布氏认为，道德提出的要求是自相矛盾的，对道德要求的满足最终说来只能是一种无限实现的过程。（参阅张家龙，1997：172~176）总之，无论是享乐主义还是康德主义都错误地理解了道德的本性。因此在布氏看来，只有"我的岗位"才满足所有道德要求，它其实是对为了愉悦而愉悦和为了道德而道德这两种原则的综合。（参阅 Candlish，1978：159~160）

四 自我价值的实现

需要说明的是，尽管布氏伦理学的核心是自我的价值与实现，但他所谓的自我并不是孤立的，也不是指我这样一个个体的某种特殊状态，而是一个与社会有密切关联的东西。（参阅张家龙，1997：141，143）简言之，布氏对自我的考虑始终离不开作为整体的社会共同体，他也特别看重个体在社会中的职能，主张自我在本质上是社会性的。① 此外他还认为，有限的自我最终说来是会被包容并消解的。（参阅张家龙，1997：149）

有限的自我如何实现自己的价值，这是几乎每个伦理学家都关心的问题，但人们在这一点上却容易犯各种错误。比如，有人相信只有个体才是原初的实在，而共同体不过是个体的集合；有人相信一旦承认自我价值的实现需要以共同体为前提，就会让人成为一台机器的一部分；还有人觉得只要强调个人在社会中的角色和职责，就会陷入极端的相对主义。布氏认为，所有这些看法都源自一系列错误的观念，比如误解了有限的自我与社会的关系，而他所提出的"我的岗位及其责任"的观点则可以避免这些麻烦。

具体而言，"我的岗位及其责任"所声称的自我实现就是：让我自己成为整个道德有机体中的一个器官（organs），并尽到与我所处的地位相结合的责任，而任何与这种在社会中所处的地位相分离的自我都不过是虚无。（参阅 Candlish，1978：157）"我的岗位及其责任"主张，自我实现是我们自己作为善良意愿（good will，也译作"善良意志"）的实现，而善良意愿是具体的普遍者。（参阅 Candlish，1978：166~167；还请参阅 ES 162）这种主张建立在对康德主义批判的基础上，这些批判集中在《伦理学研究》的第四章，在那里我们还可以看到"我的岗位"相对于康德主义的优越性。坎德利什在《布拉德雷论我的岗位及其责任》一文中将这些优越性总结如下：

第一，康德主义正确地强调道德中的普遍性，反对享乐主义中的特殊性，但走得太远了：要么让普遍的东西变得完全抽象，以至于它在特殊性

---

① 坎德利什认为，布氏的思路非常接近柏拉图在《理想国》中的思路：个体应当在微观世界（microcosm）中反映社会，并在自身之内统一无限多不同的东西——这其实就是把城邦和个人灵魂对应起来。（参阅 Candlish，1978：157）张家龙也指出，布氏所谓的社会有机体主要指的就是国家，而所谓"我的岗位及其责任"就是个人在国家中的岗位及其责任。（参阅张家龙，1997：147）这样的观点有一定的道理，只是我们不要简单地把这里的国家与现代意义上的国家完全等同起来，也不要混淆布氏所谓的义务与现代法律意义上的义务。

中的实现成了一种自相矛盾；要么使得善良意愿无法在不同的行动过程中做出决定，因为任何东西都可以满足纯然形式上的要求，结果就是所有选择都完全向各种变化敞开。相比之下，布氏的"我的岗位"则是具体的，而且被我在道德有机体中的地位所规定。

第二，康德主义的普遍者是"主观性的"，并非按照其实然的样子呈现给我们，而是按照其应然的样子呈现给我们，而有道德的人之中的内在观念可能并没有力量造就外部世界中的任何变化。"我的岗位"则满足上述要求，它的普遍者是客观性的，是主体和对象的真实的统一体。道德并不完全是指向内部的，还有一些内部责任，它们是外部功能的反映，而且可以通过这些功能的运作得以实现。善的状态要求每个个体在心灵中恒常地拥有公共性的旨趣，使得个体成为一个与社会相对应的微观世界。

第三，"为了责任而责任"这种主张的普遍性排除了人的一个本质性部分，即其本性中感官性的（sensuous）方面，这使得完全的自我实现和道德变得不可能。"我的岗位"则化解了实际的感官性的自我和非感官性的道德理想自我之间的矛盾。其实，我从来就不可能是完美的，因为任何人都无法完全清除自己本性中的坏的要素。（以上三点请参阅 Candlish，1978：160~161）

可以看出，"我的岗位"所规定的责任位于个体的人之上，独立于某个个体的一时心血来潮或喜好，因此不是偶然的。它所设定的道德目标不会脱离特殊的、有限的存在，不会忽视个体的责任，因此不是抽象的——这克服了康德主义的"为了责任而责任"的缺陷。它所主导的每个人价值的实现又是超越于每个个体之上的，并不与任何特殊的个体相等同，因此是普遍的——这又克服了享乐主义者为了愉悦而愉悦的缺陷。（参阅 Candlish，1978：157）

在此基础上，对于个体应当做什么，布氏进一步阐述了自己的看法。他认为，个体要实现完美，就必须超越私人性福祉和其他个人的福祉，这是因为"在个体的完美中被实现的内容显然必须也在他之上并超越他"（AR 368）。既然人是社会性的，他的私人性福祉就不可能完全排斥其他人的福祉，而是必定会在某种程度上将后者包括在内。个体的理智、审美和道德发展等方面，也显然离不开与其他人共享的各种要素。总之，自我的进步和完美"一定总是超越他私人性的存在"（AR 368~369）。

这种对私人性存在的超越会把我们这些有限的个体带向最高级的绝对者，在绝对者那里，个体的特征将会被改变，由此才能变得完美。布氏对此描述道："在绝对者中，一切有限的东西都获得了自己追求的完美；但另一方面，它无法完全准确地按照自己追求的样子获得完美。因为正如我们已经看到的那样,有限者或多或少被转变了,并消失在了完成中(disappears in being accomplished)。这种共同的命运肯定是善的目标。……个体绝不可能在自身之内变成一个和谐的体系。"(AR 371)

所以我们似乎处于一种悖论式的境地:有限的自我要完全实现其价值,就必须变得完美,而这就意味着它必须被转变,以至于最终消失在作为目标的善之中;换言之,实现了价值的自我反而会在某种意义上"消失"。不过在布氏看来,这其实并没有任何可怕或不合理的地方,因为有限的自我是包含矛盾的,而无所不包的绝对者才是无矛盾的、是实在。一旦接受了这样的观点,我们就会获得享乐主义和康德主义无法提供的益处。第一,我们会发现自己获得了生活中的宁静,而且能够抵抗荒谬的道德,不会屈服于有问题的理论。第二,在有机的共同体中得到实现的个体,是传统德性——真善美——的具体化:他是真的,因为他在实在中对应于自己普遍的观念(conception);他是美的,因为他在一种单一的形式中实现了这种观念;他是善的,因为他的意愿就是普遍的意愿、是整个共同体的意愿。第三,我们会立即发现如下问题的荒谬性:"一个人如何可能发现什么是道德的?"因为没有什么需要被发现,一个人可以直接看到道德,它们就存在于我们周围。第四,我们与共同体的关系会变得融洽,因为最好的人要求最好的共同体,最好的共同体也要求最好的人。(参阅Candlish,1978:161~162;ES 183~189)

五 自我与牺牲

经过"我的岗位及责任"这样一个阶段后,我们就来到了道德的第三个阶段,也就是理想的自我、善的自我(Good self)。根据张家龙的概括,所谓善的自我就是:"它实现一个社会的理想和一个非社会的理想;它首先直接地包含对他人的关系,其次不直接地包含对他人的关系。"(张家龙,1997:157)这种善的自我的内容有以下三种来源:首先且最重要的来源是我的岗位及其责任,其次是社会的理想,再次是非社会的至善,这种至善的要素不包含与他人的直接关系。(参阅张家龙,1997:157~158;ES 224~225)在此基础上,布氏提出了关于"自作主张"(self-assertion)和"自我牺牲"(self-sacrifice)的问题。关于这两个词的定义,他解释道:

> 在道德的自作主张中,被使用的材料可能得自任何源头,而且可能属于任何世界。它们可以而且必须在很大程度上实现显然超越了我生命的目标。但在运用这些要素时,当我被自身之内最伟大的体系的

观念引导时，这就是自作主张。如果在衡量和选择我的材料时被使用的标准是对我个体完美的发展，我的行为显然就不是自我牺牲，而且可能与此相反。当我通过让自身个体性遭受损害而追求一个目标时，这就是自我牺牲。在实现这样的目标时，我的自我被分散、减少甚至驱散了。出于社会性的目的，我可能会为了他人而放弃自己的福祉；或者我可能献身于某种非人格化的追求，由此而损害了我自身的健康或和谐。在任何对道德目标的追寻会导致个体健康与和谐的损失的地方，这就是自我牺牲，无论我是否"为了他人"而活。但另一方面，自我牺牲也是一种自我实现的形式。更广阔的目标可见或不可见地被达到了；而在那种追求和实现中，我发现了自己人格的善。（AR 369）

布氏认为，从根本上说"自我牺牲"和"自作主张"是没有冲突的：

> 在自我牺牲和自作主张之间并没有冲突，而在恰当的意义上，没有任何一方在整体上为了道德而存在。……任何心智健全的观察者都不能否认的是，至少在某些方面、对某些人来说，这两种理想似乎是敌对的。
>
> 换言之，我们必须承认有两种分歧巨大的道德上的善的形式存在。为了实现一种完美自我的观念，一个人可能必须在两种片面的、相冲突的方法之间做出选择。总之，道德可能发出自我牺牲或自作主张的命令，而澄清我们关于每一方意义的观念是很重要的。一种常见的错误是把前者等同于为了他人而生活，把后者等同于为了自己而生活。根据这样的观点，德性是社会性的，是直接或间接的、可见的或不可见的。除非个体的发展增加了社会的福祉，否则肯定不可能是道德的。（AR 367~368）

但尽管自我牺牲和自作主张有重合的地方，它们后来却还是走上了的不同道路：

> ……自我牺牲和自我进步（self-advancement）的对象同样都是属于我的。……在自作主张中，器官首先考虑自己的发展，而出于这样的目的，它会从所有器官的普通生命中获得材料。但在自我牺牲中，器官的目标是实现比自己更大的生命的某种特征，而且准备好以伤害自己的实存为代价来做到这一点。它已经放弃了关于完美、个体、圆融（rounded）和具体的东西的观念。它希望看到自身是抽象的、残缺

不全的、过于特殊化的、发育不良的甚至被摧毁的。但它可以通过扩张出自身独特的限度、把自己的意愿等同于一种更广阔的实在，让这种实际的缺陷变得理想化。根据这样的描述，这两种追求当然必定主要是重合的、一体的。整体主要被其部分的自我追求所推动发展，因为只有在这些部分中，整体才能出现并成为真实的。而这样的部分也通过它为了整体的行动而在个体上变得更好，因为它获得了对于满足自身而言是必要的共同基体的支持。但另一方面，这种一般性的重合也仅仅是一般性的，而且肯定会在某个点上停下来。在这里，自作主张和自我牺牲开始走上不同的道路，每一方都开始获得自己的特征。(AR 369~370)

在布氏看来，自作主张不是善，自我牺牲也不是善，而且前者并不是和自我否认（self-denial）同等好的。在此基础上，他对于个体应当做什么给出了自己的看法，即个体要实现完美，就必须超越私人性福祉和其他个人的福祉：

在个体的完美中被实现的内容显然必须也在他之上并超越他⋯⋯显然，就他是社会性的来说，他私人性的福祉必定在某种范围内包括了其他人的福祉。而他的理智、审美和道德发展，总之就是他本性的整个观念性方面，显然是从他与其他灵魂共享的要素中被构建出来的。因此，在自我进步中的个体目标一定总是超越他私人性的存在。实际上，自作主张和自我牺牲之间的差异并不在于被使用的内容，而在于对它们做出的不同使用⋯⋯(AR 368~369)

考虑到善与绝对者的关系，个体的特征必须被改变才能变得完美：

在绝对者中，一切有限的东西都获得了自己追求的完美；但另一方面，它无法完全准确地按照自己追求的样子获得完美。因为如我们已经看到的那样，有限者或多或少被转变了，并消失在了完成中。这种共同的命运肯定是善的目标。这些通过自作主张和自我牺牲而被追求的目标都是不可获得的。个体绝不可能在自身之内变成一个和谐的体系。而在他献身于其中的更广阔的理想中，无论多么彻底，他都绝不会发现完整的自我实现。因为，即便我们认为那种理想是完美的、以某种方式完全得到了实现，他自身毕竟还是没有被完全吸收进它之中。(AR 371)

最后让我们简单总结一下布氏的道德观。从总体上看，他对道德的定义是："道德就是把个体的意愿等同于他自己关于完美的观念。有道德的人是试图尽可能好地做到自己知道的事情的人。"（AR 382）张家龙对此总结道："道德是主体和客体的真正同一，其表现就是道德世界的外部方面和内部方面的统一，也就是道德组织和个人道德的统一。"（张家龙，1997：152）需要注意的是：布氏从未否认愉悦、幸福和责任在道德中的地位，而且也并未把愉悦等同于幸福。（参阅 Candlish，1978：157）总之，就道德这个领域或层面来说，善是不可能得到完全实现的，它必须被超越，从而进入宗教的领域。对此，阿莫尔援引了麦克尼文 1987 年的著作《布拉德雷的道德哲学》（*Bradley's Moral Psychology*）的最后一段话作为概括："道德旅程的终点是上帝和人之间的一种神秘结合（union），在其中，它们之间的区分（distinction）而非差异（difference）会消失。它们作为一个和谐的整体存在，在其中，存在着多样性而非关系，存在着感觉而非欲望的丰富性，因为所有欲望都被满足了。旅程的终点与其起点很相似。路线返回了自身并变成了一个圆环。"（Armour，1996a：3）这样的观点带有一定的神秘色彩，但相比于其更为艰深的逻辑学和晦涩的形而上学，布氏在伦理学方面的一系列想法还是比较贴近日常生活的，对我们如何过好个人生活、如何调节自我与共同体的关系，或许会有一定的启发。

第四节　布拉德雷关于信仰的观点

一　信仰与审美、道德

对于很多哲学家来说，宗教是一个非常重要的领域，它与善恶、信仰、灵魂不朽等问题关联密切。布氏也不例外，他非常看重宗教，在某些方面甚至将其视为一个比形而上学更高级的领域。[1] 他对宗教的讨论是从道德领域入手的，前者似乎被他视为后者的延伸。道德与善关系密切，但仍然是不真实的：

> 道德已经被证明是非真实的，除非它依赖于并完全在于自然为善

---

[1] 例如他曾说："宗教是通过我们存在的所有方面来表达善性（goodness）的完全实在性的尝试。在这个范围内而言，它是比哲学更多因而也更高级的东西。"（AR 401）

(naturally good) 的礼物。由此我们已经不得不承认道德是一种礼物；因为如果物理德性的善性 (goodness of the physical virtues) 被否认了，最终就不会有任何善性存留下来。总之，道德发现所有卓越在本质上都应该是善的，而且它被一种它自己的世界和善的世界之间的划分所摧毁。……一种纷争对于善性来说是本质性的。因此，如果应当存在道德，就不可能存在恶的终结。……简要地说，道德需要一种无法获得的各种方面的统一性，而在追寻这种统一性时，它自然会超越自身并达到一种更高级形式的善性。它最终会达到我们所谓的宗教。(AR 387~388)

宗教与道德拥有共同的特质；而与道德相比，宗教倾向于把理想的东西当作实际存在的，因而超越了单纯的道德。(参阅 ES 314；AR 393) 当然，宗教并不是否定而是吸收了道德。双方实际的目的最终也是一样的，道德责任和宗教责任最终是一体的。(参阅 ES 333；AR 390) 此外，正如不可能存在单纯的私人性道德，也不可能存在单纯的私人性宗教；道德与宗教都只有在广阔的社会共同体内才得以成立。(参阅 Mander，1995：291)

但从根本上说，与道德一样，宗教也仍然是显象——这是布氏在宗教问题上的基本立场：

在宗教中有一种把理想的东西当作存在的倾向，这种倾向影响了我们的心灵，而在某些情形下可能就等于是强迫。但它没有给予我们真理，也没有仅仅出于这样的理由就给予我们真理，而我们也可以回想起其他迫使我们去怀疑的经验。(AR 133)

我的目的是指出，和道德一样，宗教也不是终极的。它不过是显象，因此与自身不一致；而且它因此在各个方面都可能超出自身的限度。但是当在各个极端之间取得平衡的宗教在任何一方面失去了平衡时，它就变成了非宗教。(AR 393)[1]

---

[1] 值得注意的是，布氏认为灵魂不朽在宗教和道德领域中都扮演了重要角色，甚至是宗教得以可能的必要条件："个人的持续存在 (personal continuance) 是可能的，但也就不过如此了。有人可以相信它，并且发现自己被这样的信念支撑——毕竟这是可能的。另一方面，放弃期望和恐惧还是比陷入任何形式的堕落迷信要好。一个人能承担的责任很少有比这更了不起的了：宣称甚至暗示说，如果没有不朽，所有宗教就都是骗局，而所有道德都是自欺。"(AR 452)

把宗教界定为显象，这符合布氏的一贯看法。以此为基础，他还对宗教的起源和特性做了很多具体论述。在《显象与实在》第二十五章"善"的第 388～389 页，有一个全书中最长的脚注，系统地表达了他对宗教的定义及其宗教观。关于宗教的源头，他说道：

> 宗教似乎拥有两个源头，即恐惧和钦佩、赞同；后者并不需要拥有崇高的或道德的意义。惊奇或好奇心似乎并不是宗教性的，除非它们服务于其他感觉。而宗教的两个源头，一个在某个时间和地点更活跃，另一个则在另一个时间和地点更活跃。因此，这些感觉也自然会把它们自身附着于各种对象之上。如果在探究宗教起源时假定这种源头始终是唯一的，这似乎就犯了根本性的错误。（AR 388～389）

其实，和很多概念一样，宗教的含义不止一种，不同的人完全可以在不同意义上使用这个词，其中既可能包含各种迷信，也可能包含一些正确的东西：

> 我更想知道我们现在所说的宗教是什么意思。我已经达到了这样的结论：这个问题不可能得到回答，除非我们最终意识到宗教有不止一种意义。这种多样性的一部分无疑在于单纯的误解。主要是理智或审美上的东西，最终可能会被认为是不属于宗教的。但应当说，我们最终会面对一种固执的偏差。有人会说，宗教就是与"另一个世界"或超感觉之物的任何实际关系。像死后的生命、与所谓的"灵体"沟通的可能性之类的问题，对有些人来说似乎在本质上就是宗教性的。这些人可能会否认宗教性的情感可以指向一个在"我们的世界"中的对象。另一些人则会坚持说，为了拥有宗教，你必须拥有一种特殊而独特的关系。他们还会补充说，如果你拥有了这种关系，那么无论这是否指向"另一个世界"的对象，你都获得了宗教。像死后的生命、降神术（spirit-rapping）或巫术的可能性之类的问题，就其自身来说，其实只含有非常少的宗教成分。这些人会主张说，这只是偶然的（per accidens），只是因为我们对于不可见的东西的感觉通常是（而并不总是）宗教性的，所以宗教部分是狭隘的，部分又是扩展的，并没有正当的理由。我认为后半部分是完全正确的，以此为出发点，我会忽视相反的观点。（AR 388～389）

在布氏看来，宗教的本质还是一种对某一特定对象的固定感觉，这种感觉就是上面提到的恐惧或赞同，而这个对象可以是多个也可以是一个，由此便有多神论和一神论的区别。更准确地说：

> 那么一般来说究竟什么是宗教？我认为这是一种关于恐惧、顺从、尊敬或赞同的固定感觉，无论其对象可能是什么，只需假定这种感觉达到了一定的强度，而且被特定程度的反思所限定。但我会同时补充说，在宗教中，恐惧和赞同在某种程度上必定总是统合（combine）在一起的。在宗教中，我们必须试图取悦被恐惧的对象，至少让我们的意愿服从它。指向该对象的行为得到了赞同，而这种赞许也会限定那个对象。在宗教的另一边，赞同暗含了奉献，而奉献看上去几乎是不可能的，除非有某种恐惧存在，即便只是对疏远的恐惧。
>
> 但如果我们称其为宗教的话，这种感觉必须在怎样的程度上被呈现？这个点可以被准确地固定下来吗？我认为我们必须承认这是不可能做到的。但它通常都在于如下地方：我们在那里感到自己恰当的自我在相比之下是非常无力和无价值的。我们在有些对象面前不值一提，它们会用宗教启示我们。如果有很多这样的对象存在，我们就是多神论者。但如果与一个对象相比，其他对象都无足轻重，我们就达到了一神论。（AR 388~389）

这种恐惧或赞同的态度也可能以更为日常的方式呈现出来，而布氏认为，我们在生活中也可以对其他人表现出宗教态度。但这些只是宗教不完全的形式；在宗教得到充分的发展后、在其最高级的意义上，就只能有一个对象存在。他要讨论的正是这种最高级意义上的宗教：

> 任何让我们感到一种至高无上的恐惧或赞同的对象，都会激起我们的奉献，对我们来说成为神（Deity）。而最重要的是，这个对象并不在其他意义上需要神圣性。生活中一种常见的表达就是，可以把某个人、对象或追求当作神；而在我看来，此时我们的态度一定就是宗教性的。例如，在两性和父母的爱中常常就是如此。但确定宗教究竟开始于哪个点、终结于哪个点，这几乎是不可能的。
>
> 在本章中我仅仅在最高级的意义上理解宗教。我用它指对一个完全善的完美对象的奉献。宗教的不完全形式，比如对一个女性或某种追求的奉献，是可以同时存在的。但在宗教的最高级意义中，只能有

一个对象存在。而当宗教得到了充分的发展时，这个对象就必须是善的。否则的话，即便我们害怕这个对象，也会怀有对它的反抗、厌恶甚至轻蔑的感情，所有宗教中都暗含的道德臣服（moral prostration）就不会再存在。（AR 388~389）

但无论如何，作为一种显象，宗教自身必然包含难以克服的矛盾。关于这一点，曼德在其论文《布拉德雷的宗教哲学》（"Bradley's Philosophy of Religion"）中进行了系统阐述。他认为，宗教的内在矛盾体现在经验、理论和实践三个方面。

在经验方面，宗教中既包括尊敬、赞同和奉献，也包括恐惧、顺从和疏离，这造成了"情感中的摇摆"（AR 392），也意味着宗教经验是涉及已经被涉及的东西的经验，不是直接的。

在理论方面，宗教既主张"人与神性不可分离的统一性"（ES 330），又主张人和上帝本是分离的，但被一种关系结合在一起。布氏所谓的实在不可能是关系性的，而宗教主张的那种奇怪的关系会使得自己深陷矛盾："因此，宗教是一种有着不可分离的要素的过程，每一个要素都在其中一方出现。它是人与上帝在各种阶段上、各种形式中的统一，始终意愿和知道自己。它把自身分解为带有相互间关系的、相对立的关联项；但同时它又否认这种临时的分离，并在其中一个关联项中断言且感觉到另一个关联项的内在的现存。"（AR 394~395）

在实践方面，宗教也包含相矛盾的主张。一方面，它要求我们必须祈祷，仿佛一切都依赖于上帝；另一方面，它又要求我们必须行动，仿佛一切都依赖于我们自己。（参阅 Mander，1995：292~293）①

上述矛盾归根结底还是善与恶、完美与不完美之间的矛盾。宗教无法超越这些矛盾，因而还是会保留对立：

> 宗教是实际的，因此仍然被善的观念支配；而在这种观念的本质中包含着一个未被解决的矛盾。宗教仍然不得不维系着未被还原的那些方面，它们无法被统一起来；简言之，它通过一种永恒的振荡和妥

---

① 关于第三点，张家龙也做出了类似的总结。他表示，宗教既主张神与人之间是和谐的，同时又必须承认二者间有根本性的区别。此外，张家龙还概括了宗教中其他方面的矛盾，如在信仰中，包含已信和未信的矛盾；在道德中，宗教一方面已超出道德的范围，另一方面又在道德的范围之内，因为道德中仅是应然的东西，在宗教中却必须是实际发生的。（参阅张家龙，1997：165）

协而存在。(AR 389)

宗教完全是一种至高意愿的完美表达,因此所有事物都是善的。一切不完美和邪恶的东西,以及有意识的坏意愿本身,都被提升到绝对的目标中并帮助它。(AR 390)

宗教一定不能完全超越善性,因此它仍然保留了实际所要求的对立。……整体实际上是善的,同时也实际上让它自己是善的。它的完美的善或它的努力都无法被降低为显象。但另一方面,我们不可能把这两个方面相一致地联合起来。即便宗教的对象被认为是不完美的、有限的,情况也不会改变。(AR 390~391)

二 "God"概念

布氏明确指出,与哲学相比,宗教的核心是信仰(faith)而非理性(reason),这似乎也比较契合西方文化中通常的看法:

宗教的核心在于所谓的信仰。整体和个体都只有对于信仰来说才是完美的、善的。信仰不仅仅是保有一种一般性的真理,该真理在细节上未被验证;那种态度当然属于理论。信仰也是实际上的,而且简言之,它是一种造就的相信(a making believe);但因为它是实际上的,它同时又是一种造就(a making),仿佛一个人并不相信它。它的格言是:确信与善相对的东西被克服了,但还要像它还在那里那样去行动;或者,因为它并不真地在那里,要有更多勇气去攻击它。(AR 392)

布氏对信仰的定义是:"我的意愿与某个对象的等同。"(ETR 24)上面已经提到,宗教中包含了各种矛盾,而在他看来,化解上述矛盾的最有效途径就是信仰。这也体现出他对信仰的倚重。他强调说,信仰不只是认识状态,而且是一种意志性的(volitional)状态,它的特点就是可以应对矛盾,这是理性做不到的。但信仰自身也是矛盾的,它是一种造就的相信,暗含一个人同时并不相信。(参阅 Mander,1995:293;张家龙,1997:165)

信仰的特点在于它总是要有对象,这是宗教的本质特征之一,也是它包含的一种深刻的矛盾。这种对象其实就是理想的自我,而且无论看上去多么模糊,他始终是一个实在的对象,而不像在道德中那样可以只是应然的。(参阅 ES 319~320,328)这样的对象要么指向多个对象,要么指向一个对象。宗教中最常见的对象通常被称为"神"(god)。对于多神论来说,神可以有多个;而对于一神论来说,神只有一个。在基督教传统中,这个唯一的神被称为"God",也被译为"上帝"。可以说,如何理解上帝便是涉及宗教的哲学所必须回答的问题。

布氏并没有回避这一点,而他对上帝的理解还是基于自己的哲学体系。之前说过,宗教包含未被解决的矛盾,在他看来,这在很大程度上是因为暗含了人和神之间的关系,而且我们最终无法无矛盾地理解有限的人与无限的上帝之间的关系:

> 宗教自然暗含了一种人和神之间的关系。现在,(我们已经看到)一种关系总是自相矛盾的。它始终暗含了两个有限的、声称是独立的关联项。另一方面,一种关系是没有意义的,除非它自身及关联项都是一个整体的形容词。
>
> ……一方面,人是有限的主体,与上帝相对,而且仅仅"处于关系中"。但另一方面,离开了神的人仅仅是一种抽象。所有宗教都领会到这条真理,并且确认说人只有通过恩典、通过尝试独立才是善的、真实的,而通过狂怒则会灭亡。他并不是单纯地"处于关系中",而是内在地被自己的对立面推动,而且如果离开了那种内在的运作就完全无法自立了。上帝也是一个有限的对象,站立在人之上并与人相分离,而且是某个独立于所有同他的意愿和智能有关的关系的东西。因此,如果被认为是一个能思维和有感觉的存在者的话,上帝就拥有私人性的人格。但如果与那些限定了他的关系相分离,上帝就是前后不一致的空虚;而如果被他与一个他者的关系限定,他就是被分散的有限者。(AR 394)

那么,布氏具体是如何理解"上帝"这个概念之含义的呢?对此我们可以将其拆分为两个问题:一是他所谓的上帝是否拥有人格?二是上帝与作为其哲学中最高范畴的绝对者是什么关系?关于第一个问题,他所理解的上帝显然是具有人格的(参阅科普勒斯顿,2019:206),这也继承了基督教对上帝的理解。布氏认为,人格从本质上说是关系性的,因此不可能提供关于宇宙的最终真理。(参阅 Mander,1995:297~299)关于第二个问题,他明确表示:"在我看来,绝对者不是上帝。"(ETR 335)这又与第一个问题有关,因为他所谓的绝对者是没有人格的,它超越了可以被用来描述人格的善恶、是非、美丑，因此可以被称为"超人格"（super-personal）：

> 关于绝对者的人格，我们必须反对两种片面的谬误。绝对者没有人格，也不是道德的，更不是美丽的或真实的。但在这些否定中，我们可能落入更严重的错误。因为断言说绝对者是虚假的、丑陋的、坏的甚或是某种位于这些谓词的运用之下东西，会更加不正确。而且，确认人格比把绝对者称作非人格的要更好。但这两种错误都不是必然的。绝对者站在它内在的区分之上而非之下，它并不逐出它们，而是把它们作为要素包含在自己的丰富性中。换言之，它不是漠不关心，而是所有极端的具体的同一性（the concrete identity of all extremes）。但在这个方面，最好还是称其为超人格。（AR 472~473）

如果把上帝等同于绝对者，就必定要牺牲其中的一方，毕竟在日常观念中，上帝是一个位于有限个体之外的、具有人格的存在，但布氏的绝对者并不是这样的。（参阅 Mander，1995：287~288）根据他的理解，绝对者是一个比有人格的上帝更高级的概念，后者最终只是一种片面的抽象，要走向前者：

> 可以说，在宗教中，上帝总是倾向于超越自身。他必定被引导去终结在绝对者中，而这种绝对者对于宗教来说并不是上帝。……如果你把绝对者等同于上帝，那就不是宗教的上帝了。（AR 395）
>
> 观念和实存的碎裂既对于善性而言是本质性的，又被实在否定。……我们可以说上帝并不是上帝，直到他成为一切中的一切，而作为一切中的一切的上帝不再是宗教的上帝。这必定意味着上帝只是绝对者的一个方面、一种显象。（AR 396~397）

其实，绝对者这个概念完全可以被替换为其他名称，比如可以被称为"神"，这样就具有更多的宗教或神秘主义色彩；也可以被称为"至高的存在"，这样就具有更多的形而上学色彩；甚至可以被称为"道"或者"梵"。相比之下，作为一种以基督教信仰为代表的、人格化的上帝概念则是自相矛盾的，最终说来仍旧是显象：

> 如果我们假设，对于宗教意识来说，上帝是一个与外部世界和有限自我不同的存在，那么，我们只能得出结论，这种意识包含自相矛

盾。一方面，它把上帝看成一个真正的实在。在此情况下，上帝一定是无限的。另一方面，它设想上帝与多种多样的生物不同，因而设想他是许多存在中的一个存在，尽管他是最伟大的存在。（科普勒斯顿，2019：207）

可以说，可能存在的上帝肯定不会是上帝。而作为两种实在之物的、个体的和终极的人和上帝，"站在"一个人不可能分辨出的地方，而且有一种在他们"之间"的关系与之相伴——我们已经看到，这种结合是自相矛盾的，因此是显象。尝试在宗教中把握那个如果真的被获得就会摧毁宗教的绝对者，是令人困惑的尝试。由于自身的不一致性、失败和不安，这种尝试会向再一次我们展示宗教并不是最终的、终极的。（AR 398）

应当说，布氏关于宗教和上帝的讨论有一个较为重大的缺陷，即他极度缺乏对其他宗教的了解，基本都是在基督教的框架下谈论相应概念。（参阅 Mander，1995：286）不过，他的一些思路的确和印度哲学，特别是吠檀多不二论有不少相同之处。比如，他所谓的"实在"与印度哲学所谓的"梵"很相似；而他关于显象的理论则与"摩耶"理论非常接近。（参阅科普勒斯顿，2019：213）我们会在本书第六章第三节回到这一点。

三 信仰方面的理想

宗教在布氏的哲学体系中占据了一种比较奇特的地位，这与黑格尔哲学的情况非常不同。无论是黑格尔还是继承其思想的英国唯心论者，都认为宗教与哲学是密不可分的。对黑格尔来说，宗教是达到绝对者之前的最高级的意识形式，而基督教则是宗教的最高形式；还有不少英国唯心论者则仅仅把宗教当作逻辑与哲学的副产品。但布氏与他们不同，他认为这样的看法只会使得宗教变成某种失败的哲学，而这对于哲学和宗教而言都没有任何益处。（参阅 Mander，1995：286~287）

我们在本书第二章第二节讨论过他对于理智的满足的看法，这是他所主张的衡量真理的标准之一。但实际上他也明确提出存在着不同类型的满足，无论是宗教还是哲学都只是满足的途径之一。尽管宗教在其体系中并没有被置于一个最高级的地位，但也并不比哲学更低，而且是高于道德的。对此，曼德总结道：道德是某种应当但并不是的东西，宗教则是某种不仅应当而且实际是的东西。（参阅 Mander，1995：290）可以说，宗教与哲学都是我们生命满足的巅峰，而相比之下，道德伦理并不能充分满足我们。

严格来讲，宗教并不是对世界的客观描述，也并不涉及认知。布氏认为它所涉及的理论不过是一种"起作用的观念"（working ideas）（参阅 AR 399），这是它与自然科学和形而上学的不同。具体而言，宗教与科学的区别在于：

> 问题并不在于：物理科学的原则是否拥有一种他们未对之做出主张的绝对真理。而是在于：那种科学使用的抽象是否合理且有用。……发现让空间现象关联在一起而发生的方法，并使这种方法系统化——就是这些构建所指向的全部目标。(AR 251)
>
> 存在一些严重的困难，但主要的困难似乎是这样的。在科学中我们大多知道自己的目标；而如果知道了目标，我们就可以测试并度量自己的方法。但在宗教中，我们恰恰不清楚主要的目标。在这种令人困惑的分歧的基础上，一种合理的讨论是不可能的。我们想获得某种对于宗教而言真正必不可少的原则的观念；我们在开始的时候并没有考察这些原则所要求的目标，它们显然必定要依据这些目标而被判断。(AR 399~400)

相比之下，宗教与形而上学的关系更为紧密，尽管它们之间在对人类的满足上有所不同，但宗教可以说是对形而上学的发展和完成：

> ……宗教的完成是哲学，而在形而上学中我们会达到发现其完满的目标。现在，如果宗教在本质上说是知识，这种结论就会成立。而只要宗教涉及知识，我们就不得不接受它。显然，形而上学的任务是处理终极真理，而在这个方面，我们显然必须允许它站得比宗教更高。但另一方面，我们已经发现，宗教的本质并不是知识。这肯定并不意味着它的本质仅仅在于感觉（feeling）。宗教是通过我们存在的所有方面来表达善性的完全实在性的尝试。在这个范围内而言，它是比哲学更多因而也更高级的东西。(AR 401)

以自己的哲学体系为背景，布氏也论述了如何对宗教进行合理的讨论，这种讨论包括两个方面，一是对实在的前后一致的把握；二是对宗教历史事实的了解。"但如果问题要得到合理的讨论——我不说要得到解决——我们就必须先探究宗教的本质和目标。我觉得，关于那种探究，存在着两样不可或缺的东西。我们必须获得某种关于实在、善性和真理的一般本性的前后一致的观点，而且我们一定不能对宗教的历史事实视而不见。"（AR 400）从历史事实的角度看，实际的宗教总是有各种不足或缺陷，不同的宗教倾向均可能导致相应的问题："宗教可能过分专注于世界或自我中的混乱。在前一种情形下，它放弃了自己的完美和宁静，而同时忘记了它私人性的意愿和善之间的差异。另一方面，如果强调后一种差异，它就面临堕入赤裸的道德的危险。"（AR 393）

既然布氏相信自己的哲学可以提供一种对实在的前后一致的把握，他就自然认为自己应当也能够提出一种克服各种实际宗教之缺陷的宗教理想。在他看来，和哲学、艺术一样，宗教本就属于高级的领域，而自身还要不断提升：

> 当我们前进到宗教、思辨和艺术的领域，这种对于时间序列中单纯显象的优越性就被带到了一个更高级的层次上。……原则越高级、越至关重要地拥有事物的灵魂，它最终控制的事件的范围相应就越广阔。但正是由于这一点，这样一条原则不可能被抓住或看到，也不可能以任何方式被给予外部或内部的感知。只有更平庸的（meaner）实在才有可能被这样揭示、被确证为可感事实。（AR 333~334）

在这种不断的提升中，我们可以达到越来越高级的原则，最终实现一种新的宗教："应当说，有一种对新宗教的需求甚至要求。我们需要一种信条，以在恰当的部分认出并辩护所有人类旨趣，同时提供它能带着自信去坚持的理智。我无法推测的是，我们是否能得到这样一种新宗教，以及如果可以的话，如何得到它，是否可以通过修订已有的宗教或别的方式得到它。"（ETR 446）

但无论新的宗教还是已有的宗教，都还面临一个必须解决的棘手难题，即如何解释或化解恶的存在。斯普利格在《绝对唯心论的恶的问题》（"The Problem of Evil for Absolute Idealism"）一文中，总结了处理该难题的两种常见方式。一种方式是诉诸自由意志，即主张人类拥有自由意志就是为了做出选择，因此，恶是为了使用自由意识而值得冒的风险；另一种方式是声称所有表面上的恶其实都是某种善。（参阅 Sprigge，2010：165~166）从总体上看，作为一个绝对唯心论者，布氏必须坚持后一种方式。尽管世界上如此多的恶似乎很难与绝对者调和，但他还是借助自己的等级原则来尽可能地化解这个难题。在其体系中，最终只有善这样一种存在，而恶实际上成了较低等级的善，也就是说："善性和坏性（badness）都是善的，正如虚假和真理最终都会被发现为是真的。它们都是善的，但另一方面并不是同等的善。邪恶的东西被转变并摧毁，而善可以在各种等级中保留自己的特征。"（AR 390）恶最终还是会被包容在绝对者中，而善也在各个等级的显现中得以体现；这样一来，绝对唯心论体系就在一定程度上调和了善恶的对立，而一种宗教的理想就有了可靠的形而上学基础。

第四章 关于"布拉德雷倒退"的争论[*]

第一节 布拉德雷倒退的提出

一 关于"是"的讨论

从本章开始，我们将进入关于由布氏本人哲学衍生而来的问题的讨论。首先得到关注的是所谓"布拉德雷倒退"（Bradley's Regress），而关于关系的争论将在下一章被处理。实际上，把布拉德雷倒退与关系问题分开会面临一系列困难，因为这两者密切关联在一起，严格来说并不是两个相独立的问题。[①] 在布氏本人的文本中，并没有"布拉德雷倒退"这么一个概念，它其实是后来哲学家的概括和引申；而关系问题则的确在其形而上学思想中占据了极其重要的地位，也是他和罗素争论的焦点。笔者之所以最终选择将二者分开处理，还是为了让相关的延伸讨论得到更充分的呈现。

概言之，布拉德雷倒退最初由布氏在《显象与实在》中提出的一系列针对关系（relation）和统一性（unity）[②] 的论证组成。他试图通过这些论证表明，我们在思考关系和与之相关的统一性时会陷入一种无穷倒退的困境，因而关系本身是一种包含矛盾的、必须被超越的东西。后来，围绕着其最初的文本又产生了各种不同的解读和更进一步的讨论，主要涉及关系的本性、关系与性质、共相（universals）与殊体（particulars）等话题；

---

[*] 本章的部分文字发表于论文《布拉德雷倒退是一种恶性的无穷倒退吗？——一种对布拉德雷倒退的怀疑论式解答》（载于《哲学动态》2024年第5期）中。

[①] 坎德利什甚至指出，布氏关于关系非实在性的论证其实就是布拉德雷倒退，参阅 Candlish（2007：167~168）。

[②] 如前所述，这里"unity"一词既可以被理解为指一个具体的"统一体"，也可以被理解为指一种抽象的"统一性"。例如，李主斌就在《布拉德雷倒退与统一体难题》一文中就将其译为"统一体"。

这些讨论构成了今天所谓"布拉德雷倒退"的主要内容，但很多跟布氏的本意已经相距甚远。相比之下，布氏本人的文本和论证反而退居到背景性的地位，远离了争论的中心。不过，笔者还是倾向于回到所有讨论的源头，首先梳理和澄清布氏本人的说法，这样或许更有助于我们把握问题的全貌。

布氏的论述开始于对系词"是"的分析。他在《显象与实在》第二章"实质与形容词"（Substantive and Adjective）中提出，我们通常所说的事物及其性质实际上处于一种无法被理解的关系中，而这一切的根源就在于对"是"的理解。我们可以回顾一下本书第二章第一节提到过的关于糖块的例子：

> 就拿我们熟悉的一块糖的例子来说吧。这是一样东西，它拥有性质、形容词来做出限制。它是白的、硬的、甜的。我们说，这块糖是所有这些；但"是"这个词的真正含义则很可疑。如果就把性质当作性质自身的话，那么一个事物并不等于任何它的性质；如果"甜的"与"单纯的甜"相等同，那么这个事物显然不是甜的。同样，就糖是甜的来说，它不是白的和硬的，因为这些性质是完全不同的。同样，如果把性质分别对待的话，这个事物不可能是它的任何性质。糖显然不是单纯的白色、单纯的硬度和单纯的甜度，因为它的实在以某种方式存在于其统一性中。但另一方面，如果考虑除了这些性质之外这个事物中还有什么，我们会再次陷入困惑中。我们会发现，无论在这些性质之外还是之内，都不存在一个真正的统一体。（AR 16）

他在这段话里意图说明，假设这块糖拥有甜的、白的、硬的等性质，则会有如下悖论出现：如果除了自身的性质之外，一块糖还包含别的什么东西，那么这样一种没有任何性质的"东西"的观念是不融贯的；如果一块糖完全等同于其性质，那么我们又不可能理解它如何能成为一个超越于性质之上的统一体。无论如何，一块糖及其性质之间的关系都是不可理解的。显然，这种观点与他对系词——也即"是"——的理解有关。从字面意思上看，他的理解是：连接糖块与性质的系词"是"表达且只能表达一种等同（或曰同一性）关系。这是不符合常识的，毕竟"是"可以有不同的含义，例如可以连接事物及其性质、表达等同关系、表示存在等；当说糖块是白的、硬的、甜的时，我们显然不是在说糖块等同于这些性质，而是说它拥有这些性质。很多学者认为布氏在论证的最初一步就犯了严重的错误，布兰沙德就指出，布氏想当然地排除了"是"在表示等同之外的用法。(参阅 Blanshard, 1984：218)

的确，在说主词"是"谓词时，我们当然不是在说它们是等同的，而是在说主词所代表的事物拥有谓词所代表的属性。因此，我们在谈论的似乎是一种"拥有"而非等同的关系。布氏考虑到了这种可能的反驳，他提出："我们应当回应说，关系并不等同于事物。它只是一种固有的或属于某物的属性（attribute）。要注意，应该被使用的词不是是，而是拥有（has）。但这种回应仍然是很无力的。整个问题显然在于拥有的意思是什么；如果不考虑那些不严肃的隐喻的话，看上去其实并没有答案。"（AR 17）

可见，这样的反驳正中布氏的下怀，因为其整个形而上学的核心目标之一就是论证关系本身包含矛盾，因而是不可能的。他在《显象与实在》的第十五章"思想和实在"（Thought and Reality）中明确表示，对关系的追问最终会陷入无穷倒退："一方面，我们不能把这些关联项和它们之间的关系当作一个不证自明的、自立的整体，不能认为这无需进一步说明；另一方面，在做出区分时，我们也无法避免对于关系及其关联项之间关系的无尽追寻。"（AR 157）所以，尽管对"是"的理解确实很成问题，但布氏的论证其实并不依赖于"是"只能表达等同这一点；即便"是"表达的是其他某种关系，比如"拥有"，我们仍然可以导出如下这种古老的两难：

> 性质存在，而且是在关系中的……我们似乎无法让自己摆脱古老的两难境地：如果你谓述了某个不同的东西，你就把某个它并不是的东西归属给了主词；而如果你谓述了某个没有什么不同的东西，你就什么也没说……我们不再认为关系是被关联项的属性，而是认为它是某种独立的东西……但这样仍然不会带来任何改进。（AR 16~17）

也就是说，如果一个独立的性质被归属给某个个体，由于性质与该个体不相等同，这种归属显然是错误的（但在这里，布氏似乎把个体及其性质间的关系与同一性关系混淆了）；可如果该性质本来就与这个个体紧紧捆绑在一起（用布氏的话说就是"是"这个个体），我们的陈述就没有说出任何东西，因而是琐碎的。所以他的结论就是：只要"是"表达了某种关系——无论是等同关系还是其他关系——这种关系都是不可理解的，甚至是包含矛盾的，因为实质和性质最终不可能处于这样的关系中。

总之，它们要么是完全不相关的，要么是完全没有任何不同的，因而不可能具有任何关系；但"是"则要把这种它们不可能处于其中的关系赋予它们，这就导致了矛盾。

不得不说，这样的观点充满了诡辩的色彩。这种对"关系"的理解与使用既严重偏离常识，也似乎在不同含义之间摇摆不定。但我们的讨论在此必须岔开了：如果沿着对于关系本性的讨论深究下去，就会走向外在与内在关系的话题，而这是下一章的主题；如果沿着他围绕上述悖论所展开的一系列论证深究下去，就会走向关于布拉德雷倒退的讨论。当然，如之前指出的那样，这二者其实是密不可分的。但现在，让我们还是把目光尽可能地集中在布拉德雷倒退上，并首先梳理一下布氏看似诡辩的观点的背景。

二　"多"与"一"

需要再次强调的是，布氏的哲学构成了一套理论体系，他对于"是"和性质的偏离常识的理解，是以其整个体系为基础的，也可以在该体系之内得到较为融贯的解释。例如，他在谈到关于真理和判断的看法时说："我们可以通过规定任何直言判断（categorical judgment）都必定为假来另辟蹊径。主词和谓词最终不可能是对方。但如果止步于此，我们的判断就没有达到真理；而如果我们获得了真理，关联项及其关系就会中止。因此，我们所有为真的判断都必定是有条件的。"（AR 319）我们不能简单地因为他所理解的"是"偏离日常的含义就断言这种理解是不成立的，而必须慢慢寻找藏匿在其体系深处的考量，尽管这样的工作恐怕直到全书最后一章才能取得成效。所以，我们在此还是尽可能地跟上布氏的思路为好，而为此，我们还是要首先需要澄清他在关于糖的例子中所要表达的意思。

从字面意思上看，他似乎主张糖块与"白的""硬的""甜的"这三种性质之间拥有某种被"是"所指示的等同关系，进而论证说这样的关系是不可能的。不过，这种关系究竟存在于何物与何物之间，却并没有得到足够清楚的说明。对此，巴克斯特在《布拉德雷论实质和形容词：复合物—统一性问题》一文中提出，有三种可能的解释存在：

第一种是，作为单一个体的糖与三种性质中的每一种都相等同，巴克斯特将之称为"个体性的多"（many individually）的解释。这显然不会是布氏的本意，毕竟三种性质彼此是不可能相等同的，更不可能存在一个东西与它们三者都相等同。

第二种是，作为单一个体的糖与作为多个东西的三种性质相等同，巴克斯特将之称为"作为多的多"（many as many）的解释。这显然也是不成立的，因为糖是个体、是"一"（one），而三种性质是"多"（many），"一"不可能直接等同于"多"。

第三种是，作为单一个体的糖与处于某种"使之成为一"（one-making）的关系相等同，巴克斯特将之称为"处于关系中的多"（many in relation）的解释——实际上只有这种解释才说得通。（参阅 Baxter，1996：5~6）

最后一种解释也符合布氏的文本，他曾说："但或许是我们对统一性这一面的强调引起了这种困惑。当然，糖并不仅仅是其不同形容词的杂多性；但为什么它应该比自己处于关系中的性质更多呢？当'白的''硬的''甜的'和其他东西以某种方式共存（co-exist）在一起时，这当然是事物的秘密。性质存在，而且是在关系中的。"（AR 16）可以看出，他对事物及其性质的理解接近于所谓的"束理论"，即认为一个事物不过就是其所拥有的所有性质组成的"束"，在这些性质之外并不存在一个不具有任何性质的东西作为承担者（bearer）或基底（substratum）。但他同时又主张，这种由性质组成的束也是包含矛盾的，因为"是"并不能建立起事物与其性质之间的关系。

这种结论与他对关系的独特理解有关。严格来说，他所谓的关系不是日常的关系，比如"……比……大""……位于……的南边"等，而是一种使得"多"成为"一"的关联性（relatedness）。对此，巴克斯特指出，布氏想追问的问题其实是：很多东西（也就是"多"）如何可能成为一个单一的事物（也就是"一"）——这就是本书第二章第一节第三小节提到的"复合物—统一性问题"（参阅 Baxter，1996：1）。

总之，性质可以是"多"，但与性质相对的实质则是一个单一的事物；而既然他同时接受束理论，并认为"是"表达了某种关系，那么"糖是甜的"这样一条命题就暗含"多"（即这些性质的集合或聚合物）必定包含一种统一性（也就是"一"）。这样一来，布氏看法的要点就是：我们就必须解释这些"多"如何"构成"[1]了"一"。

"多"不可能仅仅是"多"，即性质不可能仅仅是性质，否则的话，它们就是一些散乱的存在物，不可能跟作为个体的糖产生任何关联；

---

[1] 这里我们只能先找到"构成"（be composed of）这样一个其实未必很准确的术语，因为严格来说这不是一种日常意义上的构成关系，比如一所大学由若干学院构成。实际上，布氏就是想探讨这究竟是怎样一种关系，而他的结论是：这是一种不可能被理解的"关系"，其自身包含矛盾。

"多"也不可能直接等同于"一",因为这些性质显然是不同的,它们彼此并不等同,其中任何一者也都不等同于作为个体的糖。在布氏看来,由此只能得出一种结论:我们要么无法解释统一性为什么会存在,要么就一定事先预设了在"多"之间存在一种统一性。这意味着,当我们在考虑"多"如何成为"一"的关系时,要么完全无法理解这种关系,要么总是会预设一种先于"多"的统一性存在,这样后续的讨论才会成立——后面这种情况是一种循环论证。(参阅 Baxter, 1996: 8) 布氏认为,无论哪种情况都表明关系本身有问题:它要么是不可理解的,要么需要预设了一个自己无法导出或解释的东西,即统一性。巴克斯特把这种让"多"成为"一"的关系称为"使之成为一"的关系,它使得处于这样关系中的不同事物成为一个单一的事物或整体。(参阅 Baxter, 1996: 3~4) 可以看出,这种所谓的"关系"完全不是通常所说的比如"……比……大"这样的关系;毋宁说,我们很难用日常语言表达它,不仅如此,它似乎还是日常语言得以运作的某种前提或基础。只要谈论事物及其性质或是与其他事物的关联,我们就始终要面临布氏指出的上述困境。

至此可以发现,与一开始的印象不同,尽管对"是"的理解很成问题,但布氏提出的关于"多"和"一"之间关联的质疑,其实并不依赖于"是"只能表达同一性这一点;只不过他本人的表述不够清楚,把很多批判"火力"吸引到了对"是"的讨论上。换言之,无论"是"只能指示同一性关系还是可以指示其他关系,他关于"多"和"一"的质疑都可以说得通——当然,这并不意味着这种质疑一定能达到自己的目的,更不意味着它一定能得到令人满意的解答。沿着这种质疑继续前进,我们就会来到著名的布拉德雷倒退。简单地说,这种倒退最原初的含义是这样的:如果不假定"多"具有某种统一性,我们就无法解释它们如何成为"一",从而陷入无穷倒退的境地;但这种统一性的预设是缺乏足够理由的,无法从"多"中被合理地推导出来。

即便抛开后来衍生出的各种讨论不说,这种最原初的倒退自身也面临着相当程度的麻烦。毕竟,布氏强调那种统一性是需要理由或解释的,但这一点本身很难得到说明——我们为什么必须为统一性提供辩护?如果想证明这种辩护的必要性,似乎就会回到对于"是"、性质等一系列根本问题的讨论上;而对这些概念,布氏持有与常识相距甚远的见解,因此其论点的整个背景或基础就变得非常奇怪。很多学者对此提出了批评,例如阿莫尔就指出,统一性优先的原则是导致布拉德雷倒退的前提之一(参阅 Armour, 1996b: 112);卡塔琳娜·佩罗维奇也持类似的看法,她在《原初布拉德雷倒退的引入》（"The Import of The Original Bradley's Regress"）一文中指出，布氏的论证假定了性质的统一（union）预设了关系，但这其实并没有什么道理，所以布氏也承担着为自己观点做出辩护的同等责任。（参阅 Perovic，2014：380）

但布氏本人显然不是这样理解自己所面临的处境的，这还是与他的整个理论体系有关。从根本上说，他认为"多"的存在本身是需要理由的，但"一"的存在则不然。这导致只要有"多"存在的地方，就一定有上述复合物—统一性问题存在。（参阅 Baxter，1996：4）而沿着这种激进的思路前进就会发现，最终存在的只有"一"，也就是实在。在该体系中，始终有一个未经区分的整体作为最终的背景存在，所以他总是认为只有那些主张有"多"存在的人才应当承担证明的责任。换言之，区分和多是需要解释的，区分的缺失（或一种未经区分的整体）则不需要解释——这是一种背景性预设，也是人们很难与布氏进行哲学争论的重要原因之一。毕竟，如果双方对于谁该举证这一点都有根本性分歧的话，争论是很难继续下去的。[①]

不过，这并不意味着我们不能在保持各自立场的前提下继续谈论布氏的具体观点和论证，它们最终演化为后来被称为布拉德雷倒退的一系列讨论，所以还是让我们先仔细考察一下他随后给出的论证的有效性。

三　布拉德雷关于倒退的论证

在糖块例子的基础上，布氏在《显象与实在》的第二、第三章中提出了不同的论证，以表明我们在上一小节中所概括的困境，即那种让"多"成为"一"的关系要么是已经被预设了的，要么是不可理解的。有意思的是，关于这些论证的叙述其实很简略，仅仅出现在《显象与实在》的上述两章中。布氏认为自己的论证清晰而有力，但大家对它们的理解却非常不同，而后来所谓的布拉德雷倒退实际上就建基于对这些论证的不同解释和进一步阐发。

由于他本人的论述并不清楚，我们需要对其论证做一些重构。不少学者都做了此类工作，其中比较好的成果是佩罗维奇在其2014年的论文

[①] 如佩罗维奇指出的那样，尽管布氏希望我们相信他针对关系的论证最终会让大家接受一种一元论，但这些论证其实都预设了一元论作为默认的本体论立场，这使得其关于一元论的论证最终说来是循环的。在常人看来，一元论要求的解释和多元论至少是一样多的，但布氏则不这么认为。（参阅 Perovic，2014：380～381）笔者赞同佩罗维奇的分析，只不过，我们要等到本书最后一章才能对此做出更充分的说明。

《原初的布拉德雷倒退的引入》["The Import of The Original Bradley's Regress(es)"]及斯坦福哲学百科的"布拉德雷倒退"词条中所做的梳理。她将相关文本重构为三种不同的论证,分别得到如下三种结论:独立的关系无法让性质统一在一起;内在关系无法让性质统一在一起;任何关系都无法让性质统一在一起。接下来就让我们来依次考察它们。

布氏在如下段落中提出了佩罗维奇所谓的第一种倒退:

> 让我们试着从这令人困惑的循环中另寻出口。我们不再认为关系是被关联项的属性,而是认为它是某种独立的(independent)东西。"存在一种关系C,A和B处在这种关系中;它与A和B一同出现。"但这样仍然不会带来任何改进。我们已经承认关系C与A和B不同,不再是对它们的谓述。但是,我们似乎仍然说了某种关于这个关系C以及关于A和B的东西。这种东西并没有把其中的一方归属给另一方。如果是这样的话,似乎就出现了另一个关系D,关系C是其中的一方,A和B则是其中的另一方。但这种权宜之计立即会带来无穷倒退。新的关系D无法谓述C或A、B,因此必须求助于另一个新的关系E,它关联起D和之前的东西。但这样又会引出新的关系F,如此以致无穷。因此,把关系当作独立的真实存在的东西并不能解决问题。因为如果是这样的话,性质及其关系就完全相分离了,我们就什么都没有说。或者我们不得不在旧的关系和关联项之间建立起新的关系,但这并不会帮到我们。它自身要么需要新的关系,如此以致无穷,要么让我们处于原地不动的境地,深陷困难无法自拔。(AR 17~18)

这段话针对的是关系如何做出关联这一点,但其中有一个重要的限定,即在此被讨论的是被视作"独立的"(independent)东西的关系。布氏并未详细解释什么叫"独立的",但他在另一个地方解释了与之相对的概念,即所谓"真实的"(real)关系:"如果它是真实的,就必须对关联项有所损耗(at the expense of),或者至少必须是某种出现在它们之中或它们所属于的东西。A和B之间的某种关系真地暗含了它们之中的某种实质性的基础(substantial foundation)。"(AR 18)也就是说,真实的关系必须以某种方式根植于其关联项之中。[①] 相比之下,独立的关系显然不是

[①] 布氏的这种看法实际上非常接近于通常所谓的"内在关系",我们会在下一章详细讨论这一点。

真实的，也不是上一小节说的那种能够使得"多"成为"一"的关系；它自身独立于被它关联的关联项之外，会引起难以解决的麻烦。简言之，如果关系 C 是独立的，就不能把 A 和 B 关联起来，它与 A 或 B 的关联仍然需要被解释；而无论怎样增加这种独立的关系，都不可能完成所需的关联。把这种思路总结一下，就可以得到佩罗维奇概括的如下论证：

倒退 1：反对将"独立的"关系作为性质的统一者（unifiers）
1. 假定存在一个独立的关系 C，性质 A 和 B 处于该关系中；
2. 独立的关系与其关联项不同，因此不可能进行关联；
3. 因此，一个独立的关系 C 不可能关联 A 和 B；
4. 需要新的关系 D 来关联 C、A 和 B；
5. D 是一个独立的关系；
6. 由 2、4、5 可以得出，D 同样不能关联 C、A 和 B；
7. 需要新的关系 E 来关联 D、C、A 和 B，如此以致无穷。

如果接受了布氏关于"独立的"关系的观念，上述论证在形式上就是成立的。当然，这种观念也的确是成问题的，毕竟它把关系视作一种仍然需要被关联的事项，而这就等于在说一个通常被认为是关联关联项的东西——也就是关系——本身仍然需要被关联。按照这样的逻辑，胶水似乎永远无法把东西粘在一块，因为它与被粘的东西之间还需要别的胶水来进行粘连——如此以致无穷。不过，布氏并不是在否认现实中有东西被关联在一起，而是在说：我们对这种关联的理解预设了某种无法得到辩护的或本身不融贯的观念，也就是关系或统一性。因此，单纯地向他展示某种实际上被关联在一起的东西是无法驳倒他的——这也是跟某些怀疑论者论辩时常常会出现的情况。

如果说布氏的第一个论证预设了某种对关系的奇特理解的话，第二个论证则进一步扩展了这种理解。在《显象与实在》第三章"关系与性质"（Relation and Quality）的开篇，他把性质牵扯进来，与关系一起进行讨论，试图证明即便所谓真实的关系也不能让性质统一在一起、让"多"成为"一"。他的策略是把性质拆分为不同的部分：一个性质为了与另一个性质相区别，必须拥有一个产生差异的部分，而为了与另一个性质关联在一起，又必须拥有一个产生统一性的部分——正是对这样的部分的找寻会引起如下无穷倒退：

倒退 2：反对内在$_B$关系（internal$_B$ relations）作为性质的统一者

1. 做出关联的关系在如下意义上是内在$_B$的：它们以自己所关联的性质的部分为根据；

2. 性质需要关系把它们与其他关系区分开；

3. 性质需要关系把它们与其他关系联合（unite）起来；

4. 从 1 和 2 可知，一个给定的性质 A 必须拥有一个部分 a，它是产生差异的（difference-making）关系 R_d 的本体论根据（ontological ground）的一部分，即它是 A 与其他性质相区别的根据的一部分；

5. 从 1 和 3 可知，一个给定的性质 A 必须拥有一个部分 α，它是产生统一的（unifying）关系 R_u 的本体论根据的一部分，即它是 A 与其他性质相统一的根据的一部分；

6. 性质 A 的部分 a 和 α 是不同的；

7. 一个性质的部分间的差异要求内在$_B$关系；

8. A 的每个原初的部分，即 a 和 α，必须拥有一个部分作为 a 与 α 相区分的根据，分别被称作 a' 和 α'，还有一个部分作为 a 与 α 相统一的根据，分别被称作 a'' 和 α''；

9. 但 a' 和 a'' 是既相区分又相统一的，α' 和 α'' 也是如此。因此，这些部分中的每一个都必须拥有进一步的部分，以作为这种区分和统一性的根据。如此以致无穷。

根据佩罗维奇的梳理，上述论证的三个前提（即 1、2、3）仍然没有得到充分的解释，而布氏对它们的坚持显然与他在第一种倒退中对关系的看法一脉相承；只不过，在这里需要进一步被解释的东西不再是性质，而是关系。这种理解仍然与我们的常识有较大的偏差，因为当我们在日常生活中断言两个性质是不同的时候，并不需要假定造成这种不同的原因一定在于该性质所拥有的某个部分。例如，当我们说"白的"不同于"甜的"时，并不是说前者拥有某个不同于后者的部分，或者说这种不同还需要另一种"性质"才能得到解释——我们其实就只是在说它们是不同的，而任何理解什么叫"白的"和"甜的"的人也都不会质疑这一点。由此也可以看出，前提 2 是布氏本人的假定，而这种假定跟他在倒退 1 中对关系的理解如出一辙。这让我们回想起在上一小节中总结的那种思路：差异总是需要进一步解释的，而一个不包含差异的统一体或整体则无需解释；由于对差异的解释总是会引入新的差异，我们自然就会陷入无穷倒退的境地。而尽管前提 3 看似是在谈论统一性而非差异，但还是在主张一种以区分为基础的辩护的必要性，只不过这次被区分出来的部分不是被用来使得差异成为可能的，而是被用来使得统一性成为可能的。

布氏并不满足于证明内在关系会引发无穷倒退，而是试图把结论推广到一般性的关系和性质。还是在"关系与性质"这一章中，他继续说道：

> 但另一方面，关系如何与性质相关，这也是不可理解的。如果关系对于性质来说什么都不是（it is nothing to the qualities），那么它们就完全没有被关联；这样一来，它们就不再会是性质，而它们的关系就什么都不是。但如果这对它们来说是什么（it is to be something to them）的话，那么我们显然应该要求一种新的关联性的关系。因为关系很难仅仅是关联项中一个或多个关联项的形容词；或者至少可以说，这样的它似乎是站不住脚的。就其自身而言，如果它自身与关联项并无关系，那么它如何能够以可理解的方式成为对它们而言的某物？但在此我们又匆匆陷入了无望的旋涡中，因为我们不得不继续发现新的关系，以致无穷。节点被一个节点统一起来，而这个统一的纽带还是拥有两端；它们又要求新的节点。问题在于关系如何与性质有关；而这个问题是无法解决的。（AR 27~28）

这段论述被佩罗维奇重构为第三种倒退：

倒退3：反对作为性质统一者的关系
1. 假设有一个关系 R 把性质 A 和 B 统一起来；
2. 如果 R 对于 A 和 B 来说什么都不是，那么它们就没有被关联；
3. 如果 R 对于 A 和 B 来说是什么，那么 R 自身就是某物；
4. 如果 R 自身是某物，它就无法关联，而需要进一步的关系，比如 R'，把它与 A 和 B 关联起来；
5. 同样的过程会在 R' 那里得到重复，如此以致无穷。

布氏在这里使用了两个非常奇特的术语，即"对于性质来说什么都不是"（it is nothing to the qualities）和"对它们来说是什么"（it is to be something to them）。遗憾的是，他仍未阐明这两者分别指什么。根据佩罗维奇的解释，前者指的是布氏所谓的内在关系，而后者指的是他所谓的独立的关系。这样一来,上述论证中的前提 2 就可以被理解为:如果 R 是一种内在关系,则 A 和 B 不会被关联在一起,因为它们会陷入倒退 2 所揭示的那种无穷倒退;而前提 3 就可以被理解为:如果 R 是一种独立的关系,它自身就会陷入倒退 1 所揭示的那种无穷倒退。笔者认为,佩罗维奇的解释无疑是讲得通且很有道理的,尽管这种解释未必符合布氏的本意。这不是说她的解释有什么问题,而是说这种解释远比它要阐明的对象本身——也就是布氏的文本——更为清楚。布氏本人并没有按照上述严密的方式提供相应的论证,只是重申自己对关系的独特理解。所以,佩罗维奇做出了比自己的研究者更清晰也更系统化的解释,这样的事情在哲学研究中其实并不罕见。

无论如何可以看出,上述三种论证的结论是越来越强的:布氏从反驳独立的关系能提供统一性开始,最终推进到任何关系都无法提供统一性这一点;其中的第二个倒退则借助性质揭示了关系不能进行关联的本性,让作为整体的结论变得完整。这三种论证组合在一起,便构成了最原初意义上的布拉德雷倒退,并成为后来无数争议的源头。

第二节 对布拉德雷倒退的不同理解与回应

一 对布拉德雷倒退的不同理解

尽管布氏随后在相关问题上也做出了一些新的阐释,但总体并未偏离我们在上一节概括的基本思路。不过,后来的解释者们则对上述文本做出了非常不同的解读。在本节,我们将首先澄清大家对布氏所谓的倒退究竟是针对什么的不同理解,然后梳理大家对该倒退的基本态度,即认为其是成立的还是不成立的。

应当说,上一节所述的三种倒退并不是在说三件不同的事情,而是在不同层面、从不同角度对同一话题做出的探讨。但这个话题究竟是什么?或者说布氏提出的问题究竟是什么?对此存在着三种不同的基本理解:一是,关系究竟是如何关联的(how exactly it is that relations relate)?二是,特殊的复合物如何存在(how the specific complex comes into existence)?三是,是什么让一个被统一在一起的复合物(a unified complex entity)不同于其成分的单纯的聚集(a mere aggregate of its constituents)?

（参阅 Perovic，2017：2.2）① 我们依次来考察一下这三种理解。

根据第一种理解，我们承认有一些东西被关联起来了，但必须对它们如何被关联起来这一点提供解释。布氏在《著作集》中提出了类似的要求（参阅 CE 635），这显然与前述第二种倒退中他对关系双重角色的理解有关：关系必须既在关联项之间做出区分，又把它们统一在一起。佩罗维奇指出，在这里所需要的显然不是一种因果关系上的解释，而是形而上学的解释，即这种关联（也包括区分）的形而上学基础是什么。但与布氏原初的关切相比，后来讨论的关注点发生了一些变化，并做出了如下预设：除非某种关于关系本性的说明恰当地解释了是什么使得它们倾向于联合殊异的（distinct）关联项，否则对作为起关联作用的关系的求助就是不合法的。（参阅 Perovic，2017：2.2.2）在笔者看来，这种理解契合布氏的部分文本，但至少就布氏本人的旨趣来看，它可能是最缺乏重要性的一种理解。与此相对，一些反对布氏论证合法性的学者则认为，根本不存在关系如何进行关联这样一个问题，笔者也大致赞同这种看法——我们会在本节接下来的两小节谈及这一点。

根据第二种理解，我们应当追问的不是统一体与单纯聚合物的差异，而是：把白性（whiteness）、坚硬性（hardness）和甜性（sweetness）统一在一块糖里的东西是什么？或者：把这把特殊的椅子和普遍的黑性（blackness）统一在一起东西是什么？（参阅 Perovic，2017：2.2.3）瓦利塞拉指出，这样的问题也适用于事实。他在《关于事态的三种观念》（"Three Conceptions of States of Affairs"）一文中概括道："是什么使得一些正确种类的成分——这些成分可以被关联起来以形成一个事实，但并不需要被关联起来就可以存在（exist）——实际上联系起来以形成一个实际的或存在的事实？"（Vallicella，2000：242）这样的理解把相关讨论引向了偏形而上学的领域，需要被讨论的主要是各种形而上学概念的本性，如事态、统一性、殊体、性质等——我们会在本章第三节梳理相关的讨论。

根据第三种理解，布氏的论证针对的是形而上学话题。例如，有一个单独的殊体 a 和一个性质 F（表示某种共相）；这两者可以被单独放置在那里，也可以组成一个完整的事态 Fa，这两种情况显然是不同的。那么，造成这种不同的原因是什么？或者其形而上学根据在于什么？对于持有束理论的人来说也存在类似的问题：如果一个事物由且仅由其所有性质组成，那么它与那些性质的聚合物有什么区别？佩罗维奇指出，这样的问题

---

① 此处的 "2.2" 表示的不是页码，而是斯坦福哲学百科相应词条的小节，以下不再赘述。

之所以能够提出，是因为有两条前提被假定了：第一，单纯的聚合物是无须解释的，而统一的复合物则需要解释；第二，所有种类的实体（entities）（包括殊体、性质、关系、特普等）都可以被聚集在一起，无论这些实体是否独立于其他实体存在。（参阅 Perovic，2017：2.2.1）一旦接受了这两条假定，我们就会面临布氏揭示的那种两难：统一性是需要解释的，但在不预设这种统一性的情况下，我们的解释要么是失败的，要么是循环的。在笔者看来，这种理解不仅契合布氏的部分文本，也有重要的价值，但其价值似乎并不在于形而上学领域，而主要是在语言哲学领域，更恰当地说是属于"意义"这个层面的——我们会在本章第四节详细讨论这种理解。

二 对布拉德雷倒退的拒斥与重构

无论采取上述何种理解，我们都还有一个根本性的问题需要解答，即布氏提出的三种论证本身是否有效。研究者们对此持有不同的看法：有人认为这些论证是无效的，有人则认为其是有效或至少部分有效的。我们先来看看那些认为它们无效的人如何拒斥布拉德雷倒退。

反对布氏论证合法性的思路主要有两种，一种是直接断言，怀疑关系能否进行关联是纯粹的诡辩；另一种是质疑布氏论证中的某个或某些前提是站不住脚的。我们先来看看第一种思路。这种思路最典型的代表人物是罗素，但由于我们会在下一章专门讨论两人关于关系的争论，在此就只是简要介绍一下他最具代表性的论述。罗素在 1903 年出版的《数学原则》(*The Principles of Mathematics*) 一书中指出，在布氏所谓的倒退中，那些因为需要被解释而引起无穷倒退的因素并不是其所在命题之意义的组成部分，因而该倒退是无害的或良性的 (benign)。他说：

> 我们看到，如下努力是徒劳的：通过将 A、B 的差异关系 (the relations of difference to A and B) 包含进 "A 不同于 B" (A differs from B) 的意义上以避免分析的失败。事实上，这一分析导致了一个不可接受的无穷过程；因为我们不得不将上述关系与 A、B 和差异三者间的关系包含进来，如此以致无穷；而在这种持续增长的复杂性中，我们应当只是在分析原初那条命题的意义。这一论证确立了一个非常重要的论点：当两个项之间存在一种关系时，该关系与项之间的关系，该关系、项以及新的关系之间的关系，等等，虽然全部为断定原初关系的命题所蕴含，但它们均不是该命题之意义的

组成部分。①

需要注意的是，尽管在论证上很相似，但罗素的立场与下一小节中提到的因为布氏倒退是良性倒退而接受它的立场是不同的：在罗素看来，布氏的结论是不成立的，因此从根本上说还是应当被拒斥。

与罗素类似，英国学者布罗德（Charlie Dunbar Broad）在著作《对麦格塔特哲学的考察》（*Examination of McTaggart's Philosophy*）中明确批评了布氏对关系本性的理解，他说：

> 显然，布氏认为 A 和 B 就像被一根绳子系在一起的两个物体，而 R 就像是那根绳子。他想起，如果要把物体系在一起，就必须把它们粘在或封闭在绳子的两端。然后，还需要另外的胶水来把之前粘在 B 上的胶水与绳子的另一端站在一起。如此以致无穷。如果足够仁慈的话，我们就会不忍去看如下可悲的场景：一位了不起的哲学家居然会使用足以让儿童或无知之人蒙羞的论证。（Broad，1933：85）

布罗德的批评代表了一种重要的立场，即关系本就是被用来进行关联的，如果对此再提出质疑，实际上就是在进行诡辩，也是在罔顾事实和常识。后来的研究者布兰沙德持有类似的看法，他说："R 与被它关联在一起的关联项并不是同一类东西。它既不是事物也不是性质；它是一种关系，而关系的任务就是做出关联。"（Blanshard，1984：215~216）德国学者格罗斯曼（Reinhardt Grossmann）在其著作《世界的实存》（*The Existence of The World*）中指出："这其实并不是一种针对关系的论证，而是针对这样的假定，即关系需要与它们所关联的东西相关联。"（Grossmann，1992：55）仅就布氏文本的字面意思来看，笔者也大致赞同这些学者的看法，即布氏最初是在进行诡辩。只不过，笔者认为这种诡辩可以被阐发为一种更合理的、有意义的怀疑论形态，这一点会在本章第四节得到论述。

当然，这样的态度肯定不会受布氏本人及其支持者的欢迎，毕竟所有讨论在似乎还没有开始的地方就结束了，而大家的分歧不过就会被还原为对于基本概念理解上的巨大差异，双方的观点也很难说形成了实质性的交

---

① 引文出自 Russell（1903：51），转引自李主斌（2016：137~139）；笔者结合原文对个别译文做了修改。

锋。于是，一些学者尝试在接受或部分接受布氏理解的前提下对其论证做出反驳——这就是反对布氏论证的第二种思路。佩罗维奇在《原初的布拉德雷倒退的引入》一文中就进行了这样的尝试，指出布氏论证的前提中包含至少一条站不住脚的预设。例如，在第一个倒退中，布氏毫无道理地假定有一种所谓"独立的"关系存在，而只要关系在他所谓的意义上是独立的，就无法做出关联；在第二个倒退中，他同样想当然地假定，性质的关联与差异都在本体论上依赖于自身的某个部分，而对此可以轻易地举出反例。（参阅 Perovic，2014：378~381；2017：3.1）

佩罗维奇更具体地指出，所谓的"独立"可以有三种含义：一是关系独立于它所参与构成的那个复合物；二是关系独立于关联（relating）这件事情本身；三是关系独立于其所关联的关联项。其中，第一种含义又可能有两种不同的理解方式：其一，一个关系的存在独立于它是否作为任何特殊复合物的成分这一点，但它必定在某个复合物中出现；其二，一个关系可以在不作为任何复合物之成分的情况下存在，也就是说，它可以在这些实体之外存在。第一种理解不会产生无穷倒退，因为关系的关联性不会被影响；但第二种理解会产生无穷倒退。所以，布氏只能在第二种理解之下谈论独立的关系。

在第二种含义中，关系会失去自身的独立性。此时情况是：关系的本性就在于做出关联，但它们外在于自己的关联项。佩罗维奇将这样的关系称作外在关联关系（external relating relations），它们可以是特殊的（specific）或一般的（generic）。特殊的外在关联关系只关联特殊的关联项，而特殊关联项的实存并不蕴含特殊外在关系的实存；一般外在关联关系则可以被用来关联任何关联项。

在第三种含义中，关系是完全独立的——这也是人们最通常的理解；而此时，独立关系与非独立关系的区分其实就坍塌为外在关系和内在关系的区分。（以上三种含义请参阅 Perovic，2014：384~386）

布氏并未说明自己的理解属于上述哪种含义，但可以看出，无论具体含义如何，他都做出了这样的假定：不可能仅仅假定关系做出了关联，而不解释它们如何做到这一点。（参阅 CE 635）但如果我们并不预设关系需要为其关联项的多样性提供根据，他关于"关系如何关联"的质疑就很难被启动起来。

也有研究者持相反的态度，尽可能地为布氏论证的效力提供辩护，瓦利塞拉便是其中一员。他在《关系、一元论与布拉德雷倒退的维护》（"Relations, Monism, and the Vindication of Bradley's Regress"）一文中重

构了布氏的论证,并指明了其中的问题。他重构的论证如下:

1. 在关系性事实 aRb 及其成分的集合(set)、总和(sum)、列表(list)或有序组(ordered triple)之间是有差异的。与此等价,"在一种事实上做出关联的关系和未做出关联的关系之间存在着差异"。

2. 这种差异要求一种本体论的根据:它不可能是一种"天然事实"(brute fact)。

3. 因为 R 是外在的,事实及其成分之间的差异既不可能根植于关联项的固有性质中,也不可能根植于关系的固有性质中。

4. 事实及其成分之间的差异不可能根植于事实中任何进一步的成分,否则会引起恶性的无穷倒退。

因此:

5. 事实及其成分之间差异的本体论基础,且因此事实之实存的本体论基础,必定位于该事实"之外"。

因此:

6. 它们预设的事实和外在关系并不作为独立的真实之物存在:由于的确依赖于一种外在于自身的条件,它们缺乏终极实在性,因此属于显象。(参阅 Vallicella, 2002:11)

与佩罗维奇的重构相比,瓦利塞拉的重构比较简单,等于是把三种倒退整合在了一起。但他同样捕捉到了布氏的如下预设:我们必须解释关系为什么做出关联,或它们如何可能关联自己的关联项。上述重构的关键点在于 1 和 2,特别是其中的"天然事实"概念。关于 1,瓦利塞拉认为,被关联性要求关系,关系必须是普遍的;因此,关系并没有在它们关联所关联的东西这件事情中被穷尽,所以与它们所关联的东西不同。关于 2,所谓"天然事实",就是无需根据的、无需解释的、终极的东西,它们无需拥有一种本体论根据。这个术语其实暗示说:对于统一其原初成分的事实而言,不存在任何内在或外在于它的东西。而说一个事实及其成分之间的差异没有根据,这就是在说:事实成分的统一性没有统一者(unifier),无论该统一者是内在于还是外在于该事实。换言之,存在着统一性而不存在统一者,存在着关联性(connectedness)而不存在关联者(connector)。(参阅 Vallicella, 2002:18~19)

为了证明为什么统一性要求一个统一者,而一个承认天然事实的人也可以同时认为统一性需要统一者,瓦利塞拉提供了四种论证,并表明布氏在此并未预设任何版本的充足理由律。

关于第一种论证,他指出,根据天然事实的观点,一个事实成分的统一性无需统一者;但这会产生矛盾,即一个事实既是又不是其部分的整体。这种矛盾又进一步表明:不是不存在事实,而是关于事实的天然事实观点是错误的。所以,事实成分的统一性必定拥有一种形而上学基础。

关于第二种论证,瓦利塞拉请我们考虑如下两个事实:(F1)aRb,(F2)cR*d。根据天然事实的观点,每个事实都是成分的一种关联性,而没有一个关联者为这种关联性负责。但这是令人困惑的,如果 F1 和 F2 没有任何共同成分,事实性(facthood)就不是一个共同成分——此时我们该如何解释它们都是事实?

关于第三种论证,需要考虑与上一种论证相反的情况,即两个事实分享完全同样的成分。这是否可能呢?如果一个事实及其成分间的差异是天然事实,那么两个事实就可能分享完全同样的成分;但两个事实终究不可能分享完全同样的成分;因此,事实及其成分间的差异不可能是天然事实。

关于第四种论证,瓦利塞拉质问道:我们是否由此承诺说,完全不存在天然事实,而充足理由律的观念是正确的?他还提出了两个进一步的诘问:第一,为什么关系 R 在第一对成员之间成立,而在第二对成员之间不成立?第二,一定数量的、占有事实的(fact-appropriate)成分如何可能首先构成一个事实?对这些问题,即便坚持天然事实观点的人也很难在不引入统一者的情况下给出恰当的解答;这表明,承认天然事实与承认统一性要求一个统一者之间并不是矛盾的。(关于这些论证,请参阅 Vallicella,2002:20~26)

瓦利塞拉据此认为,一个事实及其成分之间的差异要求一种本体论根据。这种要求不应当被混同于如下要求:每个事实都拥有一种经验性的解释。可能存在经验上的天然事实;但即便 aRb 是一个经验上的天然事实,也并不意味着它是一个本体论上的天然事实。所以,从事实的实存可以推断出一个外在统一者"U"的实存,事实的实存依赖于它。(参阅 Vallicella,2002:28)

总之,瓦利塞拉的结论是:一个人不可能在没有一个统一者(即统一性的根据)的情况下拥有关于适合于该事实成分的特殊的同一性,也不可能在没有关联者的情况下拥有关联性。没有事实可以是其自身的关联者,也没有事实可以关联自己的成分以使它们成为一个事实。因此,一定存在着对于所有事实而言的共同的东西，这就是它们成分统一性的普遍根据，也就是一个事实及其成分之间差异的本体论根据。而布拉德雷倒退表明了：统一性是可能的，仅当事实拥有外在于它们的形而上学根据；一旦离开了这种根据，我们就会陷入矛盾中。（参阅 Vallicella，2002：31～35）

三 对布拉德雷倒退的接受

与完全拒斥布氏论证的哲学家相对，更多人实际上接受或部分接受了布氏的论证，并由此形成了当今关于布拉德雷倒退问题讨论的主流。我们在本小节按照佩罗维奇在斯坦福百科"布拉德雷倒退"条目第三部分中的整理，将这些接受其论证的观点划分为五类。

第一类观点主张用"非关系性的纽带"（Non-Relational Ties）取代关系。一些哲学家认可布氏论证的效力，即承认统一性本身是需要解释的；而既然关系本身不能起到关联的作用，那么能够解释这种统一性的只能是一种非关系性的纽带。斯特劳森认为，实例性纽带（instantial tie）可以将一个殊体与一类东西（sortal）（比如狗）统一起来，而刻画性纽带（characterizing tie）可以刻画共相（比如智慧）；这样的纽带是比通常所谓的关系更亲密的关联者（intimate relators），也允许其关联项之间具有更大的异质性（heterogeneity）。（参阅 Strawson，1959：167～170）与此类似，伯格曼将这种无需解释的、做出关联的、非关系性的东西称为"连结"（nexus），它可以在无需中介的情况下将性质关联在一起。（参阅 Bergmann，1967：9）阿姆斯特朗（Armstrong，D. M.）则提出了示例（instantiation）的"非关系性的基础性纽带"（non-relational fundamental tie）（参阅 Armstrong，1978：110；1989：109）但佩罗维奇指出，这些"非关系性的纽带"面临着两种显而易见的指责：一是，它们比自己所要取代的、通常意义上的关系更令人费解；二是，它们仍然无法阻止布拉德雷倒退的发生，因为适用于关系的指责同样适用于这些非关系性的纽带。例如瓦利塞拉就指出，即便伯格曼所谓的那种"连结"规避了布拉德雷倒退，却又会变得足够像是一种共相，因而重新面临殊体、性质与"连结"组成的统一体与其单纯聚合物之间区别的问题。总之，只要这种"连结"开始起到关联的作用，布拉德雷倒退就会再次出现。（参阅 Vallicella，2000：241）

第二类观点主张让"带有独特特征的外在关系"（External Relations with Special Features）起到关联作用。一些研究者相信，关系可以作为像事态或特普的束（bundles of tropes）那样的复合物的统一者而被保留下来；尽管通常的关系会面临无穷倒退的境地，但只要它们具备了一些特征，就能够在不引起无穷倒退的情况下起到关联的作用。例如，瓦利塞拉提出存在一种外在的统一性算子（an external unifying operator），可以把事实的成分关联起来并使得事实变为实存。该算子被记作"U"，是一种"形而上学的施事者"（metaphysical agent），可以让事实成为实存，尽管这一点仍是或然的。（参阅 Vallicella，2000：250，256）此外，如本章第三节第三小节所说的那样，梅内森也有类似的主张。对此佩罗维奇指出，此类观点与罗素的提醒有关，即关系具有双重本性，既可以作为关系的关联项出现，也可以作为起关联作用的关系出现。

第三类观点主张起关联作用的是"成分的相互依存"（Mutual Interdependence of Constituents）。这种思路仍然跟共相与殊体的关系有关，是与弗雷格一脉相承的。弗雷格提出了对概念与对象之分的独特理解，认为前者像函数一样是不饱和的，后者像变量一样是饱和的，两者可以在无需任何中介的情况下契合在一起组成一个统一体。经过这种解释之后的概念与对象是相互依存的，而这样的思路被认为可以被拿来解释关系是如何关联的：统一体的不同成分是相互依存的，它们可以通过非关系性的方式相契合。例如巴克斯特提出，殊体和共相的统一性都有各自的"方面"（aspects）；一个共相的不同示例是该共相的不同方面，而殊体的空间部分也是其不同的方面；殊体与共相可以通过某个方面的重合而部分地相等同。他说："假定休谟是一个殊体，仁爱（Benevolence）是一个共相，而且休谟是仁爱的。那么休谟拥有一个方面，他在那个方面内而言是仁爱的。仁爱也有一个方面，它在那个方面内而言是为休谟所拥有的。这两者是同样的方面——休谟的仁爱。"（Baxter，2001：454）但这遭到了阿姆斯特朗的批评，因为这种局部的等同不可能只是或然的，他指出："一旦拥有了同一性，即便仅仅是部分的同一性，就会有必然性存在。"（Armstrong，2005：317）这意味着一个殊体必然拥有其拥有的所有性质，而共相则必然拥有其所拥有的所有示例。在此基础上，佩罗维奇试图给出不带有如此强烈的必然主义依赖性（necessitarian dependence）的解释。她指出，大多数事态的成分——例如这只粉笔之为白色（this chalk being white）——都展现出"相互通用的实存的依赖性"（mutual generic existential dependence）。根据这样的看法，如果不拥有某种特定的颜色，一只特殊的粉笔就不可能实存，而它就这样一般性地、实存性地依赖于（generically existentially dependent on）某个颜色的共相；反过来也是一样，即白色这种共相也通用地、实存地依赖于某个具体的殊体。特定的事态之所以展现出如此强烈的实存依赖性，是因为殊体或共相中的任何变化都会产生一个不同的事态。（参阅 Perovic，2016：158~159）

第四类观点主张关联本身是一种"天然事实"（The Brute Fact），这与我们之前提到的拒斥布拉德雷倒退的第一种基本思路有关，即坚称关系的工作就是进行关联。只不过在这里，一些研究者把事态或事实这样的复合物看作其自身成分的统一者。奥尔森（Olson K. R.）认为，我们应当从另一个角度来理解布拉德雷倒退所揭示的结果，即事实应当被当作不可还原的东西。和罗素类似，他指出"关系"这个词具有不同的含义：它可以指被各种关联项组成的对子所多重示例（multiply instantiated）的东西，也可以指关联性这一事实。他喜欢用"关联"（connection）来取代"关系"："（关联）仅仅意味着被关联在一起。我们不会同样被诱惑去认为它是一个做出关联的额外的东西。关联不是事实的一个成分；它是事实本身。"（Olson，1987：61）阿姆斯特朗提出的"事态优先"（states of affairs come first）其实也是类似的意思，他说："（事态）以一种非整分论（non-mereological）的构成形式将其成分固定在一起，这种性质甚至允许这样的可能性，即不同事态具有等同的成分。"（Armstrong，1997：118）我们在上一小节已经看到了瓦利塞拉对此观点的部分反驳。他曾说："不证自明的是，作为一个复合物的事实是由其成分组成的，因此也不过就是这些成分。但同样不证自明的是，作为其成分的统一体，一个事实也多于其成分。面对这样的矛盾，我们必定要么完全否认事实的实存……要么超越事实去寻找能够消解矛盾的东西。"（Vallicella，2002：20~21）这也反映出，持不同观点的学者在一些基本预设上——如事实是否多于其成分——大相径庭，这使得两方的看法很难彼此接近。

第五类观点主张布氏的论证其实是一种"良性无穷倒退"（Benign Infinitism）。简言之，有人认为，虽然布氏的论证揭示了一种无穷倒退的处境，但这种倒退并不是恶性的。例如阿姆斯特朗就指出，在关于真理的良性倒退的情况下，我们可以说"p""p 为真"（it is true that p）、"p 为真这件事情为真"（it is true that it is true that p），如此以致无穷，但成真项（truthmaker）始终只有一个，而我们无需为后面的那些命题引入新的成真项；同样，在关于关系如何关联或统一性如何存在的问题上，所有更进一步的关系都伴生于（supervene）之前的关系，因而该倒退是良性的。（参阅 Perovic，2017：3.6）奥里利亚进一步发展了这种思路，他提出，在无穷倒退的每一步，增加的事实都会通过一个额外的外在关系解释之前的事实；尽管这样的解释可以继续，但这并不意味着我们对此是完全无知的。

他说:"(这)仅仅表明在任何阶段,我们都不知道/理解关于引起了解释链条的待解释项(explicandum)的、所需知道/理解的一切。而注意到所涉及的待解释项引起了这样一根无限链条这一点,可以被认为是我们对其理解的一部分。"(Orilia, 2007: 160)总之,虽然我们不可能穷尽关于关系的无限链条的理解,但在每一步上也都拥有局部的知识,而且还能意识到整个情况是如何的,因此该倒退并不是恶性的。当然,这样的解释并不令其他一些研究者满意,例如莫兰就质疑奥里利亚的方案,认为这并没有解决一个事态如何可能实存之类的问题。(参阅 Maurin, 2015: 212~213)

从总体上看,接受或部分接受布拉德雷倒退的研究者把相关讨论引向了以形而上学为主的领域。我们可以在下一节看看这种思路的进一步发展。

第三节　布拉德雷倒退与当代形而上学

一　共相与殊体

在布拉德雷倒退与当代形而上学相交融的领域中,最重要的话题之一还是关于共相(universal)与殊体(particular)的传统讨论。哲学中一种常见的观点认为,世界上的东西可以被分为共相与殊体,前者具有普遍性,后者则是特殊的东西。关系自然属于共相的范畴,而被关系关联在一起的关联项则既可以是共相也可以是殊体。这样一来,布氏提出的某些质疑也就可以被解释为共相如何关联殊体的问题。当然,这里所说的共相显然不是布氏所谓的那种"具体的共相"。我们在本书第一章第二节解释了这个概念,它指的是未经语言抽象的东西,是存在于殊相中并通过殊相而存在的共相,带有典型的唯心论色彩。这里所说的共相和殊体则是通常意义上的概念,指的就是普遍的东西和特殊的东西;尽管二者之间可能有一些较为模糊的地带,但其基本含义还是比较清楚的。

如果接受布拉德雷倒退,就会面临理论上严重的后果,即关系不再能作为一种实体存在——这与罗素对关系具有实在性的观点针锋相对。可以说,布氏的立场实际上会导致一种消除主义(eliminativism)(参阅 MacBride, 2020: 2[1]),而即便认可布氏论证效力的人也很难完全接受这

---

[1] 这里指的是该词条的第二部分而非第二页,以下不再赘述。

样的结论，因而倾向于对其做出更为温和的解释。其中，大多数人还是选择在被关联的成分中增加一类特别的实体，以阻止倒退的发生，这个被增加的实体可以是事实之类的共相，也可以是殊体，包括我们下面要讲到的"特普"（tropes）。例如，瓦利塞拉的方案是主张存在一个外部的、做出统一作用的算子，该算子把事实的成分连接起来，以使得该事实成立或存在。这个算子被他标记为"U"，其功能和成真项类似，是一种在形而上学上使得一个东西变为实存的项，可以被称为"成实存项"（existence maker）。（参阅 Vallicella，2000：250；Perovic，2017：3.3）他认为，该算子具有"或然地决定自身对其操作项进行运算的能力"（the power to contingently determine itself as operating upon its operand）（Vallicella，2000：256），由于这种作用是或然的，而且最终产生的统一性以"U"自身为根据，似乎就可以避免恶性的无穷倒退。正如佩罗维奇所指出的那样，该算子其实是在像上帝一样起作用，其角色仍然是模糊和令人难以接受的。（参阅 Perovic，2017：3.3）

可以看出，如何理解和应对布拉德雷倒退引起的困境，与哲学家采取的具体形而上学立场有密切关联。如果其本体论中有两类基体，就很容易因为事先承认了事实的存在而陷入布氏的陷阱。例如，对于认为既存在殊体又存在共相的实在论者（realist）而言，就需要解释殊体和共相之间的统一性。奥尔森和阿姆斯特朗都提倡增加新的成分，例如事实或事态，以使得殊体及其性质能够统一在一起，这个事实或事态可以扮演一种类似成真项的角色，使得表达该殊体具有该性质的命题为真。但根据佩罗维奇的概括，这种思路的问题在于：任何对一种统一某个殊体与普遍性质的关系（无论是实例［instantiation］还是示例［exemplification］）的求助，都会引起类似布拉德雷倒退的恶性无限倒退。（参阅 Perovic，2017：2.1）

对于只存在一类基体的形而上学立场而言，布氏的质疑同样有效。例如对于坚持束理论的人来说，存在的只有共相，而像糖块这样的殊体会被认为是由各种性质捆绑在一起组成的，包括白度、甜度、硬度等。通常认为，作为共相的性质是可以"多重出现的实体"（multiply occurring entities），它们会出现在自己的多个、不同的示例中。在这种视角下，关于统一性或统一体的问题就会转变为关于同样的性质组成的殊体（个体）或性质束如何可能有所不同的问题。（参阅 Perovic，2017：2.1）

相比之下，这种立场在某些方面面临的困难较少，因此，有人希望通过一种只承认殊体存在的本体论来化解布拉德雷倒退，就不足为怪了。毕竟这种理论只承认一类基体的存在，而且似乎又可以避免束理论的困难。

这种只承认殊体存在的本体论，也就是特普论。认为特普论可以阻止恶性倒退的代表人物有莫兰（Maurin）等。她提出，如果不认为关系是一般性的，而是特殊的、"不可转换的"特普（non-transferable trope），倒退就不会发生。"'不可转换的'特普"指一种关系，该关系在本质上由其所关联的事物承担，而且不可能由任何其他东西承担。（参阅 MacBride，2020：2；Maurin，2010：318~320）这样一来，所有关系都成了特殊的、不可重复的东西，因此也就不是共相，也并非布氏所谓的使得"多"成为"一"的东西。而之所以称其为"不可转换的"，是因为存在于一组关联项之间的关系并不能被转移给另一组关联项。由此产生的推论是：作为特普的关系的存在仅仅由其所关联的对象承担，这种特普足以为关联项被关联在一起这一点提供解释，无需任何进一步的东西参与其中。

但这样的思路可能仍然有问题，如麦克布莱德（MacBride）指出的那样，即便加入的是殊体，我们还是不得不预设最初需要被解释的东西，那就是关系做出关联的能力（the capacity of relations to relate；参阅 MacBride，2020：2；MacBride，2011：168~172）。我们在上一节已经简要分析了这一点。简言之，如果认为有事实这样一个东西存在，实际上就预设了统一体的存在，也就是预设了关系能够做出关联并产生统一性；这样就还是预设了布氏所要反驳的东西，即关系做出了关联这一点。从总体上看，特普论的思路只是从一个不同的角度解释了关系是如何做出关联的——毕竟我们通常似乎默认关系是共相，而忽略了它被视为殊体的可能性。但是，"关系如何做出关联"与"关系做出了关联"毕竟是两件不同的事情。一旦开始考虑"关系如何做出关联"的问题，我们就已经承认"关系做出了关联"，也就是承认了一种未经辩护的统一性，而这正是布氏要质疑的。

无论如何，类似的思路恐怕很难直接驳倒布氏，因为它似乎在最开始的地方就错过了布氏论证的要点。不过，特普论的确给我们指出了某种新的可能性，即便不能以此直接驳倒布氏的论证，但如果能借以深化对关系或相关形而上学问题的理解，也会是一种很有价值的进路。当代形而上学的讨论与布拉德雷倒退融合在一起后，也的确产生出很多新的问题，以此为基础，或许也可以获得对布氏哲学的新理解。所以接下来我们就简单考察一下相关的研究。

二 特普论

关于"特普"一词的翻译与理解，我们可以参考如下这段话：

从词源上说这个英文词首先来自拉丁词"tropus",意为对一个词的比喻性使用;该拉丁词又来源于希腊词"tropos",意为风格、转向等等。在英语中"trope"的意义是:转义,比喻;转义语词,比喻用语词;音乐中的附加句;标题,等等。显然,这个词的本来意义与作为殊相的性质和关系没有什么联系。但是,现在正是这个比较怪异的名称得到了大多数哲学家的认可。因此,人们将只承认作为殊相的性质和关系的理论称为"Trope理论"。……为了避免引起误解,我们采取音译加意译的办法,将"trope"译作"特普"。[这里我们要注意,当一些哲学家称作为殊相的性质和关系为"具体的性质(关系)"时,他们是在"占有时间或空间位置"的意义上使用"具体的"一词的;而当另一些哲学家称其为"抽象的殊相"时,他们是从认识角度或多个这样的性质和关系可以同时出现于同一空间位置之上这样的意义上来理解"抽象的"一词的。](韩林合,2003:141~142)

可以看出,"特普"①一词在后来的发展中背离了其最初的字面意思,被用来指一种作为殊体或殊相(particulars)的性质或关系。它的提出针对的是共相的各种缺陷。例如,传统上认为世界上存在的东西可以是普遍的,也可以是特殊的;可以是抽象的,也可以是具体的;而在很多人看来,普遍的东西就是抽象的,而特殊的东西则是具体的,如此便有"抽象的共相"(abstract universals)与"具体的殊体"(concrete particulars)之分。(参阅李奎,2020:176)但是,这样的区分面临两个问题:一是它的本体论不够经济,设定了不止一类基体;二是在解释一些问题时会遇到相应的困难。因此有人便希望提出一种能克服上述二者缺陷的、新的本体论概念,这就是特普。

有学者主张"特普"概念的提出可以上溯到亚里士多德的"个别偶性"(individual accident)或洛克的"样式"(mode)概念,但在当代讨论中最早系统阐述这一概念的还是美国哲学家唐纳德·威廉姆斯(Donald Cary Williams),随后坚持此类观点的还有坎贝尔(Keith Campbell)、莫兰等人。在他们看来,特普是一种"抽象的殊体"(abstract particulars),最

---

① 在《如何奠定历史唯物主义的"理论哲学基础"——一种基于"蕴相殊"理论的重构方案》一文中,徐英瑾将该术语译作"蕴相殊",这或许也是一种不错的译法,但不像"特普"那样兼具意译和音译的优点,因此笔者还是选择了"特普"。

大特征首先在于其不可重复性，即它们的存在完全是特殊的，不可能为多个对象所具有。这与通常所谓的共相不同，因为共相是可以为多个个体所具有或示例的，但这绝不意味着特普是一种像日常事物那样的具体存在物；恰恰相反，由于不同的特普可以在某个具体的时空中同时存在、构成一个具体的事物，它们必定是抽象的。此外，它们还必须是简单的，不可能是复杂的，否则就会因为拥有其他方面（aspects）而丧失自己的特殊性。所以，特普具有不可重复性、抽象性和简单性三个基本特征。（关于这三个基本特征，请参阅李葵，2020：176）

特普论有着明显的理论上的好处，即它在本体论上非常简单，只需要特普这样一种基体。但它也面临着巨大的困难，对此我们可以从两个方面加以分析。第一个方面的困难是，它在解释自然定律时会遇到麻烦。在主张有共相存在的本体论框架下，对自然规律的解释并不是什么难题。毕竟共相是可以被重复的，可以为不同的对象所拥有；而自然规律也是可重复的，体现了某种自然规律的现象可以被视为共相的示例。但在特普论框架下情况就有所不同了，毕竟如上一段指出的那样，特普是不可重复的、抽象的和简单的，不可能为可重复的自然规律提供本体论上的根据。[①] 而为了让抽象的特普能够解释我们具体的日常生活世界以及各种抽象规律，似乎就不得不在只有特普存在的前提下尝试构建起不同特普之间的关联，至少使得它们能够合理地构成某种重复出现。

但这样也就会引出第二个方面的困难，即特普论在解释传统的共相以及不同特普之间的关系时可能引起恶性的无穷倒退。如果想通过不可重复的特普解释可重复的共相（也就是通常所谓的性质或属性），似乎就不得不主张这些特普之间具有某种共同的东西；但为了不让这种共同的东西引出抽象的共相的存在，唯一的选择似乎就是认为这些特普之间具有的是某种"相似性"（resemblance）。这样的相似性必须是可传递的，否则就还是无法解释共相的存在。如果从 A 与 B 相似、B 与 C 相似中可以推导出 A 与 C 相似，则该相似性就是可传递的，这样的相似性被称为"精确的相似性"；不可传递的相似性则是"非精确的相似性"，只具有自返性、对称性。（参阅韩林合，2013：142）但可以看出，在用精确的相似性解释共相时很容易引起如下倒退：假定只存在特普，则用来

[①] 当然，已经有不少研究者尝试在特普论框架下克服相应的困难，例如让特普论接纳倾向主义，从而在此基础上构建出自然定律。关于这些尝试的具体情况，请参阅倪明红的论文《特普论能够解释自然定律吗？》。

解释特普 A 和特普 B 的"相似性"本身就也是特普；那么为了解释特普 A 和作为相似性的特普，还需要引入另一个作为相似性的特普……如此以致无穷。[①]

此外，如果想通过特殊的特普解释具体事物的存在，似乎就不得不主张不同的特普可以通过某种方式聚集在一起，就像束理论中的性质那样——这种聚集通常被称为"共现"（compresence）。此时，布氏针对统一体或统一性的责难显然就会被启动：我们不可能在不事先预设统一性存在的情况下避免无穷倒退。通过此前的讨论可以发现，即便承认有"关系"这样一类东西存在，布氏的论证仍然具有相当的效力；而在只承认特普存在的框架下，避免布拉德雷倒退似乎反而变得更加困难。换言之，考虑到布氏的论证方式，"共现"能否让特普论者成功解释统一性，是非常可疑的。

可见，尽管特普论在某些方面有着理论上的优势，但还是会面临布拉德雷倒退所揭示的困难。毕竟特普论主张任何具体的东西不过就是特普的共现，而布氏的论证就是意图表明类似的观点在解释统一性（也包括相似性和共现）时会形成恶性的无穷倒退——双方在这一点上可以说是针锋相对的。接下来我们就看看坚持特普论的人是否可以成功化解布氏的诘难。

三 特普论与布拉德雷倒退

特普论要解决的首要问题之一是：特普是否以及如何构成具体的殊体（concrete particulars）——这实际上与布拉德雷倒退所针对的问题有很多重合之处。特普论者解答上述问题的基本思路是：让特普能够构成或支撑所谓的普通对象的存在。由于特普的特性，普通对象只能被视为特普的束，因此特普论者实际上处于同束理论者类似的处境，面临着传统基体—属性模式的竞争。而抛开束理论与基体—属性理论孰优孰劣不谈，前者要想成立，就必须解释普通对象的统一性的来源。对于特普论来说，就是要解释共现是如何提供统一性的。但这样一来，我们就很容易陷入布拉德雷倒退的陷阱。（参阅 Maurin，2018：3.2）默茨曾概括说，此时我们需要解释的统一性是这样的：它是一个异质的整体，是"一"和"多"；这个

[①] 关于这种恶性倒退的详细情况，请参阅徐英瑾（2017：31～32）。解决这种倒退的一种思路是主张相似性本身是"内在关系"、无需引入其他中介——根据徐文的转述，坎贝尔即持有此类主张。显然，这样的主张会把我们引向关于内在/外在关系的讨论，我们会在本书下一章再对此做出详细分析。

整体中的成分是不同的,但又被统一为"一";其自身具有新的、伴生的属性和关系,而这些属性和关系又是单独的或作为类的元素所不具备的。(参阅 Mertz, 1996: 16; Meinertsen, 2018: 133)

显然,特普论和束理论一样,天然就和布拉德雷倒退紧密地关联在一起。佩罗维奇对此总结道,关于布拉德雷倒退的讨论中有四点需要解释:一是不同的特殊复合物之间如何区分;二是关系是如何关联的;三是实体清单和统一复合体之间差异的本体论根据是什么;四是如何解释特殊(specific)复合物(特普束或事态)的或然性实存。布氏本人对这四个问题的回答摇摆不定,引起了后来的很多争议。其中第一点与特普论有直接关系。特普论者认为,共现关系可以被理解为一般性外在关联关系(generic external relating relation),这种关联关系可以关联任何关联项。但如果共现关系要解释两个不同共现的区别是什么,其角色就不可能被限定在特普的统一上,而是必须也能够起到产生差异的作用——这就是布拉德雷倒退中被归属给关系的角色。(参阅 Perovic, 2014: 386~390)

在通过特普论化解布拉德雷倒退方面,莫兰做了较多工作。在《特普论与布拉德雷倒退》("Trope theory and the Bradley regress")一文中,她对与布拉德雷倒退有关的特普论的基本特征做了概括。这些特征包括:(ⅰ)存在着特普;(ⅱ)特普是抽象的、特殊的、简单的(simple)实体;(ⅲ)除了特普外不存在任何东西。此外再加上两个补充性原则:一是方法论原则,即特普理论必须(在最低限度上)能够说明原子命题的真;二是成真项理论,即一个原子命题 p 为真,当且仅当存在 p 的某个或某些成真项。此时显然会有这样的问题出现:如果 Lump 是一个具体的、复合的糖块,而特普是诸多抽象的、简单的性质,那么"Lump 存在"的真如何可能在一个纯然特普论的框架下得到说明?莫兰将这称为成真项问题,她试图在包含成真项的特普论框架下化解布拉德雷倒退(参阅 Maurin, 2010: 311~312)

她指出,在布氏揭示的无穷倒退中,每一步的真都依赖于上一步的真:〈Lump exists〉的真依赖于〈$white_1$,$hard_1$,and $sweet_1$ 是共现的〉的真,后者又依赖于〈$white_1$,$hard_1$,and $sweet_1$ 和共现$_1$ 是共现的〉的真,如此以致无穷。在任何一个点上,关系的加入都无法导致糖块的实存,而只是引入了未被统一在一起的特普。对于特普论者来说,唯一的选择就是证明这样的恶性倒退并不真的存在。但莫兰提出,在此我们可以有两条进路:要么质疑共现必须被设想为一种真实的关系,必须与其关联项相区分;要么可以挑战布氏的另一条主张,即共现不能在没有恶性倒退的情况下被理解为一种真实的关系。她认为，一种关于真实关系本性的，并不让关系陷入恶性倒退的表述是可能的；而共现并不需要被当作真实的关系。（参阅 Maurin，2010：315）这是如何做到的呢？

之前说过，特普具有"不可转换性"（non-transferable）。这就意味着，在特普论的框架下，承担提供统一性责任的只能是共现。但共现并不在通常的意义上是一种"关系"，因为它并不是共相而是特普。因此，正如莫兰所指出的那样，如果布氏的结论被接受，共现的本性就不可能以一种前后一致的方式得到澄清。用莫兰主张的成真项的术语来说，糖块不可能等同于其被分开看待的性质的理由是，这会阻止我们区分〈whiteness, hardenss, and sweetness exist〉的真与〈Lump exists〉的真。由此自然就会得出如下结论：谈论说"whiteness""hardenss""sweetness"是关联在一起的，这意味着存在一种关系，它与它们一同出现并在它们之间成立，但该关系既不能被归属给它们，也不能与它们相等同——而这样就会导致布拉德雷倒退。出于回避布拉德雷倒退的考虑，特普论者的关系——共现——必须被设想为某个与其关联项一同出现而又与之不同且独立于它们的东西。因此，共现似乎就需要被理解为一种独特的特普。（参阅 Maurin，2010：313~314）

特普论者必须把特普当作非转换的；否则的话，特普就无法作为成真项起作用。而根据成真项理论，一个成真项的实存必然使得某条真理为真。因此，不存在一种令人信服的理由，它既让我们相信特普是非转换的，同时又不会让我们接受非关系性的进路（比如布拉德雷式的进路）。莫兰认为，只有当不存在任何关于如下事情的可接受的表述时，我们才应当接受非关系的进路：对于带有可转换特普的单称存在命题而言，需要额外东西来提供恰当的成真项。这样一来，解决布氏问题的关键就是：更好、更细密地理解关系和关联项如何在本体论上彼此依赖。（参阅 Maurin，2010：320~321）

莫兰以此为基础重新考虑了关系对关联项的依赖性。她认为布氏未能考虑所有的可能性，因而得出了如下错误的结论：不可能存在任何关于关系的论述，该论述能够解释并说明糖块（即 Lump）的本性和实存。她提出了对关系的新理解：（1）关系的实存是或然的；（2）如果关系存在，它们必定关联它们事实上关联的东西——也就是说，不可能有这样的世界，在其中，关系存在，并且关联的不是它实际关联的实体，或是在该关系存在的地方完全没有关联任何东西；（3）如果关联项存在，则它们无需被关联——也就是说，存在某个可能的世界，在其中，关联项存在而关系并不存在。根据这样的看法，把共现₁添加进一个有特普 white₁、hard₁ 和 sweet₁ 的世界，就足以说明〈Lump 存在〉的真。从如下事实中不会得出关于世界本性的、令人难以置信的固定观点：关系在这种意义上（强地）是非转换的；尽管共现₁的实存在本质上依赖于特普 white₁、hard₁ 和 sweet₁ 的实存，但相反的说法并不为真，即后者并不依赖于前者。这意味着存在某个可能世界，在其中，〈white₁，hard₁，sweet₁ 存在〉为真而〈Lump 存在〉为假——布拉德雷所面临的问题由此便得到了解决。（参阅 Maurin，2010：321~323）

与莫兰的思路类似，梅内森也试图提出一种新的关系，即一种自我关联的（self-relating）关系，它把殊体和共相统一成事态。这样一来，使得关系 R 与 (a, b) 这样一个殊体组成的对子关联在一起的，是一种起到统一作用的、自我关联的关系 U*，它将自身与 R、a、b 关联在一起。因此，R (a, b) 这个事态就等同于事态 U* (U*, R, a, b)，而且非关系性的事态 Fa 不过就是 U* (U*, F, a) 的缩写。（参阅 Meinertsen，2008：12；Perovic，2014：391~393）当 U* 出现在括号外时，扮演的是"主动"（active）关联的角色——此时其本身不是被关联的成分；当出现在括号之内时，扮演的是"被动"（passive）关联的角色——此时其本身是被关联的成分之一。但佩罗维奇指出，这类似于罗素关于关系具有双重本性的观点，即它既能够作为关系的关联项又能作为起到关联作用的东西存在。（参阅 Perovic，2014：389）我们的困难就在于解释这两种角色或两种本性之间的区别，而梅内森的观点似乎并没有带来真正的进步。

在其专著《事态的形而上学：成真、共相和对布拉德雷的告别》(*Metaphysics of States of Affairs: Truthmaking, Universals, and a Farewell to Bradley's Regress*) 中，梅内森较为系统地对布氏的论证进行了批判性重构。他首先界定说，事态（states of affairs）是复合物，是性质或关系通过殊体而产生的示例（instantiations）。实际上，该著作的目的就是论证如下四条命题均为真：第一，像逻辑原子主义这样的东西为真；第二，事态中的殊体应当是赤裸的殊体；第三，事态、复合物应当在不引起布拉德雷倒退的情况下被统一起来（unified）；第四，事态本体论应当比其竞争者运作得更好。（参阅 Meinertsen，2018：vii）梅内森进一步提出，任何对统一性问题的关系内在论（relational internalist）解答都必须回答如下问题，即 U 如何关联其关联项（relata），对该问题的回答又蕴含了对如下问题的回答，即一个事态的成分如何非分体论地（non-mereologically）与它统一在一起。① 借助自己的术语，梅内森还对布拉德雷倒退做了重构。②与笔者的看法类似，他也认为这种倒退显然是恶性的。

但实际上，无论莫兰还是梅内森的新方案，都很难说令人满意地克服了布拉德雷倒退。其中的症结始终在于他们无法真正让该倒退变成良性的，除非我们一开始就拒斥布氏的前提从而让倒退无法启动。综合此前的所有讨论，笔者认为，这样的困境不是因为相关研究者的能力不足，而是因为大家可能误解了布拉德雷倒退的本性。因此笔者在下一节会尝试提出自己对该倒退的所谓"怀疑论式"解答。

第四节 对布拉德雷倒退的怀疑论式解答

一 布拉德雷倒退与统一性

通过前两节的分析可以看出，化解布拉德雷倒退所揭示的困境有三种基本的思路：一是直接断言，对关系能否进行关联这一点进行质疑是纯粹的诡辩；二是揭示布氏论证中的某个或某些前提是没有道理的；三是证明布拉德雷倒退是良性的无穷倒退（benign infinite regress）。关于这三种思路，笔者认为，第一种思路的效力十分有限，肯定不会受布氏本人及其支持者的欢迎。根据这种思路，大家的分歧从根本上说不过就是一种对于基本概念理解上的巨大差异，双方的观点也很难说形成了实质性的交锋，而所有讨论在似乎还没有开始的地方就结束了；后两种思路是针对布氏的具体论证展开的，而且可以被整合为对同一个问题的回答：布拉德雷倒退是恶性的无穷倒退（vicious infinite regress）吗？我们暂且接受罗素、阿姆斯特朗、奥里利亚等人的看法，把倒退中新引入的成分并不构成该步骤的命

---

① 在该书第144页，梅内森将自己理解的不同内在论用图表的形式呈现如下：

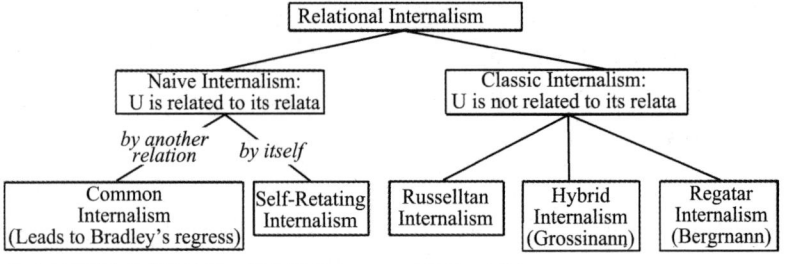

② 关于这种重构的具体论证，请参阅 Meinertsen（2018：152）。

题之意义的无穷倒退称为良性的；把构成其意义的倒退称为恶性的。那么，第二种思路的主张就是：如果布氏的论证成立则就是恶性的，但由于论证的前提有问题，因而无法被启动（或曰不成立）；而第三种思路的主张则是：布氏的论证在形式上是成立的，却是良性而非恶性的无穷倒退。

关于布拉德雷倒退是否是恶性的这一点，其实并不容易回答，其中的根本性困难有两点：第一，布氏本人的论述十分模糊、可以被理解为不同的样子，而依据这种理解的不同，相应的回答也就不一样；第二，我们还必须考虑布氏本人的哲学体系及其对一系列概念的奇特用法。在此，笔者简略将相关情况总结如下：如果总体上接受布氏的体系及其对相关概念的使用，那么他所提出的三种倒退从形式上看都应当是成立的——这可以说是布拉德雷主义者的立场；如果拒斥其重要的前提或其对重要概念的理解，那么这些倒退就要么是无意义的诡辩（即上述第一种思路），要么是不成立的（即上述第二种思路）；如果接受其部分前提，并对其相关概念做出更为合理的解释，那么这些倒退可以是良性的——这就是上述第三种思路。

究竟哪种思路才是可取的呢？在笔者看来，布氏的论证在形式上是成立的，其争议之处主要在于各种前提和关键概念。但如果纠缠于这些方面，争论就很可能变成上面所说的单纯的立场或理解之争。因此，我们可以先尝试在最大程度上接受布氏的前提和对关键概念的解释，然后再考察在这样的情况下仍然不得不接受的东西是什么。这并不意味着接受布拉德雷主义者的结论，而是在探求新的可能性，也就是采取一种把怀疑论作为方法的思路：先接受怀疑论者的立场，然后再考察连他们也不得不接受的东西是什么——这就是笔者所谓的对布拉德雷倒退的怀疑论式解答。这种思路在哲学史上屡见不鲜，比如笛卡尔的普遍怀疑。

那么，在最大程度上接受布氏的前提而又不简单地倒向布拉德雷主义者的结论，会产生出什么新的可能性呢？我们可以再来考虑一下相关讨论在当代的发展。后来的很多研究者实际上继承并发展了上述第二种思路，即认为布氏的倒退是恶性的，但通过修改或增补其中的一些要素，可以让这种恶性倒退无法启动。这些讨论大多指向当代的形而上学或语言哲学领域，最终试图靠逻辑手段或形式化的方式对关系如何关联等问题做出解答。在笔者看来，这样的思路正中布氏的下怀，因为它们都是在"成分"的层面上展开的；这些成分"构成"了统一体，但关系并不能解释这一点，而布氏就是要求我们对此做出合理的解释。可以看出，布氏论证的一个精要之处就在于：只要停留在成分的层面上，无论怎样增加新的成分或是对这些成分进行组合、叠加，都必须首先预设一个位于它们之上的东西——比如统一体或能够做出关联的关系——的存在。我们在本章第二节第三小节提到的"非关系性的纽带""带有独特特征的外在关系""成分的相互依存性"等思路就是如此，但它们都很难说取得了成功，因为最终都还是要预设一种在所有成分之外或之上的统一性。

相比之下，主张该倒退是良性的人也并不成功，因为他们还是错过了布拉德雷倒退的精要。肯定布拉德雷倒退是良性的研究者等于是肯定了这种论证的合理性，他们质疑的只是其效力或作用。在他们看来，只要倒退中新引入的成分不是该命题之意义的组成部分，我们就不必为这种倒退担心。但在笔者看来，即便情况真的如此，最初的问题仍然没有得到消解，即统一体或统一性如何存在？即便倒退是良性的，我们仍然无法获得对这个问题的任何令人满意的回答；换言之，统一性为什么会存在？统一体与成分的聚合物之间究竟有何分别？这些与倒退本身是恶性还是良性的无关。承认倒退是良性的，这丝毫不能提供关于统一性的任何解释。当然，如果认为统一性本身无需解释或统一体与成分的聚合物之间没有差别，我们就会回到上述第一种思路，即简单地站到与布氏相对立的立场上去，而这是笔者已经批判过的。实际上，我们从布氏的论证中真正应当汲取的教训是：如果单纯在成分或形式的层面上进行分析，那么任何对统一性的解释最终都会陷入循环论证或无穷倒退的境地。正是在这样的意义上，良性倒退的思路既违背了布氏的本意，也不会带给我们真正有启发性的东西。而把布拉德雷倒退视为恶性的，才是更合理的立场。[①]

可既然无论哪种思路都有各自的缺陷，我们就需要反思一下，是不是有什么根本性的理解出了问题。在笔者看来，出问题的不是布氏论证的前提或形式，而是我们对其角色的理解。此时我们似乎需要把整个思路"颠倒"一下：布氏希望用它们来证明关系和统一性本身是不合理性或包含矛盾的，但其实它们应当被用来帮助我们恰当地理解关系和统一性的本性及来源。如前所述，布拉德雷倒退真正揭示的是：如果总是停留在成分或形式的层面上，就无法发现任何统一性的存在，关系本身的角色也变得可疑。但如果我们站在一个高于成分的层面上，将该倒退视为一种针对关系和统一性的怀疑论，则可以帮助我们理解人们究竟是如何把握到统一性的。笔者认为，这样的更高级的层面其实就是意义的层面。我们可以通过

[①] 李主斌也认为该倒退是恶性的，只是角度和理由与笔者不尽相同。（参阅李主斌，2016：138）

引入命题的视角来说明这一点。

　　无论对于个体还是命题而言，统一性的确是需要解释的，或者说统一体与其成分的聚合物之间的确有区别。首先来看个体。假设糖块拥有"白的""甜的""硬的"三种性质，那么无论是否承认束理论，这三种性质的集合显然都不等于通常所谓的糖块；即便加入一种基底或赤裸的殊相作为这些性质的承担者，它们的集合还是与糖块不同；更糟糕的是，无论增加怎样的东西进来，集合或聚合物与糖块之间始终还是有不可逾越的鸿沟。这样的鸿沟其实同时存在于两侧：既存在于对象那一侧，也存在于心灵或主体这一侧。在对象那一侧，我们可以用来描述和刻画殊体或性质的任何语词都不能提供所需的那种统一性；在主体这一侧，我们似乎同样找不到那种统一性所对应的东西。当然，主体和对象这两侧本来也就是对应的，因为它们最终都必须被语词刻画，实际上是统一在语言中的。所以，布氏揭示的麻烦可以在语言层面上得到一种概括，那就是：所有成分（无论怎样增加这些成分或对之做出组合）组成的聚合物的意义与糖块的意义之间始终是有区别的。由此也可以看出，个体的统一性问题与命题的统一性问题其实是相通的。

　　统一的命题也并不等同于其成分的集合或聚合物。我们以罗素的一个例子为例："奥赛罗判断荻丝梦娜爱凯西奥"（Othello judges that Desdemona loves Cassio）。如果不知道其中这些语词的意思，一个人显然不可能理解这些语词组成的命题；但是在很多情况下，即便理解所有语词的意思，一个人也可能仍然不理解这些语词组成的命题。这表明语词成分组成的聚合物和一个有意义的句子（或曰命题）之间是有区别的——这跟个体的情形是一样的：个体拥有统一性，命题同样拥有统一性，而这种统一性都不可能来自其所拥有的成分及其组合方式。总之，单纯地把有意义的语词或符号按照一定的顺序或形式组合在一起，不足以产生一条有意义的命题。

　　经过这样的解释，我们可以通过布氏的论证追问的问题其实是：命题的成分以何种方式形成了一个统一体？或者是什么使得语词的聚合物成为一个统一的命题？如果停留在成分的层面上，就会陷入布拉德雷倒退，所以我们必须进入成分之上的层面，在意义中寻求统一性的来源。

二　一种怀疑论式的解答

　　那么，统一性究竟来自哪里呢？罗素的一些尝试对该问题的解答会有帮助。他在《数学原理》中就已经意识到了如下问题的存在：单纯词项的排布并不能构成命题。（参阅 Foriter，1996：28）为了解决这个问题，他做了各种尝试。由于在他的形而上学框架中不存在与"that Desdemona loves Cassio"相对应单位，所以他最初将该命题分析为"Judges（Othello，Desdemona，Cassio，loves）"。这与他早期对判断之本性的理解有关。在1906年的处理中，他主张为真的判断迫使我们接受一种与事实的二元关系；为假的判断则迫使我们接受一种与对象、性质、关系的多元关系。而在1910年的处理中，他修订了一些观念，认为判断始终是多元关系，对于为真的判断而言也是如此；否则人们就可以通过单纯的内省而判断出一条判断为真还是为假，即只看它是几元关系即可——这是很荒谬的。到了后来，他对上述分析做出了较为重大的修改，在其中加入了有序对，以解释词项的不同顺序为何会产生不同命题。这样上述命题就被分析为：Judges（Othello，Desdemona，Cassio，loves，R（x，y））。借助这种形式，他就可以解释主体如何在判断中把这些成分联合在一起。（关于罗素的这些处理，请参阅 Hanks，2007：125～127）但他发现，单纯把词项与命题在逻辑形式中结合在一起，无论如何都不足以产生一条有真值的判断。实际上，这仍然涉及成分的聚合物与有意义的命题之间的根本性区别。能够被肯定或否定的始终都只能是有意义的命题，而像关联项和关系组成的聚合物或集合并不是某种可以为真或为假的东西。因此汉克斯概括说，即便事项的集合包含正确的数目和顺序，也不可能为真或为假，因此不可能被判断；而罗素多元关系理论的整个要点就是避免对命题统一性的需要所引起的问题。（参阅 Hanks，2007：137～140）不过罗素的尝试并不能说是成功的，仍然面临着陷入布拉德雷倒退的危险。

可以看出，当把布拉德雷倒退运用到命题与意义的层面上时，就会涉及思想与世界的关系。这也是布氏本人关注的话题，用他的术语说就是思想与实在的关系。与后来的研究者不同，他提出关于无穷倒退论证的目的并不在于讨论各类具体的形而上学问题，而是揭示所谓关系和关系性的思维方式本身是包含矛盾的，因此属于显象而非实在：

> 我的结论是，一种关系性的思维方式——它被关联项和关系的机制所推动——给出的必定是显象而非真理。这是一种权宜之计、一种设备、一种单纯的实践上的折中，非常必要，但最终是站不住脚的。（AR 28）

> 如果一个事物没有内在的区分，它就不可能是（或做）两种不同的东西，而差异不可能在同一个点上属于同样的东西，除非在那个

点上存在着多样性。这样一种联合的显象（appearance of such a union）可能是事实，对于思想而言却是一种矛盾。（AR 501）

这可以帮助我们更好地理解他本人关于显象包含矛盾的观点：严格来说，他并不是主张各种东西包含矛盾或不是真实的，而是说我们对它们的理解——也就是思想——包含矛盾或是不真实的；思想一旦摆脱了矛盾就是真实的了、会融入实在中。我们可能很难接受布氏对思想和实在的界定，但在其无穷倒退针对的是思想而非语言或事物这一点上，还是可以与他达成一致的。如前所述，在"命题以何种方式形成了一个统一体？"的问题上，通常所谓的关系显然不能起到提供统一性的作用；而如果停留在关系的层面上，就会陷入布拉德雷倒退；所以我们必须进入"理解"的层面。

为此我们可以考虑，除了作为一种哲学上带有诡辩色彩的思辨之外，布拉德雷倒退在日常生活中是否拥有什么示例？换言之，我们是否可以在日常生活或日常语言的层面举出类似的无穷倒退的例子？这其实并不难寻找。

还是以"奥赛罗判断荻丝梦娜爱凯西奥"为例。一个人是否可以在理解其中所有语词意义的情况下仍然不理解这个句子呢？这当然是可能的。类似的情况在学习外语时经常出现，我们常常在知道每个单词意思和语法规则的情况下仍然不知道相应句子的意思；同样的麻烦在母语的情形下也有可能存在，比如在交流中一个人始终都未能理解另一个人的意思，尽管他当然知道对方所说的每个词的含义。这样的情况还可以进一步扩展，比如我们可能在知道每个句子含义的情况下，并不理解这些句子组成的那段话所要传达的意思。因此，可以这样在日常生活中构建关于布拉德雷倒退的例子：我们能够无限地追问一个人是否理解了一个句子或一段话，而无论对方对该句子或段落的成分做出怎样的理解或解释，无论在成分的层面上增加怎样的要素，都不能排除这样的情况，即他并未理解作为统一体的句子或段落。

经过这样的阐发，看似恶性的布拉德雷倒退实际上可以被视为一种针对意义的怀疑论；它针对的是关于成分的聚合物的理解与关于统一体的理解之间的区别，或者说是聚合物的意义与统一体的意义之间的区别。在这样的情形中的确存在一种恶性的倒退，但它并未证明统一性本身的不合理性，而是揭示了：无论在成分的层面上增加怎样的要素，都不能产生出我们对统一体的理解，或者说都不能赋予那个聚合物一种我们在统一体那里才把握到的意义。

构造此类怀疑论的"秘诀"在于：在保持成分本身不变的同时，让由它们"构成"的统一体有所不同；也就是说，成分本身及其组成的聚合物是同样的，但有人把这个同样的聚合物——假定大家对其中成分的理解也是相同的——把握成一种统一体、有人则把握为另一种统一体。这就产生了如下悖论：一定有什么造就了这种差异，但这种差异却无法在成分的层面上被找到，由此我们就陷入了布氏所揭示的那种恶性的无穷倒退中。显然，歧义词、歧义句等各种有歧义的情况都是这样的例子，它们在日常生活中很常见。而成分的聚合物与统一体之间的差异，其实只是这种有歧义的情形的特例，因为这等于是一种极端情形，即对只能把握到成分聚合物的人来说，统一体或统一性是缺失的；只要被牵涉的是两个或两个以上的统一体，就可以得到日常生活中各种有歧义的实例。

这些实例中比较有代表性的是格式塔心理学（Gestalt Psychology）青睐的那些图形。比如格式塔心理学家科勒所说的航海图，在这种图中，海洋及其边界被表现为普通地图上陆地及海岸的样子，即它与通常看到的地图是"反过来的"。因此，航海图和普通地图上陆地的边界是一样的，我们视网膜上的几何线条也是一样的；但我们在航海图上可能完全无法识别出相应的陆地的形状。此类例子表明，单纯的视觉成分并不能决定我们最后看到的东西；换言之，完全同样的成分也可以"构成"或被把握为不同的统一体。（参阅 Köhler，1929：196）

除了图形之外，面部表情也是一类很好的例子。在描述某种面部表情时，我们必须使用各种概念。组成面部表情的成分或要素就是呈现在我们视觉系统中面部的各种图形或几何形状、线条。但无论是对未能识别出某种表情的人来说，还是对把相同的面部状况识别为不同表情的人来说，他们接受到的成分都是一样的，但最后获得的统一体——该统一体可以被某个描述表情的概念刻画——却不同。

所有这些现象都被维特根斯坦概括为"看到面相"（aspect-seeing）（参阅张励耕，2017b：第二章第一节至第三节）。显然，我们可以把完全相同的成分组成的聚合物看作不同的统一体，而这一点并不能被还原为任何成分或其排布方式上的差异，也不可能通过增加任何成分而得到解释——这就是此类案例与布拉德雷倒退的共通之处。只不过，布拉德雷倒退是其中的一种极端情形，而且主要存在于抽象的思辨中，而有歧义的实例则在日常生活中大量存在。

语言中存在着大量多义词或歧义句，在听到这些语词或句子的时候，人们把握到的成分是完全一样的,但根据主体或语境的不同,这些成分的聚合物可以被理解为不同的统一体,也就是被理解为不同的意义。当试图从成分中寻找这种意义或其来源时就会陷入无穷倒退,但这并不意味着统一性本身有问题或包含矛盾,而是说我们必须承认统一性并不存在于成分的层面,而是存在于或来源于一个高于成分的层面;或者说,我们必须首先承认这样一个层面,也就是意义的层面本身的存在——这就是笔者所谓的对布拉德雷倒退的怀疑论式解答。按照这种思路,布拉德雷倒退是恶性的,但其角色是通过怀疑而帮助我们达到正确的理解。

三 语言、理解与关系

根据上述解答,我们面临的悖论其实是这样的:无论怎样增加成分,都不能在不预设统一性的情况下得到统一性;而统一性的确在实际中存在,所以问题的关键在于:统一性来源于哪里?布氏认为,通过展示恶性的无穷倒退可以表明关系本身包含矛盾,而统一性是成问题的——这显然是对常识的罔顾,的确带有诡辩色彩,那些反对他的研究者想说的也是这一点。但这并不意味着他的论证本身不成立,而只是意味着他误解了自己论证的角色或作用。因为只有假定了统一性只能来源于其成分这一点,我们才会陷入悖论;如果统一性有其他来源,悖论就会消失。在笔者看来,从常识的角度出发,统一性的存在是没有问题的、不应当被否认,应当被怀疑的只是其来源。毕竟,实际生活中的无数例子表明我们可以直接把握到统一性,这种把握表现为对意义的理解,因而意义才是统一性的来源或其所在的层面。

在实际生活中,我们的认知和交流是可以正常进行的;换言之,我们并没有像布氏的论证所揭示的那样陷入一种极端怀疑论的境地——尽管这种怀疑论从逻辑上说是可能的——这是如何实现的呢?其实,在逻辑上可能的事情并不一定就在现实中发生;从常识的角度看,恶性倒退出现的概率恰恰是极低的。即便我们有时会遇到一些可疑或沟通不畅的情况,比如不同的人对同样的东西有不同的理解,怀疑往往也不会无限进行下去。现实中的怀疑链条一定会终结,而交流和沟通也一定会进行下去。显然,有一些逻辑之外的因素阻止了这种在成分或要素中对统一性的寻找,而直接提供给我们可靠的统一性或统一体。

对于此类情形,一种自然的解释是:如果提供统一性的东西不在成分这一侧,那就在主体这一侧,比如可能是主体的理解或解释。我们可以主张自己的心灵具有一种赋予成分的聚合物以统一性的能力,在这种能力的作用下，原本没有统一性的聚合物变成了一个统一体，例如一堆散乱的单词组成的聚合物成为一个有意义的句子；而同样的聚合物也可以成为不同的统一体，上述提到的有歧义的图像或多义词、歧义句等就是如此。不过，事情并没有那么简单。如果假定统一性是由我们的心灵提供的，就会有如下三个问题存在。

第一，如果统一性来自心灵，那么事物或对象自身中是否存在着统一性？当我们说某物是一个整体或某些语词组成的句子是一个有意义的命题时，似乎并不是仅仅在做出自己的阐释，也是在描述甚至断言关于这个事物或语句本身的事情。就拿糖块的例子来说，当断言"这是一块糖"或"这块糖是白的、甜的、硬的"时，我们当然还是认为作为统一体的糖块是实存的，而且这种统一性是它本身具有的，并不仅仅是我们心灵赋予它的，而心灵只是把握到了这种统一性而已。尽管理性似乎无法在糖块中找到这种统一性，但简单地认为统一性来自心灵则会让我们陷入另一片泥潭，导致对象自身失去统一性，而这样的理论代价是十分高昂的。

第二，假定统一性来自心灵，还是会面临布拉德雷倒退揭示的困境，即我们无法在不预设这种统一性的情况下刻画它。布氏的论证告诉我们，当试图在成分或要素中寻找统一性时，除非事先预设了该统一性，否则就会陷入恶性的无穷倒退。但如果统一性来自心灵，我们又该如何刻画它呢？还是以糖块为例，无论作为一块糖的统一性来自组成糖块的要素还是我们的心灵，在不引入作为指称统一体的概念"糖块"的情况下，有可能刻画这种统一性吗？显然不可能，因为只要使用了任何与之相对应的概念，统一性就被引入了；换言之，统一性的存在总是先于任何对统一性或统一体的描述的，是我们刻画统一体之特征的前提条件。主张统一性在于心灵这一侧无助于摆脱这样的境地。

第三，既然经过笔者阐释后的布拉德雷倒退涉及理解，我们就必须追问一下这里的"理解"是什么意思。日常生活意义上的理解是一件发生在不同对话者之间的事情，往往需要在交流中达成，而参与交流的人需要达成一致才算是实现了理解。当然，有时候我们也会谈论一种私人性的理解，比如可以有意义地说某个人理解了什么；但即便这样的理解也预设了某种公共性的东西作为背景。所以，日常的理解只能是公共性的，它是个体做出的私人性理解的基础或背景。对此有研究者概括说：

> 理解是对相关环节的一种组织：哪些环节是相关的，这些环节的组织方式中哪些更为合理，配称为一种"组织"而非乱来，往往有

必要而且能够做出解释、给出理由。怎样来形成一种理解，可以见仁见智，但为一种理解所举出的理由应当是客观的、公共的。理性的、带着理解的交流……体现在哪怕我们要在极为基本的层次上对所谓的"事实"或"逻辑"加以质疑，所基于的仍然是另一些我们公认的事实或逻辑。（刘畅，2015a：36）

在现实生活中，只有这种公共性的理解能够终结布氏所揭示的恶性无穷倒退。一旦人们达成了一致或实现了理解，即便对统一性的怀疑在逻辑上没有被排除，它在实践上也还是被排除了——这便是理解在终结恶性倒退的发生中所扮演的角色。

关于理解的本性，我们还可以也需要做出进一步的澄清。比如在上述提到的各种有歧义的情形下，理解似乎就变得尤其复杂。所以刘畅提出应当区分两种不同的理解："有必要首先区分出'成形化'意义上的理解与定型的、规范的理解。前一种意义上的理解是组织、调整、成就，是从不成形到成形的过程和这一过程达成的结果；后一种意义上的理解是定论、基准、判据，是成形化过程中所施用的范型、模具。"（刘畅，2015a：34）经过这样的区分可以看出，当在不同的意义上使用"理解"一词时，我们对于歧义的看法也会不同："在前一种意义上，歧义句的意思需要由我怎样理解它来确定——我怎样来理解，它的意思就以怎样的方式成形；无歧义句的意思则不需要由我的理解确定——因为它的意思已经客观地定型在我们的语言中了。而在后一种意义上，一个句子是不是歧义句，它的意思是什么以及可能是什么，根本上又取决于我们已经定型在语言中的公共理解。"（刘畅，2015a：34）

可见，"理解"这个概念本身是有弹性的，它可以在一定程度上起到定型、规范的作用；但从根本上说，它还是一件公共性的事情。而且，我们对任何事情的理解都不是孤立的，而是处在一张网络中："理解一件事情……就是理解它与其他事情之间的关联，以及这件事情中诸个环节之间的关联。我们从不只是单单理解了一件事情，而是理解了相关的一组事情。当左右都理解不了它的时候，它才会作为一个孤立的事实杵在我们面前。"（刘畅，2016：18~19）

在现实生活中，提供这张网络的恰恰是我们的语言，是语言把心灵与对象、把各种不同的事物（包括对象或句子等）编织成一张巨大的网络，概念及其承载的意义似乎就是这张网络上的节点。考虑到我们在本书第一章就讲过的布氏对语言的贬低，就可以理解他为什么没有从这样的角度思考哲学问题了。但日常生活中的理解的确做到了布氏想做而未能做到的事情，在实践上摆脱了无穷倒退的境地。当做到这一点的时候，我们把握到的统一性就成了一种特殊的关系，而不是布氏所说的那种带有诡辩色彩的、无法做出关联的关系。这种关系可以被称为"内在关系"，而现在也是时候进入对这个概念及相关问题的讨论了。

第五章　关于"关系"的争论

第一节　什么是关系

一　通常的理解

在本书第二章第一节我们曾初步探究过布氏对性质与关系的理解，这种理解是他区分显象与实在的重要根据；在上一章的讨论中，这也构成了布拉德雷倒退的重要前提。但可以看出，他对"关系"一词的使用似乎与人们通常的认识有相当的距离。这就带来一个麻烦，即他可能是在一种十分独特的意义上使用这个词的，以至于很多人与他的争论其实是在自说自话。为此，我们有必要首先对关系这个概念做一些必要的澄清。

在日常语言中有大量表示关系的概念，如"××比××重""××是××的父亲""××位于××的右边"等。在哲学上通常认为关系和性质都是共相，与作为个体存在的事物不同；性质为个体事物所具有，关系则涉及两个或两个以上的事物，而处于一定关系中的事物可以被称为项（term）或关联项（relatum）。比如"这只大猫有4.5公斤重""这只小猫有3.5公斤重"，两条命题分别描述了作为个体的大猫和小猫的性质，而"这只大猫比这只小猫重"则描述了它们之间的关系。不过我们有时会发现，关系与性质之间可能并没有那么清晰的界限，毕竟很多关系本身就可以被视为不同关联项组成的那个"整体"所具有的性质，而且有的关系还必须以关联项的性质为基础。例如，"大猫是小猫的父亲"这条命题既可以被理解为在刻画两只猫之间的父子关系，也可以被理解为在刻画大猫的一种性质，即"××是小猫的父亲"；而在"这只大猫比这只小猫重"的例子中，所涉及的关系本身就以两只猫所具有的性质——体重——为基础。

既然如此，关系从本质上说是否就可以被还原为性质，或可以被视为一种特殊的性质？换言之，关系和性质是否都实际存在或具有实在性？对此，从逻辑上说可以有四种不同的立场：既拒斥性质又拒斥关系的实际存在；接受性质但拒斥关系的实际存在；接受关系但拒斥性质的实际存在；既接受性质又接受关系的实际存在。其中，第一种立场相当于一种彻底的唯名论，后三种则可以被归为实在论，毕竟它们都在不同意义上承认作为共相的性质或关系的实际存在。①

从总体上看，实在论立场更贴近常识，在理论上遇到的困难也更少。此外，我们通常也不会否认性质的存在，毕竟日常语言中的大量表达都预设了事物拥有性质这一点。所以，有争议的地方主要在于关系能否被还原为性质，或者关系是否具有相对于性质的独立性、实在性。

关系的实在性之所以显得可疑，很大程度上是因为它们常常很难得到准确的定位或界定。例如在空间关系中，两个事物相对的空间关系可以被还原为它们在空间网格中占据的位置，因此不过就是其空间性质的一种；而且，如果这两个对象本身就具备较大的体量并占据一定空间——比如两座城市——那么谈论它们之间的位置关系就可能会有很多额外的麻烦，因为该关系必须既分享两个城市所占据的、被分割出来的位置，其本身又不能被进一步分割。（参阅 MacBride，2020：2）

对于倾向于通过事物及其性质来理解关系的人而言，关系会更加缺乏独立性或实在性。毕竟，我们可以说事物是殊体、性质是共相，而关系则并不在这样的意义上存在，因为一旦离开了其关联项，关系本身就失去了承担者，从而无法立足。例如，当说"这朵花是红的"时，我们当然认为花是存在的，而作为共相的"红"也存在；但在说"这只大猫比这只小猫重"的时候，"××比××重"在脱离其关联项之后的存在则显得很可疑。即便从日常语言的角度来看，"红"等描述性质的语词也是可以作为主词出现的，而作为真正的主词出现的关系则很罕见。

与性质相比，关系面临的另一个麻烦之处在于，其所涉及的关联项可能属于非常不同的范畴。例如我们可以谈论个体与个体之间的关系、个体与共相间的关系、共相与共相（比如概念与概念）间的关系等。当谈论概念间的关系时，通常指的是一种处于抽象的共相之间的关系，这显然同存在于具体事物间的关系非常不同，并不是能够被直接观察到的；此外，我们也会谈论因果关系，但这种关系的本性是什么、究竟存在于事物之中还是存在于我们的心灵之中，都并不容易得到回答。更进一步地说，关于

---

① 请参阅 MacBride（2020）的导论部分。

"关系"一词的含义究竟是什么，不同的人也可以持有非常不同的理解。罗素就区分了作为某个关联的东西的关系和作为事项的关系，后者才是他所谓独立的、自存的实体。（参阅 Hanks，2007：124）布氏其实也在不同的意义上使用了"关系"一词，只是他本人似乎并未明确地意识这一点并对此加以说明。

除了考虑关联项所属的范畴，我们还可以从关系本身与其关联项之间是何种关联的角度区分不同的关系，由此产生的便是内在和外在关系之分。通常认为，如果一种关系的成立以某种方式被关联项本身所固定，则该关系就是内在的；如果其并不以这样的方式被固定，就是外在的。根据麦克布莱德的总结，由于对这种固定方式以及相关概念有不同的理解，内在与外在关系的区分通常有三种不同的版本。

第一种版本源自摩尔，在他看来，一个二元关系 R 是内在的，当且仅当如果关联项 x 与 y 拥有关系 R，则 x 必然拥有该关系；当 x 并不必然如此时，该关系对于它而言就是外在的。换言之，这种内在关系仅仅是由其关联项的实存决定的。摩尔把必然性作为区分内在与外在的标准，但由于必然性本身又是一个可能有不同含义的术语，由此就会引发进一步的争议。

第二种版本主要受到阿姆斯特朗的青睐，他认为，如果关系 R 在关联项 x 和 y 之间的成立是因其固有本性（intrinsic natures）——非关系性的性质——而成为必然的（is necessitated by），则该关系就是内在的；否则就是外在的。

第三种版本则为大卫·路易斯（David Lewis）所推崇，他认为，内在关系是伴生于（supervenes upon）其关联项的固有本性的关系。不过他对外在关系的定义较为复杂，需要满足如下两个条件：第一，外在关系无法伴生于被单独对待的关联项的本性（fails to supervene upon the nature of the relata taken separately）；第二，但该关系的确伴生于被放在一起对待的关联项的复合物的本性（does supervene on the nature of the composite of the relata taken together）。①

后两种版本其实类似于罗素对内在关系的理解，即内在关系以关联项的（非关系性的）性质为基础。只不过罗素并未对此做出更详尽的区分，我们在本章第四节还会谈到这一点。如果坚持这两种，特别是最后一种版

---

① 以上三种版本请参阅 MacBride（2020）的第二部分；关于路易斯的观点，请参阅 Lewis（1986：62）。

本的内在关系观念，关系的独立性和实在性就面临着巨大的挑战，它们可能会被宣称为并不真的存在。

而如果谈论的是概念间的关系，情况又会不太一样，人们也可以对之做出非常不同的理解。一种可能的理解由刘畅提出，他说："我是这样理解'内在关联'的：我们说 A 与 B 之间的某一关联是内在的，意味着这一关联内化到了、定型在了我们对 A，或对 B，或同时对 A 与 B 的理解中，构成了我们理解它或它们之为何物的一个不可或缺的环节。"（刘畅，2015a：33）与上一章讨论布拉德雷倒退时的情形类似，这样的理解让内在关系和我们对此种关系的把握变得有弹性起来，更多地依赖于我们的心灵或认知，而不再是某种单纯成分或符号层面的事情。为此，我们可以进一步参考刘畅文中所举的三种情况。

第一种情况涉及成对的概念，如"内/外""正/反""兄/弟"。在日常语言中有大量此类概念存在，人们对其中一方的理解总是不离开对另一方理解——此时自然可以说每一对概念之间的关系是内在的。

第二种情况其实就是整体与部分的关系，这也是讨论关系的研究者时常会列举的例子。刘文中以齿轮和时钟为例对此加以说明：

> 一只齿轮被组装在一座时钟中，并对时钟的准确计时发挥着不可或缺的作用……齿轮与时钟的其他部分、与整个时钟，同样具有内在关联。……一只齿轮的转动在一座时钟的整体计时系统中的作用只是装饰性的、可有可无的，因此我们可以抛开这只齿轮的运作来理解时钟的记时系统。因此从时钟的方面来看，二者的关联是外在的。不过另一方面，要理解这只齿轮为什么会这样转动，为什么只是装饰性的，仍然必须把它放到整个机械系统中加以理解——从这只齿轮的方面来看，二者的关联又是内在的。（刘畅，2015a：33）

对于齿轮的讨论也引出了第三种情况，即一种关系是外在的还是内在的这一点可能与人的认知有关。所谓蝴蝶效应就是这方面的典型例子："这只蝴蝶的翅膀扇动与大洋彼岸的那场暴雨之间是否存在内在关联？对于相信万事万物相互感应的原始人而言，二者存在一种意义上的内在关联；对于现代气象学家而言，二者也可以存在另一种意义上的内在关联；假如我对'蝴蝶效应'之类尚无所知，想必就会认为二者之间不存在任何内在关联。"（刘畅，2015a：33）关于人们的认知对关系本性的影响，我们会在本章第三节谈到维特根斯坦对关系的理解时再进行更详细的讨论。

无论如何可以看出，通常所使用的"关系"概念具有非常不同的含义，这些含义间的关联错综复杂，不太可能通过简单的方式得到概括。相比之下，布氏对"关系"一词的使用非常独特，而且必须被放置在其整个体系中加以考量。

二　关系在布拉德雷哲学体系中的角色

关系是布氏整个哲学体系的一个枢纽，他关于矛盾、显象、实在、自我、真理等诸多话题的论述都不离开对关系本性的理解。如前所述，他在《显象与实在》第一卷第三章中专门讨论了关系与性质。不过，他关于此类问题的很多其他论述散布在各部著作中，我们在此只好打乱其原有结构，将相关文本按照讨论的逻辑顺序加以重构。需要说明的是，如同此前涉及的很多话题一样，布氏对相关概念的理解较为独特，且并未给出关系或性质的明确定义，我们只能根据他的论述小心地摸索前进。事实上，我们恐怕必须到本章的末尾才能大致刻画出什么是他所谓的关系，但届时的答案可能会有些出乎他人意料，因为这样的"关系"恐怕根本不能说是一种关系。

毫无疑问的是，他对关系的理解契合于其整个哲学体系，而该体系最核心的特征就是显象与实在的区分。显象包含矛盾，最终会被超越而融入无所不包的、没有矛盾的绝对者。在这样的进程中，关系扮演了十分重要的角色：它属于显象，但最终还是因为包含矛盾而必须被超越，因此也是通向实在的必要路径——关于这一点，大家可以参阅本书第一章第四节对经验的讨论。可以说，布氏设计关于关系的无穷倒退论证并进行对关系本性的一系列讨论，最终目的就是引导我们超越关系中包含的矛盾、走向无所不包的统一性。这种思路与黑格尔哲学非常相似，但两者最大的不同之处在于，布氏并没有通过一系列复杂而晦涩的思辨逐步走向自己哲学体系中的最高概念，而是直接在范畴上对显象与实在做出了截然区分，并指出只要我们意识到显象中包含矛盾，就可以直接走向实在而无需各种复杂的中间过程。这一点在《显象与实在》一书中表现得尤为明显，因为我们在本书第四、第五章中所讨论的话题，在该书中只占据了极为有限的篇幅（主要就是其第二、第三章以及附录部分）。这种简略的行文建基于布氏对自己论证的自信；当然，经过之前的讨论可以看出，这样的自信其实是缺乏根据的。

这种根据的缺乏部分体现在他做出了很多奇怪的背景性预设，我们在前几章已经尝试分析了这些预设。总结来说的话，他否认我们的任何经验能独立于一个支配一切的实在而存在，而他认为自己的无穷倒退论证表明了世界的最终基础不可能是多，只能是单一的个体；经验也不可能与最终的真实之物截然区分开，否则就会有关系出现；关系性阶段其实是介于直接经验与真实的实在之间的一种中间状态。（参阅 Basile, 2014：197）但如我们在上一章已经揭示的那样，其论证很可能是循环的，因为他预设了统一性才是需要辩护的那一方，而且还预设了有一种超越于一切之上的、无所不包的统一性存在。既然关系无法解释任何统一性，特别是无所不包的统一性，它就必定是包含的矛盾的——可为什么这些统一性是存在的且需要被解释？这一点在布氏看来似乎是毋庸置疑的，但从逻辑上看，这种假定其实并没有太多道理。例如，在谈及经验时，他关心的问题似乎是：如何让日常经验中的事物是合理的——但这看上去其实是个伪问题，因为人们通常并不觉得这其中有什么不合理的地方，反而是布氏的一系列背景性预设才让其他人不得不承担做出辩护的任务。

在谈及思想与实在时，关系同样扮演了重要角色，因为思想的特征之一就是用关系性的方式处理直接经验。布氏认为，这样的方式必定会面临难以克服的困难，而他最终的目的似乎是让我们重新理解自己的经验和认知。在他看来，关系不能被理解为是仅仅外在的，否则我们就无法看到事物是如何被关联的——这就是为什么很多研究者批评他持有一种内在关系的观念，也涉及上一小节提到的外在/内在关系之分。布氏对这种区分非常重视，但实际上，尽管他认为内在关系比外在关系具有更高的实在性，却明确宣称前者最终说来却仍然不是真实的。他远远不是要停留在"关系都是内在的"这样一种立场上——这是罗素归属给他的观点——而是希望通过对内在关系的强调，让我们对世界的认知构成一个紧密关联在一起的整体。这样一来，我们的形而上学和知识论就会发生如下巨大的变化：如果不理解整个宇宙的本性，就不可能真正理解其中的任何东西；因此，任何关于比整个宇宙更少的东西的陈述都不可能为真。[1] 这显然是一个相当惊人的结论，却恰恰是布氏所追求的，而且在哲学史上不乏响应者，我们会在本书第六章再回到这一点。

---

[1] 参阅 Tacelli（1991：204）。据原作者说，这种观点转引自英国哲学家约瑟夫（H. W. B. Joseph）的著作《关于外在与内在关系和分析哲学的演讲》（*Lectures on External and Internal Relations and the Philosophy of Analysis*）一书的第 2~3 页。

三 布拉德雷对关系与性质的理解

布氏看待关系的一个关键点在于，他始终把关系与性质紧紧捆绑在一起。这其实很好理解：首先，很多时候我们的确可以把关系看作性质的一种，即所谓关系性性质；其次，不少关系本身就以关联项的性质为基础，比如"A 比 B 长"这种关系，就依赖于关联项各自在长度方面的性质。但在他看来，关系涉及的核心概念其实是多样性和统一性，他说：

> 在一起性的任何其他可证实的方式都必定涉及关系，而关系对自足性（self-sufficiency）来说是致命的。我们已经看到，关系是从被感觉到的总体发展而来。它们的表达是不充分的，而且还在背景中暗含了统一性，而如果离开这种统一性，多样性就是虚无。除非在实质性的整体之内或是以该整体为基础，否则关系都是无意义的；而如果把被关联的关联项当作是绝对的，它们就会立即被摧毁。杂多性和关联性只是统一体的某些特征和方面。（AR 125）

这里说到的"杂多性"（plurality）和"关联性"（relatedness）都只是实在显现出来的样子，仍然属于显象，既不能说它们不是实在，也不能将其等同于实在。我们可以简单地说：实在是一，其显象则是多；[1] 而关系就是这种杂多性和关联性的体现，它需要调和一和多这样一对矛盾。根据布氏的说法，它之所以能做出这种调和，关键就在于杂多性本身就暗含了关系：

> 实在是一。它必定是单一的，因为如果杂多性被认为是真实的话，就会与自身相抵触。杂多性暗含了关系，而且通过它的关系，它不情愿地始终断言了一种更高级的统一性。因此，假设宇宙是杂多的会陷入自相矛盾，最终说来也就是假定它是一。把一个世界增加到另一个世界之上，两个世界就会立即变成关系性的，每一方都是更高级的、单一实在的有限显象。（AR 460）

换言之，关系及其关联项构成了一个统一体，把多样性——也就是各

---

[1] 值得注意的是，这样的看法跟我们在本书第六章第三节提到的辨喜的观点几乎如出一辙。

种不同的东西——统一在了一起。此前我们已经指出了布氏的一种一以贯之的观念，即多样性始终以统一性为前提；因此，尽管关系性是一种多样性，但仍然依赖于一个整体或曰统一性。① 所以他才断言说，关系不可能是一种仅仅外部的东西：

> 如果真实之物以某种方式存在于其中的关系被视为本质性的，那么一旦我们理解了这一点，这就会立即涉及真实之物的内在相对性。任何试图把关系仅仅作为外部的东西保留下来的努力都注定会失败。（AR 125）

> 如果思想在其本性中拥有"一起""在……之间"和"同时"，那么它可以在自己固有的通道中或至少以某种自己的方式重新确认外在的结合。但如果这些感性的联合纽带落在了思想的内部本性之外，正如它们在外部结合在一起的感觉事项那样——情况肯定就不一样了。（AR 504）

由此我们也可以看出布氏在术语使用上的独特性和模糊性。通常所谓的关系肯定是与其关联项不同的。比如在上述"A 比 B 长"这种关系中，"A""B"都是通常所说的项（terms），而"××比××长"才是关系。但布氏在默认"××比××长"是关系的同时，显然也在较为模糊的意义上把"A 比 B 长"这个整体或这个整体的统一性称为关系。这种模棱两可之处给读者们的理解带来了不少麻烦。

他对"性质"一词也有自己的理解，不过这种理解倒是跟日常看法较为接近。他说：

> 这些多样性可以被称为性质吗？（第 27 页②）这可能真的是一个文字上的问题。任何东西都能够以某种方式被说成是或拥有一种性质。但另一方面，我们可能更倾向于使用那些多样性的性质，这些多样性是在整体被分析为关联项和关系时发展而来的。当我们问是否可能存在没有关系的性质时，这种区分就变得重要了。如果我们说的性质指的是感觉的各个方面，这个问题就必定会得到肯定性的回答。（AR 512）

---

① 可以事先说明一下的是，这样的看法确实跟罗素归属给布氏的观点比较接近，尽管罗素还是在相当大的程度上误解了布氏的理论。这一点我们会在本章后三节加以讨论。

② 指《显象与实在》的第 27 页。

和关系一样，性质也与多样性密切关联在一起，而多样的性质最终还是要以统一性为基础。所以布氏提出："不存在绝对的'在……之间'或'在一起'，'在……之间'或'在一起'也不可能是自存单位的单纯的形容词。性质最终只有作为被包含在某个整体之内的、依赖于这个整体的东西才会有意义，无论那个整体是关系性的还是在这方面没有造成任何差别。"（AR 512）

根据这样的理解，性质和关系显然都不可能是一种纯然外部的东西。对此，布氏举了一个具体的例子，来反驳与自己主张相对立的观点：

> 就拿A、B、C这些关联项来说吧，它们可以出现在各种关系X、Y、Z中，而它们由此仍然是A、B、C。可以主张说，这证明了A、B和C在或可以在摆脱了所有关系或至少独立于所有关系的情况下存在。例如，可以比较我的特征与另一个人的特征，我最开始可能在他北侧，后来则到了南侧；这无需给我们中的任何一方带来差异，因此我们都未被影响、都是独立的。但对这种错误的回应似乎是非常明显的。被证明的是：某种这样的特征，或就该特征的这个方面而言，在各种关系中无差别地存在着。但这并没有证明这种特征可以独立地存在并且是赤裸的。这种论证在一开始就未经质疑地假设了特征的独立实存，而且始终都停留在这种被预设的实存上，所以在我看来，它绝不会达到想要的结论。① 它最多能表明：某些关系是外在的，而且没有给自己的关联项带来任何差异。但由此论证说所有关系都是或可以是外在的，而且有些性质要么独立存在，要么可以独立存在，这似乎是非常不合逻辑的。（AR 512~513）

总之，关系与性质是密切关联的，它们不仅在特征上非常相似，在概念上也纠缠在一起，对其中一方的讨论总离不开对另一方的讨论。布氏本人在实际写作中也贯彻了这样的理念，在《显象与实在》的附录部分，他把所要处理的、涉及这两者的问题概括为如下四个："（i）性质能否独立于某个整体存在；（ii）它们能否独立于关系存在；（iii）在有新的关系存在的地方，新的性质是否被造就、旧的性质是否被转变，或者一个人能

---

① 罗素曾批评布氏在内在关系问题上的论证是循环的，这有一定的道理。从这段引文可以看出，布氏在辩护自己的观点时，实际上陷入了跟自己所要批判的观点同样的误区。我们会在本章第四节回到这一点。

否拥有单纯的外在关系；（iv）在任何有同一性存在的地方，我们是否有权以及在何种意义上有权谈论一种关系。"（AR 512）

实际上，他的整个关系理论就是对上述四个问题的回答。其中，前三个问题更为根本，最后一个问题则可以被视为前两个问题的延伸。如曼德在其著作《布拉德雷形而上学导论》第四章"关联项与关系"中所说，布氏为回答这些问题做了两项工作，一是证明关系的非实在性，二是分析内在关系和外在关系。（参阅 Mander，1994：85）我们会在下一节讨论其这两项工作。

第二节　关系的非实在性

一　对关系实在性的反驳

对布氏来说，证明关系的非实在性，也就是证明关系是包含矛盾的、属于显象。在《显象与实在》第三章中，他对此提出了如下三个分论点：如果离开了关系，性质就什么都不是；当与关系一同被考虑时，性质同样是难以理解的；无论是否有性质存在，关系都是不可理解的。其中，前两个论点是为了证明性质面临的如下两难：无论是独立于关系之外的性质还是与关系放在一起被考虑的性质，都是包含矛盾的或不可能的；最后一个论点是从关系这一侧做出的类比，其实又包含两个子部分，即独立于性质的关系和与性质放在一起被考虑的关系都是不可能的。所以，他要证明的命题其实是如下四条：没有关系的性质是不可能的；有关系的性质是不可能的；没有性质的关系是不可能的；有性质的关系是不可能的。（参阅 Mander，1994：85）

需要说明的是，布氏本人对相关论证的叙述是晦涩且简略的，很多前提或对术语的独特理解被隐藏了起来，我们需要小心应对那些可能引起误解的地方。这些论证我们在本书第一章第一节第四小节曾有过涉及，在此是做出进一步的分析。

关于第一个分论点，他指出："在没有关系的情况下发现性质，这当然是不可能的。"（AR 22）考虑到我们在上一小节对他所谓的关系和性质的澄清，这倒并不难理解。根据其一贯的看法，我们最初获得的东西是未经区分的统一体，也就是直接经验，它并不包含任何抽象的东西；抽象的观念是关系或性质参与进来之后的产物，最终说来不是实在的。总之，经验提供给我们的是未经区分的多样性，而关系和性质的区分本身就是抽象的产物，所以二者实际上是不能脱离对方存在的。

当然，此处的关键还是如何理解多样性的实存。根据曼德的解释，布氏自己也想承认非关系性的多样性的实存，它既在直接经验中，也在绝对者中。而为了调和这种主张与其他观点之间的紧张关系，他做出了"不同的性质"（different qualities）和"差异"（difference）之间的区分。根据这种区分，直接经验和绝对者是非关系性的状态，但这并不意味着它们不包含"差异"，而只是说它们不包含"不同的性质"。无论是来到关系的领域之下还是之上，都会让我们超出可区分的"性质"，但不会让我们超越"差异"。（参阅 Mander, 1994:87）

其实，接受他较弱的断言——关系和性质不能脱离对方而单独存在——并不难，但认可他较强的断言——不包含关系的性质是矛盾的——就不那么容易了。当然，在此必须记住本书第一章讨论过的他对"矛盾"的独特理解，毕竟稍微包含不一致之处的东西都被他归为矛盾。但无论如何，他所做的论证完全依赖于对一些关键概念的独特用法，而如果一个人能全盘接受这些用法，他就已经是一位彻底的布拉德雷主义者了。

相比于对第一个分论点的论证，他对第二个分论点——与关系共存的性质也是不可能——的论证更为有名。在如下一大段论述中，他意图揭示与关系共存的性质会引起恶性的无穷倒退：

> 因此性质必定存在，也必定被关联。但每种性质中也都会有多样性存在。它具有双重特性，既支持关系，又被关系塑造。它或许会同时被当作条件与结果，而问题在于多样性是如何被统合起来的。它必须统合多样性，却未能做到这一点。A 既被关系塑造又没有被关系塑造；这些不同的方面并不是对方，也不是 A。如果我们把这些多重的方面称作 a 和 a，那么 A 就部分地是这两者。作为 a，它是作为区分基础的差异；作为 a，它是得自关联的独特性。……简言之，我们遵循裂变的原则，可这种原则把我们引向无限的境地。（AR 25~26）

这其实就是上一章所谓布拉德雷倒退的第二个论证，不过曼德对此给出了不太一样的解读，或许可以帮助我们从另一个角度理解布氏对关系的质疑。他将布氏的思路概括为两个论证，即"链条论证"（chain argument）和"内在多样性论证"（internal diversity argument）。它们涉及两种不同的可能性，即关系不影响其关联项的内在结构，或影响这种结构。

"链条论证"主要针对的是关系，否认了关系不影响其关联项的内在结构；"内在多样性论证"则主要针对的是性质，否认了关系影响其关联项的内在结构。（参阅 Mander，1994：87，90）上述引文中提到的关于与关系共存的性质是不可能的论证，就属于"内在多样性论证"。理解该论证的一个关键之处在于，其中提及的关联项所拥有的两个方面 a 和 α 分别是什么。曼德总结道，对此可能有三种不同的理解。

第一种理解是把 a 和 α 当作在关联项中作为基础或支持的东西，而关系由此就可以被视作其产生的影响或结果。这种理解的问题在于它可能会使得布氏的论证变得无效，因为尽管 a 和 α 被刻画为是不同的，但我们似乎并没有任何办法将二者真正区分开、不能有效地澄清 a 和 α 有何不同。所以这种理解不会是布氏的本意。

第二种理解把差异看作某种被关联的东西，而把 A 看作某种从其关系中被抽象出来的东西。（参阅 Ewing，1934：148）这对应于布氏说的"A 既被关系塑造又没有被关系塑造"。换言之，第二个方面会涵盖 A 的所有性质，而第一个方面会是来自第二个方面的非关系性的抽象。这种理解比第一种略好，但仍然不可能是完全正确的，因为布氏说了"这些不同的方面并不是对方，也不是 A"，因此第二个方面不可能涵盖 A。

第三种理解主张，这两个部分是彼此相分离的，其自身不是 A，但在一起组成了 A。曼德认为这或许是最好的解释：A 的一部分被关系影响，另一部分则未被关系影响；换言之，A 的一部分主动地进入了被涉及的、特殊的关系中，另一部分则仍然在此关系之外。比如，如果 A 比一米矮，那么这两个部分就是 A 的高度和 A 的其他性质。如果 A 的高度被这种关系造就，那么既然 A 不可能仅仅拥有这种高度并处于这种关系中，A 的其余性质就可以被视作这种关系的基础并支持该关系，尽管它们并未直接进入该关系中。（参阅 Mander，1994：88~89）

尽管上述第三种理解最合理，可一个巨大的麻烦是，它在字面意思上并不完全契合布氏的文本。但无论采取何种理解，如我们此前指出的那样，布氏本人的意图就是证明上述倒退是一种恶性倒退，因为在每个阶段被额外引入的关系都是新的、是需要被解释的——这构成了他反对关系实在性论证的最核心内容。

在结束了关于性质的两个分论点的论证后，布氏转向了关系这一侧，试图证明没有性质的关系和有性质的关系都是不可能的——用他自己的话说就是："因此我们必须说，一种没有性质的关系什么都不是。"（AR 27）有意思的是，他在《真理与实在论文集》中批评了其理论对手罗素关于关系的实在论观点，认为罗素实际上主张关系可以脱离关联项存在。为了捍卫实在论，罗素提出了两个论证。在第一个论证中，他试图表明我们可以亲知共相，而不是仅仅亲知它们的示例，这其中就包括关系。布氏对此的回应比较接近贝克莱，他认为不存在作为赤裸共相（bare universal）的东西；在思考的时候，我们思考的只能是殊体，或是特殊性的一个方面。罗素在第二个论证中提出，如果我们并不亲知被使用的关联项的意义，就无法对命题等做出真正的分析。对此，布氏并不认同罗素对"分析"的看法，而是提出"每个分析都开始于并走向统一体的基础"（ETR 300）；总之，在脱离其语境的情况下单独谈论对每个关联项的亲知，是无意义的。（参阅 ETR 291, 295；Mander, 1994: 90~91）

在此基础上，布氏给出了自己从关系这一侧提出的论证，即上面提到的"链条论证"：

> 让我们试着从这令人困惑的循环中另寻出口。我们不再认为关系是被关联项的属性，而是认为它是某种独立的东西。"存在一种关系 C，A 和 B 处在这种关系中；它与 A 和 B 一同出现。"但这样仍然不会带来任何改进。我们已经承认关系 C 与 A 和 B 不同，不再是对它们的谓述。但是，我们似乎仍然说了某种关于这个关系 C 以及关于 A 和 B 的东西。这种东西并没有把其中的一方归属给另一方。如果是这样的话，似乎就出现了另一个关系 D，关系 C 是其中的一方，A 和 B 则是其中的另一方。但这种权宜之计立即会带来无穷倒退。新的关系 D 无法谓述 C 或 A、B，因此必须求助于另一个新的关系 E，它关联起 D 和之前的东西。但这样又会引出新的关系 F，如此以致无穷。因此，把关系当作独立的真实存在的东西并不能解决问题。（AR 17~18）

这其实就是上一章所说的布拉德雷倒退的第一个论证。和"内在多样性论证"的情形一样，"链条论证"也面临着严重困难。罗素就认为整个论证的前提包含了这样的错误：把关系当作进一步的关联项。但曼德指出，罗素的看法有两个问题：首先，"链条论证"只是布氏整个论证中的一半，不能被单独对待。布氏只是在追问一个很简单的问题：如果把世界的内容罗列下来，我们会发现关系是独立的要素吗？"链条论证"处理的是对此做出的肯定回答，"内在多样性论证"处理的则是否定回答。如果回答是肯定的，我们就需要知道这些分离的要素是如何与自己的关联项有关联的；如果答案是否定的，我们也需要理解它们如何同时刻画了关联项而又没有在前者中引入多样性。这样一来，如果批评布氏把关系当作分离的要素，其实就是在赞同他要批判的那一部分观点，等于是落入了布氏的陷阱中。其次，罗素认为关系是一种与关联项完全不同的东西，但他未能看到布氏的论证与关系是否是某个独特的种类无关，因为该论证反对把关系当作任何真实的东西；而无论它们是同自己的关联项一样的东西还是另一种完全不同的东西，布拉德雷倒退都会被启动。(参阅 Mander, 1994: 92~93)

总之，"内在多样性论证"和"链条论证"互为犄角，构成了一个整体，尽管每一方看似都包含问题，合在一起却以一种隐晦的融贯方式支撑起一套论证，尽管该论证仍然是有争议的。通过这样的方式，布氏认为自己达到了关于关系非实在性的结论："我的结论是，一种关系性的思维方式——它被关联项和关系的机制所推动——给出的必定是显象而非真理。这是一种权宜之计、一种设备、一种单纯的实践上的折中，非常必要，但最终是站不住脚的。"(AR 28) 对这种极端的观点自然存在不少反对意见，其基本思路主要有如下两种。

第一，有人提出关系是最为基本的概念，无法被还原为别的东西，而其作用就是关联，因此布氏是在探究不可能的东西。但布氏对此不以为然，他反诘道："我们很难坚持说这种特征不需要任何理解力（understanding）——这是实在拥有的十分奇特的存在方式，我们只能接受它。显然，它不再是某种直接的东西。"(AR 21) 在他看来，关系并不形成感知经验的原初的、无需解释的基础材料。它们其实是形而上学的构造，只有通过反思才能被达到。所以，误解了关系本性的是像罗素和摩尔这样的反对者，而不是他。

第二，也有人指出，布氏的结论明显违背常识，是荒谬的。但如我们反复强调的那样，他从来都不把常识当一回事。他信奉的是自己的论证而非常识。而且在他看来，自己不是在否认关系的存在或对我们的显示，而是在否认它们的实在性，正如否认第二性的质的实在性一样。(关于上述两种思路，请参阅 Mander, 1994: 94~95) 总之，要反驳他关于关系非实在性的观点，就必须反驳其诸多前提，而这显然是一项十分艰巨的任务。

二 对外在关系的反驳

在反驳关系的实在性之外，布氏的另一项工作是证明无论外在还是内在关系都是包含矛盾的。这与我们通常的印象不同，特别是与罗素对布氏文本的理解非常不同。简言之，罗素认为布氏持有一种内在关系说，即关系以其关联项的性质为基础。由于罗素在哲学史上影响较大，不少人就接受他的解释，认为布氏持有上述观点。但实际上，布氏本人从未采取这样的说法，他曾公开声称："任何假定我承认了关于内在关系的终极真理的批评，都基于一种错误。"（ETR 239）我们在随后的讨论中会揭示，双方的争论很大程度上源自他们对相关术语的不同理解，比如布氏所谓的"关系"并不是罗素理解的"关系"，他所谓的"内在"也不是罗素理解的"内在"。布氏认为，纯然的"外在"关系指的是一种无论关联项是否进入其中都不会有任何影响的、不会带来差异的关系：

> 另一种迷信是把关系想象为一种任意的网络，它通过命运或偶然性被从外部加给我们（stuck on），而且没有对任何东西带来任何差异。（PL 289）
> 性质和一般的关联项是否必定会由于它们进入其中的关系而被改变？换言之，是否存在任何仅仅是非固有的关系？（AR 513~514）
> 问题是：内在和外在的区分是绝对的还是仅仅相对的？以及最终从原则上说，一种单纯的外在关系是否可能？是否通过事实而被强加给我们？除了作为一种从属性的观点外，我认为后面一种观点是站不住脚的。（AR 515~516）

与此相对，内在关系则"在本质上都渗入了其关联项的存在中"（AR 347）。简言之，当一种关系影响自己的关联项时，它就是内在的；当不影响自己的关联项时，它就是外在的。曼德对此概括道：某个殊体 A 拥有的关系性性质 P 是内在的，当 A 在没有 P 的时候会有所不同，或任何没有 P 的东西不可能是 A。（参阅 Mander, 1994: 97）这也符合摩尔的理解（参阅 Moore, 1919: 42~43）。但需要注意的是，这样的定义只适合于殊体。

布氏的理解是否有问题，我们会在接下来的部分逐步尝试做出分析。现在我们先来看看他以此为基础得出的结论。严格来说，他认为无论外在关系还是内在关系最终说来都是不可能的："我并不承认任何关系可以仅仅是外在的而又不给其关联项带来任何差异。"（AR 513；还请参阅 PL 290, 612; AR 125, 514; ETR 240; CE 643）为此他提供了分别针对外在和内在关系的论证。在外在关系方面，他并不否认可以在受到限定的情况下使用外在关系这个概念，而只是要反对"纯粹的"外在关系。（参阅 CE 645）他举了一系列例子来证明自己的观点，比如我们此前提到过的两个有红头发的人的案例：

> 这种论证可能主张说，两个有红头发的人要么完全没有被他们的相同性关联在一起，要么当被它关联在一起时并没有被改变，因此这种关系是完全外在的。现在，如果我建议说在一个地方所有红头发的人都可以被命令集中起来并消灭，我猜可能得到的回答是，他们的红头发并没有直接影响他们；而尽管认为这个回答并不令人满意，我还是会继续。(AR 518)
>
> 有人可能会说："但我是一个红头发的人，而且我知道我是，当我被与另一个人比较时，在这样的事实中我并没有被改变，因此这种关系落在了外面。"但我会回答说，没有任何有限的个体可以知道自己是什么，而他的所有实在性都落在自己的知识之内这种观念甚至是荒谬的。……由于他并不知道自己与另外那个人的关系的根据，也就是如何以及为什么，所以这对他来说仍然是相对外在的、或然的、巧合的。但在这里，除了他的无知之外，真的不存在单纯的外在性。(AR 520~521)

从上述例子可以看出，他理解的"外在"其实有不同的含义，首先有"落在外面"（falls outsides）的意思，其次还有"偶然"的意思；但从总体上看，他主要还是认为它指一种"不相关"的关系。对于坚持认为有这种"不相关"关系存在的人，他提出了自己的诘问：

> 如果被比较建立起来的关系落在了关联项之外，那么在何种意义上它可以被说成是限定了它们？如果通过比较得到的真理不是关于关联项的话，这些真理是关于什么的呢？最后我想问的是，是否存在这样的意义，在其中，真理只是在外部且"关于"事物的？而如果有的话，这种意义是什么？或者从另一侧来看，如果真理是真理，那么它能不能由我们制造，而且只有被我们制造的东西才可能为真？我斗胆重申一下，这些问题应当由持单纯的外在关系观点的人来解答。(AR 518)

显然，他认为上述问题无法得到令人满意的解答，所以我们可以得出这样的结论:"被证明的是:某种这样的特征,或就该特征的这个方面而言,在各种关系中无差别地存在着。但这并没有证明这种特征可以独立地存在并且是赤裸的。"(AR 513)而从根本上说,外在关系之所以是无意义的,是因为它们试图把没有共同点的东西结合起来:"理智在其本性中并没有单纯的在一起性的原则……如果在这种统一性中无法发现对于理智而言是自然的多样性的内在关联,那么我们就只拥有一种属于并融合于唯一无区分的点的多样性。这是一种矛盾,我们最终发现事情不过就是如此。"(AR 511;还请参阅 Mander, 1994:102)

当然,需要澄清的是,布氏并不否认日常经验向我们提供了外在关系,也就是不反对我们在日常的意义上使用外在关系这个词。他只是说,这些看上去是"外在"的关系并不真的拥有这种本性、并不真的是外在的。换言之,外在关系不是不存在,只是最终说来不具有实在性,仍然是显象;而在日常意义上它们当然可以是重要的。(参阅 Mander, 1994:102~103)这归根结底是因为日常经验处理的是一个抽象的世界,而那种外在的、偶然的、不相关的关系,就是这种抽象的产物:"如果你把一颗撞球和一个人从空间中抽象出来,就这一点被保持而言,它们对于未知的变化来说当然是无关紧要的。但另一方面,如果被这样看待的话,它们都不会是实际存在的事物;每一方差不多都是一种有效的抽象。"(AR 517)他在此基础上总结道:

> 我自己确信这样的关系不可能存在。除了在一个整体中之外,不可能存在同一性或相似性,而每个这样的整体都必定既限定其关联项又被其关联项限定。在与这个整体不同的地方(where the whole is different),限定它并对它有贡献的关联项在这个范围内肯定是不同的,而且如果变成了一个新统一体中的要素的话,这些关联项肯定也会被改变。它们只在这个范围内被改变,但毕竟还是被改变了。(AR 518~519)

攻击外在关系的实在性可能引发一些理论上的严重后果。随后我们会提到,罗素就批评说这样的攻击会导向一元论。但实际情况是比较复杂的,因为一元论的确立还需要其他一些条件。瓦利塞拉则指出,布氏关于关系的论证应当被分为两个阶段:第一个阶段可以是独立的,意图证明外在关系的非实在性;第二个阶段则以此为基础,意图证明一元论为真。两个阶段的结合点在于"被关联性(relatedness)要求关系",这意味着特殊的被关联性的情形、特殊的关系性事实要求普遍的关系作为其成分；这样一来，为了让一种被关联性存在，一种普遍的关系必须实际上关联某些事项。其论证的具体结构是：

> 大前提：关系是矛盾的，因此是非真实的。
> 小前提：被关联性要求关系。
> 结论：被关联性是非真实的，因此仅仅是显象。（参阅Vallicella, 2002: 4）

不同研究者对该论证持有不同的态度。例如罗素就直接否认其大前提但承认其小前提，而如瓦利塞拉这样认同布拉德雷倒退效力的人则同时接受两个前提。但可以看出，更值得我们考虑的是"被关联性要求关系"这条小前提。为了确立这一点，我们不仅需要一种与通常对关系的理解非常不同的观念，还需要一种比对外在关系的反驳更强的立场，也就是对内在关系实在性的驳斥——离开了这一点，我们就无法完全理解布氏的关系理论。

三 对内在关系的反驳

布氏对内在关系实在性的驳斥与其驳斥外在关系的思路非常接近。他首先指明单纯的内在关系肯定不存在：

> 单纯的内在关系就像单纯的外在关系，是站不住脚的，如果它们声称终极的、绝对的真理的话。（CE 645；还请参阅ETR 239, 290~291）

> 性质和一般的关联项是否必定会由于它们进入其中的关系而被改变？换言之，是否存在任何仅仅是非固有的关系？我并不是在问，在某个整体之外、独立于这个整体是否可能存在任何关系，因为我认为对这个问题的回答是否定的。我在问的是，在这个整体之内、服从于这个整体，关联项能否进入进一步的关系中并且不被它们影响。……我在问的问题是：关系是否可以仅仅从外部限定关联项A、B和C，而又不以任何方式内在地影响或改变它们。我不得不对这个问题给出否定的回答。（AR 513~514）

具体而言，对于关系概念来说，对内在性的要求是自我毁灭的，因为一种内在关系必须根植于并产生于其关联项，但如果它变得与它们如此紧密地捆绑在一起，以至于无法与它们的其他谓词相区分，它就不再是独立起作用的要素，而此时我们所拥有的就不过是两个仍然未被关联在一起的"关联项"。如果没有关系，它们之间也就不会有关联——这意味着内在关系的观念自身就是荒谬的；而我们越是要求一种关系是内在的，它就越不是"关系"。（参阅 Mander，1994：103～104）简言之，"内在关系"这个概念本身就是自相矛盾的[①]："我们要提醒自己，一种实际的关系必须同时拥有'在一起'和'在……之间'的特征，如果失去了任何一方，它就不再是关系了。因此，我们的关联项不可能通过把自身的肉体传入我们之内以产生出一个关系。因为那样的话，它们的个体性和所要求的'在……之间'就会失去。"（CE 644）

所以，无论是外在还是内在关系，最终说来都不可能具有实在性。它们各自都包含矛盾：外在关系无法产生出任何与其关联项的真正关联，因而不可能是真实的；内在关系与其关联项捆绑在一起，与此同时又无法与它们分开，最终仍然是不真实的。（参阅 Mander，1994：104）由此自然会得出的结论就是：无论外在还是内在关系，都只是显象。

在此我们可以借助曼德的概括总结一下布氏的观点。布氏所谓的关系其实可以有从纯粹的外在关系到纯粹的内在关系四种不同的情况：

第一，一种关系可能是完全外在的，以至于一种关系性的情形涉及的均是完全独立的事项，而关系本身也是独立的、丝毫不影响关联项。

第二，一种关系可能是部分外在的，它影响关联项，但只影响其偶然性质而非本质，比如 A 在狗的左侧——布氏认为这样的考虑方式有一定作用，但是任意的，因为它所影响的对象不是真正的对象，其本质仍然未被影响。

第三，关系影响关联项的本质，比如 A 比一米矮；这样的关系是部分内在的。

第四，我们把谓词与关联项的整体联系起来，以使得它出现在其每个部分中——此时关系完全不再作为独立的实体存在了，如果 A 的每个方面都只是一个与它所在的世界的这样的关系，那么在它和它的世界之间就不再有区别了。

所以，布氏的关系理论不是在简单地讨论关系的本性，而是在分析上述四种不同类型的关系：他所谓的"没有性质的关系"的不可能性针对

[①] 当然，这还是与布氏对矛盾的独特理解有关。请参阅本书第一章第三节的讨论。

的是第一种关系,"链条论证"针对的是第二种,"内在多样性论证"针对的是第三种,"没有关系的性质"的不可能性则针对的是第四种。(参阅 Mander,1994:107~108)但无论如何,这四种情况均包含矛盾,因而外在和内在的关系都是不可能的:

> 认为实在是关系性的,无论这些关系是"外在的"还是"内在的",似乎都是不可能的,甚至是愚蠢荒谬的。(ETR 190)
> 没有关系仅仅是固有的或外在的,而且每个关系都既是固有的又是外在的。(CE 667)

布氏的这种看法实际上与其关于关系性经验包含矛盾的看法是一脉相承的。毕竟,关系本身是包含矛盾的,而我们的思想和关系性的经验必定会涉及关系,因此也一定包含矛盾。用他自己的话说就是:"关系性的形式是使得一种思想得以站立和发展的妥协。这是一种把已经摆脱了被感觉到的整体的差异联合起来的尝试。差异被隐藏其下的同一性、一种在杂多性和统一性之间的妥协组合在一起——这就是关系的本质。但这些差异仍然是独立的,因为它们无法让自身消解在自身的关系中。"(AR 159)

这样一来,我们也就可以对上一节末尾提出的前三个问题做出统一的回答:在布氏的哲学中,性质既不能独立于某个整体存在,也不能离开关系存在,而我们也不可能拥有单纯的外在关系。他自己还借助空间关系作为例子,说明任何空间中的变化都是不可理解的:"空间中位置的变化再次产生出困难。事物在空间中被关联起来,首先是以一种方式,然后是另一种,但它们自身绝没有被改变;因为有人会说,关系仅仅是外在的。但我的回应是,如果是这样的话,我就不能理解一组关系的关联项留下的东西以及它们对另一组新关系的采用。"(AR 514~515)所以,空间自身以及空间关系都不过是一种有用的抽象,当我们将其当作真实的时候,就会陷入错误:"空间自身及其赤裸的空间关系、关联项都只是单纯的抽象,无疑是有用的,但如果被当作独立的真实之物,就会是前后不一致的、虚假的。我现在会提出,在较低的程度上,同样的说法也适用于空间中的形体以及它们在其中的关系。"(AR 516)总之,关系和性质本身一定会导致矛盾。

最后还有一个小问题,即上一节末尾处提的四个问题中的最后一个:同一性是不是关系?布氏对此的回答要复杂一些。他认为对同一性需要分阶段看待,在不同阶段我们得到的答案不同:

对这个问题的解答就是这样。必须认为同一性拥有若干不同的发展阶段。在一个特定的阶段，没有任何同一性是关系性的，而在一个较高级的阶段它则都是关系性的。由于在绝对者中最高级的阶段被实际实现了，所以我们可以在方便的地方认为同一性已经是一种关系，尽管此时它对我们来说实际上并不是关系。（AR 522）

……所有关系都是对位于其下的同一性的不充分表达。关系性阶段是直接整体的不完美、不完整的发展。但另一方面，它真的是一种发展。它是一种朝向位于关系之上的完美的进步和必要步骤，这种完美取代并囊括了关系。……总的来说，关系的方式是从不完整走向完美的进步的必要模式。所有相同性不仅可能而且必须变为关系式的，或至少必须在同样的终点、依据同样的原则被实现，因为如果它经历了关系性的同一性（if it had passed through relational identity），就会变得完美。（AR 522~523）

第三节　对"内在关系"的不同理解

一　布拉德雷、罗素和摩尔的理解

关系、内在关系和外在关系是一组密切关联的重要概念。但如我们已经指出的那样，不同人对它们的理解可谓大相径庭，以至于很多相关争论陷入了纯粹的语词之争。所以，我们首先需要的应当是一种概念澄清工作，即梳理不同哲学家对这些概念的不同用法。我们在本小节先考察布氏、罗素和摩尔对关系的理解，在下一小节探究罗素等人误读布氏的原因，在第三小节再讨论一下维特根斯坦的理解。

在上述三个概念中，大家的看法分歧最大的首当其冲是内在关系。在此我们可以参考瓦利塞拉的工作，他认为对内在关系有三种不同的理解，即当代的理解、古典的理解、布拉德雷式的理解。

根据当代的理解，内在关系之所以能够在其关联项之间成立，这仅仅是由于关联项的固有性质，而这些性质本身必定是非关系性的。关于固有性质，通常的理解是：对象 x 的一个性质 P 是其所固有的，仅当得到或失去 P 时，x 会发生"真实的改变"（real change）。在这种理解之下，内在关系是伴生于这些固有性质的。与此相对的是外在关系，在其中不存在这样的性质：该性质决定了（或者说是在逻辑上使之成为必然 [necessitate］）关系在其关联项之间的成立。显然，外在关系并不伴生于关联项的固有性质，其典型代表是时空关系。在瓦利塞拉看来，如果所有关系都在这样的意义上是内在的，那么在终极实在中就不会存在任何内在关系，也就是不存在任何与关联项殊异的、关联它们的关系。这种理解并不会导向一元论，因为固有性质不等于本质（essential）性质。在有了这样的区分后，我们就可以在坚称关联项是内在相关的同时，还坚称它们能够脱离其内在关系而存在。显然，罗素认为布氏持有此种观念，而从布氏的文本来看，罗素其实误解了他。

　　古典的理解则比当代的理解更强。根据这种理解，如果一个个体处在一种内在关系中，那么它的实存和同一性就与它处在那种关系中这一点紧紧捆绑在一起。换言之，如果关联项 x 内在地与 y 相关联，那么如果 x 与它同 y 的关系相分离，它就不再是 x 了。这暗含说，如果所有关系都是内在的，就没有任何东西能够同自己与其他任何东西的关系相分离，这样我们就达到了一元论的立场：在终极实在中只存在一个基体。

　　根据布拉德雷式的理解，一方面，一种并不位于其关联项之间的关系无法统一它们，而一种不可能统一其关联项的关系不可能有助于一元论；另一方面，对一种内在关系而言，如果它是内在的，就必须根植于其关联项的本性，而这样一来关联项的实存和同一性就与该关系绑定在一起了。瓦利塞拉认为，我们一定会遇到这样的矛盾：根据古典的理解，内在关系既是又不是位于其关联项"之间"的。也就是说，作为关系，它们位于关联项之间；而由于是内在的，它们又不位于关联项之间。显然，古典的理解与现代的理解不兼容，而且含有自身相抵触的因素，但更接近所谓布拉德雷式的理解。①

　　瓦利塞拉的概括是有一定道理的，但他似乎简单地预设了布氏本人对内在关系的理解是一以贯之的。通过此前的分析可以看出，布氏对相关概念的使用其实是有歧义的。以外在关系为例，豪斯特曼（Horstmann）便指出，布氏至少在以下五种意义上使用了外在关系一词：第一，外在关系"脱离其关联项是实在的"；第二，外在关系"是一种其自身独立实在的东西"；第三，外在关系"不影响其关联项"；第四，外在关系"从外面限制其关联项，且不以任何方式内在地影响或改变它们"；第五，外在关系不"落入其材料中"。在此基础上，豪斯特曼将上述五种含义进一步概括为如下两种大致的区分，即作为独立实在的外在关系和不影响其关联项

---

① 关于这三种理解，请参阅 Vallicella（2002：5~9）。

的外在关系。①

相比于外在关系,内在关系的具体含义则更为复杂。与上述工作相类似,艾卫英(A. C. Ewing)在《唯心论:一种批判性的考察》(*Idealism: A Critical Survey*)一书中为我们总结了内在关系一词可能的十种不同含义:第一,"关系是内在的"意味着它们"落于关联项的本性之中";第二,"内在关系"是一种"对其项来说是本质的"关系;第三,"内在关系"指的是能被还原为性质的关系;第四,"内在关系"意味着关系包含某种项之间的真正的统一性;第五,"内在关系"指的是"改变了对象的关系",比如 A 和 B 的关系 R 改变了对象 A 与 B 的特征;第六,"内在关系"指的是"关系根植于它们关联项的本性之中"(relations grounded in the nature of the related terms);第七,"内在关系"会使其项发生变化(make a difference to its terms);第八,A 与 B 的关系 R 被称为"内在关系",意味着从关于项 A 的知识和与 B 的关系 R 中,可以逻辑必然地推论出 B 的某些确定性质;第九,在第七种和第八种意义上的内在关系下,可以再区分出一种内在关系:A 和 B 是内在关联的,除非 B 存在,否则 A 也不存在;第十,A 与 B 的关系是内在的,意味着 A 与 B 在逻辑上是相互依赖的,但这种依赖不是第九种内在关系所说的那种因果上的依赖,而是逻辑上的依赖,没有这种依赖就会导致逻辑矛盾。② 应当说,艾卫英的总结基本涵盖了内在关系所有可能的含义、起码是主流的可能含义,而布氏至少在上述第一、第四、第五种意义上使用内在关系一词,这使得对他文本的一以贯之的解释变得几乎不可能——我们会在下一小节详细分析这一点。

与布氏的混乱晦涩相比,罗素的关系理论就要清楚得多,主要在上述前三种意义上使用该术语。他对关系做了十分系统的考察,并坚定地批判布氏的关系理论,认为对方持有一种成问题的"内在关系学说"。在他看来,布氏、莱布尼茨等哲学家持有这种学说,其基础是所谓"内在关系理论",罗素将其概括为:"每一关系以其关联项的性质为基础,表现为

---

① 参阅 Horstmann(1984:148~150),本段文字转印自臧勇(2011:2.3.2)。这里的"2.3.2"指的是该论文第二章第三节第三小节,以下不再一一赘述。此外,臧文指出,豪斯特曼的概括虽是完整的,但忽视了布氏对绝对外在关系和相对外在关系的区分;上述两种外在关系其实都是布氏所谓的绝对外在关系,而他其实是肯定相对外在关系的真理性的。笔者总体上赞同臧文的观点。这里所说的绝对的和相对的外在关系,其实就是纯粹的外在关系和介于外在、内在之间的关系。

② 请参阅 Ewing(1934:119~136)。本段文字同样转引自臧勇(2011:2.3.2)。

关系或者可以还原为其关联项或者关联部分的性质，或者可以还原为其全体或总体的性质，或者项之间若相互关联需以项的性质为基础。"① 罗素把自己的观念称为"外在关系说"，即关系不可以被还原为内容的同一或差异。具体而言，这种主张包含如下两个要点：第一，"关系不暗含关联项中任何相应的复杂性"；第二，"任一给定实体都是许多不同复合物中的成分"。这种学说的核心则是"关系命题不能还原为一个或多个主谓命题"；也就是说，无论哪种关系都不能被简单地还原为关于其中关联项的事实。关联项具有某种关系这一事实，并不意味着这些关联项有某种独特的内在性质，而不具备该关系的项就不具备相应的性质。

罗素关注的其他问题包括谓述是不是关系以及关系是关于什么的，或曰关系的关联项究竟是什么，对此他的看法也是有变化的。关于第一点，他最初认为谓述是关系，但在1903年的《数学原则》之后转而认为谓述并不是真正的关系。（参阅臧勇，2011：3.1.2）这显然与布氏不同，毕竟布氏认为关系应当提供统一性，而谓述也不例外。关于第二点，罗素观点的变化就更为复杂，他曾先后持有四种看法：关系的关联项是项（terms）、是殊体和共相、是事件、是性质。（参阅臧勇，2011：3.1.1）这仍然与布氏不同，因为布氏并不关心关系的关联项究竟属于何种范畴，而几乎所有东西都可以被他所谓的关系所关联。

可以看出，罗素显然是在一般性地谈论关系的本性，并不是说有的关系是内在的，有的是外在的，而是说关系本身是外在于其关联项的。但通过前两节的分析可以看出，布氏的基本思路是非常不同的，他并未简单地断言关系本身是内在还是外在的，而是说有的关系是纯粹外在的，有的是纯粹内在的，有的则介于二者之间；但无论如何，所有这些关系从根本上说都包含矛盾，因而都是显象而非实在。

除了罗素之外，另一位使用内在关系概念的哲学家是摩尔。他在1919年发表了《外在和内在关系》（"External and Internal Relations"）一文，同样批判了布氏所持的关系理论。他也认为内在关系学说与唯心论有密切的联系，艾耶尔甚至直接指出，《外在和内在关系》一文帮助摩尔完成了对唯心论的反驳。（参阅 Ayer，1971：156）摩尔对内在关系的理解比较接近罗素，在他看来，布氏所谓的内在关系是会影响其关联项的关系，但所谓"影响其关联项"的准确含义则并不清楚。对此，摩尔做出

---

① 关于罗素对内在关系理论的具体反驳及其论证，请参阅《罗素与布拉德雷关于关系的争论》的第三章"罗素的关系理论"。本段中的直接引文也均引自上述章节。

了一个非常重要的区分，即关系和关系性的性质（relational property）之分。关于这种区分，臧勇概括道：

> 例如"父子"就是一种关系，对于 A 来说，"是 B 的父亲""是 C 的父亲"就是关系性质。内在关系学说主张"所有关系都是内在的"，其实质含义是"所有关系性质是内在的"……摩尔认为，说一个关系性质 Φ 改变项 A，意味着若 A 不具备 Φ，A 便不成其为 A；换句话说，若 Φ 内在于 A，则任何不具备 Φ 的项必然不同于 A。但摩尔认为，并不是所有关系性质都是内在的，有些事物可以继续存在但可以没有某些关系性质，这样的关系性质就是外在的，事物拥有它们仅仅是一个事实。因此内在关系学说主张所有关系都是内在的是不恰当的。（臧勇，2011：1.2.1；还请参阅 Moore，1919：45）

摩尔的区分很有价值，一定程度上可以帮助我们更清晰地划分关系和性质，减少把二者混为一谈的情况。但可以看出，由于对关系本身的理解上的巨大差异，摩尔对布氏的反驳很难说是完全成功的，至多只是指出了对方理论中的含混之处。

二　布拉德雷观点的误导性

如之前指出的那样，很多研究者都认为布氏持有一种内在关系立场。但这样的理解显然与我们分析过的文本有较大出入，因而从根本上说是误解。瓦利塞拉总结了三种对布氏内在关系立场的基本误解。一是因韦根（Van Inwagen）等人的观点，他认为对于布氏来说，所有关系都是内在的（参阅 Inwagen，1993：35）——罗素也有类似的看法，但这种理解显然不符合布氏的直接表述；二是认为布氏从所有关系都是内在的这一点得出了自己的一元论——但经过分析可以发现，一元论并不是内在关系理论的结论，反而是其背景乃至前提；三是认为布氏能拒斥外在关系的唯一理由是如下循环的假定：所有关系都是内在的——这种解读有一定的道理，揭示了其论证的不足之处，但还是建立在误以为他坚持所有关系都是内在的基础上。[①] 出现这样的误解并不是偶然的，而是在很大程度上源自布氏本人的观点及相关表述的误导性，我们将从如下三个方面对此做出分析，即布氏本人观点的变化、所做论证的争议性和具体论述的混乱。

---

① 关于这三种误解，请参阅 Vallicella（2002：4~5）。

这种误导性首先与布氏本人观点的发展变化有关，他在《逻辑原理》中的立场就与《显象与实在》不同。曼瑟指出，《逻辑原理》的观点有些类似维特根斯坦在《逻辑哲学论》中的理解：内在关系可以通过语言的使用得以显示（show），但无法在语言之中得到表达。比如符号之间的关系就是内在的，它们自身并不是象征性的（symbolic），并不是纸张上记号之间的物理关系，也并不存在于符号之间，而是存在于符号和被符号所象征的东西之间。它们是符号意义的一部分，但并不是它们实存的一部分。它们存在于其中的那个整体是象征性的，因此也是一个符号。相比之下，外在关系是一种物理上的联结（connection），而内在关系则是我们符号系统自身的产物。这种内在关系原则是布氏如下逻辑学思想的自然推论，即一个判断只包含一个观念，因此分离的"观念"或语词——我们通常认为它们构成了一个判断——并不是完全独立的实体。在句子中，不存在任何特殊的东西使得一个句子成为一个统一体，比如系词或未饱和的项，因为任何部分都同样依赖于其他部分。这样的理解使得布氏持有一种《逻辑哲学论》所坚持的那种关于知识的观念：从知识的任何碎片出发，都可以通过演绎的链条达到任何其他的部分。显然，这样的看法依赖于一种观念，即所有知识都处于内在的关联中。但到了《显象与实在》的阶段，布氏就更进一步了，他不仅相信命题中的要素是内在关联的，而且相信实在自身也是内在关联的，这也就使得他后来能够坚持一种看上去很像融贯论的真理观。[1]

误导性的第二个方面在于其相关论证的争议性。这些论证其实就是上一章所讨论的不同版本的布拉德雷倒退，现在我们把主要目光聚集在巴西莱的质疑上。他指出，布氏所谓的"内在"指的就是关系以其关联项的本性为基础，外在关系则缺乏这种基础，但无论哪种关系都会陷入无穷倒退。在巴西莱看来，可以通过两种不同的方式理解布氏的论证：一是关系是一种独立的实在——如此会陷入无穷倒退，即关系仍需要另一个关系来关联；二是否认关系拥有充分的形而上学独立性，即主张关系在其关联项的本性中拥有内在的基础——如此会陷入另一种无穷倒退，即关联项 A 包含 A1 和 A2 两个部分，它们又需要另一个关系来关联。在第一种情况下，无穷倒退发生在关联项之外，在第二种情况下则发生在关联项之内。

---

[1] 本段内容请参阅 Manser（1983：128~134）。不过曼瑟也指出，即便在这个阶段，布氏所谓的内在关系原则涉及的仍然是殊体而非共相。至于布氏的真理观是否是融贯论的，请参阅本书第二章第四节的讨论。

（参阅 Basile，2014：194～195）巴西莱对布氏的解读基本就是我们在上一节提到的"链条论证"和"内在多样性论证"的翻版；而在他看来，布氏论证中的核心问题在于：关系的基础是否在其关联项中？我们对该问题的回答会陷入两难：如果回答"否"，那么与"链条论证"关联在一起的倒退就会被启动；如果回答"是"，那么与"内在多样性论证"关联在一起的倒退就会被启动。（参阅 Basile，2014：196）[1]但无论如何，如我们在第四章已经指出的那样，布氏关于这些倒退之论证的效力是充满争议的，而人们对其内在关系概念的理解也与对其论证的理解纠缠在一起并相互影响，这极大削弱了解读其文本的共同基础。

误导性的第三个方面在于布氏具体论述的混乱。他关于内在关系和关系的看法不仅与常识相距甚远，而且包含了不少潜在的混淆之处。布兰沙德就指出，布氏对关系的谈论是有不同层次的，对应于经验中的三个层面：第一是直接性的层面，这是个体或种族的历史中的意识的最早形式，也就是詹姆士形容新生儿看待方式时所说的混沌状态"blooming, buzzing confusion"；第二是处于关系中的事物的高原（plateau），这不仅是我们生活于其上的层面，也是推崇常识的哲学家们，如霍布斯、洛克、休谟、密尔等所关注的层面——但布氏认为自己通过《显象与实在》第三章中的论证摧毁了这个层面上的关系；第三则是在发展的最高级层面上，在那里，事物和关系的领域、人类论述性的（discursive）思想的领域都消失了。（参阅 Blanshard，1984：212～214）根据曼德的转述，斯普利格以类似的方式指出，布氏混淆了两种不同的关系概念：一是观念性的关系（ideal relation），它存在于两个观念性的事项之间，如果它通过关联项自身的特征得到解释的话；二是整体性的关系（holistic relation），它存在于两个事项之间，如果它们在关系中的存在是一种从拥抱它们的真正个体中做出的单纯抽象的话。（参阅 Mander，1994：99）坎德利什也指出，布氏讨论的其实是被包含在判断之内的材料之间的关系；与之相对的是关于判断之外事物的观念性材料之间的关系。但他并未清楚地区分这两者——他所理解的"外在"指的就是不落在我们的材料之内。（参阅

---

[1] 此外，根据巴西莱的转述，詹姆士也反驳过布氏，认为布拉德雷倒退只是表明我们无法在思想中重构被经验的世界的统一性，而并不表明实际被经验到的关系无法做出关联。但巴西莱也指出，詹姆士的批判并没有什么力量，一是因为所谓"真正的关系"（real relations）和"在思想中被把握的关系"（relations as they are grasped in thought）的区分是虚构的（spurious），也就是说，对布氏而言，不存在在思想中无法链接关联项却在实际上可以链接关联项这么一回事；二是因为詹姆士认为我们可以经验到关系的实在性，这是事实，但布氏并不这么认为。（参阅 Basile，2014：196）所以，两人的分歧主要是立场上的，很难说詹姆士的批判切中了布氏的要害。

Candlish, 2007: 147)

应当说,上述三个方面构成了后人对布氏一系列误解的根源。例如,罗素与摩尔都认为布氏持有如下观点:没有任何关系性陈述是或然为真的,而由于所有主谓命题都可以被改写为关系性形式,这就等于是在说不存在或然性真理;但是,只有罗素认为布氏主张表面上的关系可以被还原为性质,摩尔则并不这么认为。布氏的一些说法似乎分别支持两人的解读,不过这些论述都不出自《显象与实在》的第三章,而是出自该书第二十四章"真理和实在的等级"(Degrees of Truth and Reality)。支持罗素理解的段落是:"在一个整体中存在的东西拥有外在关系。未能被它囊括进其本性中的东西,必定通过那个整体与它相关联,这种关联是外在的。现在,一方面,这些非固有的关系落在了它自身之外;另一方面,它们又不可能做到这一点。因为一种关系必须对两端都产生影响,而且要进入它关联项的存在中。"(AR 322)而在稍后一点的地方又出现了足以支持摩尔理解的段落:"在绝对的机会(absolute chance)中有一种类似的自相矛盾。绝对的或然之物意味着一种事实,它是在与其语境没有任何内在关联的情况下被给出的。它必定与关系无关,或者说所有关系都位于它之外。"(AR 347),

那么,罗素和摩尔的解读能否被调和呢?坎德利什认为,如果要调和这两者,似乎就必须坚持一种莱布尼茨式的观点,即主张事物的任何性质都是在本质上属于它的,但即便莱布尼茨也不愿意坚持说或然性只是一种幻象。布氏自己似乎并未清晰地认识到上述断裂,而且他的哲学体系与莱布尼茨的体系也并不兼容,因此笔者认为,罗素与摩尔的理解之间的断裂很难在他那里得到调和。布氏的确对或然性抱有敌意,但并不认为任何性质都是必然属于该事物的;他观点的核心也不在于关系性命题可以被还原为主谓命题,而在于主谓命题也必然涉及关系性因素。(参阅 Candlish, 2007: 150~152)对此我们可以参考《显象与实在》附录中的这段原文:

> 因为如果你把一个事物等同于特定的特征,它仍然不会改变,但如果以其他方式被处理的话,它就会发生变化。如果你把一颗撞球和一个人从空间中抽象出来,就这一点被保持而言,它们对于未知的变化来说当然是无关紧要的。但另一方面,如果被这样看待的话,它们都不会是实际存在的事物;每一方差不多都是一种有效的抽象。但请把它们当作存在的事物并且无损害地看待它们,而且你必须把它们当作被其位置所决定、被它们进入其中的整个物质体系所限定的。如果你反对这样做,我就会再次质问,你打算把这种变化及其结果谓述给什么。重申一下,

如果被从其位置和在整体中所处的地位中拿出来，这颗撞球就不是一种实存，而是一种特征，而那种特征可以保持不变，尽管存在的东西与它变化的实存一同被改变了。任何与这种同一性特征不同的东西都可以被称作相对外在的。……但不可能是绝对外在的。(AR 517~518)

至此，如果尝试对布氏关于关系和内在关系的观念做一些总结的话，我们只能得出这样的结论：严格来说，他所谓的关系不是日常的关系，而是一种使"多"成为"一"的东西，甚至我们也可以不称其为关系；他关心的问题则主要是"多"是如何成为"一"的。不同哲学家的相关争论很多时候都不过是一些语词或立场之争，其根源是大家对概念的不同理解。因此，我们需要的可能是一种对关系、内在关系等核心概念的维特根斯坦式的"综览"。而在这里，我们也可以参考一下维特根斯坦本人在不同时期对内在关系的界定，他关于内、外在关系的区分需要视情况而定的想法是非常具有启发性的。

三　维特根斯坦的理解

众所周知，维特根斯坦在不同时期提出了两种完全不同的哲学体系，通常被称为前期和后期哲学。值得注意的是，尽管其前后期哲学差异很大，但有一个概念始终占据了非常重要的地位，那就是内在关系；或者更准确地说，是内在/外在关系之分。不过，他在不同时期对这种区分的确有非常不同的理解，我们先以《逻辑哲学论》为例，考察一下他前期哲学中的内在关系概念，然后再简要概述一下其后期哲学中的看法。

2015年，捷克学者雅克布·马哈出版了《维特根斯坦论内在和外在关系》(*Wittgenstein on Internal and External Relations: Tracing All the Connections*)一书，对维氏哲学不同时期的内在/外在关系概念做了较为系统的梳理。在马哈看来，维氏前期哲学中所谓的内外在关系之分以"不可设想性"(unthinkability)作为标准。简言之，如果关联项处于一种内在关系中，则我们不可能设想它们不处于这样的关系中；而如果处于一种外在关系中，则我们可以设想它们不处于这样的关系中。维氏后期哲学中的相应标准则是"非时间性"(timelessness)。简言之，表达内在关系的命题是非时间性或没有时态的，刻画的是一种与时间无关的事情；表达外在关系的命题则是时间性或有时态的，刻画的是一种位于时间之内的事情。(参阅 Mácha，2015：93) 也就是说，后期维氏所说的内在关系是一种属于语法层面的事情，与世界的实际状态无关。对此马哈曾概括道："内在关系不仅可以在重言式中表现出来，一般也可以在语法命题中表现出来。内在关系是因语法而成立的关系。语法命题要么是对语言游戏之语法的明确陈述,要么是维氏最后的文本中所说的、对我们人类生活形式(human form of life)的隐含的描述。"(Mácha,2015:83)

由于维氏后期对内在关系的使用比较复杂,有不少情况不符合马哈的概括,因此笔者对其相应观点持保留态度;不过,他对维氏前期内在关系的概括是大体准确的。除了马哈之外,另一位研究者莫里斯在《劳特里奇哲学指南:维特根斯坦与〈逻辑哲学论〉》(Routledge Philosophy Guidebook to Wittgenstein and the Tractatus)一书中也表达了类似的观点,并将表达内在关系的命题形式概括为"……是必然的"(it is necessary that…)或"这是不可设想的"(it is unconceivable that…)(参阅 Morris,2008:35~36)。这种概括是符合维氏本文的,例如在如下段落中,维氏明确用不可设想性来定义内在性质,进而界定内在关系:

> 一个性质,如果不可设想其对象不具有它,它就是内在的。
> (这种蓝色和那种蓝色当然处于一种较明亮和较暗淡的内在关系之中。不可设想这两个对象不处于这样的关系之中)
> (这里,"对象"一词的变幻不定的用法对应着"性质"和"关系"这两个词的变幻不定的用法)(4.123)①

需要注意的是,维氏在《逻辑哲学论》中对"关系"一词的使用比较多元,并没有明确界定它是存在于个体之间、概念之间、个体与概念之间还是命题之间;只要能谈论两个或两个以上东西(无论是个体、概念还是命题)之间的关联性,我们似乎就可以将这种关联性称为关系。例如他在如下段落中明确谈论命题与命题间、事态与事态间乃至数列间的内在关系:

> 一个关于某个复合物的命题与那个关于该复合物的构成成分的命题处于内在关系之中。
> 该复合物只能通过对它的描述才能给出,而这个描述则或者是正确的,或者是不正确的。一个谈论某个复合物的命题,当这个复合物不存在的时候,并不因此就成为没有任何意义的了,而只是成为假的。(3.24)

---

① 由于《逻辑哲学论》一书在形式上的特殊性,笔者在引用时只在括号里标记出相应段落的编号,以下不再一一说明。所有相关文字均出自2019年版《逻辑哲学论·维特根斯坦文集·第2卷》。

在两个可能事态之间存在着一种内在关系，这点从语言上说是通过表现它们的命题之间的一种内在关系来表达自身的。(4.125)

在此，"所有的关系都是内在的，还是相反，所有的关系都是外在的？"这个有争议的问题现在便自行消解了。(4.1251)

我将按照内在关系排序的序列称作形式序列。

数列不是按照一种外在关系，而是按照一种内在关系排序的。(4.1252)

从上述段落还可以看出，他此时已经提出了一种和后期哲学很接近的思路，即我们不能简单断言一个关系本身是外在的还是内在的；对于任何一个关系，都要根据具体情况，看看它表达的东西的反面是否可设想。只不过，他在《逻辑哲学论》中并没有说清楚这种不可设想性是否等同于逻辑上的不可能性，也没有像在后期的《哲学研究》那样将其等同于语法上的不可能性，这就为从不同的角度解释何为内在关系留下了空间。

不过，关于什么是自己所谓的内在关系，他还是通过如下例子给出了较为清晰的描述：

唱片，乐思，乐谱，声波，它们彼此都处于这样一种内在的描画关系中，它存在于语言和世界之间。

它们都共同具有一种逻辑结构。(4.014)

存在着这样一条普遍的规则，借助于它音乐家能从总谱中读出交响乐，人们能从唱片上的纹道中构造出交响乐，还是借助于它人们可以从唱片的纹道中又将那个总谱构造出来。这些表面上看来完全不同的构造物之间的内在相似性就存在于这条规则之中。这条规则是将交响乐投影到乐谱中的投影规则。它是一条从乐谱语言到唱片语言的翻译规则。(4.0141)

唱片、乐思、乐谱、声波，尽管其具体形式或载体不同，但都是在记录或表达同样的旋律；正是由于这一点，它们之间的关系才被称为内在的，而它们所具有的共同的东西就是其逻辑结构，该结构以它们为载体而存在。在维氏看来，上述四者的关系也揭示了我们的思想与世界之间的关系：思想与世界也处于一种内在关系中，因为它们拥有同样的逻辑结构。但是这种结构不能被描述而只能显示出来，例如可以在语言中显示出来。甚至可以说，整个《逻辑哲学论》都是在揭示这种结构、让思想与世界之间的内在关系得以

显现——尽管这从根本上说其实是做不到的。维氏提出,把语言中的命题视为运算的结果,可以帮助我们认识到这一点:

> 诸命题的诸结构彼此处于某些内在关系之中。(5.2)
> 我们可以通过如下方式在我们的表达方式中突出地表现这些内在关系,即我们将一个命题表示为这样的一种运算的结果,它将它从其他的命题(该运算的诸基础)中生产出来。(5.21)
> 一个运算是它的结果的结构和它的诸基础的诸结构之间的某种内在关系的一种表达。(5.22)
> 一个运算就是为了从一个命题制造出另一个命题而必须对它做的事情。(5.23)
> 而这点当然要取决于它们的诸形式性质,取决于它们的诸形式的内在相似性。(5.231)
> 给一个序列排序的那种内在关系等价于这样一种运算,正是经由它该序列的一项从另一项中产生出来。(5.232)

既然这种内在关系本身不能被描画,它就显然与外在关系不同,后者应当和世界中的事物或事实一样是可以被描画的。正是在这种意义上,维氏将外在关系称为"真正的"关系。他在这一点上的思路倒是与布氏有些相似,两人都主张把内在关系与日常的、真实的、外在的关系区别开:

> 在某种意义上,我们可以谈论对象和基本事态的形式性质,或者,事实的结构性质,在同样的意义上,也可以谈论形式关系和诸结构之间的关系。
> (我也说"内在性质",而不说结构性质;也说"内在关系",而不说诸结构之间的关系。
> 我之所以引入这些表达式,是为了说明在哲学家们之间流传甚广的这样的混淆——将内在关系混同于真正的(外在的)关系的——根源)
> 但是,这样的内在性质和关系的存在是不能通过命题来加以断言的,而是显示在表现那些基本事态和处理那些对象的诸命题之中。(4.122)

总之,《逻辑哲学论》中内在关系的含义较为明确,指的就是根植于不同事物所共同具有的逻辑结构的关系,这种结构不能被语言描画而只能在语言中显示出来,而且可以说是我们的思想能够把握世界的前提条件。这种内在关系的反面是不可设想的，因此其相应的表达式会呈现为马哈和莫里斯概括的那些形式。

至于维氏后期哲学中对关系特别是内在关系的看法，笔者在拙著《维特根斯坦"心理学哲学"研究》中进行了总结，有兴趣的读者可以参考该书第三章第六节至第八节的有关内容，以及拙文《感知、性质与关系——对维特根斯坦心理学哲学中"内在关系"概念的辨析》。在此需要再强调的是，这些看法中最富于启发性的在于如下三点：

第一，我们不能简单断言一种关系本身是外在的还是内在的，因为每种具体的关系都是不同的，它们可以由于各种因素而分别是外在的或内在的。

第二，在决定一个关系是外在的还是内在的因素中，人的认知占据了重要地位；即便完全相同的表述，当人们出于不同的认知或理由而说出它时，其含义也是不同的；所以在判断一个关系是否是内在的时候，必须考虑一个人出于怎样的理由对之做出断言。[①]

第三，后期维氏所谓的内在关系主要指的是语法关系；换言之，内在性其实源自语法，而语言就像是一种特殊的黏合剂或胶水，是它使得一些关联项处于内在的关系中——这一点其实跟本书第四章第四节对布拉德雷倒退的怀疑论式解答有契合之处。

总之，后期维氏对内在关系的看法是独特而富于启发性的，在布氏、罗素和摩尔等人的讨论之外为我们提供了一种新的思路。

第四节　再看罗素与布拉德雷之争

一　双方的误解

在本节我们会回顾一下哲学史上罗素与布氏关于关系问题的争论，这可以说是一段有名的公案。后人通常认为争论中获胜的一方是罗素，他成功揭示了布氏理论和论证中的问题、维护了外在关系说、表明了关系的实在性。但通过上一节的分析可以看出，由于对关系、外在关系、内在关系等一系列概念的理解不同，争论的双方有时是在自说自话甚至鸡同鸭讲。在后来的研究中，一些学者已经开始重新考虑这场争论的意义，例如坎德利什和臧勇所做的工作。通过这些工作可以看到，首先，这场争论充满了各种对对方的误

---

① 对此可参阅本书第四章第四节第三小节的讨论。

解，特别是罗素在相当大的程度上曲解了布氏的关系理论；其次，在这种误解基础上，很难说罗素取得了争论的胜利。笔者在此并无意全面重新评估这场争论，只是希望发掘其中富有启发性的部分。为此，我们将首先在这一小节对双方的各种误解做出必要的澄清，在下一小节尝试探究其实质性争论究竟在哪里，在第三小节则进行一些拓展性的讨论。在笔者看来，两方真正的分歧还是在于存在论、真理等基本问题上，涉及多元论与一元论的争论。

罗素讨论"内在关系理论"最集中的论文是《论真理的本性》（"On the Nature of Truth"），"内在关系理论"概念即出自此文。在该文中，罗素提出内在关系指的是以其关联项的性质为基础的关系，而莱布尼茨和布氏都认为关系是内在的。他归属给莱布尼茨的观点是：关系是其关联项的相分离的性质，即关系性命题"A 比 B 大"是"A 是 X 大小"与"B 是 Y 大小"这样两个非关系性命题的合取；但他也指出，这样的分析显然是不完全的，因为它还需要关系性命题"X 比 Y 大"的参与。他归属给布氏的观点是：关系是由其关联项构成的复合物（complex）的性质；但这样的观点无法处理非对称关系，而对顺序的引入又会要求对关系的使用。这两种观点分别被他称为"单子论的"（monadistic）和"一元论的"（monistic）关系理论。他的结论是：关系无法从本体论中被消除，而莱布尼茨和布氏主张的关系是非真实的观点是站不住脚的。（参阅 Russell，1906：37~38；1903：221~226；Basile，2014：198~199）

笔者认为，罗素对布氏的批判很难说是成功的，因为双方的观点并没有形成实质性的交锋：在布氏看来，主谓模式本身就是关系性的，而且他明确否定了关系可以被还原为性质；与此相对，罗素最终认为主谓句或谓述并不是真正的关系——这种理解上的差异使得后者的批评变成了无的放矢。巴西莱也指出，罗素在随后的论证中采取了更强的立场，认为所谓内在关系可以被还原为其关联项的性质，但这显然不符合布氏的理解。实际上，布氏否认了对关系的如下三种解释：第一，关系可以被视为关联项所处于其中的关系性的性质——这样会导致无穷倒退；第二，关系可以被消解为关于关联项的两个相区别的谓词——这样的谓词不等价于原初的关系性命题；第三，关系可以被视为关联项组成的复合物的性质——这会涉及关联项在复合物中如何被关联起来的问题。这意味着布氏并没有采取罗素认为他所采取的立场，即关系可以被还原为关联项中一方的性质、关联项中的单独每一方的性质或关联项组合在一起的复合物的性质。（参阅 Basile，2014：199）对此，瓦利塞拉也做了类似的批评，认为罗素忽视了布氏攻击的是关系本身而非单纯的外在关系；布氏假定一种关系性事实的统一性必须拥有某种本体论根据，但这并

不必然是在成分的固有性质中的根据。(参阅 Vallicella，2002：10~11)

与罗素相似，对布氏进行了激烈批判的摩尔也有类似误解。不过他理解的"内在关系"与罗素和布氏都不同，指的是对于关联项的本性来说是本质性的关系。这样的内在关系其实不可能存在且不值得反驳，但摩尔还是把这样经不起推敲的观点归属给布氏。无论罗素、摩尔还是布氏，都相信形而上学问题最终可以被还原为逻辑问题，而摩尔观点的逻辑学基础是：如果某物A具有某种关系性的性质P，那么不具有P的东西就不是A。但他似乎同时又坚持一种与此非常不同的看法：如果某物A具有某种关系性性质P，它就不可能不具有这种属性——这显然是一种对必然性的独特且极端的理解。相比之下，布氏的立场倒是更弱一些，他只是主张：与通过外在关系对实在做出的解释相比，通过内在关系做出的解释所产生的扭曲更少。毕竟前一种解释暗示了作为相分离的事项的多样性的宇宙，后一种则更接近布氏对于实在的一元论的、非关系性的理解。(参阅 Basile，2014：200~201；Mander，1994：98)

布氏的如下论述印证了罗素和摩尔对他的解读是误解：

> 这就是我多年来一直坚持的学说。关系只存在于一个整体中并通过一个整体存在，而这个整体最终不能被消解为关系和关联项。如果离开了这样一个整体，"和"(and)、"一起"(together)、"在……之间"(between) 最终都是毫无意义的。(据我所知) 罗素先生坚持相反的观点……但就我自己而言，我未能发现罗素先生曾真正地直面这个问题。(PL 96)

> 虽然有些判断在关系中呈现出两个或更多的主词，但所有的判断都可以被还原为对一个主词之内的内容的关联的确认。在"A在B的右边"中，整个表现(presentation) 是主体，而A和B的空间关系是其属性。(PL 180)

> 因为关系很难仅仅是关联项中一个或多个关联项的形容词；或者至少可以说，这样的它似乎是站不住脚的。(AR 27)

> 这种关系并不是一个关联项的形容词，否则它就无法起到关联作用了。出于同样的理由，每个关联项的形容词也不应该被拆解，因为那样的话它们之间也就不存在关系了。关系不是它们的共同性质，否则是什么让它们相分离呢？它们现在完全不是两个关联项，因为它们并不是分开的。(AR 27 Note)

可以看出，尽管布氏的观点以其对整体或实在的看法为基础，但这种整体与罗素所谓的那种由关联项组成的"整体"相距甚远。格里芬（Griffin）指出，我们可以以如下三点为基础反驳罗素对布氏的解读：第一，布氏本人试图把所有判断还原为一种单一形式，在其中，一种"观念性内容"被谓述给一个单一的主体，即绝对者；第二，罗素所认为的一元论理论所要求的主词并不都是与布氏的绝对者相同的种类，而布氏的绝对者肯定不是罗素认为的主词"（ab）"；第三，根据布氏的判断理论，被谓述给绝对者的"观念性内容"是整个原初的命题，不是罗素所说的那种把关系等同于整体的性质。可以看出，后两点表明双方所理解的"整体"几乎没有任何共通之处，而第一点也表明两人对谓述的理解非常不同。更进一步地说，问题的关键在于：布氏关于所有判断的最终主词都是绝对者的论述与罗素对一元论理论的概括是否相一致。格里芬提醒我们，对此问题的回答其实离不开布氏的等级理论：当布氏说所有判断的最终主词都是绝对者时，是在最高级的层面上说的；而罗素的概括只符合布氏在较低级层面上的一些说法。格里芬认为，这可能是由于罗素过于关注布氏的《逻辑原理》而忽视了《显象与实在》。（参阅 Griffin，1998：154~160）

在罗素与摩尔之外，威尔逊（John Cook Wilson）也对布氏做出了反驳，我们以塔切利（R. K. Tacelli）对这种反驳的介绍中所举的例子 A = B 为例加以说明。威尔逊认为，在这种关系中，关系 R 本身并不与 A 或 B 等同，也不是已经在 A 或 B 中被理解的任何东西。这和摩尔的反驳思路比较相似，即我们的论述始终都没有超出关系自身的本性，也没有达到一种新的关系 R'，一切都不过是对 A = B 这个事实的陈述。如果允许 B 进入 A 的本性中，最终会导致这样的结论：你无法得到任何能够进入关系中的关联项。换言之，在 A 和 R 之间并不存在进一步的关系 R'，因为任何关于 A 与 R 的关系的问题都已经被 A 等于 B 这条陈述回答了。但麻烦在于，威尔逊的反驳还是没有真正驳倒布氏。因为他只是说：如果对关系采取上述看法，我们就会陷入无穷倒退——但这其实恰恰也是布氏的主张。只不过威尔逊认为无穷倒退的存在表明布氏的前提不可取，布氏则认为这种倒退表明关系本身不具有实在性。当然，布氏的观点也可以被解释为在一定程度上与威尔逊及摩尔的看法相容，毕竟他们都赞同说关系不能被理解为是仅仅外在的，只不过布氏并不认为这是终极真理。（参阅 Tacelli，1991：200~204）但无论如何，如同在上一章讨论布拉德雷倒退时的情形一样，这种思路是无法驳倒布氏的；而很多研究者都因为做出了与布氏完全不同的背景性预设而掉入了其论证的陷阱中。

二 双方的根本性分歧

关于罗素（也包括摩尔和威尔逊等人）与布氏的争论，笔者认为可以做出如下两点总结：第一，这些争论的大部分源于双方相互的误解，特别是对于一些关键概念——如什么叫"内在"或"关系"——的不同理解，因此很多时候我们需要的其实是一种概念上的澄清工作，正如我们在本章前三节所做的那样；第二，即便抛开这些误解不谈，关于关系的争论也并非本质性的，而是一些关于更为根本性问题的分歧的体现。在笔者看来，这些分歧主要包括三个方面：什么是真、什么是实在、坚持多元论还是一元论。接下来我们就对此依次加以考察。

首先来看看真理观。在本书第二章第四节，我们较为详细地梳理了布氏的真理观，并将其概括为独特的、关于真理的等同理论。这种理论兼具符合论和融贯论的特点，并且以彻底的一元论为背景。但它终究不可能是通常意义上的符合论，因为根据布氏彻底的一元论，一切判断最终说来只有一个主词，那就是实在，而且也不可能存在与该判断相符合的、独立的实在，因为判断本身就是实在的一部分。这可以说是他所坚持的一元论的必然推论，即他必须坚持一种更接近融贯论的观点。而在罗素看来，布氏的真理观就是融贯论的；当然，我们此前已经澄清了，这样的认知并不准确。相比之下，罗素本人的真理观经过了一个发展变化的过程，最终还是落脚在符合论上。在他看来，一条命题的真就在于其与某种实在的符合。但这样也会出现相应的困难，其中最重要的困难是否定命题和虚假（falsity）命题无法得到解释，因为我们很难接受存在着与之相应的否定事实或虚假事实。当然，罗素后来对相应的看法做了调整，甚至一度接受否定事实的存在。[①] 无论如何，真理问题和关系的本性问题的确是紧密关联在一起的。罗素在批评布氏时认为，是对内在关系的坚持导致了布氏持有融贯论的真理观；但经过本书之前的分析可以看出，事情似乎并没有这么简单。布氏哲学体系的一个最大特征就是融贯性，很难说它是以某个命题或原则为出发点一步步按照逻辑推导而来的。尽管经验是其整个体系的出发点，但其中涉及的几乎每个重要概念都不是从经验概念得出的，而是有其各自的来源或依据。而且本书第二章第四节曾指出，关于真理的等同理论是布氏哲学体系的一个自然推论，当然也面临着严重困难，但它毕竟并不单纯是其关系理论的后承，尤其不是罗素所谓的内在关系

---

① 关于这一点的详细讨论，可参阅司各特·索姆斯《20世纪分析哲学史·分析的开端》第八章"罗素的逻辑原子主义"。

理论的后承。因此更合理的解释是：真理观的不同本身就是罗素与布氏的一个根本性分歧，它并不是两人关系理论上分歧的结果或推论。

其次是唯心论与实在论的争论。按照通常的理解来看，布氏的哲学带有较为浓厚的唯心论特征，特别是他对经验的解释，与贝克莱等人有诸多相似之处。但布氏也明确批评了贝克莱哲学，认为这其实是一种唯我论。之所以能持有这样的立场，与他对实在的独特理解有关。经过之前的分析可以发现，他完全不是在通常意义上理解实在的；当他说实在不包含任何矛盾时，不是说有一个独立于所看到的现象之外的真实之物不包含矛盾，而是说所有包含矛盾的东西都不是实在，却最终又被包含于实在之中。这种带有些许诡辩色彩的话术包含着相当程度的误导性，但无论如何，他都并不在通常意义上坚持一种实在论观点。相比之下，罗素的思想在经历了早期的唯心论阶段后，一直都坚持通常意义上的实在论立场。在他看来，包括殊体、共相和关系在内的东西都具有实在性，这依赖于他对于"实存"（existence）和"存在"（being）的区分。对此，臧勇概括道：

> 其一，关于关系的存在性，罗素重述了对贝克莱和休谟的批评，认为必须首先承认关系这种共相；其二，关系在何种意义上存在，罗素坚持了他在《数学原则》中的对"existence"和"being"的区分，认为关系具有"being"；其三，罗素认为，世界中有如下基本对象：物理对象，精神对象，感觉材料（殊体）和共相，前三者是一种实存，共相是一种存在。（臧勇，2011：3.2.1）

也就是说，我们通常所谓的心灵和物理对象是实存的，而共相并不在与此相同的意义上存在，并不具有时间性。这样的看法可以说是一种类似柏拉图主义的立场，也与弗雷格的观念比较接近；毕竟在弗雷格看来，命题所对应的思想也是不在时间之中实存的，但又的确存在。笔者认为，对何谓实在、何谓真实、何谓存在的理解也是罗素与布氏的一个根本性分歧之所在，但这种分歧仍然不是双方关系理论的后承，而是其背景乃至前提。如果实在是某种独立于我们感知之外的东西，关系就可以在这种意义上具有实在性；如果实在指的是在任何意义上都不包含矛盾的东西，那么根据布氏的标准，关系就是包含矛盾的，因而不是实在。这种观点其实应当被归属于通常所谓的唯心论，而在这样的理论框架下，关系就应当是一种我们从感知中做出的构造，只不过布氏将这种感知归属到他所谓的经验之下。例如，他曾试图依靠诉诸感觉来解决罗素所批评的不对称关系不能得到解释的问题："感觉包含一切，而不对称关系（asymmetrical relations）显然并非如此。首先，即使你主张在所有的感觉中都有变化，所以有（至少暗含有）不对称的关系，我也否认这个事实；其次，在任何情况下，变化的感觉都从属于一体性被感觉到的整个方面。"（CE 671；参阅 Foriter, 1996：36）

最后是最根本的形而上学立场上的分歧，即坚持多元论还是一元论。如我们在本书第四章指出的那样，关系最终关系到统一性问题，而如果认为世界上的一切都处于一种统一性中，我们就会达到所谓的一元论立场。当然，一元论可以有不同的含义，这一点我们会在下一章详细讨论。在哲学史上，罗素是多元论的坚定支持者；而他之所以批判内在关系理论和与之相应的所谓一元论的真理观，就是因为由此导致的一元论在他看来是自相矛盾且不符合常识的，毕竟世界上显然有各种不同的东西存在。而在这个问题上，双方的分歧恐怕就纯然是立场之争而几乎没有任何达成共识的基础了。布氏在《真理与实在论文集》的第九章"论显象、谬误和矛盾"（On Appearance, Error and Contradiction）中批评了罗素的多元论，认为这种观点依赖于"是复杂的、无法被分析为项和关系的统一体"，最终使得统一性无法得到恰当的解释。（参阅 ETR 280~281；Foriter, 1996：26~27）与此针锋相对，对于写作《数学原则》时期的罗素来说，命题自身就是统一体，而单纯词项的排布并不能构成命题。尽管他认同说单纯的关联项和关系的罗列不能被等同为统一体（即命题），但并不赞同布氏的看法，即关联项和关系不能被单独考虑，因而仍然坚持自己的多元论立场。坚持一元论的人则被他批评为是坚持一种错误的还原论立场，即我们之前所说的把关系还原为其关联项的性质。（参阅 Foriter, 1996：27~31）

布氏敏锐地发现这是对自己一元论立场的威胁，于是便为一元论做出如下辩解："简言之，一元论远远没有承认所有真理都可以被解释为对整体的性质的谓述，一元论与我所主张的是：无论如何，所有谓述最终都是不为真的、不真实的，因为（而且只要）它始终涉及并忽略未得到表达的条件。"（CE 672）此外，布氏认为罗素提出的不对称关系反驳误解了自己的意思："我的回答是，没有一个整体是真正简单的整体，在每一个整体中总是有未得到表达的条件，在这些条件中包含这里所需要的差异，而这就是 ARB 和 BRA 不相容的原因。"（CE 672）这仍然涉及双方对"整体"的不同理解。布氏认为，关系都是有条件和语境的，而作为整体被给出的关系并不能被单独考虑，因此来自不对称关系的反驳不成立。（参阅 Foriter, 1996：34）无论如何，多元论与一元论对于双方来说似乎都不是某个或某些命题的后承，而是一种背景性的预设或前提，两人都在根据多元论或一元论的目标来调整各自的论证策略。因此，我们在下一章必须仔细剖析一下这两种立场，特别是布氏的一元论立场。不过在此之前，我们还要简单地考察一个问题，即坚持内在关系是否真的会如罗素所说那样必然导向一元论。

三 内在关系是否必然导向一元论

关于内在关系是否必然导向一元论的问题，黄敏在《布莱德雷、罗素与维特根斯坦论关系》[①]一文中做出了细致的分析。他首先较为全面地论述了布氏、罗素和前期维特根斯坦的关系理论，然后将他们各自理论差异的核心概括为对如下问题的不同回答：在谈论关系时如何不陷入恶性的无穷倒退？这其实就相当于我们在讨论布拉德雷倒退时所概括的问题。根据黄文的总结，陷入无穷倒退需要满足如下四项条件：

(1) 关系事实的统一性以外在关系的存在为前提；
(2) 句子的统一性以动词的存在为前提；
(3) 在句子中，动词指称外在关系；
(4) 逻辑分析要求列举决定句子语义的所有要素。

对于这些条件，黄文解释道：

> 第一个条件构成了本体论条件，后三个条件一起构成了解释性条件，它规定了关于关系事实什么才算是有效的解释。……这三个条件中，4) 明确了有效解释在内容上的要求，2) 明确了有效解释作为句子在形式上的要求，3) 则包含于解释所用句子的语义学特性中。这种解释性条件意味着，一种有效的解释总是一套本体论陈述。如果不满足这个条件，被解释概念（关系事实）就不可理解，进而就可以断定其不具备本体论的合法性。
>
> 本体论条件与解释性条件结合起来就形成了无穷倒退。它们对产生无穷倒退都是必要的。（黄敏，2012：74）

黄文将上述四个条件都视为产生无穷倒退的必要条件；换言之，只要缺失了其中任何一条，我们就不会陷入无穷倒退的境地。对此黄文进一步解释道：

---

① 布莱德雷即布拉德雷。

如果缺乏1），那么逻辑分析所需要做的就仅仅是列举关系项①；如果不需要对事实的统一性作出解释，那么这种分析是贫乏的，但不会有无穷倒退。缺少2），就不需要在逻辑分析中引入新的动词，以此构成由完整句子陈述的解释。没有3），在句子中为了达成统一性而引入的动词就不会要求新的关系。最后，如果不需要列举决定句子语义的所有要素，无穷倒退就失去了动机。（黄敏，2012：74）

根据这样的分析，黄文得出结论说，可以将无穷倒退的形式上的条件（the formal condition of regress）概括为：

FCR）在一个由关系结合构成的整体中，如果用来解释整体的统一性的要素作为关系项出现，无穷倒退就会发生。

"FCR"得自罗素对于统一性问题的分析，但作者也指出：罗素的无穷倒退与布氏关于关系非实在性的论证是"严格平行的"。他认为，不同的哲学家采取了不同的策略来避免陷入无穷倒退的境地，即他们选择否定或拒斥上述四个条件中的某一个或某一些。具体而言：

在布莱德雷那里，关系事实是可理解的，仅当我们能够用完整的句子来对关系事实作出完整的解释，这就相当于要满足条件2）、3）、4）。

对这些条件，罗素同时接受，因而无穷倒退就是不可避免的。布莱德雷对这个局面的反应是，在接受后面三个条件的同时拒绝1）。他接受的这些条件决定了什么是关于关系事实的有效解释，在这种有效解释的基础上，拒绝1）就不可避免地导致他拒绝承认关系事实的存在，从而启动了通向绝对一元论的斜坡效应。在这个基础上可以理解维特根斯坦在什么角度提出解决方案。我们可以这么说，他拒绝了1），但与此同时也拒绝了3），因此就切断了滑向绝对一元论的通道。（黄敏，2012：74~75）

可以看出，布氏的方案是与常识背道而驰的。至于该思路是否成功，黄文认为它在逻辑上是"局部融贯的"，但仍然面临如下问题：

---

① 关系项即本书所说的关联项。

这里只能说是"局部",这是因为我们还没有看到这个解决所导致的语义学后果。由于接受3),布莱德雷必须建立一个本体论来全面承担语义学的解释任务。如果在语义学上要求表达关系,就必须在本体论中承诺它;但是,如果本体论中不能承诺关系,关系表达式就不可能有语义学地位。这是一个巨大的代价,它所产生的理论压力全部转移到布莱德雷的真理理论上。如果在实在中不存在关系,那么关系表达式何以有效呢?拯救现象在这里显然是一项大规模的修补工程。(黄敏,2012:76)

笔者总体上赞同黄文中对无穷倒退之四个条件的分析。而通过上述讨论可以发现的一点是:即便接受或在相当程度上接受布氏对关系的理解,即接受关系的非实在性,我们也并不必然会导向一元论的境地。

不过,其中还有一些可能需要澄清的地方。黄文认为罗素接受上述四个条件,因此无法避免无穷倒退,在笔者看来,这并不是说罗素本人持有一种会导向无穷倒退的看法,而是说罗素对布氏关系理论的解读出了问题,即他错误地认为布氏同时接受上述四个条件。换言之,不是罗素本人陷入了无穷倒退,也不是布氏陷入了无穷倒退,而是罗素认为布氏陷入了无穷倒退——这似乎才是更合理的解释。实际上,罗素后来对何为统一性做出了必要的反思,并不认为统一性以外在关系或动词的存在为前提。这等于说他对1)和2)都提出了质疑;只不过,这种质疑或许没有达到足够充分的程度,至少没有达到前期维特根斯坦对3)的质疑的程度。在《逻辑哲学论》中,由于并不存在真正的关系——也就是外在关系——维氏就可以在解释统一性的同时维持一种类似莱布尼茨单子论的多元论立场。当然,至于无差别的单子或对象是不是还可以被称为"多",则可能是有争议的;这也暗示我们,一元论本身可能具有不同的含义,而现在必须对这个术语做出更细致的考察了。

第六章 关于一元论的扩展讨论

第一节 "一元论"的不同含义

一 多元论与二元论

通过前一章的分析可以看出，布氏和很多批评者产生分歧的根本原因之一是形而上学立场的不同，而其中最关键的问题是世界上真正存在的究竟是什么。这本就是形而上学的核心问题，也可以有不同的解答方式。比如我们可以从对系词进行分析，从而澄清"存在"是什么意思的角度来解答，可以像布氏那样通过揭示矛盾而走向实在，也可以像罗素那样通过对关系本性的分析以实现对多元论的辩护。但通常来说，最后的答案无非就是三种：一是认为最终存在的只有一个或一类东西，这样的立场被称为一元论（monism）；二是认为最终存在的是两个或两种东西，这就是二元论（dualism）；三是认为最终存在的有多个或多种东西，这就是多元论（pluralism）。我们在本小节先考察一下多元论和二元论，在下一小节再考察一元论。

一般而言，多元论主张最终说来存在着多个基体或原则（principles）。这里的基体可能指完全不同类型的东西，比如在罗素的形而上学中，存在的可以是殊体和共相，其中共相又包括通名、动词和形容词所指示的东西。当代自然科学通常认为世界上存在着的基本单位是各种不同的物理粒子，从这个角度看这种主张是多元论的；但如果认为所有这些粒子都属于物质而非心灵的范畴，则该主张又可以被视为一种物质主义一元论——可见，"一元论"一词可能有非常不同的含义。此外，多元论所主张的终极存在者也可能是抽象的原则，比如古希腊哲学家恩培多克勒在主张四根说时，便引入了"爱"与"恨"这样两个东西作为推动四根运动的力量；在宗教中，人们通常会把善或恶视作某种终极的原则；而在伦理学中,终极原则可能会有多个。

相比之下,二元论主张终极的基体或原则有两个或两种,笛卡尔的身心二元论便是西方哲学史上此类观念的代表,而中国传统思想中的阴阳观念也是典型的二元论。当然,二元论也可以有非常不同的形态。例如在宗教中,二元通常指的就是善与恶、光明与黑暗等,它们可以被认为是某种抽象的原则而非基体。

哲学中比较有代表性的二元论立场往往出现在心灵哲学领域,也就是所谓的身心二元论。根据这样的主张,心灵(mind)和身体(body)是完全不同的两类事物,彼此不能被还原为对方。从日常的观点来看,我们具有不同类型的属性,有的属于物理范畴,如我们具有的各种身体部分和感官;有的则属于心灵范畴,如思想、情感、感觉、意向性等。人们一般都不会否认这两者的存在,只是对其角色有不同的理解。当代主流的物理主义观点倾向于认为,心灵属性以物理属性为基础,是物理属性所具有的性质或状态;身心二元论者则否认这样的看法,认为双方是平行的,都是真实的,不存在一方被还原为另一方的问题;当然,还有一种与这些都不同的观点,即唯心论(idealism),主张物理属性其实是心灵属性所具有的性质或状态。

但跟多元论的情形一样,二元论也可以有非常不同的含义,特别是在当代自然科学的巨大影响下,坚持笛卡尔式身心二元论变得愈发困难,于是人们开始考虑各种具有调和色彩的立场。更准确地说,笛卡尔的观点是一种基体二元论(Substance Dualism),主张心灵和物质从根本上说是两种不同的基体。有的人则承认物质是唯一的基体,但认为在此基础上我们可以承认心灵和身体是物质所具有的两种不同的性质,这就是所谓性质二元论(Property Dualism)。根据这样的理论,当物质以某种特定方式排布时,就可以产生出作为属性的心灵现象——此类观点在当代被称作"突现论"(emergentism)。从本体论的角度看,这种理论仍然持一种还原论立场,主张心灵性质可以被还原,只不过不是被简单地还原为物理性质——斯宾诺莎关于实体和属性的分析实际上与此有相似之处。相比之下,还有一些人不持有类似的还原论立场,而是坚持一种所谓谓词二元论(Predicate Dualism),即心灵谓词不能被还原为物理谓词。根据这种理论,信念、思想、感觉、欲望、意向性等最终说来并不能从日常语言乃至科学语言中被消除——这是与消除式的物理主义(Eliminative Materialism)相对立的。

不过在继续前进之前,我们必须对"二元论"一词做出一点简略但十分重要的说明。因为人们很多时候会误用这个概念，让其含义变得泛化或不准确，从而引起一系列糟糕的错误。

  从根本上说，二元论是一种形而上学观点，除了笛卡尔的身心二元论和中国的阴阳思想外，典型代表还有古代波斯的琐罗亚斯德教的善恶二元论、古印度数论关于原人和原质的理论等。但是，人们很多时候会把另一些东西与这种形而上学观点混同起来，其中最具代表性的情况就是把"非此即彼""非黑即白"（all or nothing, black or white）等思维错误等同于二元论。这样的混同在日常生活中很常见，给我们造成了不少困扰。世界是很复杂的，我们的生活也是如此，其中往往包含着各种各样的可能性和选择，但我们的思维有时会出现一些谬误，不能准确地认知这些可能性，在本来存在多种可能性的时候误以为只存在很有限的可能性。比如家长在训斥孩子时可能会说"现在不好好学习将来就只能扫大街"。且不说贬低扫大街这种工作本就没有任何道理，而且在家长以为的"好好学习"能带来的"体面"职业和扫大街之外还存在着数量庞大的可能性，但这些可能性被莫名其妙地忽视和排除了——这其中还含有"滑坡谬误"（slippery slope argument）的成分。此外，在对人做出评价时我们也很容易犯类似的错误，比如简单地追问"这个人是好人还是坏人"，但其实在好坏之间有着广阔的灰色地带，而且一个所谓的"好人"身上可能有很多坏的品质，一个所谓的"坏人"身上也可能有不少闪光点；而简单地以好坏来评价人，就是一种"非黑即白"。这样的谬误往往有具体的情境，比如一个人在美国投票选总统，只有共和党和民主党的两个候选人可选，这造成了一种表面上"非此即彼"的困境，但情况并不是必然如此，只是其他候选人并没有足够的竞争力，何况他至少还可以谁都不选；如果此时有人拿着枪逼着他去投票并在两个候选人中选择，那个人就用暴力的方式制造了一种"假两难"（false dilemma）。但可以看出，所有这些都只是错误的思考造成的，与作为形而上学观点的二元论并无关联；如果把二者混同起来，就会得出一些荒谬的结论，比如认为是二元论本身造成了各种错误，而抛弃二元论就可以摆脱思维上的困境。

  与此类似的错误是把"二分法"（dichotomy）或"二进制"（binary）等同于二元论。如果要进行任何思考，就必须做出各种区分，而二分法或二进制是最为基础性的区分方式，因此构成了正常的、合理的思考的基础。我们对世界的看法和我们的生活都建立在各种区分之上，这些区分涉及感觉、情感、概念、判断、思考、主客之分、自我意识（包括自我和他人的区分）等各个方面。但有的人认为这个世界和我们的生活充满了问题，所以必须对此采取一种根本性的、彻底的解决；而既然思考和生活离不开区分，那就干脆釜底抽薪，把一切区分全部消除，来个彻底的"格式化"——这样一切问题就都解决了。但他们很多时候分不清二分法或二进制与二元论的区别，所以就把所有东西杂糅在一起称为"二元"（duality），把打破"二元"（或二元对立）作为自己的旗帜。这样的观点完全是荒谬的，表面上是在反对作为形而上学立场的二元论，实际上是反对任何区分。这最终可能导向一种类似反智主义乃至抹杀善恶的立场，是一系列概念混淆和推理谬误的产物。关于这一点，我们在本章第三节介绍辨喜的"显现"和"摩耶"概念时还会再提到。

二 几种不同的一元论

如同多元论、二元论的情形一样，一元论也有不同的含义。其中最重要的是如下三种，即基体一元论（Substance Monism）、优先一元论（Priority Monism）和存在一元论（Existence Monism）。

简言之，基体一元论的主张较为温和，也为很多人所接受。它认为最终说来只有一个或一类基体存在，而事物的多样性可以通过该基体得到解释。当然，问题的关键在于这样的基体是什么，如果该基体被理解为物质的话，就会导向一种物理主义的立场，即主张一切东西最终说来都是由物质构成的。

相比之下，优先一元论的主张更激进一些，认为一切事物最终都来自或可以被追溯到一个与它们自身不同的源头。这方面的典型代表是新柏拉图主义的所谓"太一"概念和流溢说。不过，这种观点并不是断言只有一个或一类东西存在，它肯定事物的多样性，但认为所有东西的源头是唯一的。

存在一元论则可以说是最极端的，它主张严格说来只存在唯一的东西，而万事万物不过就是对它的划分或是它显示出来的样子——这非常契合布氏的思路，如果用他的术语来表述的话，这个唯一的基体就是实在，而其他各种各样的事物则都是显现，后者的存在需要通过前者才能得到解释。

上述三种基本的一元论可以与其他观点相结合，从而形成更复杂的主张。如刚才所说，在基体一元论的框架下，这种基体可以被理解为不同的样子。我们可以主张它是观念性的，这样就会得到一元唯心论（Monistic Idealism）的立场；也可以仅仅主张该基体存在而不去断言它是物质的还是观念性的，无论物质还是精神性的、心智上的东西都可以被还原为它，而它当然不在通常的意义上是物质的——这就是所谓的中立一元论（Neutral Monism）。当然，当今占据主导地位的还是物理主义一元论，但即便在其内部也可以进一步分化出不同的立场。例如，如果认为精神性的事物根本不存在，那就是之前提到的消除式的物理主义；如果认为它们存在而且是物理事物的一种，那就是还原式的物理主义（Reductive Physicalism）。

经过这些分析可以看出，布氏的基本立场是一种典型的存在一元论。我们知道，作为布氏思想来源的黑格尔哲学通常被认为是绝对唯心论（Absolute Idealism），属于一元唯心论的范畴。这种关于黑格尔的论断是否合适，我们在此不做考察，但需要指出的是，在这种意义上把布氏哲学称作一元唯心论可能具有误导性。

唯心论通常有两种形态，即所谓客观唯心论和主观唯心论。根据客观唯心论，思想或观念在某种意义上才是最真实的，而无论终极实在本身可能是什么样子，我们都最好把它理解为一种观念性的东西；不过这种想法并不否认其实在性，因而还是具有实在论的特征。这样的思路通常得自逻辑而非知识论，更是与经验无关——柏拉图主义和莱布尼茨的单子论可以被归属到这个范畴下，但其最典型的代表还是黑格尔哲学。与此相对，主观唯心论认为我们知识或经验的唯一对象是精神性的事项（mental items），比如思想、欲望、感觉等，而且一切都在经验之中，最终说来都可以被我们所知。这样的思路通常源自知识论，并具有鲜明的反实在论色彩，结果就是我们不会遇到甚至无法设想任何非精神性的东西——其最典型代表是贝克莱哲学。

显然，说布氏的哲学是客观或主观唯心论都是不合适的，他不同于黑格尔，更不同于贝克莱。而且如曼德指出的那样，布氏的论证并不以唯心论为基础；毕竟对于黑格尔来说，关于实在的基本标准是理性，而对于布氏来说，其标准则是广泛性和自存的（self-subsistent）个体性。也就是说，实在多于理性思想，后者只是一种对前者的抽象。正是在这样的意义上，布氏的形而上学既非客观唯心论也非主观唯心论。（参阅 Mander, 1994：125~127）此外，我们必须考虑布氏对实在的强调。尽管他所谓的实在与实在论者所谓的"实在"有很大差别，但如果反实在论的立场被理解为"我们无法设想的东西就不可能存在"，那么布氏显然不在这样的意义上是一个反实在论者，毕竟他相信实在不同于思想，或者不同于任何作为有限存在者的我们能够产生出的思想。总之，虽然带有唯心论色彩，但他也可以被视为实在论者。（参阅 Mander, 1994：131~132）

巴西莱将布氏的哲学概括为基体一元论和形而上学唯心论的结合（参阅 Basile，2014：190）。称其为基体一元论并没有什么大问题，毕竟可以说布氏的存在一元论是基体一元论的一种极端情形；不过，他本人并不在通常意义上持有唯心论立场。他明确反对黑格尔的观点，即思想和实在是一体的。在他看来，思想必须自杀才能融入实在；未自杀的思想不可能把握实在，而自杀后的思想又已经不再是思想，不可能与实在等同。他说："一种挥之不去的踌躇仍然禁止我们去相信实在可以是纯粹理性的。它可能来自我形而上学中的某种失败，或者来自持续蒙蔽我的肉体上的弱点，但实存可能等同于理解这样的观念，就像最沉寂的物理主义一样冰冷，如同鬼魂一般。"（PL 591）可以看出，对思想与实在间关系的不同看法是布氏与黑格尔最大的分歧之所在，也决定了我们很难简单地用唯心论来刻画布氏的哲学。

斯普利格在《绝对唯心论面临的恶的问题》（"The Problem of Evil for Absolute Idealism"）一文中指出，绝对唯心论通常具有如下的六个方面的特征：

第一，绝对唯心论者试图通过经验来囊括一切，断言不存在任何不是经验或被经验的东西；或者他们也可以退一步说，如果有任何别的东西存在，也只是作为思想的对象存在。

第二，在绝对唯心论框架下，最终只存在一个对象，它是经验和思想的对象，也是一个统一的整体，包含了世界中任何时间发生的所有思想和感觉。

第三，这样的对象可以被称为"绝对者"，它至少在如下意义上是完美的：它正确地感到自己在本性上是至高、至善的。

第四，绝对唯心论始终难以避免这样的困境，即世界中的所有恶对于绝对者的实存和完美而言都是本质性的，这自然意味着世界上如此多的恶是很难和绝对者调和的。

第五，对于绝对者而言，每个事件要么不在过去、现在或未来，要么存在于永恒（Nunc Stans）中；总之，绝对者的实存是非时间性的、永恒的。

第六，在绝对者之内存在着成分的顺序，与它们表面上的时空关系同构。（参阅 Sprigge，2010：167~168）

可以看出，布氏哲学的确包含了上述几乎所有特征，除了最后一项，因为他并未对其做出详细的陈述。但如果要谈论相关问题的话，他很可能会持有类似的主张。布兰沙德总结道，布氏进入了巴门尼德、普罗提诺、斯宾诺莎和黑格尔的阵营，他们的共同或相近的看法是，事物和关系自身似乎可以消解为一种单一的、未经划分的直接性。（参阅 Blanshard，1984：212～214）这种概括有一定的道理，但必须注意的是，布氏的整个体系也始终与唯心论保持着一定的距离。总之，其形而上学属于一元论中的存在一元论，但并非典型的一元唯心论，而是呈现出一种非常特殊的形态。我们在下一小节将从与单子论的对比、与贝克莱式唯我论的差异、对经验的强调三个方面来分析一下其独特性。

三 布拉德雷一元论的独特性

首先来看看与莱布尼茨单子论的对比。

在哲学史上，持多元论观点的哲学家可能更多，但其中一个较为特别的例子是莱布尼茨，他的单子论兼具一元论和多元论的色彩。它是多元论的，因为单子的数量显然是多；它又带有些许一元论色彩，因为所有单子都是一样的、显然都是同样的基体。不少学者发现了莱布尼茨的理论与布氏哲学的相似之处。菲米斯特（Phemister）在《莱布尼茨式的多元论与布拉德雷式的一元论：一个关于关系的问题》（"Leibnizian Pluralism and Bradleian Monism: A Question of Relations"）一文中指出，莱布尼茨反对斯宾诺莎的如下主张，即最终只存在一个基体。莱布尼茨认为基体的数量是复数，而且是个体的、有限的，它们构成了一个宇宙，而该宇宙自身仅仅是基体的聚集（aggregate），就其自身而言并不是一个统一的基体。尽管有多元论/一元论之分，但在莱布尼茨对单子感知的理解和布氏关于"有限的经验中心"的观点之间还是有着重要的相似之处。根据菲米斯特的转述，是艾略特第一个注意到二者间的相似性，他在论文《莱布尼茨的单子与布拉德雷的有限中心》（"Leibniz's Monads and Bradley's Finite Centres"）中提出，莱布尼茨发现很难区分实质性的统一体（substantial unities）和偶然性的统一体（accidetal unities）；而一旦我们考虑单子的实质性问题，而且当关注点被集中在单子式的感知上时，莱布尼茨的单子就与布氏的有限的经验中心非常接近了：它们都是转瞬即逝的、暂时的。（参阅 Phemister，2016：63～64）巴西莱也指出，布氏关于有限的中心的评论非常接近莱布尼茨的单子论。（参阅 Basile，2014：203）

不过，两人在另一些问题上的看法还是有重要区别。在莱布尼茨那里，每个单子都包含整个世界，从自己独一无二的角度加以呈现。但单子毕竟是无限的，不是只存在一个单子，它们在其感知中拥抱整个世界——这其实也是一种对唯我论的拒斥。没有"窗户"的多个单子的存在暗含了它们之间的内在关系,但这种关系是布氏所拒斥的。(参阅 Phemister, 2016:75)从根本上说,尽管比物理对象更加真实,但所谓有限的经验中心仍然是显象。所以,对莱布尼茨而言,物理对象是基体的聚合物,这些基体的实存并不依赖于我们对它们的感知;对布氏而言,这些对象不过是直接经验或有限经验中心的可感内容,而外部世界则是来自这种中心的内容的构造。(参阅 Phemister,2016:65)总之,布氏认为自我意识不是终极实在,不过是表象,他说:"自我意识与自我感觉不同,它暗含了一种关系。它是这样一种状态:在其中,自我变成了心灵之前的一个对象。……对象绝不是完全与主体相等同的,而且感觉的背景必定包含了比我们在任何时刻可以将之感知为自我的东西多得多的内容。"(AR 94)这决定了他不可能把莱布尼茨式的单子视为实在。

接下来让我们看看布氏与贝克莱式唯我论的区别。

我们在本书第一章第四节曾谈及这个问题。布氏始终避免让自己的理论倒向贝克莱式的唯心论,特别是唯我论,为此他不得不强调,在所谓绝对者中经验包含的一切并不会消失,而是融合并得以保留。所有差异都被融合在一起,以至于整体在每个部分中被呈现,而每个部分也在其他部分中被呈现;一切都被关联起来,因此最终不可能有任何东西完全独立于感觉或经验。(参阅 Mander,1994:133)坎德利什将贝克莱式的唯心论称为主观唯心论,这显然不是布氏的目标;毕竟在布氏那里,有限的经验拥有者与任何其他我们熟悉的东西一样,是单纯的显象。(参阅 Candlish,2007:45)然而,这种方案的理论代价也是很大的,它实际上取消了多样性,以使得唯一的基体由于不存在任何其他东西而获得独立性。(参阅 Candlish,2007:160)① 为了更好地理解其思路,我们需要回顾一下他对于自我以及"这个""我的"的探讨。

布氏认为感觉或直接经验是一个未经区分的整体,但这并不意味着我们无法对之做出任何有意义的描述,而它在我们语言中的体现往往就是"这个"或"我的";也就是说,我们常常用"这个"或"我的"来指示他所说的那种直接经验:"任何被直接经验到的东西……都是'这个'和'我的'。……首先,我们的全部知识都来自'这个'。它是我们经验的唯一来源,而世界的每种要素都一定会通过它。其次,'这个'拥有终极实

---

① 不过坎德利什在此指出,通过罗素的逻辑原子主义也可以达到同样的目的,这种思路把复杂性从对象中挤出,由此复合物便失去了作为对象的地位,而基体会由于其简单性而获得独立性。

在的真正特征。无论多么不完美、不一致，它都拥有一种个体性的特征。"（AR 198）

另一个术语"我的"则与"这个"是一种一体两面的关系：

> 如果被当作直接的呈现，感觉就显然给予了我们后来成为环境的那些东西的特征。这些与随后变成自我的东西是不可分的。（AR 90）
> 不存在不是"这个"的"我的"，"这个"也不会在任何意义上不是"我的"。（AR 197）

如本书第一章第四节所述，被"这个"和"我的"所刻画的直接经验一定会发展为关系经验，而这要经过所谓有限的经验中心的过滤。曼德概括说，这些中心有些类似于通常所说的自我，但并不在时空中存在，对它们而言也不存在主体与其状态之间的区分，因此不能被等同于自我。（参阅 Mander，1996a：xiv）大卫·克罗斯利也指出，布氏所谓的感觉或直接经验有两种含义：一是比如判断这样的特定活动所预设的原初的统一性，它是不充分的、要被超越的；二是有限的经验中心做出的感觉或领悟活动，尤其包括非认知性的感觉领会。其中后一种意义才是更为重要的。[①] 但严格来说，直接经验中是没有"我"（I）与"非我"（not-I）之分的，这意味着布氏所说的"我的"并不是日常意义上所谓的"属于我"。（参阅 Saxena，1967：258）

既然如此，经验又如何发生在有限的经验中心之内并被这种中心所作用？他化解这个难点的方法是澄清对直接经验和有限经验中心的误解，即澄清"这个"与"我的"既是肯定性的又是否定性的：

> "这个"和"我的"显然也被当作否定性的。它们以某种与绝对者相反的方式被确立，而且在某种意义上被认为是拥有一种排他性的特征。不可否认，它们的特征部分是排他性的；但问题在于，它们在何种意义、何种程度上拥有它。如果排斥是相对的而且仅仅在一个整体之内，它就会同时与我们关于宇宙的观点相容。
> 一种被视作肯定性的直接经验不是排他性的。（AR 201）

[①] 参阅 Crossley（1998：182），也请参阅詹姆斯·布拉德雷1984年的论文"F. H. Bradley's Metaphysics of Feeling and its Place in the History of Philosophy"。

在他看来，我们可能错误地认为"这个"和"我的"代表了不同于整体的某种东西，是属于个体的、特殊的；但其实它们并不与整体相排斥，只是与整体中同自己相对的部分排斥，而所有这些部分在整体内是相容的："'这个'拥有不一致的方面。它从一个方面提供了一种直接的、未经划分的经验，一种在其中'那个'和'什么'被感觉为是一的整体。而暗含了区分的内容在这里会从'这个'中缺席。"（AR 203）

这种澄清有一定的说服力，但依赖于他对于自我与非我等一系列概念的独特理解，而且他对于有限经验中心的描述还是有很多不清楚的地方：比如它是转瞬即逝的还是持存的，是部分在时间中的还是完全不在时间中的，与围绕其展开的（unfolding）的经验有何关系。（参阅 Basile，2014：203）① 由于这些并未得到足够明确的解释，其结果自然就是引起了各种误解，其中之一便是认为这实际上会走向唯我论。布氏对此加以明确否认，他说："在断言真实之物不过就是经验时，有人可能会把我的意思误解为是在犯一种常见的错误。有人可能会认为我先是割裂了感知主体和宇宙，然后又像依赖一个实际事物自身那样依赖于该主体，这样我似乎就在主张它不可能超越自身的状态。"（AR 128）总之，认为布氏的理论属于唯我论是一种常见的误解，而如本书第一章第四节第六小节所说，其根源在于简单地将他所谓的"经验"等同于日常意义上的经验。

最后让我们看看经验在其一元论中的地位。

通过之前的讨论也可以看出，独特的经验概念构成了其一元论的一个核心特征。经验既是其体系的出发点，在与绝对者关系密切的意义上看，也是其哲学的归宿。这种思路依赖于他对世界最终基础的理解，即我们的经验无法独立于一个支配一切的实在而存在。在他看来，经验不可能与最终的真实之物截然区分开，否则就会有关系出现；而与此同时，日常的经验世界也不可能在根本上与最终的真实之物相区别，后者并不是一个隐藏在面纱后面的东西，因为这还是会产生出某种与实在之间的关系，而关系必定是非真实的。（参阅 Basile，2014：197）这印证了把经验与实在等同

---

① 在这个问题上，斯普利格做出了进一步的区分。他指出，有限的经验中心这个概念其实有两种意义：一是指一个总体的经验性实在，它构成经验之流（stream of experience）中的一个总体性阶段，这个意义上的中心更为基础，被斯普利格称为短暂的（momentary）中心；二是指一个持存的（enduring）实在，被斯普利格称为持存的中心，是一种"观念性的构造"（ideal construction）。（参阅 Sprigge，1984：287~289）应当说，上述区分可能未必完全符合布氏的原意，但的确是很有启发性的。此外，斯普利格还将布氏与胡塞尔做了相应的对比，或许可以为进一步的讨论提供参考。

起来是他唯一的选择：

> 简单地说，感觉经验（Sentient experience）是实在，而不是感觉经验的东西就不是真实的。（AR 127）
>
> 在断言说实在是经验时，我始终以此为基础。只有在感觉的统一性中才能发现事实，而一个东西最终无法与另一个东西相分离，无论是在实际中还是在观念中。但完全无法与感觉或感知相分离，在被经验到的整体中是不可分的要素，这本身肯定就是我们的经验。……我们目前为止的结论是：绝对者是一个体系，它的内容不过就是感觉经验。因此这会是一种单一的、无所不包的经验，把所有局部的多样性囊括在和谐中。（AR 129）
>
> 我们只会发现这样的东西，而拥有关于任何其他东西的观念都显然是不可能的。因为这样一种被假定的观念要么是无意义的且因此不是一种观念，要么其意义会被默默地发现是在于经验。（AR 463）

所以，布氏一元论的最终落脚点便是把一切多样性融入实在或绝对者之中，而这种实在或绝对者又等于经验。此时我们获得的似乎是一种"一"与"多"的统一："真实之物被所有杂多性限定。它拥有自己的多样性，而自身又不是杂多的。"（AR 461）可以说，布氏实际上要达到的结论是：任何把"一"和"多"作为彼此相排斥的范畴来使用的思想最终都无法把握实在。多样性对他而言也是真实的，并且是绝对者的本质性的组成部分；而在从多样性走向绝对者的过程中，对关系的否定扮演了至关重要的角色，这必然会推动我们走向超关系的目标。（参阅 Mander, 1994：109~110）值得注意的是，在东方的一些一元论者那里也存在着对这种目标的追寻。接下来就让我们看看西田和辨喜的相关思想。

第二节　西田几多郎的"绝对无的场所"

一　西田的思想框架：经验、判断与语言

西田几多郎（西田幾多郎/Nishida Kitarō）被认为是日本最具代表性的哲学家。他最重要的哲学作品首先是发表于1911年的《善的研究》（善の研究），在其中他提出了"纯粹经验"等具有独创性的概念；随后

是发表于 1926 年的《场所》等一系列论著，在其中他提出了"场所""真正无的场所"（Basho of True Nothing）、"绝对无的场所"（Basho of Absolutely Nothing）等一系列更有特点的理论。对这些理论的研究不仅具备哲学史价值，对当代哲学的探讨也有相当的意义。关于西田哲学的介绍和讨论已经非常多，日语学界自不必说，即便在英语和汉语学界，近年来也涌现出很多相关的译著、论文和研究专著。笔者并不意图在此详细介绍西田哲学的所有方面，而只会讨论其中与本书话题相关的有限部分。在本小节我们将主要处理三个话题，即西田对经验、判断与语言地位的看法。在笔者看来，他在这三个方面的基本看法与布氏是非常接近的。

从思想源流上看，西田受到欧陆哲学的巨大影响，因此对他的研究常常会涉及康德、黑格尔和新康德主义者。这一点与布氏是非常相似的，后者虽是英国哲学家，却主要受到黑格尔哲学的影响，实际上继承了德国古典哲学的框架和思路。这自然就使得他们的思路与当代西方哲学的另一套传统——分析哲学——有着较大的差异。代表分析哲学传统的罗素对布氏进行了激烈的批判；而尽管西田"有幸"并未遭受这样的批判，但从分析哲学的视角来看，他的哲学的确同样有概念不清、语言晦涩、论证不充分等问题。因此，从分析哲学角度对西田哲学做一种系统的批判性工作是完全可以设想且很有必要的。

除了思想源流上的相似性之外，西田与布氏还有一点共通之处，那就是反对哲学上的心理主义立场。他们都认为哲学讨论的是一个与经验性的心理学十分不同的领域，这个领域最终说来要通过逻辑的方式得到研究。[①] 所以，他们在各自体系的原初阶段都进行了相当多的、关于语言的逻辑分析工作，比如我们随后会谈到的西田关于谓语结构的分析——当然，这并不是分析哲学意义上的那种"分析"。

西田在《善的研究》中提出的最重要概念"纯粹经验"正是建立在他的哲学史研究和对心理主义反思的基础上。该书第一篇的标题就是"纯粹经验"，而他对这个概念的使用应当继承自詹姆士。（参阅王齐，2022：106~107）不过与詹姆士的经验主义不同，西田对这个词的定义带有较为浓厚的东方思想的色彩：

> 经验是在事实原样中来认知的意思。完全抛弃自己的加工，跟随着事实来认知。由于我们通常所说的经验，其实都掺染了某些思想的

[①] 关于这个问题及相应哲学史背景的介绍和分析，请参阅王齐（2022：104）。

缘故,所以所谓的纯粹意味着丝毫没有添加任何的思虑分别,是真正的经验的原样的状态。例如,在观看颜色、听闻声音的刹那,不仅还没有它是外物的作用,没有我感觉到它的这样的想法,甚至还没有添加这个颜色、这个声音是什么的判断之前。因而纯粹经验与直接经验是同一的。直接当下地经验自己的意识状态的时候,还不是主,也不是客,知识与其对象完全地合一。这是经验最醇的状态。(西田几多郎,2019:55)

以此为基础,西田提出了自己对实在的理解,即《善的研究》第二篇之标题所说的"意识现象是唯一的实在"。这其实就是一种没有经过思想作用的、浑然一体的东西或状态,其最大的特点是不包含任何区分或对立,特别是不包括主客的对立。可以看出,西田对经验和实在的理解与布氏高度相似,但两人达到这种理解的思路不尽相同。对于西田来说,纯粹经验和实在的提出是为了打破西方哲学中传统的主客二分模式,它们是直接出现的,并不是某种逻辑分析或论证的产物;而之所以能够提出这样的概念,还是与西田所处的东方文化和思维方式有关。相比之下,布氏所谓的经验(特别是直接经验)和实在则是逻辑分析的产物:包含矛盾的东西是显象,不包含矛盾的东西是实在——只有借助逻辑上的矛盾概念,我们才能达到对经验和实在的把握。不过,这样的经验概念对两人而言都是构造整个哲学体系的出发点,布氏只是给其增加了一定的逻辑学前提或背景。

在简单了解了作为其哲学出发点的纯粹经验概念后,我们还需要关注西田对判断的考察。在本书第一章我们曾指出,布氏独特的逻辑学为其整个形而上学体系提供了必要的支撑,而对判断的逻辑分析在西田的体系中也扮演了类似的角色。

简单地说,西田提出了一套对传统主谓逻辑的独特理解。我们语言中最常见的也最受哲学家关心的形式是主谓句,通常呈现为"S 是 P"的形式。自亚里士多德以来,哲学家多倾向于把这种形式分析为"主词(或曰主语)+系词+谓语",并由此引发出关于系词"是"的本质究竟是什么的无数争论。借助黑格尔的逻辑学思路,西田把这种主谓句概括为一种"包摄"(包摄/subsumption)关系:主词被包摄在谓语中,而并不是通过一个独立的系词与谓语外地关联起来。其中,主词代表的是特殊性或特殊的东西,谓语代表的是一般性或一般的东西;使得它们结合在一起的东西就是判断。根据西田的理解,判断就是将主词包摄在谓语中,也就是将特殊包摄在一般中。这需要从两个方面来理解：一方面，所谓包摄关系就是一般的东西把特殊的东西包含在自身之中；但另一方面，这也是一种对一般的东西的特殊化，可以被称为一般的东西的自我限定。这样被限定的一般的东西，被西田称为"具体的一般者"（the concrete universal），它在自身之中最为丰富地反映出世界。这样一套对主词与谓语、特殊与一般、判断之本性的分析，便构成了后来"场所逻辑"的逻辑学基础。

但奇特的是，西田并不认为这种具体的一般者是理智的对象，而是认为可以完全把握它的只能是直觉；换言之，理性或理智的把握是片面的、割裂的，直觉的把握才是全面的、统一的。西田自己评论道："基体作为主语而不能成为述语，它就必须是一种无限述语之统一。即是说，它必须是一种统一无限的判断。要统一多种判断，那就必须是一种判断以上的东西。我们的判断作用虽然无限地朝向这种判断以上的东西，但它又必须是不能达致的判断以上的对象。我认为它是一种直觉。"（西田几多郎，2003：327，转引自藤田正胜，2016：87）① 这样的主张不仅与他关于纯粹经验的观点一脉相承，也与布氏的观念非常接近。

最后来看看西田对语言的看法。这指的不是对语言形式的逻辑分析，而是指对日常语言本身的看法。在这个方面，西田和布氏在思路上的相通之处就更明显了。在本书第一章我们就曾指出，布氏贬低语言和概念作用，特别是完全忽视了语词在其中被使用的整个语境。（参阅 Wollheim，1956：18）西田虽没有明确这样说，但通过其"纯粹经验"和"具体的一般者"等概念可以看出，他同样对语言和概念在处理经验时的抽象作用持批判态度。此外，两人都试图探讨语言之外因素的作用，对布氏来说就是感觉乃至无所不包的统一性，对西田来说则是"场所"——这些因素均可以被看作我们使用语言的前提或背景。

相比之下，西田哲学中较为有特色的部分可能与日语的独特性有关。任何哲学都会在某种程度上受到哲学家所使用语言的影响，西田哲学也不例外。根据中村雄二郎的概括，日语的如下四个特点影响了西田的思想：

---

① 在此有必要说明一下西田著作的相关情况。日本岩波书店曾出版过两版《西田几多郎全集》，其中旧版共十九卷，新版共二十四卷——本书中多次引用的《场所》一文即以新版为准。《场所》一文较为可靠的英译本是克鲁梅尔翻译的，载于《场所与辩证法：西田论文两则》（*Place and Dialectic*：*Two Essays by Nishida Kitarō*）；较为可靠的中译本则是黄文宏翻译的，载于《西田几多郎哲学选辑》。本书中引用的《场所》一文中的文字为笔者本人所译，参考了上述英译本和中译本；所标记的页码则为新版《西田几多郎全集》第三卷中的页码。

第一，在日语中，整个句子无论有多少层次，都为最后出现的词——该句子的主题——所包摄，而且很多句子都或多或少带有主观性或感情色彩；第二，大多数句子同其所要说明的主体相关联，与主体所处的各种具体状况相关联，因此是非常情景化的；第三，大多数句子多重地包含主客融合的模式，也就是西田所说的那种包摄关系，因此非常有利于深化使用者的体验，却不利于构筑客观的、概念性的观念世界；第四，在日语的语法结构中，真正的主题只在谓语中作为功能表现出来，语法上主词的存在与否反而不太重要，因而很多句子完全没有语法上的主语。日语中的包摄关系的确比西方语言典型得多，或许正是这一点促使西田走向如下结论：判断中的主词指向直觉，是主语而不是谓语；谓语指向无限大的一般者，是谓语而不是主语。(参阅中村雄二郎，1993：65～66)在此基础上，西田把谓语而非主词当作自己的立足点，进而构建出场所逻辑，就不足为奇了。

二 场所逻辑

西田后来成为日本首屈一指的哲学家，凭借的还是他在《场所》等文章中提出的"场所逻辑""绝对无的场所"等理论。在笔者看来，这些理论不仅构成了其哲学体系最有特点的部分，而且与布氏的形而上学思路有很多异曲同工之妙。本小节我们将考察其场所逻辑，下一小节考察他在此基础上提出的"绝对无的场所"。

首先我们必须解释"场所"（場所/Basho）一词的基本含义。这个词在日语里的字面意思就是地点、地方，但西田赋予了它丰富而深刻的哲学内涵。和布氏一样，西田是一位文风非常晦涩的哲学家，很多时候甚至会给出一些看似前后不一致的描述，让人们很难理解其准确意思。因此，我们需要小心地加以考察，在不同表述中尽可能寻找"最大公约数"、做出一以贯之的解读。

一种常见且合理的理解是，西田提出这个概念的最初动机是回应西方哲学中流行的主客二分的二元论，提出一种能克服这种二元论弱点的、把主体与对象统一在一起的理论。"场所"的引入以对亚里士多德主词逻辑的反思开始，建基于我们在上一小节提到的对判断结构的重新思考。简言之，西田最基本的思路是在判断中更侧重谓语而非主词，这可以说一种以谓语为出发点的进路，可以被称为"谓语逻辑"（predicative logic）。

具体而言，在西田看来，谓语才是提出了知识的断言或判断的真正基础。例如，在"红色是一种颜色"（red is a kind of colour）这条命题中，虽然语法上的主语是"红色"，但真正的主语是"颜色"，因为这条命题说的其实是：普遍的"颜色"将自身"映射"（mirror）为"红色"。（参阅西田几多郎，2003：428～429）同样，当我们说"这张桌子是由橡木制成的"时候，真正的主词是"实在"（reality）而非桌子。（参阅西田几多郎，2003：431）可以说，整个场所理论建基于对主词和谓语之角色的一种"重置"或"颠倒"；换言之，在一个判断中，应被视为普遍者的谓词取代了应被视为特殊者的主词而成为我们关注的中心。根据这样的理解，谓语就是我们做出判断的地方（place）或场所，而只有在这样的地方或场所中，语法上的主词才被允许出现并发挥相应的语法作用。因此，场所似乎是一种可以包含所有东西的地方或空间，对这样的地方或空间而言并不存在主客二分，它反而是主客二分得以可能的条件。正是在这样的意义上，它有时被西田形容为一面"自我映照的镜子"（自ら照らす鏡/self-mirroring）（西田几多郎，2003：454）。

虽然"场所"的字面意思就是"地方"，但在英语世界中还是被音译为"Basho"而非意译为"place"。它首先当然可以指某种知识论上的东西，比如判断发生的地方，但更准确地说，它并不指示任何具体的地点，而是指我们经验得以可能的一种处所。克鲁梅尔将场所的这方面含义称为"placedness"或"implacement"，笔者只好权且将其称为"放置性"。他在下面的引文中对这方面特征做了简明的总结：

> （场所）是相对于（vis-à-vis）实在而言的立场（standpoint），是最为具体的东西，蕴含了经验与实在之间的无区分性（the non-distinction between experience and reality）……在此最具体的层次——这个层次被所有其他层次所预设——上，场所包含并涵盖了构成对象世界的所有先天的东西、心智活动、范畴、语境和视域（perspectival horizons）……这样一来，力的物理领域（physical field of forces，笔者注：也可以被译为"力场""力的场"）、意识领域（field of consciousness）、社会历史世界（sociohistorical world）（我和你［I and thou，笔者注：也可以被译作"我与汝"］），都可以通过场所得到理解。（Krummel，2015：25）

可以看出，西田思路的关键之处在于：以一种与通常大不相同的方式理解谓语。他所理解的谓语是包容性的（inclusive），"意味着比语法上的谓语或概念上的普遍者更多的东西，而西田有时会提醒我们，普遍者和特殊者……都被放置在（implaced in）他等同于真正无的场所的、最终超越性的谓语层面（final transcendent predicate-plane）"（Krummel, 2012：18～19）。一旦接受了这样的看法，得出如下结论就并不令人感到奇怪了：这样一种非常特殊的谓语概念会把我们引向一个吞噬所有普通认知和思想的深渊。（参阅西田几多郎，2003：458）在面对这个深渊时，支配我们认知的自然法则将会失效，正如通常的物理法则会在黑洞中失效一样。而西田本人对此的概括性描述是："我想在所有事物的根源那里，设想一种没有见者的看（a seeing without a seer）。"（西田几多郎，2003：451）

实际上，场所的这种特殊性在《场所》一文的开篇就有所体现。西田说：

> 但为了让对象彼此相关联，构成一个单独的系统并维持其自身，我们不仅应该考虑是什么维持了这个系统，还应该考虑是什么在自身内部建立了这个系统，以及这个系统被放置在什么之中。任何东西都必须被放置在某种东西中。否则，是与不是就无法被区分开……必须有一种东西将我与非我（I and non-I）之间的对立包含在自身之内，并使所谓的意识现象可以在自身之内得以建立。（西田几多郎，2003：415）

沿着西田的进路思考，自然会得出这样的结论：必定有一个不能成为语法上主词的谓语存在，而这就会不可避免地导向"无"（Nothing）、"无的场所"甚至"绝对无"（絶対無/Absolute Nothing）（参阅西田几多郎，2003：432）。根据西田的说法："真正无的场所必须超越各种意义上的存在和虚无（nothing）的对立，并使它们能够在自己内部得以建立。"（西田几多郎，2003：424）因此，他在坚称场所可以被看作我们活生生经验的具体情景的同时，又明确提出场所其实是一个由三个层次或平面（planes）①组成的等级结构，它们分别是："存在的场所"（Basho of Being）、"对立的无的场所"（Basho of Oppositional Nothing）和"真正无的场所"（Basho of True Nothing）。

西田整个思路的终点就是"真正的无"（True Nothing），它完全超越了语言，甚至只能以一种悖论式的或自相矛盾的方式被刻画，例如"没有见者的看""没有外围的圆"（a circle without periphery）或"自我映照的映照"（self-mirroring mirror）。所有这些刻画都揭示了整个场所理论中

---

① 采取"plane"这种译法的是克鲁梅尔，西田的原文用的就是汉字"面"。

"有"（Being）与"无"（Nothing）之间的张力，这种张力在"真正无的场所"中表现得最为明显，这被西田概括为："普遍的谓词达到自己的极致，这意味着特殊的（语法上的）主词达到自己的极致，成为了它自身。"（西田几多郎，2003：477）

相关的文字表述的确让人感到有些费解，于是有学者试图通过图像的方式直观地呈现西田的理论。在此我们可以参考克鲁梅尔所画的一个图示①：

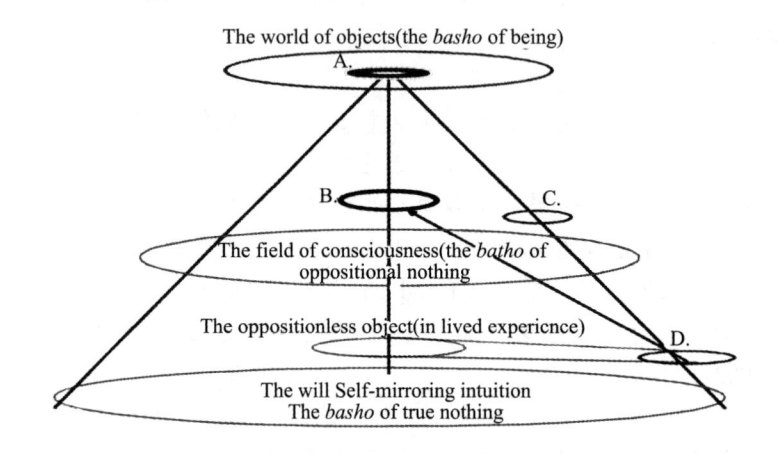

```
        The world of objects (the basho of being)
                    A.

           B.            C.
       The field of consciousness (the basho of
              oppositional nothing)

      The oppositionless object (in lived experience)
                                              D.

            The will Self-mirroring intuition
               The basho of true nothing
```

可以看出，西田试图寻找一种无需任何前提的东西，它反过来能够为任何其他东西提供必要的基础或背景；这种努力的结果就是三个层次的"场所"的发现。可以说，他寻找的其实是一种标准：它无需其他标准，而它本身又是其他一切东西的标准，或至少是这种标准的一部分。正是在这一点上，他和布氏有着高度的共识。布氏认为一定存在着某种绝对的标准，而试图否认这种绝对标准的怀疑论是自相矛盾的；只不过他探索的终点是实在，用他自己的话说就是："存在一种绝对的标准吗？在我看来，这个问题被另一个问题回答了：否则的话，我们如何能够做出关于显象的任何谈论？读过第一卷书的读者会记得，我们主要是在做出批评。我们评判并谴责现象，而且始终坚持认为自相矛盾的东西不可能是真实的。但这肯定需要运用一种绝对的标准。"（AR 120）

---

① 该图示出自 Krummel（2015：27）。值得注意的是，徐英瑾在 2015 年的论文《西田几多郎的"场所逻辑"及其政治意蕴——基于认知语言学的解读》中提供了一个类似的图示，它比克鲁梅尔原初的图示更为精细和复杂，但基本结构是一致的。请参阅徐英瑾（2015：37）。

三 "绝对无的场所"及其困境

西田并不满足于发现"场所"这样一个独特的概念并用其分析我们的判断乃至整个世界。准确地说,"场所"只能是一种视角而远非探索的终点。沿着谓语逻辑的思路继续前进下去,最后达到的一定是一个无所不包的东西。我们有理由期待西田把这样的东西描述为布氏所说的实在,但他思想最为独特和最富于吸引力的地方在于:把这个看似无所不包的东西看作空无一物的,也就是所谓"真正无的场所"(真の無の場所/Basho of True Nothing)。

相比于场所和其他相关概念,从语言上描述"真正无的场所"显然更加困难,毕竟这是一个表示既空无一物又包含一切的奇特概念,任何语词做出的区分都是对其本性的一种破坏。所以,把"真正无的场所"解释为指示任何可见或可感的东西都显然是不恰当的。而既然解释者们无法通过一个简单明确的定义阐释它,这个概念似乎就陷入一种自相矛盾的境地——这部分地源于其自身缺乏确切的定义。实际上,西田很少对自己使用的术语提供明确的定义,而且有时会较为随意地使用一些概念——这一点的确也跟布氏很相似。不过,作为概念,真正无的场所或绝对无的场所还是依赖于其他一些概念的,或是与它们有密切的联系;准确理解这些概念,可以帮助我们把握真正无的场所的含义。其中比较重要的几个概念是知识(knowledge)、意志(volition)和直觉(intuition),西田对它们都给出了简明的定义:"让特殊性隶属于普遍性的是知识,让普遍性隶属于特殊性的是意志,这两个方向的统一就是直觉。尽管说让普遍性隶属于特殊性似乎与理性相抵触,但当基体被设想为(语法上的)主词而非谓语时,这种意义就必定已经被包括在内了。"(西田几多郎,2003:453)

可惜,在其著作中很少出现这种简明的定义;而且与布氏一样,他在其他论著甚至同一论著的其他段落中对这些语词的使用往往并不完全符合其定义。相比之下,上述引文的后半部分反而体现出他意识到自己的陈述陷入了矛盾中("与理性相抵触"),只是并不把这视为致命的而已。我们有理由推断,这种矛盾的出现可能是由于他对语词的使用较为随意,未能让它们在不同语境下保持含义上的一致;但这只能是表层原因,更深层次的原因可能还是与他对矛盾本身的态度有关。

显然,西田并不担心通过表面上矛盾的方式表述自己的思想,尽管这样的方式通常有可能被认为是无意义的胡说。他在解释何为真正无的场所时使用了包含矛盾的隐喻:"如果这种接受或映照在某种意义上指示了一种活动,那么这一定是一种没有任何作用的活动,一种没有所映照的东西的映照。"(西田几多郎,2003:451)另一处类似的表述是:"我倒是希望从自我意识的观念出发,在其中,自我映射了自身。我认为,认知的基础性意义就是自我在自身之内映照自身。"(西田几多郎,2003:420)无论是"没有所映照的东西的映照"还是"自我在自身之内映照自身",在日常语言中都是没有意义或至少十分令人费解的表达式;从形式上看,它们也显然包含了矛盾。但西田认为,这样的矛盾反而是每一个有意义的表达式的基础或前提条件。这样的观念似乎继承自黑格尔,而我们在布氏那里也看到了类似的想法。

在所有以上述晦涩的方式刻画的概念里,真正无的场所又是最为晦涩的,充斥着矛盾的特征。在笔者看来,我们可以合理地从如下两个方面来理解这些特征:首先,西田以一种与大多数西方哲学家完全不同的方式在使用相关的概念;其次,他似乎在主张说,作为概念的真正无的场所,在我们的语言中扮演了一种非常特殊的角色,是整个语言框架得以成立的前提或背景。关于这两个方面需要一些进一步的说明。

就第一个方面而言,真正无的场所或绝对无的场所并不简单地意味着虚无或完全的空无一物、什么都不存在。实际上,它是一种既超越存在又超越无的东西。这应当说体现了一种完全不同的思维方式,毕竟大多数西方哲学家倾向于认为超越了各种对立的东西仍然是"存在"(being),而不会把这样的东西理解为"无"(nothing)。在英语中,"无"(nothing)本身就是由"事物"(thing)构建来的,是一种对存在的否定,正如"无限"(infinite)是由"有限"(finite)构建出来的一样。西田则提供了一种几乎相反的思路:"有"或"存在"在概念上是从"无"构建而来的,后者是前者的前提。

就第二个方面而言,真正无的场所不以任何东西为前提;相反,它是每个判断得以可能的前提。西田在论述自己理论的开端处就提到亚里士多德,并且暗示在语言和实在之间存在着一种内在或固有的关联。但在谈论"真正的无"时,这种关系似乎又被忽略了。这是因为,虽然真正无的场所在我们的语言中应当起着不可或缺的作用,但它缺乏任何明确的所指或指称,因而被阻止进入我们的语言框架之内。

上述两个方面在西田的基本思想中形成了一种明显的两难:他始终都在探索语言的结构和性质,这意味着他必须站在整个语言之外或在一定程度上超越语言的限制;但与此同时,他又必须用语言来阐述自己的思想,这意味着相应的表达式必须在语言内部拥有必要的根基,这样被使用的词语才能真正拥有意义。应当说，这种两难才是他做出各种矛盾表述的深层次原因，不过我们似乎没有看到它得到了真正的、充分的化解。此时的西田仿佛一位对黑洞进行研究的物理学家，他要处理的东西都超出了自己能使用的工具——语言、逻辑等——的限度，而他又显然不能放弃这样的工具。同样的困境在布氏那里也存在，只是呈现的具体方式不同罢了。

四 西田困境的启示

在笔者看来，西田虽然是一位日本哲学家，但其思想的首要来源是以黑格尔为代表的德国古典哲学以及后来的新康德主义，其次则是东方的禅宗等思想。这两方面来源所引起的问题可以从不同角度带给我们的启示，在本小节我们就来对此做出探究。

一般来说，关于西田的研究常常会面临三个不可避免且相互关联的困难：第一，他的文字极其晦涩难懂，有时甚至会令读者难以把握其字面意思，由此也引出了很多解释上的争论——我们在布氏的文本中也多次遇到同样的情况；第二，他的思想来源非常复杂，而且很多时候并没有说清楚具体术语的背景或含义，结果是读者们常常不得不参考许多其他哲学家——如新康德主义者拉斯克（Emil Lask）和李凯尔特（Heinrich Rickert）——才能领会其思想；第三，他的论证和结论都很少被直白地表达，很多时候读者们很难分辨他是在提出自己的看法还是在转述某种理论、是在赞成还是在反对某种观点，这增加了评价其论点合理性的难度。毫无疑问，这些困难很大程度上阻碍了人们对其思想的进一步探索。不过，它们从根本上说都还是表层上的，上一小节中提到的两难才是其理论上的深层困难，是必须被克服的。

这些深层困难的进一步根源显然在于其思路或理论框架，而这继承自以黑格尔为代表的德国古典哲学。可以看出，西田对一些术语的使用几乎完全承袭了黑格尔，特别是对逻辑、矛盾、主词、谓语等基本概念的用法，实际上与大多数哲学家的理解是有偏差的。同样的情况也发生在布氏那里：他也是主要承袭了黑格尔式的术语和思路，以至于在与其他哲学家进行讨论的时候，双方常常陷入自说自话的境地，正如他与罗素的争论所展示的那样。出现这样的情况自然不可能只是其中一方的责任，但罗素后来被普遍认为是争论中获胜的一方，这与他的清晰表述、思路能融入后来哲学发展的主流有较大关系。相比之下，布氏的哲学则在后来越来越边缘化——这样的处境是西田和布氏这样较为晦涩的哲学家共同面临的麻烦。

在笔者看来，这种麻烦也从一个侧面反映出西方哲学内部在思想上的某种隔阂。当代西方哲学的发展早已分裂为欧陆哲学和分析哲学这样两个非常不同的部分,但任何一方毕竟都只是西方哲学的一半。西田和布氏的哲学均受到以黑格尔为代表的欧陆哲学的较大影响,但与分析哲学的沟通则都很不顺利,长期被排斥在后者的话语体系之外。这其中有一些认知上的偏见,但也有很多切实的理论困难。像西田的很多概念,比如"真正无的场所"是很难在分析哲学中得到讨论的;毕竟,分析哲学强调概念的精确性和论证的清晰性,但很难看出"真正无的场所"如何可能变成一个在这种意义上足够清晰的概念。

不过,我们还是应当尝试做一些带有沟通性质的工作,而且这是具备可行性的。例如"真正无的场所"虽然并没有一个明确的所指,但它被西田在各种语境中使用,这使得我们能够通过分析其用法的方式来熟悉并把握其意义。也就是说,我们可以采取一种类似维特根斯坦式的进路,把"场所""真正无的场所"等出现的语境视为一种独特的语言游戏,从语言游戏的角度审视这些概念的意义以及相应的问题。例如,我们可以主要考察"真正无的场所"被使用的语境以及与其他概念之间的关系,以达到对这种关系的综览,从而确定它在整个概念网络中的位置。它显然居于一种最为基础性的地位,可以说是丰富多彩的概念系统的"底色"。这种"底色"不能被说成是任何具体的颜色,而只能说是一种无色,但又不能说它不具备任何颜色方面的性质——这让我们想起维氏关于生活形式(form of life)在我们概念体系中所扮演角色的论述。[①] 实际上,同样的思路也可以被运用于布氏的哲学,而本书可以说就是这样一种初步的尝试。

西田思想的另一大来源是传统的东方哲学。相对于西方哲学而言,西田试图探索的似乎是一个根本没有道路的领域,所以他是非常有勇气的;而在很大程度上赋予他勇气和必要指引的,其实就是以禅宗为代表的大乘佛教思想。在这种思想中,"无"绝不是一种无意义的胡说,更不能被等同于虚无主义;它实际上构成了"存在"的背景,是"有"的前提。如下这段话就很好地体现了西田对"无"和"有"之间微妙关系的理解:"但如果成为关系的基体的东西仅仅是像一个点一样的东西,那么力就必定会消失。真正将力的关系包含在其中的,必定是某种类似于力的场一样

[①] 需要说明的是,笔者在此绝不是认为所谓的"场所"可以被简单类比为一种语言游戏,或"真正无的场所"可以被简单类比为维氏所谓的"生活形式",而只是说我们可以把这些语词当作一种语言游戏加以研究,从而澄清其准确的意义。换言之,它们的意义可以在它们处于其中的概念网络里得到更清晰的解释。

的东西……通过否定存在而与存在对立的无,并不是真正的无。相反,真正的无必定构成了存在的背景。"(西田几多郎,2003:422)西田的佛教背景对于大多数西方哲学家来说当然是相当陌生的。可以想象,在他们看来,从"无"推导出"有"或"存在"是很奇怪甚至是不可想象的。因此笔者才认为,恰恰就这一点而言,西田思想可以为西方哲学注入非常不同的活力。

不过,禅宗仍然有其自身的思想根源,那就是印度哲学。在这个方面,以辨喜为代表的现代吠檀多则形成了与西田和布氏晦涩的哲学相对的另一种风格。从形而上学的角度看,双方的立场都属于存在一元论;但它们不仅在文风和外在表现上相距甚远,在内在气质和具体思想方面也可谓大相径庭。现在是时候把目光投向辨喜了。

第三节 辨喜的"显现"与"摩耶"概念

一 辨喜思想的框架

如导论中所说,笔者最初是通过对辨喜思想的研究而转向关注布氏哲学的。辨喜是著名的印度教僧侣,是向西方和世界传播印度瑜伽和吠檀多(vedānta)思想的关键人物。他师从当时在印度具有相当影响力的瑜伽士罗摩克里希那(Ramakrishna,1836~1886),并在1893年时赴美国芝加哥参加世界宗教大会而一举成名。此后,他在西方坚持传播古老东方的思想、文化和哲学,主要是采取演讲或讲座的形式,然后由弟子或其他人员记录下来并出版。与此同时,他还在印度建立组织,推动罗摩克里希那思想的实践和印度社会的改革。应当说,他的思想在印度和世界范围内都产生了巨大的震撼,包括甘地、阿罗频多(Arabinda,也译作"奥罗宾多")在内的许多人都深受其影响,世界上很多地方都成立了与他有关的传道会或研究中心。

从总体上看,他的思想既具有完备的系统性,又具有充分的现代性。
首先来看看其完备的系统性。印度的思想文化丰富而复杂,无论是在历史、哲学还是文艺领域,想讲清楚和印度相关的东西都不是件容易的事情。特别是浓厚的宗教因素,让这些领域或多或少都带上了神秘色彩。人们在试图了解和印度相关的东西时可能都会遇到类似的困扰。相比之下,辨喜为我们提供了一个十分清晰的体系,他把吠檀多作为自己思想的旗帜，把印度最核心的思想和智慧概括为四种瑜伽：智瑜伽（jñāna yoga）、王瑜伽（rāja yoga）、奉爱瑜伽（bhakti yoga）和业瑜伽（karma yoga）。有了这个框架，我们就可以更方便地把关于印度的知识填充到其中，形成自己的"记忆宫殿"，就如同给家中杂乱无章的物品提供了充足的收纳空间和便利的收纳工具。

然后再来看看其充分的现代性。辨喜为什么能够比其他思想者更出色地完成阐述印度思想的任务呢？这恰恰是因为他接受了良好的现代教育，精通西方哲学和当时的自然科学，以更贴近当今生活的方式、更严谨地阐发古老的智慧。尼基拉南达（Nikhilananda，1895~1973）撰写的较为权威的《辨喜传》（Vivekananda: A Biography）第四章曾这样概括辨喜的贡献："无论多么有价值的钱币，如果仅仅属于已经过去的历史时期，就不能再作为货币流通了。神在不同时代会采取不同的形式，以服务于当时的独特需求。"古老的思想必须现代化才真正有价值，但这也的确面临着双重困难：一方面，传统思想的传承和阐释有其自身的习惯和优点，但也有其不足之处，特别是印度过强的宗教色彩、浓厚的神秘主义和对上师（guru）的过分推崇，实际上可能导向迷信、反智的极端；另一方面，接受现代教育的人往往又很难准确地理解印度传统思想中的精华部分，要么戴着有色眼镜、以轻视的态度对待这些思想，要么陷入浩如烟海的学术知识不能自拔。在这一点上，辨喜很好地克服了传统习俗的缺陷，又汲取了现代模式的长处，真正做到了"取其精华去其糟粕"，为我们提供了印度古老智慧的现代范本。可以说，他的方法和思路也值得我们在发掘包括中国在内的传统智慧时参照学习。

在辨喜的整个思想体系中，吠檀多可以说占据了核心地位。"吠檀多"一词的本意是"吠陀的终结"，也指印度正统六派哲学（数论/瑜伽、正理/胜论、弥曼差/吠檀多）中的一派。吠檀多具有浓厚的哲学和宗教色彩，但把它简单地归结于其中任何一个领域都是不全面的。具体而言，它涉及与世界和人有关的一系列根本性问题，如什么是信仰、什么是解脱、世界是什么样子的、人的本性是什么、灵魂与神的关系等。吠檀多内部又可以分为不同的思想流派，如二元论、限制不二论和不二论（advaita）。辨喜明确地将自己的主张概括为不二论，认为这是与商羯罗的主张一脉相承的，而自己的主要使命就是向世界传播这种不二论思想并让它变得切实可行。

在辨喜看来，吠檀多最核心的理念就是：力量其实就在我们之内，而我们所追求的目标也就在自身之内。从根本上说，我们与世界、与最高级的存在并不是不同的东西，而是一体的；这种一体性（oneness）用印度古老的话语表述就是"汝即那"（tat tvam asi/ Thou art That）。也就是说，我和真我（ātman）、大我（Self）或梵这样的最高级存在是一体的；是摩耶（māyā）阻挡在我们面前，让我们无法清楚地认识到这一点，而我们最终的目标就是亲证（realise）这种一体性。亲证不是单纯的思考或感受，而是切实、全面、真切地了知梵、了知与梵的一体性。

在阐释古老吠檀多思想的基础上，辨喜也用现代的方式把印度最核心的思想和智慧概括为四种瑜伽：智瑜伽、王瑜伽、奉爱瑜伽和业瑜伽。这与我们通常理解的"瑜伽"有一定的距离，因此需要解释一下这四个概念。

首先来看看"王瑜伽"。严格地说，通常所说的与体式、呼吸、冥想有关的瑜伽练习都属于王瑜伽的范畴。王瑜伽当然是一种重要的修行实践，包含各种具体的技巧和方法，但也有着完备的理论基础，涉及对宇宙和人的基本认识。王瑜伽是一门科学——这是辨喜要阐述的一种核心理念。他认为，虽然宗教与科学在表面上非常不同，但我们的所有知识都以经验为基础。这种经验指的并不是因人而异的、千差万别的个人体验，而是能提供共同基础的、普遍的、直接的经验。宗教的创立者依据的也是自己亲身经验到的东西，他们宣扬的都是自己看到的东西，这就如同我们把大家共同看到的世界中的事实作为科学的基础一样。因此，宗教其实并不建基于信仰和信念，而是建基于我们的经验和感知。这样的经验和感知绝不应当是外部的、抽象的、道听途说来的，我们每个人都应当去亲身体会，而王瑜伽就是一门教导我们如何获得它们的科学，它包含了获得这种真理的切实可行的、科学的方法。

接下来看看"奉爱瑜伽"。我们通常认为宗教与信仰有关，其实它还包括其他主题，比如爱、奉献等。在辨喜的四瑜伽体系中，这些方面的内容被归结到"奉爱瑜伽"（也可以音译作"巴克提瑜伽"）的范围内。奉爱分为两个阶段，即准备性的阶段（gauṇi）和至上的阶段（parā）。辨喜解释了什么是"奉爱"。他首先明确地把奉爱与神关联在一起，指出奉爱瑜伽是一种对万物之主的真正的、真实的追寻，是对神的强烈的爱。在他看来，与另外三种瑜伽相比，奉爱瑜伽有更了不起的地方，因为奉爱本身就是结果，既是手段又是目的。也就是说，另外三种瑜伽严格来讲仍然是追寻一个更高级目标的途径或方法；奉爱瑜伽则不同，我们并不是要通过它去追求什么，它本身就是我们要追求的东西。

随后是"业瑜伽"。如果说奉爱瑜伽是关于如何去爱的，业瑜伽就是关于如何去行动的。不少人可能或多或少都接触过"业"的概念，知道无论做什么、说什么都会产生出相应的结果。"业"这个词源自梵语词根"kr̥"，表示"去做"的意思，我们的一切言行都是业。业的重要之处在于它塑造了我们的性格。印度传统思想认为，我们做的任何事情——无论是物理上还是精神上的——都是业，这些业会在我们之上留下它们的印记，而这些结合在一起的印记其实就是所谓的人的性格。在辨喜看来，如果观察一个人的性格就会发现，这实际上就是各种倾向的聚合物，是他心灵的各种偏好的总和。有的人由此就陷入了一种误区，以为这样的话最好就是什么都不做，如此方可摆脱业的束缚。但这明显是违背常识的：如果什么不做，个人生活如何继续、人类社会如何维持？正确的东西如何被传播给他人、善良的言行如何被推广？所以，问题的关键不在于不行动，而在于破解行动的秘密、正确地行动，这就是"业瑜伽"的主题。

最后也最为重要的是"智瑜伽"。根据辨喜的论述，智瑜伽的主要特征是通过理性的思辨来获取知识、实现解脱，它涉及人的本性、神、灵魂、宇宙论等话题。可以看出，智瑜伽和我们通常所谓的哲学有着高度的相似性，特别是在方法和主题上，二者都试图通过理智来探究与人或世界有关的一些最为根本性的问题。与此同时，智瑜伽和吠檀多在主题上也有不少重叠的部分，但前者更侧重于从哲学或理性思辨的角度看待问题，后者与信仰有关的成分则更多。通过智瑜伽的思辨可以发现，整个世界中的万事万物其实都不过是唯一的绝对者的"显现"，而让这个绝对者呈现为多的东西就是"摩耶"——这是智瑜伽的两个核心概念。

二 辨喜对"显现"和"摩耶"的阐释

现代化的吠檀多与四瑜伽构成了辨喜的思想体系。可以看出，这并不是一种狭义上的哲学或形而上学体系，而是融合了宗教、哲学、实修等诸多方面。那么，这个体系在形而上学问题上持怎样的观念呢？它自然属于吠檀多哲学，但各种吠檀多的具体主张其实也非常不同。根据辨喜的解释，古代印度的思想家通过观察与反思，发现了在单纯的身体或感官背后一定还存在着中枢和心灵，只有这些官能协同运作，感知和知识才会产生。而最后那个在所有器官、中枢和心灵背后的东西，就是真我，也就是人的灵魂、真正的大我。这样的真我一定是永恒的，因为它并不由任何物质构成。与真我相对且不断变化的是由各类物质组成的世界，它不断收缩和扩张，由此形成循环或轮回。灵魂、自然与神其实可以说是吠檀多哲学中的三个实体：自然是无限的，但是可变；灵魂是不变的，但受到神的支配；神则是不变的支配者。

在这样的基础上，辨喜把吠檀多思想的发展概括为三个阶段，即二元论、限制不二论和不二论。二元论认为存在着永恒的神、永恒的自然和无数的永恒灵魂，人和神是永恒分离的。限制不二论则认为人不过是作为整体的神的一颗微粒，人在神之内，而整个宇宙都是神自身的显现。不二论则认为人就是神，人与神并无分别——这样的观念构成了辨喜所有思想的一块重要基石。必须说明的是，在这三个阶段中，其中一个阶段并不否定另一个阶段，而仅仅是另一个阶段的实现；不二论者或限制不二论者也并不认为二元论是错误的。这样的看法和黑格尔的哲学史观有一定的相通之处，能帮助我们更好地理解不同哲学观点之间的关系。

由此也可以看出，辨喜的吠檀多思想在形而上学上属于一元论，但并不能被简单地归结为一元唯心论，因为它绝没有把任何精神性或主观性的东西当作最终的唯一实体。我们可以说它主张的"一元"指的是梵、是超越了精神与物质的"神"，但这绝不可能指的是与物质相对的精神，或是与对象（也可以称为"客体"）相对的主体。吠檀多不二论的确很强调灵性的（spiritual）或精神性的东西，但我们不能简单地把这等同于当今所谓的"精神"，因为后者更多地受到了现代科学的影响，会被自然而然地认为是一种与物质相对的或是由物质派生而来的东西，而前者则完全不是这样的。根据辨喜的解释，它可能更接近于如今所谓的"振动"（vibration）或"智能"（intelligence）等概念，而根据印度传统的数论哲学，物质反而可以说是从这种"精神性的"东西演化而来的。其实，吠檀多不二论的整个概念框架与当今人们日常使用的概念框架十分不同，我们不能想当然地把其中看似同样的概念画上等号——这样的做法忽视了概念框架和语境等因素在历史上的发展变化，是一种在哲学和思想史方面常见的错误。总之，如果沿着这样错误的思路、用唯心主义的方式曲解不二论，最终就可能陷入各种荒谬的结论中，比如认为世界完全是我主观意识的投射、通过改变自己的精神状态就能改变一切，等等。类似的错误解读在涉及吠檀多思想时并不罕见。

不过，这种一元论的确面临一个不可避免的难题：我们的世界明明是多种多样的，怎么能说是"一"呢？就算如此，难道我们各自的灵魂也都是一体的吗？这怎么可能？这可以说是不二论哲学中最核心、最困难的问题之一，辨喜对它的解答也在很大程度上参照了哲学中各种相关的讨论，而他使用的核心概念就是"显现"（manifestation）与"摩耶"。我们可以将其解答分为两个层面加以讨论。

第一个是形而上学层面，涉及如何理解一与多的关系，相关的问题可以被概括为：无限者、绝对者如何成为有限的东西？对此，辨喜通过如下图示加以说明：①

```
┌─────────────────────────┐
│   (a)  The Absolute     │
│   (c)                   │
│        Time             │
│        Space            │
│        Causation        │
│   (b)  The Universe     │
└─────────────────────────┘
```

在这张图中，时间（Time）、空间（Space）和因果关系（Causation）就像一面玻璃，透过它可以看到绝对者（The Absolute），而当它在较低的方面被看到时，就呈现为宇宙（The Universe）、呈现为充满多样性的世界。由此可以得出的推论是，真正的绝对者或神是无法被知道的，神超越于可知的东西之上，一旦被知道也就不再是神了。但其实更准确的说法是，神既不是不可知的也不是已知的，而是比这两者都无限高级的，就是真正的大我。在吠檀多哲学看来，我们对世界之内一切东西的认知都只有通过神才得以可能。

第二个则是个体灵魂的层面，涉及如何理解多个个体灵魂的实存与一体性的关系。对此，辨喜从关于基体和属性的传统哲学讨论入手，实际上也谈及了自我同一性的问题，也就是"我"究竟是什么。他同时借用了不二论的古老智慧，引用了商羯罗关于把绳子当成蛇的例子，用如下方式调和了各种看似矛盾的立场："我"并不是一个固定不变的事项，而是一个不断变化、扩展的东西。在他看来，这样的看法与当时正在兴盛发展的进化论也是相容的。最后，他还是强调打开大门的钥匙就在我们自己手中。在他看来，我们用手遮住自己的眼睛，并哭喊着说一切都是黑暗；而只要把手移开，光明就会出现。

这里很容易出现的一种误解是把辨喜的观念解读为某种二元论，即存在着绝对者和宇宙这样两个实体。这不符合辨喜所阐释的不二论的精神。他认为，并不是存在着绝对者和宇宙，而是绝对者通过时间、空间和因果

---

① 该图出自《瑜伽奥义丛书·卷二·智慧可以带我们到哪里：辨喜论智瑜伽》的第六章"绝对者与显现"（The Absolute And Manifestation）。

关系的面纱把自身显现为宇宙、显现为多,时间、空间和因果关系并不是独立于绝对者而存在的。他通过一个经典的例子来说明这一点:波浪当然与海洋相同,但我们知道它是波浪,因此又是与海洋不同的。是什么造成了其中的差异?是形式和名称,也即形式和心灵中的观念。我们不能认为波浪这种形式是某种与海洋相分离的东西。但辨喜也强调,形式本身并不是妄想。只要波浪存在,形式就存在,而且人们也一定会看到这种形式,这就是摩耶。而只要个体放弃了摩耶,对他而言摩耶就消失了,他就是自由的。这也体现了辨喜在信仰方面的一贯主张,而且在他看来,这可以医治当时欧洲盛行的物质主义,这种主义把人束缚在物质和感官中,让人无法看到世界的真实情况。应当说,这一点在很大程度上也适合于我们如今生活的时代。

在此基础上,辨喜还提出了另一种重要的想法,即人与人之间的差异、一切生物的差异,都不是种类上的而只是程度上的。任何人的背景、实在都是同样的永恒者、永远有福佑者、永远纯洁者、永远完美者。差别只是由表达的力量造成的:真我有时被表达得更多、有时更少,但这种表达上的差异对真我并无任何影响。这是他对不二论的进一步阐发,而通过程度上的差异来解释表面上的种类差异的想法,或许能帮助我们更合理地看待这个世界,也更符合现代科学呈献给我们的世界观。

在此基础上,他通过论证的方式证明了有高于单纯物质和身体的力量存在,而我们的身体实际上仍然有更高级的操纵者,也就是真我。它超越了心灵、是无形式的,因此也必定超越了时间、空间和因果关系,必定是无限的。这样的真我才是真正的人(Real Man),而肉体上的人不过是表面上的人(apparent man)。人们自然会恐惧自己个体性的消失,但这其实是很荒谬的,因为真正的人不会死亡、不会消失。应该让面纱背后的纯洁者、无限者越来越多地显现自己,这样才能实现真正的自己、实现真正的个体性,而不是目前我们所以为的那种渺小的个体性。

但既然有永恒的真我存在,我们所看到的多彩世界、所感受到的渺小的自我、所恐惧的生死轮回又是怎么一回事呢?这些东西其实都是透过一个东西被看到的真我,这个东西就是摩耶。辨喜做出了语词上的澄清,即摩耶并不是指幻觉或魔术之类的东西。在他看来,摩耶不过是对事实的陈述,陈述我们是什么以及我们在周围看到了什么。换句话说,摩耶不仅不是幻觉,反而是事实;只不过稍加反思就会发现,我们所面临的事实反而如幻觉一般,本就充满矛盾和荒谬性。就拿死亡来说,辨喜指出,死亡日夜绕行在我们的地球上,但与此同时我们都认为自己会永生。我们目睹了无数生生死死，也的确都恐惧死亡，可有谁真正考虑过自己的死亡、考虑过死亡是什么呢？面对这样一个对每个人而言都命中注定的东西，我们却几乎从未真正直面它——这就是摩耶。这其实有些类似于现代哲学中的一些说法——比如加缪提出的"荒诞感"（absurdism）——也揭示出我们的生活充满了难以摆脱的矛盾。所以辨喜才说，整个生活都是矛盾的，是存在和非存在的混合物。

但如果认为这会导向一种悲观主义或不可知论，那就完全误解了辨喜的本意。其实，他的立场既不是悲观主义也不是乐观主义。吠檀多并没有简单地说这个世界全都是恶的或全都是善的。它只是说，我们的恶丝毫不比我们的善更卑劣，我们的善也丝毫不比我们的恶更高贵，它们是紧紧绑在一起的，这就是世界。如实地认识世界是继续前进的基础，而面对真理的勇气则是信仰的基础。当一个人采取了这种立场，就走上了寻求真理的道路，走上了通向神的道路。这种决心就是朝向真理的第一推动力。而超越摩耶之上的、不受摩耶束缚的东西是什么呢？那就是辨喜所说的神，但不是我们通常所理解的诸位神祇（gods）。我们有各种不同的关于神祇的具体观念，但有一条金线贯穿所有这些不同的观念，吠檀多的目的就是发现这条线。实际上，当崇敬神的人在进化时，那个被崇敬的神也在随之进化。

总之，辨喜反复强调的观念是，我们自身之内本就拥有向上的力量。生命首先意味着对理想的追求，其本质是朝向完美的。因此，我们不可能成为不可知论者，也不可能仅仅按照世界呈现出来的样子去看待这个世界。我们一定会超越摩耶，不是采取与摩耶同向的进路，而是与之相反。我们的最终目标就是自由，而我们也的确都在走向自由；甚至宇宙本身也是从自由中产生、在自由中停留、最后消融在自由中。

三 普遍的理想

从根本上说，辨喜主要还是一位修行人士而非狭义上的哲学家，他以现代化的方式阐述吠檀多和四瑜伽的目的也不是构建一套哲学体系，而是解决人类在宗教和信仰方面的问题。与布氏类似，辨喜也有关于宗教的理想，他把这种理想的宗教称为"普遍宗教"（Universal Religion）。他认为，宗教和哲学都源自人的本性，但这种本性并不是低级的、不是吃吃喝喝之类的欲望或对死亡的单纯恐惧，而是无限者在有限者之中的表达。有限者必须超越有限、超越物质层面，上升到一个更高级的层次，以寻找对无限者的更深刻表达。这种超越和追求既可以指向外部（如探究外在的大自然、探究其中的规律），也可以指向内部（如探究精神和内心世界），而后者才是更为重要的，因为它探究的是支配外部世界的推动力。辨喜认为，征服外部自然是很好、很美妙的，征服内在的自然则更美妙。这不仅是宗教的基础，也是道德的基础，而当时流行的功利主义等思潮是不能真正解释道德的。真正的宗教、真正的道德必须建立在广泛的基础上，狭隘的、斗争性的观念则必须被抛弃。这实际上就是他所提倡的"普遍宗教"的精神。

我们通常认为宗教是一种与日常生活或普通知识非常不同的东西，特别是在一些宗教中可以看到对信仰的过分强调和对理性的拒斥，这样的观念甚至会导向反理性的极端。但辨喜思路的一个突出特点是，他把获得知识的一般性原则与宗教所遵循的原则统一起来，明确论证了宗教与理性、哲学都是不矛盾的。他所谓的真正的宗教始终不偏离我们的常识和理性，而是把这些都包容进来，可以说最终超越了它们，但绝不与它们相抵触。他把自己的宗教观念也概括为一元论，也就是不二论，并认为这是我们可设想的所有宗教理论中最理性的了。

辨喜是一位虔信的人，只不过他所信奉的宗教其实并不是狭隘意义上的"印度教"，而是上述"普遍宗教"。世上显然有不止一种宗教，我们有时会觉得某种宗教中的确有启迪自己心灵的东西，但很快就有更大的障碍横亘在面前：各种不同的宗教怎么可能都是真的？宗教具有强烈的排他性，它们之间的相互纷争究竟是否能解决、如何解决？对此，辨喜提出了关键性的质疑：世上的所有宗教真的是相互矛盾的吗？我们往往被表面上的东西迷惑，以为看上去相反的东西就是势不两立的，却不去拨开迷雾看看它们背后的实质是否相同，反而陷入了无尽的仇恨中，这就犹如"黑条纹的白斑马和白条纹的黑斑马世代为仇"一样荒谬。在辨喜看来，每种宗教都占据了伟大的普遍真理的一部分，而世上的一切伟大宗教中都存在着巨大的生命力；我们应该允许所有教派存活，每个教派自身之内都深藏着自己的意义或伟大的观念。

但进一步的问题在于，每种宗教中包含的共同的东西是什么？它们的说法可是明明完全不同。对此，辨喜在不二论的基础上做了进一步剖析。通常所说的宗教包含哲学、神话和仪式等部分，但它们并不提供那种共同的东西。真正提供这一点的是多样性中的统一性（unity in variety），是千差万别的事物中所包含的那种一体性，这才是宗教真正的对象，辨喜也将其称为"神"（God）。他通过"显现"（manifestation）的概念来帮助我们理解这种"神"与丰富多彩的世界之间的关系。普遍的存在就是神,是宇宙中终极的统一性,在它那里我们都是一体的。与此同时,在显现中差异则一定总会存在。也就是说,一切实际上都是一,只是显得是多样的。但多样性也是必不可少的,只有多样的宗教才能帮助不同的人,最终走向同样的目标。对此,辨喜用圆心和半径的比喻加以概括:在所有半径相交的中心,一切差异都会消失;但除非到达那里,差异也就一定会存在。

  与普遍宗教理想密切相关的另一个核心观念是之前提到过的"亲证"。辨喜认为,自己所说、所做的一切都不是为了夸夸其谈或仅仅在理论上解决什么问题,而是为了实践。同样,他提倡的宗教也不单是一种理论或学说,而是需要去体验、去理解、去实践的。在涉及宗教时,很多人喜欢从术语到术语、从文本到文本、从理论到理论,却忘记了宗教的最初源头恰恰是人内心深处最真实的感受:对爱的体会、对痛苦的感知、对超越一切的真理的渴望,等等。离开了这些,宗教就会变成空中楼阁。如辨喜所说,在攻击宗教的人里,有百分之九十九点九从未分析过自己的心灵、从未努力了解那些感受——这就好比一个盲人在那里叫喊:"你们都是些相信太阳的傻瓜。"所以,只有实际感知到神和灵魂的人才能拥有宗教,而宗教是关于事实而非关于空谈的。我们必须理解最高级的存在,并且亲证那个被理解的东西,这才是宗教。相比之下,关于上帝是否存在的形而上学问题则是不可能通过论证来得以证明的。应当说,把亲证作为自己的目标,实际上也体现了作为修行人士和实干家的辨喜与单纯的形而上学家的不同。

四 辨喜的思想与一元论

  可以看出,辨喜的吠檀多思想与布氏主张的一元论有不少相似的地方。布氏的思想在印度颇受欢迎,一些印度学者也试图通过吠檀多思想理解或解释西方哲学,或是尝试把一些西方哲学家放置在吠檀多的体系中。[①] 在笔者看来,我们可以简略地从如下五个方面比较辨喜和布氏的思

---

① 例如,有人认为吠檀多思想介于康德式的不可知论和黑格尔式的绝对主义之间,有人表明吠檀多思想是黑格尔和布氏某些洞见的实现,有人提出可以通过黑格尔哲学重新考虑商羯罗的唯心论是否把被摩耶构造的现象世界还原为观念的束(bundle)。关于这些请参阅 Barua(2017:1)。关于布氏思想与商羯罗思想的有趣对比,还请参阅 Barua(2017:9~10)。

想，既注重其相似之处，也避免忽视其根本性的差异。

第一，辨喜所代表的吠檀多不二论和布氏的形而上学都是典型的一元论。其中，布氏的形而上学是典型的存在一元论，同时带有唯心论色彩；吠檀多不二论可以被理解为存在一元论或优先一元论，但不能被简单地归为唯心论。

第二，双方所设想的最高级存在都是一个无所不包的东西，它看似超越了一切有限性和矛盾，实则几乎完全无法被我们理解。例如，布氏主张这样的存在是"绝对者"，但任何对它的描述立即会落入关系性的范畴，从而成为显象。印度哲学的核心概念"梵"也是如此。相比之下，辨喜引入的另一个概念"saccidānanda"倒是可能更有助于我们的理解。这个概念出自奥义书，由"sat"（存在）、"cit"（知识、意识）、"ānanda"（欢喜、幸福）三个词复合而来，可以被译作"存在—知识—欢喜"。它其实是对最高级存在者的描述，被辨喜称为"独一无二的'一'的三个方面"和"心灵可以构想出来的关于神的最高级的观念"。

第三，双方还有一些表面特征上的相似性，比如都有浓厚的神秘主义色彩。需要说明的是，神秘主义本身与哲学并不必然冲突，而且这也是一个含义丰富的、有弹性的概念。辨喜所阐释的吠檀多思想中最神秘的部分是所有个体灵魂的一体性，布氏哲学中最神秘的部分则是超越所有矛盾却无法被表达或理解的、无所不包的绝对者。不过，这种神秘色彩的确很容易导向宗教领域，两人对宗教的强调也说明了这一点。

第四，从理论上看，吠檀多思想的出发点并不是经验或西田所谓的那种纯粹经验，此类概念在其体系中也并未占据十分重要的地位。相比之下，经验是布氏哲学的出发点，也是其哲学极具特色的地方。如我们在第一章揭示的那样，这个概念也是令人费解的。但无论如何，对经验的强调还是构成了布氏哲学与吠檀多在理论上的重要区别。

第五，尽管有诸多相似之处，但辨喜更多关注的还是实际生活或人生意义等领域，希望化解的是人生中的矛盾和各种现实问题，消除实际的苦难；布氏则主要关注逻辑和形而上学方面，希望化解的是逻辑或概念上的自相矛盾，消除所有思想上的困境——这最终说来还是两种非常不同的思路。我们似乎不宜简单评价哪种思路更重要，也不宜简单断言哪一方取得了成功。每个人都有各自想解决的问题，大家可以结合本书的讨论给出自己的回答。

第四节 布拉德雷哲学体系的问题

一 布拉德雷哲学中的各种困难

在之前的讨论中已经说过，布氏的一元论是非常独特的，这种独特性也扩展到其整个哲学体系中。应当说，他的哲学涉及非常多的经典哲学问题，但无论是讨论的背景、框架还是基本思路都非常与众不同，以至于到了很难与其他人充分进行讨论或被纳入后来哲学的主流发展的程度。例如我们在本书第五章指出，性质与关系是一个古老的话题，关于关系是否存在、关系是否可以被还原为性质等问题，哲学家进行了各种争论，这些争论构成了形而上学一个必不可少的组成部分。布氏自然也对此提出了自己的看法，但由于他对相关概念的理解和使用过于独特，因而很难像罗素那样进入主流的争论中。后来根据他提出的布拉德雷倒退所展开的讨论，很大程度上也是在偏离了其体系和文本的情况下进行的。在笔者看来，这种现象表明布氏的整个哲学体系是比较封闭的，面临着较为严重的困难。我们在本小节将从六个方面总结这些困难，在下一小节尝试分析这些困难背后深层次的预设与问题。

困难的第一个方面是，布氏的体系很难让多种多样的世界——尤其是世界中的各种变化——与居于最高地位的、唯一的绝对者调和起来。他自己也承认说："变化是一种事实，而这种事实无法与绝对者相调和。"（AR 182）更一般性地来看，这样的困境并不是布氏哲学独有的，而是几乎所有存在一元论都必须面对的。简言之，既然他们主张最终存在的只有一个东西，那么世界中的一切变化应当如何得到解释？毕竟任何变化的存在都会预设差异，而差异自然就意味着多；唯一存在的东西如果有变化——无论这种变化发生在它自身之内还是之外——就意味着某种区分或差异必须被预设，比如至少要有时间或空间上的差异存在、有整体和部分的区别存在，等等。

更抽象地说，这个困难其实也就是"一"与"多"之间的矛盾：如果世界上最终说来存在的只有"一"，那么"多"又是如何可能的？或者说"一"如何可能成为"多"？解决这个困难的思路无非就是两种。一是西田的思路，即最终还是以某种晦涩、隐晦的方式偷偷地把"一"解释为"多"，让"一"具备某种潜在的区分或差异。他总是使用的隐喻式的说法"镜子"就是如此——"绝对无"虽然是空无一物的,但它的对面却莫名其妙地有一面镜子,使得它能够在镜子里照看自身,这样就有了最基本的区分;而一旦接受了这一点,随后的更复杂的区分就不成问题了。二是布氏和辨喜的思路,即做出实在与显象的截然区分,认为"多"不过是"一"看上去的样子,"一"的实在性则是"多"不可能具备的。

笔者认为,这两种思路都是不成立的。前一种思路基本就是诡辩,无非是把多元论或二元论用晦涩的语言包装成一元论的样子;而读者或研究者往往迷失在各种精妙的概念、复杂的论证和晦涩的文字里,早就忘记了最基本、最原初的问题,即"'无'怎么可能变成'有'?"或"'一'怎么可能变成'二'?"所谓"道生一,一生二,二生三,三生万物",后面两个"生"可能没什么问题,但道如何生一、一如何生二,却是我们无法理解的——任何对它们的合理解释都必定会预设某种形态的二元论或多元论。

第二种思路相对更合理一些,但又极大地贬低了自身的价值,最终说来还是一种二元论或多元论。虽然它坚称有唯一的终极实体存在,而且它是万事万物的本体论根据,但既然任何差异、区分和变化都与它无关,它对我们也就没有任何实质性意义,至多只能扮演一种指导性、背景性或宗教性的角色。我们对布氏"实在"概念所包含矛盾的分析就揭示了这一点,而在他那里,这种"一"最终也不过就成了一种缺乏根据的信念,因为我们并不能获得关于它的真正知识。他自己也承认:"当然,最终说来,知道一和多如何被统一在一起,这超出了我们的能力。但我们确信,在绝对者中,这个问题以某种方式被解决了。"(AR 249)

困难的第二个方面是,存在一元论很难合理地解释恶的存在,或至少无法令人满意地解释恶的角色。相比于阴阳这样模糊的形而上学区分,善与恶这种带有鲜明道德伦理色彩的区分在我们的实际生活和认知中扮演了更为重要的角色。善恶的存在与区分对于二元论或多元论来说自然没什么问题,但对于存在一元论者——可能也包括优先一元论者——来说就很麻烦了:由于所有区分最终都被取消,所以最终的存在者一定是包容了一切的;说它包容了所有的善似乎没什么困难,但它难道也包容了所有的恶吗?特别是考虑到有宗教背景的一元论立场,这样的观点是很难让人接受的。在哲学史上,像笛卡尔这样强调上帝角色的哲学家很难解释错误和恶为什么会存在,而像布氏这样的存在一元论者则很难解释我们有限的、总是出错的理智为什么能够把握实在。我们可以采取一些调和性的立场,比如把恶定义为善的缺失或缺乏、制定善恶的等级或连续统等,但任何这样的补救都还是需要暗含一种二元论或多元论的背景，最终说来是无法同存在一元论相调和的。何况，我们很多时候不是在谈论两个空洞的概念、不是在探讨"善"这个概念在离开了"恶"这个概念的情况下是否还有意义，而是实际在考虑如何做一个善的人。如果脱离活生生的现实而陷入单纯的概念上的诡辩，类似的一元论观点就很可能成为抹杀善恶者在理论上的帮凶；而实际的历史和生活经验告诉我们，抹杀善恶的人从来都不只是在抹杀善恶，而就是在作恶。所以在善恶问题上，存在一元论不只是在理论上很成问题，在实践上也可能带来灾难性后果。

困难的第三个方面是，存在一元论者常常要坚持一种奇特的、无所不包的经验概念——像布氏和西田都是如此——却又很难令人满意地说明这种经验的主体或拥有者是谁。甚至可以说，他们对于自我或主体的理解是包含矛盾的。我们通常认为，经验的主体就是作为个体的自我，这样的自我可以拥有无法为他人所拥有的、私人性的经验。但如我们在本书第一章第四节分析过的那样，这样的日常经验概念不可能是布氏所认为的那种经验，而这种日常的自我也不可能是布氏认为的那种自我。从文本上看，他对"自我"的理解很奇特：个体的自我是后于经验的、是经验的构造；但与此同时，他又预设了一个超越所有这一切之上的、超级的观察者或经验的超级拥有者。他并没有给这个观察者或拥有者一个明确的名称，但我们很难看出它跟所谓的绝对者有何区别。也就是说，他所谓的那种"经验"或许可以存在，但它只能为绝对者或类似绝对者的大的"自我"所拥有，这个大的"自我"不像日常的自我那样是来自"经验"的构造，而是"经验"的主体。通过西田和辨喜的例子还可以看出，所有存在一元论最后都必须预设这样一个超级的观察者或超级的、大的"自我"，而且必须坚持这个大的"自我"跟世间万物都是一体的，不然整个体系就会失去支撑点。相比之下，布氏只是没有明确这样说，而吠檀多则对此做出了明确的表述。

困难的第四个方面与对这种"自我"的预设密切相关，那就是：说出所有这一切的人、讲述所有这些理论的人、认识到最高级存在者的人，如何可能是一个有限的自我？如果我们的认知是有限的，就不可能把握到实在或绝对者；这就意味着我们必须预设一种无所不包的认知的可能性，而且必须认为实际中的"我"就是或部分是那个无限的认知者。这样的想法在布氏那里同样是被暗含的，而在辨喜的吠檀多思想中则被表述得较为清晰，毕竟他明确断言任何有限的主体最终说来都是那个无所不知的、包含一切的"大我"，而我们之所以没有意识到这一点，只是因为暂时的蒙蔽，任何祛除了这种蒙蔽的人就可以获得对这一切的了知，也就是能够像哲学家或把握了真理的人那样说出所有这一切。

到这里，存在一元论已经体现出明显的神秘主义倾向。这也就引出了困难的第五个方面，即它总是难以避免地导向神秘主义。吠檀多本来就拥有浓厚的宗教色彩，采取神秘主义立场并不奇怪，但如果一种严肃的形而上学全完沉浸在神秘主义中，那肯定是很难被大家接受的。作为布氏思想来源的黑格尔哲学就保留了一些神秘主义成分，而与黑格尔复杂精妙的辩证运动相比，布氏的思路可能还要更加神秘，因为它类似于一种"顿悟"。在《显象与实在》的很多地方他都直言不讳地表示，只要理解了书中某些晦涩的只言片语，就不必再阅读该书剩余的部分了——这种顿悟式的思考方式很难被纳入严肃的哲学讨论。与这种顿悟和神秘色彩相配套的是布氏对常识的敌视，他对此也直言不讳："常识很难与自身相一致。……任何严肃的理论都必定会在某些要点上与常识发生碰撞；而如果我们从这样的角度看待事情的话，我们的观点肯定就会比其他人高级。"（AR 247）这种对常识的态度引发的很可能是灾难性的后果。

困难的第六个也是最后一个方面是，布氏的整个哲学体系都是极为封闭的。这或许不能被算作一种理论上的致命缺陷，但的确使得它在相当大的程度上丧失了与其他体系进行交流、接受批评并做出改进的可能性。在本书第二章讨论布氏的真理观是否是融贯论的时候，我们就介绍了融贯论与符合论、实用论的差别。尽管布氏的真理观最终说来属于等同论而非融贯论，但他的整个体系却的确呈现出典型的融贯论特征。这种特征使得与他进行讨论成为一件极为困难的事情，因为对其中任何一个具体观点的反驳总是会涉及该体系的其余部分。这好比一种能够"分摊"伤害的法术：每个部分承受的过错都不会太多，以至于相应的整体很难被驳倒。但是，这自然也使得布氏为自己观点所做的辩护几乎都是从自身体系之内出发的，在很大程度上降低了辩护的效力与公共性。通过本书的分析，相信大家可以体会到跟布氏进行讨论是一件多么吃力的事情。

二　困难背后的预设与问题

应当说，上述六个方面的困难既是布氏哲学所面临的，也是几乎所有存在一元论必须回应的。当然，这些回应可能呈现为不同的样子，之前讨论的西田和辨喜的思想也表明了这一点。这些回应方式中有一些是比较成功的，更多的则很难说真正达到了目的。例如，辨喜的很多思路是新颖且富于解释力的，西田那种晦涩的书斋中的哲学则不然。奇怪的是，即便有上述这些困难，存在一元论还是很有市场，吸引了很多最聪明的头脑为自己做辩护。笔者认为，这说明这种立场背后有着更深层次的预设或信念，它们并不是论证的产物，而是以或明或暗的方式构成了相关论点和论证的背景，为持同样预设的人提供了吸引力和动力。具体到布氏的哲学体系而言，这些预设或信念可以被总结为如下四点。

第一个预设是对统一性或一体性本身的迷信。这里的统一性并不一定简单地等同于存在一元论，但可以看出，对统一性或一体性本身的过分追求最终必定会导向存在一元论。值得注意的是，这种统一性并不是论证的结果，而是在很多论证中扮演了前提或背景的角色，或者至少影响了我们对一些概念的理解，让我们对这些概念做出有利于导向一元论的解释。以布氏关于关系的论证为例，如果我们接受了他对何谓关系和内在性的解释，所谓的恶性倒退似乎的确是不可避免的。但问题的关键是：我们究竟为什么要采取这样偏离常识又缺乏其他根据的解释和用法呢？唯一合理的解答只有一个：这其实是一场看似精妙、实则自导自演的戏剧；换言之，这不过是一场宏大、精巧的循环论证——提出这一系列论证的人早就知道自己要达到的目标，因而在一开始就布好了局，在最初概念的解释上就埋下了最终答案的种子。我们看到的似乎是一个早已做出有罪推定的当权者在小心翼翼地把自己认定为罪犯的嫌疑人一步步引向认罪的深渊。

那么，为什么布氏要假定这种一体性并拼尽全力去追求它呢？刚才说了，这是一件缺乏道理或没有根据的事情，但这并不意味着它没有原因，这种原因或许不是合理的，但一定存在。正如信仰可以在理性之外运作，对一种观念的坚信同样可以摆脱理性的制约。布氏本人并不一定意识到了这一点，他在意识层面继续扮演一位严谨的形而上学家的角色，有意无意间却早已对一体性深信不疑。笔者也曾苦于无法理解这些人——包括西田——对一体性近乎迷信的追求，直到在辨喜的帮助下才解开了这种疑惑：一体性更像是一种宗教追求或信仰，带给人一种一切融为一体的宁静、安全的体验。[①] 在笔者看来，对这种观念的执着最终说来与理智无关，而是一种心理或信仰方面的需求，其中一个很重要的方面就在于它能提供安全感：既然一切都是"一"，那么一切也就都是我，再也不会有任何东西能够伤害我，如此就达到了绝对的安全。有研究者也指出，在布氏所谓的统一体中，最后的结局就是思想也和对象融为一体，达到一种类似

[①] 需要说明的是，辨喜其实并不是一个迷信一体性的人，他在追求一体性的同时也始终同样强调多样性是必不可少的。

涅槃的神秘状态。（参阅 Blanshard，1984：222）支持布氏的人往往持有类似的追求或处于类似的文化背景中，比如印度学者萨克塞纳；而布氏哲学在印度引起很多人的兴趣，重要的原因之一也是这种在一体性问题上的契合。

第二个预设是布氏所谓的那种"理智的满足"。在本书第一章第二节谈论布氏对形而上学的理解时我们就说到，他认为真正的形而上学应当满足人们在理智上的追求。但通过全书的考察，我们很难认可他提供的形而上学做到了这一点，这让我们不得不反思：他所谓的理智是不是通常所说的理智？笔者给出的答案是否定的，这可以从某些独特的表达方式中看出端倪。无论黑格尔、布氏还是西田，都喜欢有意无意间采取在我们看来是拟人化的手法描述超越日常认知之上的东西的特征：黑格尔用运动来描述绝对精神，西田借用照镜子来解释绝对无如何生出了有，吠檀多把至高的存在者等同于"大我"；布氏虽然没有直接采取类似的说法，但也使用了诸如有限的经验中心等让人产生类似联想的表达——但这些东西真的可以被拟人化或人格化吗？这不仅是一个描述手法的问题，更体现了大家在一系列基本认知上的差异，比如究竟什么是能够令自己满足的？什么是合理的？"满足"这件事情本身有公共性的一面，但也有因人而异的一面；所谓"理智的满足"也是如此——如果令上述哲学家满足的东西并不令我满足，此时究竟是他们有问题还是我有问题？看来对此需要进行一下合理的讨论，但他们的结论不就是所谓合理讨论的产物吗？如果双方对于究竟什么叫"合理"的理解都不一样，还有什么讨论可言呢？此时我们似乎就面临一种死结。所谓"理智的满足"其实不是论证的产物，而是论证的前提，相应的论证就是为了满足上述哲学家在这方面的需求，而不是给这些需求本身提供辩护。而那些没有这种需求或认为这种需求本身有问题的人，恐怕只能说跟他们不在一个频率上。

第三个预设是知识论方面的。布氏本人对此并未明说，但辨喜对之做出现代阐释的、古老的吠檀多思想则有精练的概括：有没有一个东西，我们知道了它就知道了一切？这是自奥义书开始就存在的一种信条，即有这样一个东西存在，"知道了它，我们就知道了一切"——一切知识的目标或真谛就在于寻找这样一把"万能钥匙"。对于布氏来说，所谓显象与实在的区分大致就扮演了这样的角色。这样的"万能钥匙"与任何通常的知识相距甚远，因为后者总是局部的、有条件的、不具备这样触类旁通的特质。对这种知识的描述也显然很难与理智相契合，会引起各种悖论。不二论吠檀多声称自己获得了这样的知识，即对梵的认知，但这种认知无法通过语言得到描述，这使得它不可能成为真正的知识。有些哲学体系具备类似的特征，比如莱布尼茨的单子论和维特根斯坦在《逻辑哲学论》中提供的体系，它们都提出一切均是被关联在一起的，对其中任何一个点的把握也都在某种程度上暗含了对其他点的把握——但这仍然不足以起到那种"万能钥匙"的作用。总之，这样一把"万能钥匙"的存在本身就是很可疑的；即便它存在，似乎也永远无法被使用。或许有人可以坚称它能够打开所有门，我们却无法验证这一点。

这一点又与第四个预设有关，那就是一种错误的或至少很成问题的形而上学观念，或者说是对形而上学所处地位或所扮演角色的、成问题的理解。在各种学问中，最接近获得上述"万能钥匙"的领域就是形而上学了。形而上学通常以一条或若干条命题的形式概括世界的本质，并将之视为真理乃至"终极真理"，如"世界是一"等。但这样的"真理"其实并不能被直接用来解决任何实际问题，最多只能为解决问题提供必要的背景和指导。但有人错误地认为，弄清了根本的形而上学问题、弄清了世界的本质、弄清了世界的生成模式，就可以解决困扰我们的所有问题。可惜并非如此。就拿存在一元论来说，它从根本上说是一种形而上学或关于世界本质的观点，可以为我们解决各种具体问题提供必要的背景、指导和帮助，但如果认为知道了"世界是一"就知道了一切，那就显然太荒谬了。

奇怪的是，并不是所有持同样或相似形而上学立场的人，在哲学的其他部分就一定奉行同样或相似的看法；实际上，他们的很多具体观点甚至是大相径庭的。例如，尽管可以说都是存在一元论者，但辨喜的整个思想就与西田和布氏完全不同。毋宁说，除了在形而上学领域持有类似的立场外，他们在各个具体问题上的看法都相距甚远，更不用说其迥异的精神气质了。这也让我们不得不反思，形而上学是否真的如它所宣称的那样在哲学中居于核心的、基础性的地位？笔者的回答与哲学留给我们的通常印象并不一致：形而上学立场本身并没有那么重要；在很多情况下，它与其他观点之间并无严密的逻辑关系，同一种形而上学立场可能与非常不同的思想相兼容。这不是在贬低形而上学的地位，而是在强调要正确理解其角色：它所能起到的作用是很有限的，而我们绝不能忽视形而上学之外领域的重要性。

三 一个"不可能三角"

最后，根据对上述四种预设的分析，笔者尝试用一个"不可能三角"（Impossible Trinity）来对布氏乃至整个存在一元论所面临的困境和深层次

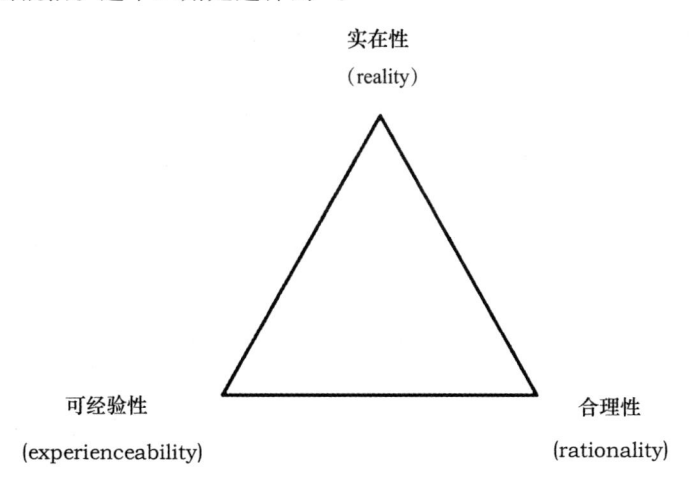

问题做出概括。这个三角是这样的①：

实在性
(reality)

可经验性　　　　　　　　　　　　　　合理性
(experienceability)　　　　　　　　　(rationality)

其三个顶端分别是实在性（reality，或曰真实性、非变动性）、可经验性（experienceability）②、合理性（rationality，或曰合逻辑性），它们代表了我们思想本身的三种追求。"实在性"指的是思想要追求一个或一种真实之物，它不是变动不居的或表面上呈现出来的东西，在哲学上通常被称为基体、实体等。"可经验性"指的是思想要追求能够被实际经验到的东西，而不是只能在思辨中被把握到的抽象概念，比如几何学上所说的"点"；更通俗地说，它应当是能够被五感观所把握的、"看得见摸得着"的东西。"合理性"则比较好理解，指的是思想要追求合理而非违背基本理智规律——比如同一律、矛盾律——的东西。

这三者中的任何一方或任何两方都是可以在一种哲学或思想体系中被实现的，但问题的关键在于：它们三者似乎不可兼得。

实在的且合理的东西，其典型代表就是数学和各种狭义上的形而上学，它们往往较为体系化，容易受到学院派或热爱"深刻"思想之人的青睐。数学当然是此类学问的样板，但那毕竟是一个很特殊的世界，因为数学对象可以与经验世界没有必然的关联。形而上学则不然，它使用的概念仍然是从经验世界来的，如果一个形而上学概念与经验世界没有任何关联，它往往要么是空洞的、要么是胡言乱语。总之，使用此类概念的形而上学如同虚无缥缈的海市蜃楼，或许很美丽，但除了引发一声惊叹外，往

---

① 该图片为笔者自绘。
② 笔者最终选用"experienceability"作为"可经验性"对应的英文术语，感谢我的同事展翼文对此提供的建议。

往不会带给我们任何真正的帮助。

　　实在的且可经验的东西，往往呈现为各种神秘主义，容易最终导向宗教、信仰的领域。无论强调神秘体验还是与理性相对立的信仰，都包含了对理性的排斥或超越，这自然就使得关于相关观点的论述常常包含很多难以理解乃至悖论式的部分，因而很难完全融入严肃的哲学讨论中。

　　可经验且合理的东西，往往表现为各种日常智慧、人生经验等，它们建基于丰富的人生阅历、细致的观察和深刻的反思，通常要以复杂的现实世界为对象；缺点则是无法实现那种"理智的满足"，而且可能显得不够学术或体系化，有时会被学院派或狭义的形而上学家所摒弃。但在笔者看来，这样的东西对我们来说才是真正重要的，而原始佛教思想和辨喜的思想是这方面极好的例子。如果必须在这个三角中舍弃一端的话，笔者自己会果断舍弃实在性那一端。

　　无论如何，并不存在一种既具有实在性，又可经验的，又合逻辑的思想体系。布氏的整个哲学却恰恰以这样一个不存在的东西为目标：他设定了与显象相对的实在作为最高目标，以经验——尽管他在相当大的程度上扭曲了"经验"的定义——作为整个体系的出发点，又以合逻辑——尽管他同样在相当大的程度上修订了我们对"逻辑"的理解——作为判断一切观点的标准，这注定了他在追求一个不存在的东西，是不可能取得成功的。通过本书的实际分析也可以看出，布氏的体系最终没有完全实现对三者中任何一者的追求；如果他愿意舍弃其中某一方的话，倒还有可能构建出更有价值的思想体系。

　　在笔者看来，如果要对这个"不可能三角"给予我们的经验或教训做出一些简单总结的话，那就是：常识和基本的理性是非常重要的，而且并不是越晦涩的哲学就越"深刻"。在这方面，布氏和西田的哲学可以说都是反面典型，与之相对的则是辨喜的思想。当哲学家以偏离常识和理性的、晦涩的、看似"深刻"的方式来阐述自己的思想时，作为读者或研究者的我们还是要小心为好，毕竟很多时候我们都不知道这种晦涩之下藏的究竟是什么东西。

结　　语

　　经过六章的艰苦探索，我们算是对布氏的哲学体系有了一个初步的把握，但这些把握未必完全契合布氏的原意，也很难说能够完全经受得住其他研究者的批评。其实，在如何理解布拉德雷哲学的问题上产生争论是再正常不过的事情了。他的文风极其晦涩，而且经过细致的研究后，即便最同情布氏的人恐怕也不得不承认其学说中的确有自相矛盾或至少极其含混的地方，而对其给出完全融贯的解释几乎是不可能的。

　　在笔者看来，这种解释上的困难很大程度上源自布氏所坚持的存在一元论，而这种立场或思路的确代表了某些典型的错误，比如随意修正如矛盾律这样的基本标准，毫无根据地使用缺乏明确所指或含义不明的抽象概念（如"实在""绝对者"），构建看似融贯却全然封闭的体系，罔顾常识和日常世界，等等。这些错误在很多秉承类似信条或思路的哲学家那里屡见不鲜，但其所引起的具体麻烦或陷入自相矛盾的具体方式，则有待更多的研究去"诊断"。

　　全书对布氏的观点和论证提出了比较多的批评意见，这些意见以其文本和一系列相应的分析为基础，但笔者也并不认为它们是完全确定的结论，仍然包含着各种争论的可能性。此外，囿于个人能力，本书还是有一些明显的弱点。例如，第四章第三节关于特普论的讨论就比较薄弱，这是因为笔者对相关领域的了解十分有限；而第五章前两节的脉络可能不够清晰，这是因为如已经说过的那样，布拉德雷倒退与关系问题紧紧纠缠在一起、很难被分开，而笔者对关系问题当代讨论的把握还很欠缺。这些不足之处也有待各位读者和学界同仁提出宝贵的批评意见。

　　笔者始终对本书的探究保持一种开放性的态度，其中的任何具体结论也都面临着被修订的可能。这种态度与自己的意图有关，毕竟笔者并不认为目前的研究是一种结束，而是把它视为进一步研究的基础。就目前来看，完全可以在随后的研究中把其他哲学家更多地与布氏关联在一起，比如可以探讨詹姆士对布氏的批评，比较莱布尼茨单子论与布氏一元论的异同，罗素对莱布尼茨和布氏内在关系说的批评是否有更广阔的适用范围，等等。到那时，本书可能会为这些更艰深的探索提供必要的支持和参考。

参考书目

布拉德雷著作及缩写

ES	《伦理学研究》	*Ethical Studies*, Cambridge University Press, 2013;
PL	《逻辑原理》	*The Principles of Logic*, London: Oxford University Press, 1922;
AR	《显象与实在》	*Appearance and Reality*, Oxford: Clarendon Press, 1930;
CE	《著作集》	*Collected Essays*, Oxford: Clarendon Press, 1935;
ETR	《真理与实在论文集》	*Essays on Truth and Reality*, Oxford University Press, 1950.

其他文献

Allard, J. W., (詹姆斯·威拉德·阿拉德) 1984, "Bradley's Principle of Sufficient Reason", in Manser, A. and Stock, G. (eds.), *The Philosophy of F. H. Bradley*, Oxford: Clarendon Press.

——, 2005, *The Logical Foundations of Bradley's Metaphysics: Judgment, Inference, and Truth*, Cambridge: Cambridge University Press.

Allard, J. W., and Stock, G. (eds.), 1994, *F. H. Bradley: Writings on Logic and Metaphysics*, Oxford: Clarendon Press.

Armour, L., (莱斯利·阿莫尔) 1996a, "The Unity of Moral Principle", in MacEwen, P. (ed.), *Ethics, Metaphysics and Religion in the Thought of F. H. Bradley*, Lewiston, NY: The Edwin Mellen Press.

——, 1996b, "Bradley's other Metaphysics", in Mander, W. (ed.), 1996, *Perspectives on the Logic and Metaphysics of F. H. Bradley*, Bristol: Thoemmes.

Armstrong, D. M., (大卫·马莱·阿姆斯特朗) 1978, *Nominalism & Realism: Universals & Scientific Realism* (Volume I), Cambridge: Cambridge

University Press.

——, 1989, *Universals: An Opinionated Introduction*, Boulder: Westview Press.

——, 1997, *A World of States of Affairs*, Cambridge: Cambridge University Press.

——, 2005, "Four Disputes about Properties", *Synthese*, 144 (3): 309 ~ 320.

Ayer, A. J., (阿尔弗雷德·朱尔斯·艾耶尔) 1971, *Russell and Moore*, London: Macmillan.

Baldwin, T., (托马斯·鲍德温) 1991, "The Identity Theory of Truth", in *Mind*, New Series, Vol. 100, No. 1, pp. 35 ~ 52.

——, "Thought's Happy Suicide", in Stock, G. (ed.), 1998, *Appearance versus Reality*, Oxford: Clarendon Press.

——,《剑桥哲学史（1870~1945）》，周晓亮等译，中国社会科学出版社2011年版。

Basile, P., (皮尔弗朗西斯科·巴西莱) 2014, "Bradley's Metaphysics", in W. J. Mander (ed.), *The Oxford Handbook of British Philosophy in the Nineteenth Century*, Oxford: Oxford University Press.

Barua, A., (安库·巴鲁亚) 2017, "The Absolute of Advaita and the Spirit of Hegel: Situating Vedānta on the Horizons of British Idealisms", *J. Indian Counc. Philos. Res.* 34: 1 ~ 17.

Baxter, D. L. M., (唐纳德·巴克斯特) 1996, "Bradley on Substantive and Adjective: The Complex-Unity Problem", in W. J. Mander (ed.), *Perspectives on the Logic and Metaphysics of F. H. Bradley*, Bristol: Thoemmes.

——, 2001, "Instantiation as Partial Identity", *Australasian Journal of Philosophy*, 79 (4): 449 ~ 464.

Bergmann, G., (古斯塔夫·伯格曼) 1967, *Realism: A Critique of Brentano and Meinong*, Madison: The University of Wisconsin Press.

Blanshard, B., (布兰德·布兰沙德) 1984, "Bradley on Relations", in Manser, A. and Stock, G. (eds.), *The Philosophy of F. H. Bradley*, Oxford: Clarendon Press.

Bonino, G., (奎多·博尼诺) 2012, "Bradley's Regress: Relations, Exemplification, Unity", *Axiomathes*, 23 (2): 189 ~ 200.

Bradley, J., (詹姆斯·布拉德雷) (ed.), 1984, "Bradley's Metaphysics

of Feeling and its Place in the History of Philosophy", in Manser, A. and Stock, G. (eds.), *The Philosophy of F. H. Bradley*, Oxford: Clarendon Press.

——, 1985, "The Critique of Pure Feeling: Bradley, Whitehead and the Anglo-Saxon Metaphysical Tradition", *Process Studies*, 14 (4): 253~264.

——. (ed.), 1996, *Philosophy after F. H. Bradley*, Bristol: Thoemmes.

Broad, C. D., (查理·登巴·布罗德) 1933, *Examination of McTaggart's Philosophy* (Volume I), Cambridge: Cambridge University Press.

布拉德雷:《逻辑原理》(上下册), 庆泽彭译, 商务印书馆 2022 年版。

Campbell, C. A., (查尔斯·坎贝尔) 1931, *Scepticism and Construction: Bradley's Sceptical Principle as the Basis of Constructive Philosophy*, London: George Allen and Unwin Ltd.

Candlish, S., (斯图尔特·坎德利什) 1978, "Bradley on My Station and Its Duties", *Australasian Journal of Philosophy*, 56 (2): 155~170.

——, 1984, "Scepticism, Ideal Experiment, and Priorities in Bradley's Metaphysics", in Manser, A. and Stock, G. (eds.), *The Philosophy of F. H. Bradley*, Oxford: Clarendon Press.

——, 989, "The Truth about F. H. Bradley", *Mind*, 98 (391): 331~348.

——, 2007, *The Russell/Bradley Dispute and its Significance for Twentieth-Century Philosophy*, Basingstoke: Palgrave Macmillan.

Crossley, D., (大卫·克罗斯利) 1996, "Justification and the Foundations of Empirical Knowledge", in Bradley, J. (ed.), *Philosophy after F. H. Bradley*, England: Thoemmes Pr.

——, 1998, "The Multiple Contents of Immediacy", in Stock, G. (ed.), 1998, *Appearance versus Reality*, Oxford: Clarendon Press.

Eliot, T. S., (托马斯·斯特恩斯·艾略特) 1916, Leibniz's Monads And Bradley's Finite Centers, *The Monist*, 26 (4): 566~576.

Ellis, F., (菲奥娜·爱丽丝) 2005, *Concepts and Reality in the History of Philosophy: Tracing a Philosophical Error from Locke to Bradley*. London; New York: Routledge.

Ewing, A. C., (阿尔弗雷德·艾卫英) 1934, *Idealism: A Critical Survey*, London: Methuen.

J. N. Findlay, (约翰·尼迈耶·芬德利) 1984, "Bradley's Contribution to Absolute-theory", in Manser, A. and Stock, G. (eds.), *The Philosophy of F. H. Bradley*, Oxford: Clarendon Press.

Foriter, E., (伊芙琳·福利特) 1996, "Was the Dispute between Russell and Bradley about Internal Relations?", in Mander, W (ed.), *Perspectives on the Logic and Metaphysics of F. H. Bradley*, Bristol: Thoemmes.

Gaskin, R., (理查德·麦克斯韦·加斯金) 1995, "Bradley's Regress, the Copula and the Unity of the Proposition", *The Philosophical Quarterly*, 45 (179): 161~180.

Griffin, N., (尼古拉斯·格里芬) 1998, "Did Russell's Criticisms of Bradley's Theory of Relations Miss their Mark?", in Stock, G. (ed.), *Appearance versus Reality*, Oxford: Clarendon Press.

Grossmann, R., (莱因哈特·格罗斯曼) 1992, *The Existence of The World*, London and New York: Routledge.

韩林合:《分析的形而上学》,商务印书馆 2013 年版。

Hanks, Peter W., (彼得·汉克斯) 2007, "How Wittgenstein Defeated Russell's Multiple Relation Theory of Judgment", *Synthese*, 154 (1): 121~146.

黄敏:《布莱德雷、罗素与维特根斯坦论关系》,《现代哲学》2012 年第 2 期。

黄文宏:《西田几多郎场所逻辑的内在转向》,《国立政治大学哲学学报》2010 年第 23 期。

Horstmann, R., (罗尔夫-彼得·豪斯特曼) 1984, *Ontologie und Relationen*, Hain: Athenaeum.

Inwagen, P. V., (彼得·范·因韦根) 1993, *Metaphysics*, Boulder: Westview Press.

James, W. (威廉·詹姆士) 1981, *The Principles of Psychology*, Cambridge, Mass.: Harvard University Press.

弗雷德里克·科普勒斯顿:《从功利主义到早期分析哲学·科普勒斯顿哲学史》(第 8 卷),周晓亮译,天津出版传媒集团、天津人民出版社 2019 年版。

Köhler, W., (沃尔夫冈·科勒) 1929, *Gestalt Psychology*, New York: Liverright.

Krummel, John., (约翰·克鲁梅尔) 2012, "Basho, World, and Dialectics: An ntroduction to the Philosophy of ishida Kitarō", in *Place and Dialectic: Two Essays by Nishida Kitarō*. Translated by John W. M. Krummel and

Shigenori Nagatomo, New York: Oxford University Press.

——, 2015, *Nishida Kitarō's Chiasmatic Chorology*. Bloomington and Indianapolis: Indiana University Press.

Levine, J. (詹姆斯·列文) 1998, "The What and the That: Theories of Singular Thought in Bradley, Russell and the early Wittgenstein", in in Stock, G. (ed.), *Appearance versus Reality*, Oxford: Clarendon Press.

Lewis, D., (大卫·路易斯) 1986, *On the Plurality of Worlds*, Oxford: Basil Blackwell.

李奚:《特普理论与心灵因果问题》,《外国哲学》2020 年第 39 辑。

李主斌:《布拉德雷倒退与统一体难题》,《自然辩证法通讯》2016 年第 5 期。

林美茂、赵淼:《论西田"场所"逻辑与德国古典哲学的相关性》,《哲学研究》2017 年第 6 期。

刘畅:《理解心灵》,《云南大学学报》(社会科学版) 2015 年第 4 期。

——,《理解的时相》,《世界哲学》2015 年第 5 期。

——,《心灵与理解》,《云南大学学报》(社会科学版) 2016 年第 2 期。

MacBride, F., (弗雷泽·麦克布莱德) 2011, "Relations and Truth-Making", in *Proceedings of the Aristotelian Society*, CXI: 159~176.

——, "Relations", *The Stanford Encyclopedia of Philosophy* (Winter 2020 Edition), Edward N. Zalta (ed.), URL = https://plato.stanford.edu/archives/win2020/entries/relations/.

Mácha, J., (雅克布·马哈) 2015, *Wittgenstein on Internal and External Relations: Tracing All the Connections*, London, New York: Bloomsbury Academic.

Macniven, D., (唐·麦克尼文) 1996, "Metaphysics and Ethics in Bradley's Idealism", in MacEwen, P. (ed.), *Ethics, Metaphysics and Religion in the Thought of F. H. Bradley*, Lewiston, NY: The Edwin Mellen Press.

Mander, W., (威廉·曼德) 1994, *An Introduction to Bradley's Metaphysics*, Oxford: Clarendon Press.

——, 1995, "Bradley's Philosophy of Religion", *Religious Studies*, 31 (3): 285~301.

——, (ed.), 1996, *Perspectives on the Logic and Metaphysics of F. H. Bradley*, Bristol: Thoemmes.

——, 1996, "The Role of the Self in Bradley's Argument for Idealism", in

Mander, W. (ed.), *Perspectives on the Logic and Metaphysics of F. H. Bradley*, Bristol：Thoemmes.

Manser, A., （安东尼·曼瑟）1983, *Bradley's Logic*, Oxford：Blackwell.

Manser, A. and Stock, G. (eds.), 1984, *The Philosophy of F. H. Bradley*, Oxford：Clarendon Press.

Maurin, Anna-Sofia, （安娜-索菲亚·莫兰）2010, "Trope theory and the Bradley Regress", *Synthese*, 175 (3)：311~326.

——, 2015, "States of Affairs and the Relation Regress", in G. Galluzzo, M. J. Loux, and J. Lowe eds. *The Problem of Universals in Contemporary Philosophy*, Cambridge：Cambridge University Press.

——, 2018, "Tropes", *The Stanford Encyclopedia of Philosophy* (Summer 2018 Edition), Edward N. Zalta (ed.), URL = https://plato.stanford.edu/archives/sum2018/entries/tropes/.

Mertz, D. W., （唐纳德·默茨）1996, *Moderate Realism and Its Logic*, New Haven and London：Yale University Press.

Meinertsen, Bo R., （博·梅内森）2008, "A Relation as the Unifier of States of Affairs", *Dialectica*, 62 (1)：1~19.

——, 2018, *Metaphysics of States of Affairs：Truthmaking, Universals, and a Farewell to Bradley's Regress*, Springer Singapore.

Moore, G. E., （乔治·爱德华·摩尔）"External and Internal Relations", *Proceedings of the Aristotelian Society*, Vol. 20, 1919：40~62.

Morris, M., （麦克·莫里斯）2008, *Routledge Philosophy Guidebook to Wittgenstein and the* Tractatus, Oxford, New York：Routledge.

倪明红：《特普论能够解释自然定律吗?》，《自然辩证法通讯》2018年第5期。

Nikhilananda, （尼基拉南达）1953, *Vivekananda：A Biography*, Ramakrishna Vivekanada Center.

西田幾多郎[①]：『西田幾多郎全集·第三卷』，東京：岩波書房2003年版。

——，《西田几多郎哲学选辑》，黄文宏译，台北：联经出版公司2013年版。

[①] "西田幾多郎"是西田名字的日语写法，其拉丁字母写法通常为"Nishida Kitarō"，姓氏的首字母是"N"。因此笔者在排列书目顺序时将其按照"Nishida"而非汉语拼音的字母顺序排列，以同其著作英译本保持一致。

——,《西田几多郎哲学选辑·第二册》,黄文宏译,新竹:国立清华大学出版社2016年版。

——,《善的研究》,黄文宏译注,台湾清华大学出版社2019年版。

Nishida, K., 2012, *Place and Dialectic: Two Essays by Nishida Kitarō*. Translated by John W. M. Krummel and Shigenori Nagatomo. New York: Oxford University Press.

Olson, K. R.,(肯尼斯·罗瑟尔·奥尔森)1987, *An Essay on Facts*, Stanford: CSLI.

Orilia, F.,(弗朗西斯科·奥里利亚)2007, "Bradley's Regress: Meinong vs. Bergmann", in L. Addis, G. Jesson, E. Tegtmeier, eds. *Ontology and Analysis: Essays and Recollections about Gustav Bergmann*, Frankfurt: Ontos Verlag.

Perovic, K.,(卡塔琳娜·佩罗维奇)2014, "The Import of The Original Bradley's Regress (es)", *Axiomathes*, 24 (3): 375~394.

——, 2016, "A Neo-Armstrongian Defense of States of Affairs: A Reply to Vallicella", *Metaphysica*, 17 (2): 143~161.

——, 2017, "Bradley's Regress", *The Stanford Encyclopedia of Philosophy* (Winter 2017 Edition), Edward N. Zalta (ed.), URL = < https://plato.stanford.edu/archives/win2017/entries/bradley-regress/.

Phemister, P.,(宝琳·菲米斯特)2016, "Leibnizian pluralism and Bradleian monism: a question of relations", *Studia Leibnitiana*, 45: 61~79.

Russell, B.,(伯特兰·罗素)1903, *The Principles of Mathematics*, London: George Allen and Unwin.

——, 1906, "On the Nature of Truth", *Proceedings of the Aristotelian Society*, 7: 28~49.

——, 1910, "Some Explanations in Reply to Mr. Bradley", *Mind*, NS, Vol. XIX: 373~378.

Saxena, S. K.,(苏希尔·库马尔·萨克塞纳)1967, *Studies in the Metaphysics of Bradley*, London: Routledge London: Routledge.

Sprigge, T.,(蒂莫西·斯普利格)1984, "The Self and its World in Bradley and Husserl", in Manser, A. and Stock, G. (eds.), *The Philosophy of F. H. Bradley*, Oxford: Clarendon Press.

——, 1998, "Bradley's Doctrine of the Absolute", in Stock, G. (ed.), *Appearance versus Reality*, Oxford: Clarendon Press.

——, 2010, "The Problem of Evil for Absolute Idealism", in J. Connelly and S. Panagakou (eds), *Anglo-American Idealism: Thinkers and Ideas*, Oxford-Bern-Berlin: Peter Lang.

Stock, G., (盖伊·斯多克) 1984, "Bradley's Theory of Judgement", in Manser, A. and Stock, G. (eds.), *The Philosophy of F. H. Bradley*, Oxford: Clarendon Press.

——, (ed.), 1998, *Appearance versus Reality*, Oxford: Clarendon Press.

Strawson, P. F., (彼得·弗雷德里克·斯特劳森) 1959, *Individuals*, London: Routledge.

索姆斯:《20世纪分析哲学史·分析的开端》,张励耕、仲海霞译,华夏出版社2019年版。

Tacelli, R. K., (罗纳德·塔切利) 1991, "Cook Wilson as Critic of Bradley", *History of Philosophy Quarterly*, 8/2 (1991).

藤田正胜:《"场所"——来自根本之处的思索》,吴光辉译,《世界哲学》2002年第5期。

——,《西田几多郎:生与哲学》,林永强译,联经出版事业股份有限公司2016年版。

徐英瑾:《西田几多郎的"场所逻辑"及其政治意蕴——基于认知语言学的解读》,《学术月刊》2015年第47卷。

——,《如何奠定历史唯物主义的"理论哲学基础"——一种基于"蕴相殊"理论的重构方案》,《学术月刊》2017年第49卷。

Vallicella, W. F., (威廉·F. 瓦利塞拉) 2000, "Three Conceptions of States of Affairs", *Noûs*, 34 (2): 237~259.

——, 2002, "Relations, Monism, and the Vindication of Bradley's Regress", *Dialectica*, 56 (1): 3~35.

Vander Veer, G., (加勒特·范德·维尔) 1970, *Bradley's Metaphysics and The Self*, New Haven; London: Yale University Press.

Vivekananda, (辨喜) 2016, *The Complete Works of Swami Vivekananda*, 9 volumes, Advaita Ashrama.

——,《瑜伽奥义丛书·卷一·古老智慧的现代实践:辨喜论吠檀多》,张励耕译,作家出版社2023年版。

——,《瑜伽奥义丛书·卷二·智慧可以带我们到哪里:辨喜论智瑜伽》,张励耕译,作家出版社2023年版。

——,《瑜伽奥义丛书·卷三·从冥想到三摩地:辨喜论王瑜伽和〈瑜伽经〉》,张励耕译,作家出版社 2023 年版。

Walker, R. C. S., (沃克) 1998, "Bradley's Theory of Truth", in Stock, G. (ed.), *Appearance versus Reality*, Oxford: Clarendon Press.

王齐:《世界哲学图景中的〈善的研究〉》,《世界哲学》2022 年第 1 期。

Ward, J., (詹姆斯·沃德) 1925, "Bradley's Doctrine of Experience", *Mind*, 34 (133): 13~38.

维特根斯坦:《逻辑哲学论·维特根斯坦文集·第 2 卷》,韩林合译,商务印书馆 2019 年版。

——,《哲学研究·维特根斯坦文集·第 4 卷》,韩林合译,商务印书馆 2019 年版。

——,《心理学哲学研究·维特根斯坦文集·第 6 卷》,张励耕译,商务印书馆 2019 年版。

——,《心理学哲学笔记:1948~1950·维特根斯坦文集·第 7 卷》,张励耕译,商务印书馆 2019 年版。

Wollheim, R., (理查德·亚瑟·沃尔赫姆) 1956, "F. H. Bradley", in Ayer, A. J. et al., *The Revolution in Philosophy*, London: Macmillan.

臧勇:《罗素与布拉德雷关于关系的争论》,博士学位论文,2011 年。

张家龙:《布拉德雷》,台北:东大图书公司 1997 年版。

张励耕:《霍布斯的语言观——从霍布斯对笛卡尔〈沉思〉的反驳谈起》,《世界哲学》2014 年第 3 期。

——,《感知、性质与关系——对维特根斯坦心理学哲学中"内在关系"概念的辨析》,《哲学研究》2017 年第 2 期。

——,《维特根斯坦心理学哲学研究》,中国社会科学出版社 2017 年版。

——, 2020, "A Wittgensteinian Approach to Reconsider Nishida's Basho of True Nothing", *Tetsugaku: International Journal of the Philosophical Association of Japan*, 56~69, Apr.

——,《布拉德雷论自我的责任与价值》,《中国当代价值观研究》2021 年第 4 期。

——,《布拉德雷关于真理的等级原则及其问题》,《世界哲学》2023 年第 2 期。

中村雄二郎:《西田几多郎》,卞崇道、刘文柱译,生活·读书·新知三联书店 1993 年版。

后　　记

在完成博士和博士后阶段的研究后，我就一直在寻找下一个课题，并在四年左右的时间里、沿着三个非常不同的方向进行了尝试。遗憾的是，这些尝试都未能取得预期的进展。这表明人文学科的研究也是会"失败"的，只不过这种"失败"的含义大概与其他领域不太一样：它可能指的主要是相关课题超出了研究者现阶段的水平及能力，以至于无法产生出符合学术标准或令自己满意的成果。这样的"失败"让我越来越明确地意识到：学术有其自身发展的规律，任何研究都必须在研究者当时的水准上展开，以此前的积累为基础，不能仅仅出于兴趣、爱好或"蹭热度"就贸然踏入一片未知领域。因此，经过一段"迷茫期"后，我最终选择了自己并不那么感兴趣，但多少有些了解的布拉德雷哲学作为新课题。

大多数哲学从业者都会选取自己喜欢或至少不讨厌的哲学家作为研究对象，这自然会使枯燥的学术工作变得不那么痛苦。不幸的是，布氏完全不是我喜欢的类型；无论从文风还是思路上，我都很难与他产生任何共鸣，所以这种研究的痛苦程度也就可想而知了。不过，恰好在完成本书的初稿时，我看到一位同门转述了导师韩林合老师的一句话，可谓一下子治好了自己的"精神内耗"："如果能把自己讨厌的东西写成一篇博士论文，那你就可以做学问了。"这句话的含义我在做博士论文研究时恐怕还不能理解，毕竟我并不讨厌维特根斯坦，现在则可以说是感同身受了。虽然水平依然很有限、不敢妄言自己"可以做学问了"，但这场以布氏哲学为"迷宫"的历险，的确帮助我更深刻地理解了学术研究的规律，并在相当大的程度上克服了对学术研究的恐惧。

其实，这种选取不喜爱的哲学家为对象的、痛苦的研究还有更进一步的意义，那就是能够充分揭示对方所犯的各种错误，以免自己再陷入同样的误区。正是在这种意义上，我一直将本书视为一种必要的准备性工作。这有些类似于一些游戏中的科技树或技能系统：某个具体的节点或技能，其自身的意义或作用可能有限，却是开启其后更多、更重要节点或技能的前提条件。毕竟如结语中所说，与布氏有关联的、值得进一步研究的领域非常之多。

但无论如何，布氏的文本有时的确让我怀疑，有洞见的哲学思想真的有必要被包裹在如此晦涩的外衣之下吗？把这些晦涩的部分去掉后，剩下的真正有价值的"干货"究竟有多少？不同的人对此可能有不同的回答，但还是希望对此类文风晦涩的哲学家感兴趣的读者一定要多加小心。在这一点上，我同时期的另一个研究对象辨喜可以说是处于另一个极端：尽管从严格的学院派观点来看，他可能很难被称为哲学家，但他用通俗易懂的语言传达出丰富而深刻的思想和道理。由此可见，深刻的思想、清楚明白的表达与震撼人心的力量其实是可以并存的。这的确很难做到，但应当成为我们努力的方向。

本书得到国家社科基金后期资助项目（项目号：22FZXB082）的资助。在此一并向为本书的付梓提供过各种建议和帮助的专家、同行及友人表示衷心感谢！